천천히 걸으며 제자백가를 만나다

천천히 걸으며 제자백가를 만나다

지은이_ 채한수

1판 1쇄 인쇄_ 2013. 12. 17
1판 1쇄 발행_ 2013. 12. 23

발행처_ 김영사
발행인_ 박은주

등록번호_ 제406-2003-036호
등록일자_ 1979. 5. 17.

경기도 파주시 문발동 출판단지 515-1 우편번호 413-756
마케팅부 031) 955-3100, 편집부 031) 955-3250, 팩시밀리 031) 955-3111

저작권자 ⓒ 채한수, 2013
이 책의 저작권은 저자에게 있습니다. 저자와 출판사의 허락 없이
내용의 일부를 인용하거나 발췌하는 것을 금합니다.

값은 뒤표지에 있습니다.
ISBN 978-89-349-6563-3 03150

독자 의견 전화_ 031) 955-3200
홈페이지_ www.gimmyoung.com
이메일_ bestbook@gimmyoung.com

좋은 독자가 좋은 책을 만듭니다.
김영사는 독자 여러분의 의견에 항상 귀 기울이고 있습니다.

천천히 걸으며 제자백가를 만나다

채한수

김영사

일러두기

1) 이 책은 고대 중국 제자백가의 사상을 담은 열 권의 동양고전을 바탕으로 몇 가지 중요한 교훈적 이야기와 역사적 사실을 재구성한 것이다.
2) 본문은 한자로 된 원문을 번역한 것이 아니라, 기존의 수많은 학자들이 직역한 내용을 바탕으로 그것을 풀어내어 대중이 쉽게 이해할 수 있도록 이야기 형식으로 꾸몄다.
3) 원전의 의도를 왜곡하거나 변형하지 않았고, 한자를 병기하여 그 뜻을 명확히 드러나게 했다.
4) 이해를 돕기 위해 각 페이지에 주해註解를 표기했다.
5) 고사성어의 연원淵源을 밝혔다.
6) 각 이야기 끝에 따로 해설을 덧붙여 전체 내용을 간략히 요약했다. 그 과정에서 저자의 주관적 견해가 첨가되었음을 밝힌다.

들어가는 글

지금으로부터 5000여 년 전, 아득한 세월 저 너머 그곳은 어떤 세상이었을까. 누가 살고 있었으며, 또 무슨 일들이 일어났을까. 광대한 아시아 대륙 그 드넓은 하늘과 땅 위에. 동서를 가로지른 험준한 돌부리 산맥, 가도 가도 끝없이 펼쳐진 사막과 모래 언덕이 있었지. 그러나 그 척박한 땅, 모진 환경에도 온갖 생명들은 꿈틀거렸고 사람들 역시 이들과 더불어 살고 있었다.

그 북쪽은 광막廣漠한 초원이었다. 시베리아의 바이칼 호, 그 동토凍土에까지 이르는 까마득한 지평. 순록, 양떼, 야성마, 들소, 늑대들이 몰려다니는 그런 황량한 풀밭. 그곳은 때때로 바람처럼 나타났다가 어느 한순간 자취 없이 사라지는 흉노, 융적, 월지, 동호, 몽골족, 칭기즈칸, 그들 조상의 본향이었다.

그렇다면 남쪽 땅은 어떠한가. 사철 얼음덩이 흰 눈이 덮여 있는 높고 가파른 산맥, 그 바위를 뚫고 발원한 물줄기가 모여 큰 강이 되어 흘러넘쳤지. 이름 하여 황하黃河. 장장 14,000리에 달하는 거대한 황토 빛 강물. 수시로 범람하여 대륙을 휩쓸어 적시고 수로를 변경하기도 했지. 그 유역은 고대문명의 발상지였다. 토굴 속에 웅크려 살면서 농경문화를 일으킨 비옥한 땅, 요순우탕堯舜禹湯의 전설이 바람결에 떠돌아다니는 곳. 그러나 아직 중화中華는 없었다. 그렇고 그런 문화의 싹은 움트고 있었을지라도.

그 옛날 새 발자국을 본떠 만들었다는 창힐倉頡 문자. 사람들은 그것을 발전시켜 사실을 기록하고 감정을 노래로 풀어내었지. 상서尙書, 시, 역易의 기원은 이렇게 시작되었다. 그리고 아무도 모르는 사이 알짜 문화, 중화로 성장했고 그 주변을 오랑캐라며 멸시했다.

역사는 주나라의 문왕, 무왕, 주공, 태공망, 또 고죽국의 백이숙제로부터 새로이 시작되었다. 포악한 미치광이 걸주桀紂가 토벌된 그 땅 위에서. 그러나 미련하고 사악한 인간의 본능이 사라진 것은 아니었지. 권력은 오랫동안 지속되면 부패하기 마련 아닌가.

은나라의 주왕이 요염한 달기妲己에 빠져 주지육림, 포락지형炮烙之刑을 즐기듯, 미욱한 주나라 유왕은 원한을 품은 포사褒姒의 웃음 속에 허무하게 죽고 말았다. 그것도 북방 기마족의 칼날 아래서. 이때가 기원전 770년, 무왕이 세운 주나라는 멸망했지. 뒤를 이은 동주東周는 이름만 있을 뿐, 실체 없는 허수아비 나라였다. 비록 왕권을 상징하는 구정九鼎(천자에게 전해져오는 귀중한 보물)을 비장하고 있었다 하더라도.

이제 중원은 춘추전국시대로 접어든다. 저 나라 환공을 필두로 이어지는 춘추오패, 그 후 전개된 전국칠웅의 끝없는 전쟁과 혼란기, 진시황이 천하를 통일하기까지 장장 550년간의 기나긴 세월. 전쟁으로 날이 밝고 해가 저물던 인간의 피로 물든 그 하늘과 땅. 민생은 도탄에 빠져 허우적거렸고 원망은 천하를 진동했지.

그러나 눈보라 속에 매화 향기 은은하고 난세에는 특출한 인재가 등장하는 법, 그 만고의 진리는 변함이 없었다. 노자, 공자가 출현한 이래 방방곡곡에서 수많은 인물들이 잇달아 태어났지. 이름 하여 제자백가 諸子百家, 수많은 선성과 여러 학파가 등장했다. 이들은 춘추전국시대라는 지극히 혼란한 때에 각양각색의 화려한 문화를 꽃피웠다.

바야흐로 백화제방, 백가쟁명의 시대. 우후죽순처럼 한꺼번에 돋아나 활짝 피어 향기를 내뿜었지. 이것이 중화사상이고 심원한 동양철학의 원천이다. 중원에서 피어난 이 화려한 문화는 한자 문화권인 동양 전체로 확산되어 발전했지. 이 거대한 문화의 시원은 주나라 문왕에서 시작되어 한나라 초기 사마천에 이르러 거의 완성되었다.

거의 천 년의 긴 세월이었다. 예수가 태어나 사랑의 복음을 전하기도 전에, 석가의 자비가 실크로드를 건너오기 훨씬 이전이었다. 이때 완성된 정신문화는 인간의 보편적 삶의 가치나 방향을 제시한 생생한 역사의 기록이며 철학사상, 인문학의 총합이었지. 또 각종 분야를 아우르는 예술이었고 문학작품이었다. 그 후 2000년의 세월이 흘렀지만 공자,

열자, 장자, 맹자, 묵자를 뛰어넘는 그 어떤 철학이나 사상이 있었던가.

오늘날 세상은 눈부시게 발전했고 확연히 변했다. 과학문명과 인간의 삶의 방법 역시 더욱 다양해졌다. 오만한 중화사상은 물론이고 오랑캐라고 멸시하던 서융西戎, 북적北狄, 동이東夷, 남만南蠻의 차이도 없어졌고 동서양, 남북의 구분 또한 사라졌다. 흑과 백, 황인종이 함께 어울려 춤추고 노래하는 축제의 한마당이 되었지. 간혹 암울한 골짜기, 햇볕이 들지 않는 음습한 곳이 있을지라도 공자, 석가, 예수가 손에 손을 잡고 인간의 길을 안내하고 있지 않은가.

그러나 아직은 인간 사이의 따뜻한 소통이 원활하지 않은 것 같다. 오랜 세월에 갇힌 관습이나 문화의 이질성, 언어의 벽, 믿음의 차이로 인한 과도기적 현상이고 난맥이 아니겠는가. 그래도 언젠가는 인간의 지혜가 이것을 극복할 것이다. 인류 통합의 시대는 그리 멀지 않았다. 세상은 더욱 좁아졌고 가까워졌으니.

우리는 이것을 실현하기 위해 선결해야 할 중요한 과제가 있다. 세계 인구의 3분의 1, 20억 인간이 속해 있는 한자 문화권 그 동양사상의 실체와 전모를 파악하고 익히는 일이다. 이미 2000년 전에 완성된 그 심원한 사상과 철학, 보편적 삶의 가치를 말이다. 나를 알고 상대를 이해할 수 있어야 통합이나 융합이 가능하지 않겠는가. 한때 서양 과학문명에 매몰되어 곰팡이가 핀 그 낡은 동양고전의 먼지를 훌훌 털어내어 대명천지 21세기를 밝히는 것이 동서양의 소통을 돕는 지름길일 것이다.

그 옛날 자취를 감춘 천하제일의 보물인 화씨벽和氏璧은 동양고전이 아니겠는가.

지난날의 역사를 되돌아보는 것은 현재와 미래의 삶을 창조하는 첩경이다. 인간은 누구나 끝없이 이어지는 시간을 살아가는 역사적 존재임이 분명하지 않은가. 자, 이제 저 아득한 과거로의 시간 여행을 떠나보자.

차 례

들어가는 글 5
이 책을 읽기 전에 제자백가와 춘추전국시대 14

1 고대 우화문학의 정화 《장자》 21

대붕과 작은 비둘기 25 | 물건의 효용을 논하다 32 | 조삼모사의 참뜻 40 | 망량과 그림자 43 | 나비가 된 꿈, 호접몽 46 | 들꿩의 즐거움 49 | 하늘의 속박에서 풀려나다 53 | 수레 앞을 가로막은 사마귀 56 | 쓸모없는 것의 쓰임 63 | 은자의 노래 68 | 천형을 받은 공자 72 | 인간의 정이란 79 | 안회의 좌망 82 | 신통한 무당 87 | 혼돈의 죽음 94 | 백락의 과오 100 | 성현의 찌꺼기를 탐독한 왕 107 | 경국지색을 흉내내다 112 | 용을 만난 공자 116 | 우물 안 개구리 121 | 장자와 물고기의 마음속 128 | 장자의 아내가 죽다 131 | 꿈속의 대화 134 | 노나라 왕과 해조 139 | 싸움닭을 기르는 법 142 | 헤엄을 잘 치는 신기 147 | 도는 어디에 있는가 151 | 장석의 묘기 156 | 재주로 화를 부른 원숭이 161 | 붕어의 노여움 164
낚시와 경륜 168 | 위선자들의 도굴 현장 175

2 우화에서 발견한 지혜의 보고 《열자》 181

기나라 사람의 걱정 184 | 부자가 되는 방법 190 | 허공을 밟고 바람을 타다 201 | 갈매기들은 알고 있다 207 | 건망증의 고마움 213 | 어리석은 늙은이가 산을 옮기다 223 | 태양이 가장 가까운 시간 229 | 궁술의 극치 233 | 병도 운명이다 241 | 둔인과 순민 247 | 잃어버린 양과 갈림길 253 | 죽지 않는 비법 259 | 방생의 즐거움 265

3 천하통일에 기여한 법가사상의 정수 《한비자》 271

군주의 애증 276 | 화씨의 보석 285 | 편작을 믿지 않은 결과 290 | 입술이 없으면 이가 시리다 297 | 한 번 울어 세상을 놀라게 하다 300 | 늙은 말의 지혜 306 | 먼 곳의 물로 이웃집의 불을 끌 수 있는가 311 | 귀중한 보배 315 | 죄는 반드시 벌하라 320 | 엄격한 법의 정신 325 | 군주가 자혜로우면 나라가 망한다 329 | 가시 끝의 원숭이 333 | 백마는 말이 아니다 339 | 입던 바지가 편하다 344 | 촛불을 밝혀라 347 | 신발을 사지 못￦ 차치리 351 | 유행을 바꾼 환공 355 | 송나라 양공의 어짊 360 | 법도를 지키는 것의 어려움 365 | 증자가 돼지를 삶다 369 | 누구를 위한 정치인가 372 | 사나운 개와 사당의 쥐 377 | 창과 방패 385 | 벽을 고치지 마라 388 | 하염없이 토끼를 기다리다 393

4 시대를 아우르는 책략의 기록 《전국책》 397

증삼이 살인을 하다 403 | 긴 칼이여, 돌아가자 403 | 미남의 교훈 414 | 뱀의 발 421 | 흙 인형과 나무 인형 424 | 호랑이의 위세를 빌린 여우 429 | 우물에 오줌을 싼 개 432 | 숨겨진 질투 435 | 어부의 횡재 439

5 격동의 시대를 평정한 사상의 완결판 《여씨춘추》 443

잃어버린 활 447 | 공사의 구분 451 | 대의를 위해 사를 버리다 454 | 탕왕의 그물 457 | 백아가 거문고의 줄을 끊다 461 | 세상에서 가장 나쁜 옷 465 | 옛것만 고집하는 어리석은 생각 469 | 사람을 알기는 어렵다 472 | 의를 실행한 선비 476 | 듣기 좋은 말 480 | 귀신의 작난 484

6 공자의 언행이 담긴 유가의 성전 《논어》 489

같은 질문에 다른 답 492 | 공자가 나루를 묻다 495 | 월자의 말 499 | 범보다 무서운 정치 504 | 상갓집 개 508 | 순종만이 효는 아니다 511 | 풍수지탄 516

7 사랑과 평화를 향한 인간 본성의 탐구 《묵자》 521

전쟁과 도벽 524 | 공자는 위선자 534 | 염색의 참뜻 539 | 공수반과 묵자 544

8 위민과 왕도를 주창한 정치철학서의 백미 《맹자》 551

오십보백보 554 | 원유지의 크기 558 | 분업의 의미 562 | 닭 도둑의 변명 568 | 한심한 인간 572 | 인간의 본성 578

9 대자연의 법칙과 인간 행위의 합일 《회남자》 587

근심은 번영의 근본 590 | 재주도 쓰기 나름 593 | 새옹지마 598

10 춘추시대 명재상의 인간 경영 지침서 《안자춘추》 603

사람을 대하는 방법 605 | 현명한 마부의 아내 611 | 안영의 기지 616 | 신하의 도리, 임금의 은혜 621 | 가뭄을 극복하는 방법 625 | 회수를 건넌 귤 630 | 용의 값이 비싸다 634 | 안영이 남긴 것 637

끝맺는 글 641

이 책을 읽기 전에

△
□
◎
▷

제자백가와 춘추전국시대

국어사전에서는 '제자백가'를 이렇게 정의하고 있다. '중국 춘추전국시대의 여러 학파들을 통틀어 일컫는 말.' 이것을 좀 더 자세히 풀어보면 춘추전국시대에 활동한 수많은 사상가와 학자들, 그들이 소속된 학파라고 할 수 있다. 그렇다면 춘추전국시대는 어떤 시대였을까. 당시 활동한 사상가는 누구이며, 어떤 학파들이 있었을까.

춘추전국시대는 엄밀히 말하면 춘추와 전국시대로 구분된다. '춘추春秋'란 말은 공자가 편찬한 노나라의 역사서인 《춘추》에서 유래하고 '전국戰國'은 전한시대 유향이 정리, 편집한 《전국책》에서 비롯되었다. 후일 이것을 합쳐 춘추전국이라 하였다.

춘추시대는 서주가 멸망한 후, 주나라 도읍을 호경에서 낙읍으로 옮기고 동주 평왕이 즉위한 기원전 770년부터 480년 전후까지를 말하는 것이 일반적인 견해다. 따라서 춘추시대를 이어받은 전국시대의 기점은 기원전 480년 전후가 되고, 진시황이 중원을 통일한 기원전 221년까지라고 할 수 있다. 이렇게 보면 춘추전국시대의 전 기간은 550여 년이 되고 그중 반이 조금 넘는 전반이 춘추, 그 후가 전국시대라고 할 수 있다.

그렇다면 춘추시대와 전국시대의 유사점과 차이점은 무엇일까. 춘추 초기의 형태는 주왕실이 쇠퇴하고 제후가 강력해짐과 더불어 융적만이 戎狄蠻夷*의 세력이 확대되어 중원中原**은 그야말로 침략과 약탈이 그치지 않는 위험한 지경에 처하게 되었다. 제후들 중 누구라도 이에 대처할 수 있다면 패주霸主***라 불릴 수 있었다.

제나라 환공이 '존왕양이尊王攘夷'의 구호를 부르짖고 패자가 될 수 있었던 것도 이런 정치적 환경에서였다. '존왕양이'란 천자를 받들고 오랑캐를 물리쳐 영토를 확장하며 중원의 이익을 보호하고 위세를 떨치는 것을 뜻한다. 춘추시대에는 제 환공을 필두로 5개 제후국이 번갈아 패자가 되었다. 제의 환공, 진의 문공, 초의 장왕, 진의 목공, 월왕 구천인데, 역사에서는 이들을 춘추오패라 부른다. 이 과정에서 전쟁이 그칠

---

* 옛날 중국에서 중원 외곽, 사방의 이민족을 오랑캐라고 멸시하여 지칭하던 말로 서융, 북적, 남만, 동이를 이른다.
** 천하의 중앙을 이르는 말로 중국 문화의 발원지인 황하 중류의 남북 양안을 말한다.
*** 제후의 우두머리, 패왕을 의미한다. 이때 '패'는 '으뜸'의 뜻으로 우두머리를 지칭한다.

날이 없었고 수많은 약소 제후국들은 패권국가에 흡수되어 흔적도 없이 역사의 뒤안길로 사라졌다.

그렇다 하더라도 형식적이긴 했으나 주왕조를 존중하고 섬겼다. 패권국가는 군신이 모여 맹세하던 회맹會盟을 통하여 제후들을 한 자리에 불러 모았고, 이 자리에서 주왕실을 확인했으며 도의를 지탱해 나갈 수 있도록 서로 맹세하고 구원을 약속했다. 회합한 다음 주왕실에 예의를 표하는 향례享禮를 행한 나라들은 아직 수치를 알고 있었기 때문에 소국은 의존하는 대국을 가질 수 있었고, 백성들은 안식할 토지를 소유할 수 있었다. 공자는 절망 속에서도 이렇게 외쳤다. "예양禮讓*을 통해 나라를 다스릴 수 있다면 무슨 곤란이 있으리오!"

그 후 사회가 발전함에 따라 노예제에서 봉건제도로의 변혁기를 맞이하게 된다. 이때가 신흥 지주계급이 정권을 장악하는 시기다. 즉 노나라 공실이 3분되고, 진晉나라가 우여곡절 끝에 한, 위, 조로 분화되었으며, 제나라 국권이 강씨에서 전씨로 옮겨가는 시기와 일치한다. 이 무렵이 전국시대 초기라고 할 수 있다. 주왕실은 겨우 명맥만 유지하고 있었고, 중원은 이른바 전국칠웅戰國七雄이라는 7개 강국(진, 한, 위, 조, 연, 제, 초)의 각축장으로 변했다. 이 시기의 각 제후국은 부국강병책으로 일관했으며 도덕은 땅에 떨어지고 기만과 술책, 음모가 난무했고 한 치라도 땅을 넓히려는 전쟁이 그치지 않았다.

비교적 이른 시기에 개혁에 성공한 서쪽의 진나라가 가장 위협적이

어서 여기에 대항하기 위해 나머지 6개국이 합종合縱**했고, 또 이것을 타파하기 위해 연횡책連衡策***이 등장했다. 수많은 전략가와 유세객들이 천하를 떠돌며 주름잡던 극도로 어지러운 난세였다.

제자백가는 이런 험악한 세상에서 활동한 정치사상가들이자 학파였다. 난세에는 역설적으로 재능 있는 인물들이 많이 배출된다. 춘추전국시대, 550여 년 동안에 동양정신의 근간을 이르는 모든 사상의 원류가 태동하고 완성되었다고 해도 과언이 아니다. 이 시대가 지금으로부터 2500여 년 전이라는 것을 염두에 둔다면, 동양사상의 뿌리가 얼마나 심원한 것인가를 미루어 짐작할 수 있을 것이다.

당시의 여러 학파를 분류하면 유가儒家, 도가道家, 묵가墨家, 음양가陰陽家, 법가法家, 명가名家, 종횡가縱橫家, 잡가雜家, 농가農家 등 아홉 유파로 나뉘고 후에 소설가小說家가 덧붙여졌다. 이 때문에 제자백가를 구류십가九流十家라고도 부른다. 이 가운데는 병가兵家가 빠져 있으나 후일 제자백가에 포함되었다.

수많은 사상가들의 저술을 분류, 정리한 시기는 전한前漢의 성제成帝 때이고, 이것을 완성한 사람은 유향과 유흠 부자였다. 제자략諸子略에

---

* 예의를 다하며 공손한 태도로 사양한다는 의미다.
** 전국시대 소진蘇秦이 주장한 진나라에 대항하는 6개국의 군사동맹을 말한다.
*** 전국시대 진나라 동쪽에 있던 6개국과 진나라가 맺은 군사동맹으로 장의張儀가 주장했다. 합종책에 대항한 정책이다.

수록된 서책은 모두 189가에 4,000여 권이라고 기록되어 있다. 실로 방대한 규모라고 할 만하다. 또 이 저술들은 어느 한 개인에 의해서 이루어진 것이 아니다. 여러 사람들의 손을 거쳐 완성되었으면서도 제각기 뚜렷한 개성을 보여주고 있어 당시의 정신문화의 폭과 깊이를 엿볼 수 있다.

제자백가니 구류십가라고 하는 분류는 후세 사람들이 편의상 붙인 명칭이고, 당시에는 파벌적 집단의식이 존재하지 않았을 가능성이 크다. 다만 유가나 묵가학파는 그 지향하는 목표가 뚜렷하여 하나의 집단을 형성하고 있었다는 것은 여러 가지 정황으로 보아 분명하다.

크게 보면 제자백가의 학자들은 혼란한 시기, 곧 난세라는 특수한 상황에서 흥기한 자유사상가들이었다. 춘추전국시대는 일반 민중에게는 견디기 힘든 고난의 연속이었다. 그러나 그 이면에는 봉건체제가 확립된 후세와는 달리 자유스럽고 활기찬, 개인의 자유가 충만한 세상이었을 것이다.

이런 분위기 속에서 학자와 사상가들은 존경받았고, 암묵적으로 내려오던 전통을 철저히 무시하고 새로운 질서와 사상을 창출해냈다. 이들은 각종 이론을 수립하여 상호 변론과 학술상의 논쟁을 격렬히 전개함으로써 정치, 사상, 문화 영역에 역사상 보기 드문 백가쟁명百家爭鳴*, 백화제방百花齊放**의 전성기를 이루었다. 이때 만들어진 정신문화는 그 후 2000년 이상, 현재까지도 동양인의 정신세계를 지배해왔고, 또 앞으로도 지대한 영향을 미칠 것임은 주지의 사실이다. 현재 경제대국으로 부상한 중국이 공자의 동상을 높고 크게 건립하려고 했던 것이 그 단적인 예가 아니겠는가.

　이런 제자백가의 방대한 저서나 그 사상을 모두 섭렵하고 고찰하는 것은 사실상 불가능하다. 그래서 여기서는 그들이 남긴 몇 가지 교훈적 이야기를 재구성해보았다. 2000년의 세월을 뛰어넘어 옛사람을 만나 보는 경이로움과 그들의 목소리에 귀를 기울이는 즐거움을 맛보기 위함이다.

＊ 수많은 학자나 논객이 자신들의 사상을 자유로이 논쟁한다는 으미다.
＊＊ 온갖 꽃이 일시에 핀다는 뜻으로, 갖가지 학문이나 사상이 함께 융성함을 비유하는 말이다.

1

고대

우화문학의 정화

《장자》

《장자莊子》

장자의 생애와 사상

장자莊子(기원전 369~289년경)는 몽蒙 지방 사람으로 이름은 주다로 곧 '장주'가 본명이다. 일찍이 몽 지방 칠원이란 고을에서 관리를 지냈는데, 위의 양혜왕梁惠王, 제의 선왕宣王과 동시대 사람이다. 그는 매우 박학하여 통달하지 않은 것이 없었다. 그의 학문은 노자의 학설을 근본으로 하고 있으며 방대한 저술은 대체로 우언寓言*으로 되어 있다. 문장력이 뛰어나고 세사世事와 정리情理에 합당하게 잘 비유하여 유가와 묵가를 공격하였으니, 비록 당대의 대학자라 하더라도 그의 공격을 피할 수는 없었다. 그의 언사는 거센 물결과 같이 자유분방하고 자기 마음대로였으므로 왕공대인들로부터 훌륭한 인재로 평가받지 못했다. 단, 초의 위왕이 그의 재능을 인정하여 재상으로 삼으려 했으나 장자는 이를 완곡히 거절했다.

이 내용은 장자 사후 200여 년쯤 지나서 쓴 사마천의《사기》〈노자한비열전〉에 나오는 장자에 대한 기록이다. 이외 장자의 생애에 대한 확실한 기록은 없다. 맹자와 동시대인이라는 것, 또 위나라 재상이 된 혜시惠施**와 가까운 친구 사이였다는 것은 확실하다.

장자는 노자의 학설을 근본으로 하고 있다는 기록으로 보아, 그의 사상은 노자의《도덕경道德經》에 기초하고 있다. 이것을 단적으로 표현하면 무위자연, 구우 지치이다. 장자는 전국시대 제자백가 중에서도 특출한 사상가였다. 그가 살았던 전국시대는 묵가와 유가들이 난세를 바로잡겠다고 동분서주하던 시기였다. 그러나 장자는 이들을 신랄히 비난하면서 완전한 자유의 경지를 추구했다. 일반적으로 노자의 사상을 이어받아 도가를 발전 완성시켰다고 하지만, 장자의 사상은 노자의 난해하고 건조한 학설보다 구체적이고 적극적이다. 그의 문장은 풍부한 상상력과 함축미, 반짝이는 기지, 해학, 풍자로 일관된 우화가 대부분이다.

장자는 광대무변한 우주공간, 끝도 시작도 없이 흐르는 영원이라는 시간 속으로 인간을 안내한다. 그리고 그런 허허로운 시공 속에서 유유히 거닐며 사유한다. 과연 인간이란 어떤 존재이며 삶이란 또한 무엇인가. 주어진 삶을 어떻게 영위하는 것이 가장 바람직한가. 인간이 추구하는 궁극적 이상, 곧 도란 무엇인가. 이런 사유를 통해 도달한 결론은 무위자연이고 절대자유의 경지였다. 곧 그가 스스로 말한 무하유지향

*어떤 뜻을 직접 말하지 않고 다른 사물에 비유하여 의견이나 교훈을 나타낸다.
**명가에 속하는 논리학자로 궤변에 능했으며, 위나라 재상을 지낸 장자의 친구다.

無何有之鄕*** 같은 이상향이었다.

  그렇다 하더라도 장자는 현실을 떠나지 않았다. 모든 사물이나 생명체의 존재가치를 극대화하고 자연 그대로의 세계 속에서 천진무구를 추구했다. 자연의 질서에 인공을 가미하면 자연은 죽어버린다. 장자의 사유 속에서는 삶과 죽음이 하나의 자연이고, 꿈과 현실이 서로 왕래한다. 장자는 광대무변한 우주공간을 영원히 날고 있는 자유인이었다.

《장자》는 어떤 책인가

  장자는 10여 만 자에 이르는 방대한 저술을 하였다고 《사기》에 기록되어 있다. 이를 통해 사마천 생존 당시(기원전 1세기)에는 많은 양의 저서가 존재했다는 것을 알 수 있다. 그러나 현전하는 《장자》는 내외 잡편을 합하여 33편뿐이다. 4세기경 서진시대의 곽상郭象이란 사람이 정리한 것으로 이 중 내편 7편만이 장자가 직접 쓴 것이고, 나머지는 그의 후학들에 의해 쓰인 것이라고 한다.
  책의 내용이 누구의 작품이든, 거기에 담긴 자유분방한 철학사상은 바로 장자의 것이다. 고대 우화문학의 정화精華로 전혀 손색이 없는 빼어난 작품임은 두말할 필요도 없다.

***〈소요유〉에 나오는 말로 아무것도 없는 광막한 땅을 의미한다. 장자가 추구한 무위자연의 이상향이다.

대붕과 작은 비둘기

길고 긴 여름 한낮이었다. 이글이글 타오르는 태양은 대지를 뜨겁게 달구었고, 우거진 느릅나무 숲에서는 쓰르라미가 기를 쓰고 울고 있었다. 작은 산비둘기가 가시나무 사이를 이리저리 날며 쉴 곳을 찾는다. 숨 쉬기조차 힘든 후덥지근하고 지극히 무더운 한여름. 지상에 있는 모든 것들은 숨을 죽이며 어둠이 깔리고 저녁이 되어 시원한 바람이 불어오기를 기다리고 있었다.

이때 갑자기 북쪽 하늘에서 무시무시한 먹그름이 몰려오고, 천둥과 번갯불이 번쩍였다. 곧이어 회오리바람이 세차게 몰아치고 굵은 소나기가 퍼부었다. 가마솥같이 달아오르던 천지는 삽시간에 앞을 분간할 수 없는 자욱한 안개에 휩싸였다. 죽어라고 울어대던 쓰르라미는 울음을 뚝 그치고, 산비둘기는 무서운 비바람을 피해 날개를 접고 재빨리 고목나무 등걸에 숨었다.

이 갑작스러운 변화, 검은 구름과 무시무시한 비바람은 북쪽 하늘에서 불어왔다. 아득히 먼 북녘 하늘 아래, 어둡고 끝 모를 깊고 넓은 북쪽 바닷속에는 '곤鯤'이라는 큰 물고기가 살고 있었다. 그 크기는 상상을 초월한다. 머리에서 꼬리까지의 길이가 몇천 리나 되었다. 곤의 조화 또한 굉장하다. 1년에 한 번씩 큰 새가 되어 하늘로 날아오른다. 그 새를 대붕이라고 한다. 곤이 대붕이 되어 창창한 하늘로 치솟을 때 천지는 요동을 친다. 강풍을 동반한 폭우가 몰아치고 벼락이 떨어진다. 굉장한 울림은 온통 하늘과 땅을 뒤집는 듯하다. 천지는 한동안 앞뒤를 분간할 수 없는 암흑의 세상으로 돌변한다.

곤이 대붕이 되어 날아오르면, 그 날개로 한 번 바다를 치는 것만으로도 3,000리, 회오리바람을 타고 허공을 나는 것이 9만 리다. 이렇게 6개월을 아득히 먼 남쪽 바다에 가서 쉰다. 곤은 북쪽 하늘에서 남쪽으로 날아가서는 또 원래의 자리로 되돌아온다. 광대무변한 우주를 자유자재로 휘젓고 날아다닌다. 우주의 광활함을 만끽하면서.

얼마나 시간이 지났을까. 무시무시한 폭풍과 바람이 그치고 검은 구름 틈으로 푸른 하늘이 언뜻언뜻 얼굴을 내밀었다. 그 사이로 햇빛이 빗살처럼 쏟아져 내렸다. 쓰르라미는 곧바로 느릅나무에 붙어 울어대기 시작했다. 작은 산비둘기는 날개를 털고 가시나무 사이를 푸드득푸드득 날았다. 자연은 다시 생기를 띠고 번드레한 윤기로 가득하다. 작은 산비둘기는 쓰르라미가 붙어 있는 느릅나무 가지에 앉았다. 한동안 놀란 가슴을 진정하고 쓰르라미에게 속삭였다.

"곤이 대붕이 되어 날아올랐어. 얼마나 놀랐는지! 아마 지금쯤 드넓은 창공을 훨훨 날고 있겠지. 우리는 힘껏 날갯짓을 해도 느릅나무 꼭대기에도 미치지 못하고 땅으로 떨어지는데. 저 대붕이란 놈은 도대체 무엇 하러 9만 리 장천을 날아 힘겹게 우주를 떠도는 것인가. 참 바보같은 짓이야. 우리는 잡목 사이로 푸득푸득 옮겨 다녀도 즐겁기만 한데 말이야."

산비둘기의 속삭임을 들은 쓰르라미는 그 말이 맞다는 듯이 더욱 세차게 울었다. 조그마한 비둘기보다 더 작은 자신이 이처럼 큰 소리를 내지를 수 있다는 것을 과시라도 하듯이.

모락모락 피어오르는 아지랑이, 푸석푸석 날아다니는 먼지와 티끌, 졸졸 흐르는 시냇물, 만물이 토해내는 입김, 조그마한 생명들의 움직임과 그 속삭임, 무뚝뚝한 무생물들의 깊은 침묵, 이 지상에는 이런 것들로 가득 차 있다. 그러나 하늘 위 허공, 그 망망한 공간은 너무 넓고 멀어 검푸르게만 보인다. 거기에는 과연 무엇이 있을까.

한 잔의 물 위에 들 수 있는 것은 조그마한 검불이나 티끌뿐이다. 조각배를 띄우는 곳은 강이나 호수, 아주 큰 배는 바다를 항해한다. 길이가 천 리도 더 되는 곤이란 물고기가 유유히 헤엄치고 다니는 검푸른 큰 바다도 있다. 대붕이 한 번 날갯짓으로 3,000리를 치솟고 9만 리를 난다는 우주라는 무한대의 공간도 있지 않은가. 이처럼 세상은 작은 것과 큰 것이 뒤섞여 있는 재미있고 신비로운 공간이다.

아침에 돋아나서 저녁이면 스러지는 생명이 있다. '조균朝菌*'이라는

---

*아침에 생겨났다가 저녁에 사라지는 버섯으로 덧없는 짧은 목숨을 비유한 말이다.

버섯인데 덧없이 짧은 생애다. 여름에 태어나서 겨울이 오기 전에 생을 마감하는 매미와 같은 풀벌레도 있고, 비교적 수명이 길다는 학이나 거북도 있다. 반면에 수천 년을 땅속 깊이 뿌리를 내리고 싱싱하게 뻗어올라 온통 하늘을 가리는 푸른 나무도 있다. 옛날 상고시대에 대춘大椿*이라는 나무는 몇만 년을 산다고 한다. 이처럼 생명들의 삶의 길이도 천차만별이다.

아침에서 저녁까지만 살고 마는 가련한 버섯은 밤이슬의 촉촉함과 어둠이 베푸는 신령스러운 세계를 모르고, 여름에 생겨나서 가을이면 생을 마감하는 풀벌레는 겨울의 혹독한 추위와 눈 덮인 산하의 장관을 알 턱이 없다. 그와 마찬가지로 100년을 채 살지 못하는 인간이 몇백 년, 천만 년 세월의 변화와 그 아득함을 어찌 알 수 있겠는가. 대체로 지혜가 짧은 것은 큰 지혜의 웅대함을 따르지 못하고, 수명이 짧은 것은 오랜 세월 속 경험의 한계를 알 수가 없다. 쓰르라미나 작은 산비둘기가 곧이 하늘로 솟아오르고 대붕이 창공을 유영하는 뜻과 멋을 알지 못하는 것은 당연한 이치다.

오늘 하루 산하를 즐기려고 떠나는 사람은 가벼운 차림으로 도시락과 물 한 병이면 족하다. 그러나 몇백 리, 혹은 천 리를 여행하려는 사람은 많은 양식과 여러 가지 생필품을 준비해야 한다. 언제 어디서 몰아닥칠지 모를 목마름과 배고픔, 추위에 맞서야 하니까. 어린아이로 태어나서 백 년의 생을 바라보는 것은 천 리 길을 떠나려는 사람의 마음, 그 설렘과 한가지일 것이다.

세상에는 눈에 보일 듯 말 듯한 작은 것이 있고, 들릴 듯 들리지 않는 속삭임도 있다. 반면에 눈앞을 가로막는 큰 것, 너무 커서 볼 수 없는 것도 있다. 지구가 빙글빙글 도는 소리, 우주가 운행하는 굉음은 인간의 귀로는 들을 수 없다. 작은 것은 작은 것대로 큰 것은 큰 것 나름의 존재하는 의미가 있그 그 속에 살아가는 희로대락, 오묘한 즐거움과 조화가 있다. 그렇다고 해서 그것이 다 같은 것은 아니다. 앞에 나오는 대화 속에 쓰르라미나 작은 산비둘기는 곤이 대쿵이 되어 우주를 남북으로 훨훨 날아다니는 것을 비웃고 있다. 바로 이것이 작은 것과 큰 것의 차이다.

〈소요유〉 편**

---

* 장수長壽를 비유한 신령스러운 나무로 8,000년을 봄으로 삼고, 다시 8,000년을 가을로 삼는다고 전해진다.
** 《장자》 내편 첫머리에 나오는 편명이다. '소요消遙'란 말은 마음 내키는 대로 슬슬 거닐며 다닌다는 의미다. 장자의 유유자적하는 삶의 모습이며 구속됨이 없는 절대자유의 경지에서 노닐거나 현실을 초월하여 대자연의 품속에서 만끽하는 자유로운 삶을 뜻한다.

해 설

　높은 산에 올라가서 사람 사는 곳을 내려다보면 모든 것이 작아 보인다. 하늘 높이 솟아오른 빌딩 숲도, 화려하고 웅장한 건축물도 모두 저 발아래 옹기종기 모여 있는 잡동사니에 불과하다. 수많은 사람들이 아침저녁 부대끼며 지지고 볶고 살아가는 세상이란 이처럼 작은 공간일 뿐이다. 속세라고 해도 좋고 사회라고 불러도 상관없는 그 속에서 사람들은 매일 기뻐하고 분노하고 슬퍼하고 즐거워하고 미워하고 싸우고 노래하고 춤추고 있다. 부자나 가난뱅이 노숙자, 신분 높은 어르신들, 이 모두는 꿈틀거리는 벌레와 다름없는 존재로 보인다. 아니 그보다 더 작은 티끌일 뿐, 그 이상도 이하도 아니다.

　산 위에서 푸른 하늘을 올려다보면, 검푸른 허공은 끝없이 광활하다. 크게 심호흡을 하고 양 팔을 벌려 뛰어오르면 바로 신선이 된다. 지저분하고 자질구레한 세상사를 잊고 잠시 신선이 되어 광막한 우주공간을 유유히 소요하고 싶어지리라. 이런 넓고 큰마음이 바로 호연지기다. 하늘과 땅 사이에 가득한 넓고 큰 정기, 공명정대하여 하늘을 우러러 한 점 부끄러움이 없는 자신에 찬 자부심, 아무것에도 얽매이지 않는 가슴에 팽만한 자유.

　《장자》에 등장하는 곤이나 대붕은 상상의 동물이다. 2000년도 훨씬 더 전에 인간은 대붕과 같은 큰 새와 웅장한 자유를 만들어냈다. 인간은 광대무변한 대우주 속의 한 점 티끌에 불과한 하잘것없는 존재이지만, 그 사유의 자유로움, 광활함에 새삼 경탄해 마지않는다. 인간은 누구나 쓰르라미나 작은 산비둘기*가 될 수도 있고, 9만 리 장천을 훨훨 날아다니는 대붕이 될 수 있는 존재가 아닐까? 인간이 사유하는 영역은 제한되어 있지 않음에서이다.

이런 말이 있다. '제비나 참새 따위가 어찌 큰 기러기나 고니의 뜻을 알겠는가燕雀安知鴻鵠之志哉.**'

진시황의 거대한 진제국秦帝國을 상대로 처음 기의한 진승의 말이다.

---

* 학구鷽鳩라고도 하며 소인을 비유하여 이르는 말이다.
**《사기》〈진섭세가〉에 나오는 말로 소인배, 혹은 보통 사람들은 큰 뜻을 품은 사람을 이해하지 못한다는 의미다

물건의 효용을 논하다

어느 날 혜시가 장자를 찾아왔다. 아무 하는 일 없이 벌러덩 드러누워 눈만 껌벅거리던 장자는 반가운 마음이 앞섰지만, 마지못해 일어나는 듯 꿈지럭거렸다. 그동안 혜시와 장자는 종종 만나 토론 비슷한 말씨름을 하였지만, 의견의 일치를 본 적은 없었다. 혜시는 항상 현실에 바탕을 둔 딱딱한 논리 따위를 앞세워 궤변을 만들어냈다. 장자 또한 뜬구름 속에서 유유자적 거닐며 꿈속을 헤매는 듯, 헛소리를 내뱉었다. 이런 현격한 차이에도 불구하고 혜시는 장자를 절친한 친구로 여겼고, 장자 역시 그를 박대하지 않았다. 인생살이는 꿈과 현실, 현실과 꿈이 서로 얽혀 상호보완하면서 더욱 보람 있고 풍성하게 가꾸어지는 것이 아니겠는가.

장자가 아직 잠이 덜 깬 듯 흐리멍덩한 눈을 슬그머니 뜨자, 혜시가 말을 걸어왔다.

"몇 달 전에 위왕魏王*이 나에게 큰 조롱박 씨를 보내왔네. 아주 귀한 종자니 잘 가꾸어보라면서. 아마 나에게 호의를 베풀겠다는 심사였겠지. 그래서 뒤뜰에 심었네. 얼마 후 꽃이 피고 열매를 맺었지. 아주 큰 박이 하나 열렸어. 그것을 타서 바가지를 만들었더니 물 닷 섬들이나 되었네. 바가지는 본래 물을 뜨는 그릇 아닌가. 그런데 속에 물을 가득 채웠더니 도무지 들어 올릴 수가 없었네. 궁리 끝에 잘게 쪼개어 물을 담으니 바닥이 평편하고 얕아서 물이 고일 곳이 없지 않겠나. 크기는 하지만 아무 소용이 없어 깨뜨려버렸네."

이 말을 들은 장자는 한심하다는 듯이 비꼬았다.

"사물을 눈앞에 바싹 당겨서 보면, 전체의 모습은 보이지 않지. 자네는 물 뜨는 조그마한 표주박만 생각하고 그것을 보고 말았네. 그러니 큰 박이 보일 리 없지. 눈 뜬 장님이라고 할 수밖에. 자네는 사방팔방이 꽉 막힌 당달봉사, 청맹과니일 뿐이네. 물건을 보고 쓰는 데 서툴고 옹졸해. 그러니 귀중한 보배를 가진들 무슨 소용이 있겠나. 내가 한 가지 가르쳐주지."

장자는 느릿느릿 이야기를 시작했다. 그 대강을 요약하면 다음과 같다.

송나라에 손발이 트지 않게 하는 특효약을 만드는 비법을 알고 있는 사람이 있었다. 집안 대대로 실**을 바래서 가업으로 삼아 왔지만, 겨우

---

*양혜왕을 말한다. 위나라 혜왕 때 수도를 대량大梁으로 옮긴 후 위나라를 양나라라고도 불렀다.
**원문에는 광絖으로 되어 있는데, 광은 '솜'이라는 뜻이다. 내용으로 보아 무명실이나 삼麻이라고 생각된다.

입에 풀칠이나 할 정도였다. 바랜다는 것은 물에 빨아서 햇볕에 말리는 일, 즉 표백을 의미한다. 흰색의 고운 옷감을 만들려면 여러 번 물에 빨아 햇볕에 말려야 한다. 그런 작업을 반복하다 보니 손발이 항상 물에 잠길 수밖에 없었다. 특히 추운 겨울철에는 손발이 얼어 터지기 일쑤였다. 언 살갗이 갈래갈래 터져 피고름이 철철 흐르는 손으로는 생업을 계속할 수가 없었다. 그래서 선대가 만들어낸 것이 손발이 트지 않는 특효약이었다. 그 비방은 아주 비밀스럽게 대를 이어 내려왔다. 혹시 남이 알면 너도 나도 실 바래는 직업으로 뛰어들어 가업이 위협을 받을 수 있었다. 이웃들은 퍽 궁금하고 알고 싶었지만 아무도 제조 방법을 알아내지 못했다. 그러나 그런 비방이 있다는 소문은 은근히 사방으로 퍼져 나갔다.

그러던 어느 날, 허름한 차림의 나그네가 찾아와 그 약의 비방을 사겠다고 말했다. 제조 방법만 가르쳐주면 백금을 주겠다고 시원스럽게 약조했다. 이 집의 가장은 입이 떡 벌어졌다. 백금이라니! 대대로 가난하게 살아온 그들에게 백금은 큰돈이었다. 1년 내내 실을 바래보았자 수중에 남는 것은 몇 푼에 불과했다. 조상 대대로 내려오면서 굳게 지켜왔던 비방이지만 백금이란 큰 유혹에 마음이 흔들렸다. 가장은 식구들을 불러 모아 의논했다. 반대하는 사람은 아무도 없었다. 그들 눈앞에 백금이라는 큰돈이 어른거렸다.

비방을 가르쳐준다는 것은 물건을 사고파는 것과는 다르지 않은가. 만드는 방법만 넌지시 알려주면 될 것이다. 백금이란 돈을 수중에 넣고 아무 일 없었다는 듯 가업을 계속한다는 것이 그들의 꿍꿍이속이었다. 가난했지만 긍지를 잃지 않았던, 이 가련한 장인 가족은 백금을 수중에

넣고 한동안 즐거웠다.

　비방을 산 나그네는 서둘러 오나라 왕을 찾아갔다. 당시 오나라는 철천지 원수 사이인 월나라와 강을 사이에 두고 싸우고 있었다. 강변은 온통 진흙탕이어서 양측 모두 군사를 움직이는 데 어려움을 겪고 있었다. 마침 겨울철이라 진창에 빠진 병사들의 손발은 얼어 터졌다. 피고름으로 만신창이가 된 몸으로는 창을 잡거나 홀을 당길 수도 없음은 물론, 앞으로 진군하기는 더더욱 불가능했다.

　나그네는 이런 사정을 훤히 꿰뚫어보고 오왕을 설득했다.

　"저에게 손발이 트는 것을 치료하는 특효약이 있습니다. 이 약을 사용하면 병사들은 금세 건강을 되찾을 수 있습니다. 그러면 전쟁에서 이기는 것은 따 놓은 당상입지요."

　오왕은 나그네의 책략을 받아들였고 그 결과 오나라는 월나라를 쳐부수고 크게 승리했다. 나그네의 공을 인정한 오왕은 그를 장군에 임명하고 후侯*로 봉하였다. 넓은 봉토를 내려주었음은 물론이다.

　이야기를 마친 장자는 경청하던 혜시를 돌아보면서 말했다.

　"이 뜻을 자네는 알겠는가? 같은 물건이라도 쓰기에 따라 그 결과는 영 딴판이란 말일세. 백금을 받아 잠깐 넉넉한 생활을 했지만, 얼마 후 그 가족들은 실 바래는 본업으로 되돌아갔지. 그러나 그 비법을 산 나그네는 지위가 상승되고 대대로 부귀영화를 누릴 수 있었던 거야. 인간의 삶을 빈부나 귀천으로 판단하려는 뜻은 결코 아니지만, 물건의 사

---

*일반적으로 제후를 의미하지만, 여기서는 봉토를 받는 후작을 뜻한다.

용법이 그렇다는 것일세."

장자의 장광설長廣舌을 듣고 있던 혜시는 잠시 헷갈렸다. 이 친구가 언제부터 부귀를 생각했지? 누더기를 걸치고 굶주리며 다 쓰러져가는 초막에 살면서도 늘 세상 모든 것이 제 것인 양, 호기를 부리던 허풍선虛風扇이 아니던가. 혜시가 어리둥절하여 적절한 공격수단을 찾을 사이도 없이 장자의 큰 울림이 귀청을 때렸다.

"자네는 그 큰 바가지를 왜 부숴버렸는가! 그것을 동정호나 장강, 혹은 험한 파도가 일고 있는 큰 바다에 띄워볼 생각을 왜 못했단 말인가? 큰 배를 타고 천지를 자유롭게 유람하고 싶은 마음은 인간이라면 누구나 가지고 있지. 자네는 바가지를 부숴버림으로써 인간이 희구하고 열망하는 염원의 한 부분을 허물어버렸네. 아깝도다!"

그 일이 있은 얼마 후, 혜시가 또 장자를 찾아왔다. 혜시는 말씨름이라면 누구에게도 꿀리지 않을 자신이 있었지만, 장자 앞에서는 늘 주눅이 들었다. 장자에게 놀림거리가 되어 무시당하고 경멸에 가까운 대접을 받았지만, 그것을 아랑곳하지 않았다.

"지난번에는 그놈의 바가지 때문에 자네에게 혼이 났고 또 깨달은 바도 조금 있었지. 그래서 이번에도 자네의 의견이 어떤가 한번 들어보려 하네."

혜시는 초롱초롱한 눈망울을 굴리며 장자 앞으로 바싹 다가앉았다.

"우리 집에 엄청나게 큰 나무가 한 그루 있네. 사람들은 그것을 가죽나무*라고 부르지. 둥치는 울퉁불퉁 옹이가 튀어나와 재목감으로 쓸 수는 없어. 천 갈래로 뻗어나간 가지는 꾸불꾸불 제멋대로 휘어져 아무

짝에도 쓸모가 없네. 더구나 하늘을 뒤덮은 우거진 잎에서는 고약한 냄새까지 풍긴단 말일세. 덩치는 크지만 유용한 물건은 아닌 것 같아. 재목감을 찾는 이름난 개목들이 소문을 듣고 찾아와서는 헛걸음질했다고 투덜거리며 돌아간 적도 여러 번 있었네. 그래서 내가 도끼로 찍어버리려다가, 지난번 바가지를 부숴버렸던 일을 생각하고 잠시 참았지. 자네는 이것을 어떻게 생각하는가?"

혜시의 말이 끝나자 장자는 얼른 손사래를 쳤다.

"도끼로 찍어 넘긴다고? 그런 바보짓을 또 하겠다는 말인가? 내 말을 들어보게. 자네는 들판이나 야산을 오르내리는 살쾡이를 본 적이 있지? 땅에 납작 엎드려 숨을 죽이고 있다가 먹잇감이 방심하는 사이 비호같이 달려들어 잡아먹그 말지. 어디 그뿐인가. 야밤중에는 슬슬 인가로 내려와 가금류 등의 가축을 물어가지 않던가? 한두 번은 모르지만 그대로 놓아둘 사람들이 있겠는가. 곳곳에 덫을 놓고 올무나 그물을 깔아놓을 수밖에. 살쾡이란 놈은 재빠른 자신의 재주만 믿고 이리저리 곡예를 부리다가 결국 덜컥 덫에 걸리거나 그물망에 포획되고 말았네. 조금은 허기질 때도 있겠지만 인가로 내려온 것이 화근이었지. 과욕 때문에 결국 목숨을 빼앗겼거든.

하지만 이우犛牛라는 들소는 그렇지 않아. 털이 길고 몸집이 엄청나게 커서 구름을 덮고 그 밑에서 비를 피할 수 있었지. 그런데도 이 녀석은 무엇 하나 잡지 못하였네. 못 잡는 것이 아니라 아예 잡을 생각을 하지

---

*한자로는 저樗라고 하는데 쓸모없는 물건을 뜻한다. 파생된 말로는 저산樗散이 있으며 아무 쓸모없는 나무나 무능한 인간을 비유한다.

않은 거지. 드넓은 들판에 지천으로 널려 있는 잡초를 뜯어 먹고, 느릿느릿 되새김질만 하고 있어. 천지 사방에서 불어오는 시원한 바람을 즐기면서 말일세.

혜시 자네가 그 가죽나무를 도끼로 찍어버리지 않은 것은 참으로 다행이고 잘한 일이네. 그 나무를 광막한 들판에 옮겨 놓고 드넓은 그늘 밑에서 편안히 쉬면서 마치 이우라는 들소처럼 대지의 숨결을 들이마시면 어떻겠는가? 냄새가 고약하다는 것은 인간의 편협한 후각의 판단일 뿐이지. 나는 그 냄새가 기화요초가 내뿜는 요염한 기운과는 비교할 수 없는 은은한 자연향이라고 여기고 있네. 광막한 들판에 우뚝 솟은 큰 나무와 무성한 숲, 자연향이 천지에 가득한 그곳이 내게는 무하유지향일세."

〈소요유〉 편

해 설

　언뜻 보면 여기 등장하는 몇 토막의 이야기는 물건의 사용법, 그 효용을 논한 것처럼 보인다. 사물은 쓰임새가 정해져 있고, 쓸모 있는 것과 현실적으로 아무 가치 없는 것으로 나뉜다. 그러나 하찮은 무용지물처럼 보이는 것도 쓰기에 따라서는 유용한 것으로 전환시킬 수 있다.

　그러나 그것은 겉보기에 불과하다. 여기 등장하는 것들이 작은 것과 큰 것, 작은 용도와 더 큰 용도로 구성되어 있음에 주목해야 한다. 장자는 혜시라는 실용주의자를 등장시켜 인간의 이기심, 편협함을 비판한다. 또한 인간과 자연의 교감, 더 나아가 융합, 합일의 경지, 그 정경을 그렸다.

　물을 떠 마시는 조그마한 표주박과 현실적으로 존재 불가능한 큰 바가지의 대비, 큰 그릇 속에 인간의 염원을 담을 수 있다는 것, 손발 트는 것을 치료하는 특효약으로 근근이 살아가는 순박한 서민의 모습, 그것으로 인하여 큰 이익을 본 나그네. 작은 먹잇감을 잽싸게 낚아채는 살쾡이와 이우라는 큰 들소의 유유자적하는 삶, 이런 모습에는 세속과 그것을 초월한 자연 그대로의 모습이 혼재해 있다.

　가죽나무는 또 어떤가. 나무의 존재가치를 한갓 인간이 바라는 재목감으로 한정 지을 수는 없다. 장자는 쓸모없다는 나무를 통해 세속을 뛰어넘는 순진무구한 절대자유를 향유할 수 있는 공간으로 창조해냈다. 그리고 그곳을 무하유지향이라고 이름 지었다. 눈을 뜨면 TV, 컴퓨터 화면에 몰입하고 최신 스마트폰으로 손장난을 하는 현대인들은 감히 상상할 수조차 없는 세계다. (위의 내용은 《장자》에 나오는 몇 가지 이야기를 종합, 재구성하여 비슷한 주제로 통일하여 엮었음을 밝힌다.)

조삼모사의 참뜻

어느 남쪽 지방에 원숭이를 좋아하며 기르는 사람이 있었다. 이웃들은 그를 저공狙公이라고 불렀다. '원숭이 아저씨'란 뜻의 비아냥거리는 말이다. 그러나 누가 뭐라고 놀리고 비꼬아도 그는 원숭이들과 노는 것이 즐거웠다. 매일 원숭이들과 뒹굴고 놀면서 그들과 친구처럼 가까워졌다. 서로 말은 주고받지 못했지만 표정이나 손짓, 발짓으로 충분히 의사소통이 가능했다. 원숭이들이 배고프다고 칭얼대면 먹이를 갖다주었고, 목이 마르다고 울부짖으면 금세 물통을 대령했다.

원숭이들이 특히 좋아하는 먹잇감은 도토리였다. 가끔 도토리를 뿌려주면 먼저 집어먹으려고 난리법석을 떨었다. 도토리 한 알을 빼앗으려고 서로 다투기까지 했다. 이놈들에게 질서를 가르쳐줄 수는 없을까. 저공은 머리를 싸매고 이런저런 궁리를 짜보았다. 그래서 원숭이에게 순서를 정해놓고 도토리를 낱알씩 배급해주는 훈련을 시켰다. 이것이

익숙해지자 저공은 원숭이들에게 말했다.

"내일부터는 아침에 세 알, 저녁에 네 알씩 배급해주겠다."

이 말을 들은 원숭이들은 씩씩거렸다. 불평스러운 몸짓, 노기 띤 표정이 역력했다. 이놈들이 맛있는 것을 준다는데 왜 그럴까. 한참을 생각한 그는 말을 바꾸어보았다.

"그러면 아침에는 네 알, 저녁에는 세 알이다!"

이 말이 끝나자 원숭이들은 기뻐 어쩔 줄을 몰라 했다. 손뼉을 치는 놈, 좋아서 뒹구는 놈, 흰 이빨을 드러내고 깔깔거리는 놈, 저공의 어깨에 올라타고 춤추는 놈 등 별의별 짓을 다하며 좋아했다.

〈제물론〉 편*

---

*《장자》 내편 〈제물론齊物論〉의 편명으로 동등한 견지에서 만물을 바라본다는 뜻이 담겨 있다.

해설

　이 이야기의 본질은 얄팍한 말장난이다. 명목이나 실제가 전혀 달라지지 않았는데도 상황에 따라 화를 내고 기뻐한다. 옳고 그르다고 하는 것도 이와 같은 것이 아닐까. 시시비비의 절대기준이란 존재하지 않는다. 큰 깨달음은 옳고 그름을 함께 포용하여 조화시키는 일이다. 옛 성인은 이런 것을 천균天均*이라고 했다. 옳고 그름이 다 같이 행해지면서도 조금도 불편이나 장애가 없는 것, 그것이 이루어지는 것이 양행兩行이다. 이 천균이나 양행이란 말은 장자가 만들어낸 것이다.
　장자의 천균이나 양행은 대단히 관념적인 철학적 명제다. 궁극적으로 말하면 옳은 것도 없고 옳지 않은 것도 없다. 즉 존재하는 것도 존재하지 않는 것도 없다. 하나가 둘이고 둘이 하나다. 이 궤변 같은 도착된 관념은 파고들면 끝없이 이어진다. 결국 도에 귀착되지만, 너무 산만하고 어렵다.
　요즘 우리말 고사성어의 '조삼모사朝三暮四**'란 말은 장자의 이 원숭이 이야기에서 유래하지만, 현재는 본래의 뜻과는 조금 다르게 쓰이고 있다. 즉 '간사한 꾀를 써서 남을 속인다', '아침저녁의 행위가 서로 다르다'는 부정적인 의미로 변한 것이다.
　이와 비슷한 이야기는《열자》〈황제〉편에도 실려 있다.

* 자연적으로 이루어진 균형 잡힌 세계를 말한다.
** 직역하면 아침에는 셋, 저녁에는 넷이란 뜻이다. 머리를 짜 가며 각각 한쪽으로 치우친 이야기를 하면서도 그것을 근본적으로 캐고 들면, 결국은 한 가지라는 사실을 모르고 있다. 이것이 바로 조삼모사의 참뜻이다.

망량과 그림자

망량罔兩*은 그림자를 늘 따라다녔다. 바싹 붙어 있지 않으면서도 확연히 드러나지 않게 그림자와 행동을 같이했다. 먼발치에서 꼬리를 밟는 미행과는 전혀 다른 형태로 붙어 다녔다. 그들은 떨어지려야 떨어질 수 없는 아주 가까운 친구 사이였다. 매일 그렇게 움직이다 보니 싫증도 나고 짜증스럽기도 했다. 그래서 망량은 어느 날 그림자에게 불평을 토로했다.

"넌 왜 항상 그 모양인가. 걸어가는가 싶다가도 금방 서 버리고, 앉아 있다가도 어느새 벌떡 일어나고, 도대체 자네가 움직이는 모양은 가늠할 수가 없네. 그 따위 절조 없는 행동으로 무엇을 하겠는가?"

그림자는 망량의 의미 있는 불평 섞인 항의를 아무 말 없이 듣고만

---

* 그림자 옆에 생기는 엷은 그늘이란 뜻으로 의지할 데 없는 모양이라는 의미로도 쓰인다.

있었다. 가만히 생각해보니 그것은 틀림없는 사실이었다. 나 또한 마찬가지가 아닌가. 내가 마음 내키는 대로 생각하고 움직였던 적이 한 번이라도 있었던가. 그림자는 고개를 절레절레 흔들면서 망량에게 하소연했다.

"그건 자네 말이 맞아. 내겐 지조라고는 없어. 아무래도 형체의 지시에 따라 움직여야만 되는 것 같아. 내가 주인인 형체의 지시에 의지하는 것은 뱀의 배에 붙어 있는 비늘이나 쓰르라미의 하늘하늘한 날개가, 뱀이나 쓰르라미의 뜻을 따르는 것과 같은 이치인 것 같아. 실은 나의 주인인 형체라는 것도 보이지 않는 그 어떤 무엇의 명령에 의해 움직이는 모양이야. 상전 위에 상전이 있고, 또 그보다 높은 상전이 있듯이. 결국 최고로 높은 상전은 조화신이 아닐까? 그러니 나처럼 미천한 그림자가 걷다가 우뚝 서고 누워 있다가 화다닥 일어나는 이치를 알 턱이 있겠나?"

그림자는 길게 한숨을 쉬며 말을 끝냈다.

〈제물론〉 편

◎ 해 설

　여기 등장하는 '망량'이란 그림자 주변에 생기는 엷은 그늘, 곧 그림자의 그림자라고 할 수 있다. 이들은 둘이면서 하나다. 보통은 그냥 그림자지만 자세히 관찰하면 망량이란 것이 존재한다. 이들을 만들어내는 것은 사물의 형체다. 그렇다면 형체를 만들어내는 것은 무엇인가. 또 그 위의 것은? 이렇게 끝없이 유추해 올라가면 결국 조화신에 이른다. 조화신이란 우주공간에 가득 찬 그 어떤 기운이 아닐까. 그것은 아마 자연일 것이다. 자연 속에 존재하는 모든 삼라만상은 결국 자연에 의지하고 따를 수밖에 없다.

　이 짧은 우화는 부질없는 인간의 자의적 행위, 당찮은 욕망이나 탐심, 제 분수를 모르고 날뛰는 것을 조용히 질타하고 있다. 동시에 인간은 자연을 거역하면서 살아갈 수 없는 존재라는 암시도 내포되어 있다. 따지고 보면 망량과 그림자, 형체, 그 위의 어떤 존자, 조화신, 자연은 하나라고 할 수 있다. 인간이 자연이고 자연이 곧 인간인 셈이다. 결국 이 이야기에는 광대무변한 자연에 순응하고 자유로이 호흡하면서 순박한 삶을 즐기라는 함의를 내포하고 있다.

　이야기의 본질은 상대적인 세계를 긍정하고 인지에 의한 분석을 거부한다. 즉 어떤 사물의 존재나 운동은 그 자체로 성립되지 않는다. 반드시 원인이 있고 원인의 원인이 있어 이를 파고 올라가면 끝이 없다. 결국 인간의 지혜를 초월한, 그 어떤 먼 곳에 원인이 있다고 할 수밖에 없다. 이것이 바로 '도'이다. 모든 사물은 도의 그림자이며 망량인 셈이다.

나비가 된 꿈, 호접몽

 화창한 봄날이었다. 훈훈한 바람이 산들산들 불어오고 산과 들에 온갖 꽃들이 활짝 핀 백화난만百花爛漫한 시절이었다. 만물은 긴 겨울잠에서 막 깨어나 활개를 펴고 생동했다. 아른아른 피어오르는 아지랑이가 천지에 가득하고 자연이 내뿜는 입김이 부드럽게 피부에 와닿았다. 장주莊周는 무르녹은 봄기운에 나른한 몸을 가누지 못하고 스르르 깊은 잠에 빠져들었다.
 가볍게 날갯짓을 하며 공중으로 떠올랐다. 오월의 새순이 파릇파릇 피어나는 잡목 사이를 훨훨 날아보았다. 싱싱한 새 생명의 풋풋한 냄새가 상쾌하기 이를 데 없었다. 그동안 축 늘어져 한 발짝도 내딛기 싫던 무거운 몸이 가볍게 떠 있다니! 너무 놀랍고 신기했다. 그래서 자기 몸을 슬쩍 돌아보았다. 아니, 이게 웬일인가. 두루뭉술한 커다란 몸뚱이는 간 곳 없고 휘황찬란한 한 마리 나비가 시야에 들어왔다. 날갯짓을 해보니 가볍게 붕 떠올랐다. 어디선가 짙은 향기가 바람결에 섞여 날아왔다. 장주는 그 훈훈하고 삽상한 기운을 가슴속 깊이 들이마시고 향기가 피어오르는 곳을 향해 양 날개를 흔들었다.

푸른 새잎이 돋아나는 잡목 사이를 빠져나오니 넓은 초원이었다. 잡초가 우거진 들녘에 흐드러지게 피어 있는 이름 모를 꽃들이 어서 오라며 온갖 요염을 다 떨었다. 장주는 그중 제일 마음에 드는 꽃잎에 가볍게 내려앉았다. 꽃잎 속으로 입을 찔러 넣으니 바로 꿀샘이었다. 달콤한 꿀을 한껏 빨아 마셨다. 꽃가루가 몸에 달라붙는 것도 잊은 채 꿀샘 속으로 깊이 빠져 들어갔다. 지금까지 단 한 번도 맛보지 못했던, 말로는 형용하기 어려운 향기로운 꿀을 배불리 빨아 먹고 몸을 일으켰다. 그런데 이게 어찌 된 영문인가. 꽃가루가 콧속으로 들어가 숨이 막혔다. 날갯짓을 해보았으나 몸이 뜨지를 않았다. 버둥거리다가 꿈에서 깨어났다.

주위를 돌아보니 호화요초는 온데간데없고 자신은 정자나무 아래 평상에 비스듬히 누워 있었다. 그런데도 입가에는 향긋한 꿀맛이 아직 남아 있었다. 촉촉이 젖어 있는 입술을 빨면서 허공을 자유자재로 날아다니던 꿈속의 즐거움을 다시금 떠올렸다.

평상에 벌러덩 드러누워 눈만 껌벅거렸다. 그의 몸은 아직도 하늘을 날고 있는 한 마리 나비였다. 몽롱한 의식 속에서 가만히 생각해보았다. 꿈과 현실이 헷갈렸다. 내가 본래는 인간 장주인데, 한 마리 나비가 된 꿈을 꾼 것인가. 아니면 본래는 나비인데, 지금 인간이 된 꿈을 꾸고 있는가. 나는 나비인가, 인간인가? 아무리 생각해도 뚜렷이 구분되지 않았다.

〈제물론〉 편

해설

　《장자》에 나오는 대표적인 우화다. 물아일체物我一體, 곧 자연과 인간은 본시 하나고 분리할 수 없다는 의미다. 겉모습이 나비나 인간으로 존재한다는 것은 일시적 현상이다. 본문에는 이것을 물화*라고 했다. 즉 삼라만상은 끝없는 변화 속에 있는 거짓 모습이고, 존재한다는 것은 꿈 속과 같은 찰나에 불과하다는 의미다.

　여기서 호접몽胡蝶夢**이라는 말이 유래했다. 즉 인생은 한순간의 꿈, 백일몽에 지나지 않는다는 것이다. 인생의 덧없음을 비유하는 뜻으로도 쓰인다. 그러나 좀 더 깊이 생각해보면 반드시 그런 것만도 아니다. 변환을 거듭하는 자연이나 우주의 시공 속에서 인간의 편견과 아집, 집착은 얼마나 허망한 것인가. 장자는 이를 주장하고 있는 듯하다.

* 하나의 사물이 다른 것으로 변하는 것을 이르며 삶과 죽음도 '물화'라고 할 수 있다. 여기서는 장주가 나비가 되고, 나비가 장주로 변하는 것을 말한다.
** 호접지몽, 장주지몽莊周之夢이라고도 한다. 장자가 나비가 된 꿈을 꾸었다는 데서 유래했으며, 자아와 외계의 구별을 잊은 경지를 이르는 말이다.

들꿩의 즐거움

어느 날 우사右師(전국시대 송나라의 현인)는 불편한 몸을 뒤뚱거리면서 밖으로 나왔다. 구름 한 점 없는 푸른 하늘, 그 언저리 어디에선가 불어오는 시원한 바람이 옷깃을 스쳤다. 울적하고 답답했던 가슴이 뻥 뚫리고 형언할 수 없는 희열이 몰려왔다. 아마 오랜 세월 감옥에 갇혀 있다가 풀려나온 사람의 심정이 이러하리라. 하긴 옥살이나 다름없이 집 안에 갇혀 옴짝달싹하지 못하고 살아오지 않았던가.

우사는 아직도 다 아물지 않은 한쪽 다리를 바라보았다. 헝겊으로 칭칭 감아 놓았지만 그것은 땅을 딛는 온전한 발이 아니었다. 월형刖刑*을 받아 발뒤꿈치가 뭉텅 잘려 나간 지 어언 1년여가 지나고 있었다. 그런데도 상처가 다 아물지 않아 피고름이 흘러내렸다.

*봉건시대 때 죄인의 발뒤꿈치를 자르는 형벌로 단지斷趾라고도 한다.

뭐 그리 큰 죄를 지은 것도 아닌데 그들(권력자)은 우사의 발을 자르는 형벌을 내렸다. 상전의 비위를 슬그머니 건드렸을 뿐이다. 백성을 다스리는 국법은 결국 촘촘한 그물망에 지나지 않는다. 눈에 보이지는 않지만 세상에는 도처에 그물이나 올무, 덫 같은 것이 깔려 있다. 정치를 한다는 사람들은 저도 모르는 사이 백성들을 그 그물이나 함정 속으로 몰아넣고 있었다. 우사가 이 이치를 깨닫게 된 것도 월형을 당하고 나서였다.

뒤뚱뒤뚱 지팡이에 의지하여 몇 발짝 걸어 나와 청청한 하늘을 올려다보았다. 한없이 넓고 높은 세상이 한눈에 들어왔다. 그 광대무변한 자유로운 기운을 한껏 들이마시니 마치 10년 묵은 체증이 확 풀려 내려가는 느낌이었다. 몸을 칭칭 감고 있던 그물망을 빠져나온 자유의 몸이었다. 이렇게 한껏 기분이 고조되어 있는데, 갑자기 앞을 가로막는 사람이 있었다. 공문헌公文軒이었다. 오랜만에 만나는 반가운 친구였다. 공문헌은 우사의 모습을 보더니 깜짝 놀라 질문을 퍼부었다.

"아니, 자네가 어쩌다가 이 지경이 되었는가? 중죄를 저지를 사람도 아닌데 월형을 당하다니! 도대체 어느 놈이 이렇게 만들었는가? 인간 때문인가, 아니면 하늘이 시킨 일인가?"

공문헌의 말에는 놀라움과 노기가 섞여 있었다. 우사는 어떻게 대답해야 할지 잠시 망설였다. 월형을 당하고 나서도 인간을 원망하지 않았다. 오히려 다행이라고까지 생각했다. 목이 잘리는 큰 벌을 면해서가 아니라, 인간이 만든 그물망에서 빠져나온 느낌 때문이었다. 메뚜기 같은 풀벌레들도 적에게 집혔을 때는 자신의 팔다리를 스스로 떼어 버리고 도망가지 않던가. 자신의 몸을 보전하는 최상의 본능일 것이다. 이런 생각이 떠오르자 우사는 입을 열었다.

"하늘이 시킨 것이지 사람이 한 짓은 아니네. 나를 낳아 기른 것도 하늘이고 내 발을 자른 것도 하늘일세."

공문헌과 우사는 좀 전의 놀라움이나 노여움은 모두 잊고 손을 마주 잡고 시시덕거렸다. 그러다가 우사가 공문헌을 돌아보며 말했다.

"내가 죄를 뒤집어쓰고 이리 되니까 아무도 돌아보지 않더군. 이웃집 개도 눈치를 보며 피해 다녔지. 인간 취급을 하지 않고 무슨 괴물인 양 여기는 모양이야. 나는 그것이 좋아서 더덩실 춤이라도 추고 싶은 심정이었네. 나에게 관심을 갖는 장애가 없어지니 자유의 몸이 된 거지. 한마디로 나는 지금 세속을 떠나 하늘을 왕래하는 신선일세."

우사는 잠시 푸른 하늘을 바라보았다. 그러고는 다시 말을 이었다.

"자네는 저 들판이나 못가에서 먹이를 찾다가 푸드덕 날아오르는 들꿩을 보았겠지? 이놈들은 조심조심 열 걸음을 걸어가서야 한 번 쪼아 먹고, 백 걸음쯤 가서 겨우 물 한 모금을 마시네. 먹이가 들판에 널려 있는 것은 아니지 않은가? 그런데도 닭장 속에 갇혀서 온갖 맛있는 먹이를 얻어먹는 닭이나 오리를 부러워하지 않지. 아무리 먹을 것이 풍족하더라도 울타리를 벗어나 날아오를 수는 없거든. 그렇게 보면 나는 들꿩이나 마찬가지네. 자유롭게 하늘 높이 날아오를 수 있으니까."

〈양생주〉 편*

---

*참된 삶을 누리는 요체, 즉 모든 것에 순응하고 어떤 것에도 구애받지 않는 자연 그대로의 본성을 손상시키지 않는 삶을 가꾼다는 의미다.

해 설

 이 이야기는 속박을 벗어난 자유로운 삶이 즐겁다는 것을 우의적으로 풍자하고 있다. 《장자》 내편의 〈소요유〉와 〈제물론〉 다음에 이어서 나오는 것이 〈양생주〉다. 〈소요유〉는 절대무한의 경지에서 유유자적하는 삶이고, 〈제물론〉은 만물의 근원이 모두 같다는 의미인데, 세 번째 〈양생주〉는 삶을 온전하게 가꾼다는 뜻이다. 이 순서를 자세히 들여다보면, 우주나 삼라만상과 같은 웅대하고 큰 것에서 인간의 구체적 삶과 같은 작은 것으로 연결되어 있다. 여기서 일관되게 흐르는 것이 인간의 욕망, 집착, 심지어는 자신이라는 의식마저 잊는 완전무결한 자유, 인위가 가해지지 않은 무위자연의 순수성이다.

 세상은 온갖 규제로 얽매어져 있다. 그것은 윤리, 도덕이나 규범, 질서, 법률 또는 그 모든 것 위에 군림하는 통치자의 입김 같은 것들을 말한다. 세상은 좀처럼 빠져나갈 수 없는 코가 촘촘한 그물망으로 뒤덮여 있다고 할 수 있다. 여기에는 눈에 보이지 않는 것이 또 있다. 운수나 운명이라고 이름 지어진, 어떤 초월적 힘에 의한 작용이다. 우사는 이것을 하늘이 시킨 일이라고 말한다.

 이렇게 보면 세상살이는 온통 지뢰 투성이다. 곳곳에 함정, 덫, 올무, 그물이 깔려 있다. 자칫 한 발 헛디뎠다가는 천 길 낭떠러지로 굴러떨어지든가 지뢰가 터져 만신창이가 될 수도 있고, 그물에 칭칭 감겨 꼼짝도 못하는 가련한 신세가 되기 마련이다. 이런 힘난한 세상을 아무런 상처 없이 건너게 도와주는 것이 〈양생주〉의 본뜻이 아니겠는가.

하늘의 속박에서 풀려나다

　노담老聃*이 죽자 그의 친구인 진실秦失**이 문상을 하러 왔다. 그러나 세 번 곡을 하고는 곧바로 나와버리는 것이 아닌가. 상복을 입고 슬픔에 잠겨 있던 노담의 제자 한 사람이 진실을 따라나오면서 물었다. 몹시 언짢은 기색이 역력했다.

　"손님께서는 우리 선생님의 친구가 아닙니까?"

　"그래, 절친한 친구였지."

　"그런데도 이런 형식적인 조상을 해도 괜찮을까요?"

　진실은 노기 어린 눈으로 그 제자를 바라보았다. 그러고는 분명한 어조로 대답했다.

　"그렇다. 처음에 나는 노담을 훌륭한 인물이라고 보았네만, 지금은

＊노자를 이르는 말로 자가 금聃이어서 '노담'이라고 불린다.
＊＊가공의 인물이다.

그렇지 않네."

 항의하는 듯한 태도로 대들던 제자가 어리둥절하여 진실을 쳐다보았다. 세상 사람들 모두가 흠모하여 마지않던 노담을 훌륭한 인물이 아니라고 하다니! 더구나 절친한 친구라고 스스로 말한 사람이.

 "손님의 말씀을 저는 도저히 이해할 수가 없습니다. 그 까닭을 말씀해주실 수는 없는지요?"

 진실은 한심하다는 듯이 말했다.

 "좀 전에 내가 문상을 하면서 주위를 살펴보니 노인들은 자기 자식을 잃은 듯, 젊은이들은 어버이를 여읜 것처럼 울고불고 야단법석을 떨고 있었네. 그가 생전에 그렇게 해달라고 부탁하지는 않았더라도 은연중 그것을 원했기 때문이 아니겠는가? 이것은 생사라는 자연의 질서를 어지럽히는 짓일세. 옛사람은 이런 행위를 둔천지형遁天之刑*이라고 했지. 즉 천명을 도피하려는 죄인 것이네. 자네들 스승이 세상에 나타난 것은 태어날 시기가 되었을 뿐이며, 세상을 떠난 것도 죽을 때가 되었기 때문이야. 이것은 자연현상의 하나고 또 자연의 질서가 아닌가? 이런 이치를 알고 순응한다면 슬픔 따위가 마음속에 스며들 여지가 없을 걸세. 인간의 삶이란 영원이라는 시간 속에 잠시 나타났다가 사라지는 것이야. 이를 제지현해帝之懸解**라고 했네. 즉 하늘에 거꾸로 매달린 고통에서 풀려난다는 것이지."

〈양생주〉 편

---

* 하늘의 뜻에 반하기 때문에 받는 형벌.
** 인간의 삶이란 하늘에 거꾸로 매달린 것과 같이 고통스러운데 그것에서 풀려났음을 의미한다. 곧 생사의 근심과 즐거움을 초월한다는 말이다.

해 설

사마천의 《사기》에는 노담의 종적을 알 수 없다고 기록되어 있는데, 여기에서는 노담이 죽었고, 또 진실이라는 친구가 문상한 이야기가 나온다. 노자의 행적은 신비에 싸여 있으며 자세한 기록이 없다. 이런 점을 감안할 때, 이 내용은 장자의 허구임이 분명하다. 따라서 진실이라는 노담의 친구 역시 실재하지 않는 가공의 인물이다.

장자는 '진실'이라는 가공인물을 통하여 자신의 사생관死生觀을 밝히고 있다. 즉 사람의 생사는 자연현상에 지나지 않는다. 그렇기 때문에 그것을 초월해야 한다. 사람이 생사에 구애되는 한, 그 고통에서 벗어날 수 없다. 생사를 자연에 맡길 때 사람은 비로소 그것을 초월하고 고통에서 해방될 수 있다. '제지현해'라는 말이 곧 그것이다. 하늘에 거꾸로 대롱대롱 매달려 있는 삶이란 고통 그 자체다. 어떻게 하면 여기에서 풀려날 수 있는가. 인간의 영원한 숙제라 할 수 있다.

수레 앞을 가로막은 사마귀

　노나라의 현인 안합顔闔은 큰 걱정거리를 안고 고민에 고민을 거듭하고 있었다. 이웃 위나라 제후인 영공靈公이 태자를 가르쳐달라고 부탁했기 때문이었다. 자신을 믿고 높이 평가하여 아들인 태자의 사부로 초청했는데, 의리상 거절할 수도 없는 노릇이었다.
　사람을 가르치는 일, 더구나 한 나라의 태자를 훈육하는 것은 더 없이 막중한 일이다. 태자는 장차 위나라의 군주가 되어 백성을 다스릴 사람이 아니겠는가. 그가 훌륭한 인물로 성장하면 위나라 사람들은 태평성대를 구가할 것이고, 폭군이 된다면 그 영향이 이웃 나라에까지 미쳐 세상이 어지러울지도 모른다. 그 어려운 일을 내가 감당할 수 있을까. 더구나 풍문으로는 위나라 태자 괴외가 천성이 포악하고 잔인하다고 알려져 있었다.
　안합은 이런저런 궁리를 하다가 위나라 대부인 거백옥蘧伯玉을 찾아가 어찌하면 좋을지 물어보기로 했다. 거백오이야말로 공자도 참다운 군자라며 칭송을 아끼지 않았던 훌륭한 인품의 소유자였다.

먼저 안합이 거백옥에게 넌지시 물었다.

"만약에 천성이 잔인하고 무도한 어린아이가 있다고 가정해보겠습니다. 그는 장차 나라의 주인이 될 사람인데, 그런 어린애를 어떻게 훈육해야 좋겠는지요? 잘못 가르치면 그의 난폭함과 방종으로 세상이 어지러울 것이고, 법도에 따라 엄격하게 지도하다가는 제 몸이 위태로울 수도 있겠지요. 그 어린아이는 남의 잘못은 잘 알지만 자신의 잘못은 전혀 모르는 천성을 타고났습니다. 사나운 한 마리의 짐승과 같다고나 할까요. 이런 야성을 어떻게 순치馴致*해야 되겠습니까?"

이 말을 듣고 거벅옥은 입가에 미소를 지었다. 안합의 고민을 이미 훤히 다 알고 있다는 표정이었다.

"참 좋은 질문일서. 먼저 자네의 몸을 보전해야 되네. 목적도 이루기 전에 몸이 망가진다면 무슨 소용이 있겠는가? 상대가 다루기 힘들수록 외모는 친근하게, 마음은 화평하게 가다듬게. 다시 말해 유순하고 부드럽게 접근하라는 거지. 자네의 속마음이 겉으로 드러나면 상대는 경계하고 적개심을 갖게 마련이야. 마음은 내키지 않더라도 자신을 지극히 낮추고 상대의 비위를 맞춰야 할 걸세. 그가 어린애 같이 행동하면 나도 어린애가 되고, 그가 철없이 굴면 그것을 따라 하고, 방종하면 나 역시 방종하고…… 상대와 허물없이 함께 뒹굴더 속내를 간파하는 거지.

---

* 짐승을 길들이는 것을 뜻하며, 목표로 하는 어떤 상태에 점차 이르게 함을 비유적으로 나타내는 말이다.

세상 사람들이 무어라고 비웃더라도 상관할 일이 아니야. 자네의 심중만 바로 서 있으면 된다네. 그렇게 하더라도 위험은 항상 도사리고 있지. 인간의 잔인한 본성을 순치하는 일은 지극히 어려운 일일세. 나로서도 특별한 묘안은 떠오르지 않지만 참고할 만한 몇 가지 이야기는 들려주겠네."

거백옥은 한참 생각에 잠겼다. 안합은 앞서 말한 거백옥의 의견에 탄복했다. 이 노인을 찾아온 것이 참으로 잘한 일이라고 생각했다. 침을 꿀꺽 삼키면서 거백옥의 다음 이야기를 기다렸다. 깊은 생각에 잠겨 있던 거백옥이 다시 입을 열었다.

"자네는 당랑이라는 곤충을 알고 있겠지. 사마귀, 버마재비라고도 부르는 풀벌레를 말일세. 풀숲에 살면서 저보다 약한 풀벌레를 포식하는 난폭한 놈이야. 유독 앞다리가 길고, 그 끝에는 도끼날같이 날카롭고 큰 주먹이 달려 있지. 이 녀석은 먹잇감을 보면 앞다리를 치켜들고 인정사정 볼 것 없이 후려쳐서 으적으적 씹어 먹어치운다네. 그런데 어느 날, 당랑이 큰길가에 나왔다가 달려오는 마차와 정면으로 마주쳤어. 감히 어느 놈이 내 앞을 가로막는가? 이렇게 생각하고는 앞다리를 번쩍 들어 올리고 마차를 가로막았지. 마차는 그것도 모르고 그냥 지나갔는데, 그 결과가 어찌 되었는지는 자네의 상상에 맡기겠네. 이런 경우를 당랑거철螳螂拒轍*이라고 하지. 자네가 자신의 훌륭함을 자랑하여 상대를 무시하면 위험에 처하게 된다는 뜻이야."

백거옥은 의미 있는 웃음을 지으면서 다음 이야기를 시작했다.

"호랑이 새끼를 기르는 방법을 이야기하지. 첫째는 절대로 살아 움직이는 먹이를 주어서는 안 되네. 아무리 작다고 하더라도 맹수인 호랑이 새끼가 아닌가? 그놈이 비호같이 달려들어 산 먹이의 생명줄을 끊고 피맛을 보게 해서는 안 된다는 뜻이야. 생명을 죽이는 것이 즐겁고 맛있다는 본성을 일깨워주지 말아야지. 동물은 자신의 배를 채우기 위해 생명을 해치는데, 그것은 자연스러운 일이네. 배가 부른 맹수는 먹잇감이 지천에 널려 있어도 거들떠보지 않아. 그러나 인간은 동물과 다르다네. 인간의 욕망은 끝이 없거든. 자신의 쾌락을 위해 수많은 생명을 죽일 수 있는 것이 인간일세.

두 번째는 먹잇감을 통째로 주지 말아야 하네. 만약 사슴 한 마리를 그냥 통째로 던져주면 호랑이 새끼는 그것을 갈기갈기 찢어놓을 걸세. 그것은 잔학한 야성을 훈련시키는 것이 아니고 무엇이겠는가?

자, 이제 자네가 길러야 할 상대에게 어떤 먹잇감(교육 내용)을 어떻게 (교육 방법) 주어야 할는지는 스스로 판단할 일이야. 자네는 또 이 점을 잊지 말게. 호랑이 조련사들이, 자신들이 기른 호랑이에게 물려 죽는 경우가 종종 있네. 먹이를 주면 졸졸 따르다가도 조금만 거스르면 어느새 눈을 붉히고 맹수의 본성으로 되돌아가기 때문이야. 자네가 가르치려는 어린애도 어쩌면 호랑이 새끼 같은 존재가 아니겠나?"

백거옥은 물 한 모금으로 목을 축이면서 안흩을 바라보았다.

---

* '사마귀가 마차를 가로막는다'는 뜻으로 자기 분수도 모르고 강한 적에게 덤벼드는 무모함을 꼬집는 말이다.

"이와 비슷한 이야기를 하나 더 들려주겠네. 옛적에 말을 몹시 좋아하여 정성을 다해 보살펴준 사람이 있었어. 말은 사람과 아주 가까운 거리에서 서로 의지하며 도움을 주고받는 사이가 아닌가. 맹수와는 전혀 다르지. 이 사람은 망아지 때부터 말을 길렀는데, 목덜미를 토닥토닥 두드리며 당근을 주면 말은 기분이 좋아 고개를 끄덕였네. 말 등에 올라타면 신바람 나게 초원을 내달리기도 했지. 그럴 때는 마치 한 몸이 된 것처럼 보였어. 수년 동안 친구처럼 지내다 보니 마음과 마음이 서로 통했다고나 할까. 이 사람은 말똥을 좋은 바구니에 담아내고, 말 오줌은 귀한 자개그릇으로 받아낼 만큼 말을 애지중지했지.

그러던 어느 날 정자나무 그늘에서 말과 함께 쉬고 있는데, 자세히 보니 말의 뒷다리와 등에 모기떼가 새카맣게 달라붙어 피를 빨고 있지 않겠나. 그래서 그놈의 벌레들을 잡겠다고 무심결에 손바닥으로 말을 힘껏 내려쳤지. 그랬더니 이게 웬일인가. 깜짝 놀란 말이 재갈을 물어끊고 발버둥을 치면서 사납게 날뛰기 시작했네. 그 서슬에 그 사람은 벌떡 나자빠지고 말발굽에 차이고 짓밟혀서 만신창이가 되고 말았다네. 상대를 아무리 잘 대해주었다고 하더라도 조그마한 부주의가 큰 화를 불러온 걸세."

〈인간세〉 편*

---

*《장자》 내편의 네 번째 편명으로 '인간세'는 사람이 살아가는 세상을 뜻한다. 인간이 세상을 살아가는 구체적 방법을 비유적으로 말하고 있다.

해설

이 편에는 세 가지의 짧은 일화가 소개되어 있다. 주제는 조금씩 다르지만, 험난한 세상살이에 대한 경계의 의미를 담고 있다. 한마디로 요약하면 몸조심하며 살아가라는 뜻이다.

첫 번째 이야기는 비교적 널리 알려져 있다. '당랑거철'이 여기서 유래했는데, 제 분수를 모르고 강한 적에게 대항하려는 만용, 그런 당찮은 무모한 용기나 행위를 풍자하는 말이다. 두 번째는 맹수인 호랑이 새끼를 순치하는 방법을 이야기하고 있다. 항상 위험이 따르니 주의를 게을리해서는 안 된다고 가르친다. 세 번째도 비슷한 이야기다. 상대를 아무리 잘 대해주더라도 어느 순간 돌변하여 야성이 나타나고 그로 인해 큰 화를 당할 수 있다는 예화다.

'당랑거철'이란 말이 나왔으니 몇 가지 더 부연하려 한다. 요즘 젊은 세대가 사마귀란 곤충을 알고 있는가. 또 그 모습을 한 번만이라도 보았겠는가 하는 의구심이 든다. 기성세대들은 '사마귀가 마차를 가로막다'라는 말만 들어도 그 녀석의 겁 없는 만용을 상상하며 빙긋이 웃을 것이다. 어디 그뿐인가. 형설지공螢雪之功*이란 말을 만들어낸 반딧불이, 개똥벌레라는 이 조그마한 곤충은 형광을 번쩍이며 여름밤을 아름답게 수놓는다. 말똥이나 소똥을 동그랗게 만들어 자신의 굴로 끌고 가서 그 속에 알을 놓는 쇠똥구리, 고운 모래밭에 아주 정교한 세모꼴 함정을 만들

---

*집이 가난하여 반딧불과 겨울철 눈에 반사되는 빛으로 공부하여 뜻을 이루었다는 고사에서 유래한 말로, 온갖 고생을 하며 공부하고 노력하여 성공함을 이른다.

어놓고 그 속에 숨어 있다가 함정인지도 모르고 굴러 들어오는 개미를 잡아먹는 개미귀신, 딱정벌레 등등 젊은 세대들이 직접 보지 못한 자연의 오묘한 생명체가 수도 없이 많다. 현란한 현대문명 속에서 이런 자연의 모습은 이제 자취를 감추고 있다. 혼탁한 자연환경이 원인이겠지만, 아마 머지않은 장래에 이들은 멸종되고 말 것이다. 자연의 한 부분이 무너져 가고 있어 안타까울 뿐이다.

　이와 마찬가지로 장자의 무위자연의 경지, 그 심원한 철학이 과연 살아남을 것인가. 어느 날 박제가 되어 박물관 한 귀퉁이에 먼지를 뒤집어 쓰고 아무 의미 없이 놓여 있을 날이 올 것만 같아 조마조마한 심정이다.

쓸모없는 것의 쓰임

 장석匠石*이란 대목이 제나라로 가는 도중에 곡원이란 땅을 지나게 되었다. 그곳에는 토지신을 모시는 사당이 있었는데, 그 사당 옆에 큰 상수리나무**가 울울창창 온통 하늘을 뒤덮고 있었다. 장석은 잠시 쉴 겸, 나무 아래 그늘르 들어갔다. 평생 목수로 살아왔기 때문에 나무에 대해서는 관심도 아는 것도 많았다. 그는 나무를 세심히 살펴보았다.
 나무 아래는 천여 마리의 소가 쉴 수 있을 정도였고, 둘레를 재어보니 백 아름도 더 될 듯했다. 높이는 산꼭대기어 닿아 있었고, 굵게 뻗은 가지는 그 끝이 보이지 않았다. 큰 배를 만들 수 있는 가지만도 수십 개

---

* 조각의 대가로 영주鄒州의 이름난 목수.
** 참나무과의 낙엽교목으로 한자로 역櫟이라 쓴다. 옛날에는 이 나무를 재목감으로는 부적격하다고 여긴 듯하다. 쓸모없는 것을 말할 때 가죽나무와 상수리나무를 통틀어 역저櫟樗라고 했다. 역저란 '쓸모없는 사람'을 비유할 때 쓰기도 한다.

는 더 될 것 같았다. 평생 천하를 두루 돌아다니며 크다고 소문난 재목감을 보아왔지만, 이처럼 웅장하고 큰 나무를 본 것은 이번이 처음이었다. 나무 주변에는 구경꾼들이 모여들어 마치 저자처럼 붐볐다.

그늘에서 한참 쉰 장석은 더 이상 그 나무에 관심을 두지 않고 일어나 목적지로 향했다. 몇 걸음을 가니 제자가 헐레벌떡 뒤따라오면서 물었다. 몹시 아쉬워하는 표정이 역력했다.

"저는 도끼를 둘러메고 선생님을 따라다닌 이래로 이처럼 훌륭한 재목을 아직 본 적이 없습니다. 그런데 선생님께서는 한마디 말씀도 없이 그냥 지나치시니 어찌 된 영문입니까?"

장석은 제자를 돌아보고 말했다.

"그런 말 하지 말게. 그건 쓸모없는 나무야. 그것으로 배를 만들면 금방 가라앉고, 관棺을 짜면 곧 썩어버리지. 각종 물건을 만들어도 갈라지고 문짝을 맞춘다 하더라도 진이 흘러내리겠지. 기둥을 만들어 세운다면 얼마 지나지 않아 좀이 먹어 쓰러질걸세. 그러니 아무짝에도 쓸데없는 재목감일 뿐이네. 그렇기 때문에 도끼날에 베어지지 않고 오랫동안 살아남아 저처럼 클 수 있었지."

제자는 스승의 자세한 설명을 듣고 알았다는 듯이 고개를 끄덕였지만, 못내 아쉽다는 표정을 감추지 않았다.

그 후 장석이 여행을 마치고 집에 돌아와서였다. 어느 날 밤, 꿈에 그 상수리나무가 나타났다. 하늘을 뒤덮을 듯한 거대한 몸을 흔들며 자신을 향해 윽박질렀다.

"너는 도대체 나를 어디에 비유하는 것이냐? 자네는 명색이 대목이다. 네가 나를 아무작에도 쓸데없다그 말했는데, 그것은 너의 얕은 생각이 아니냐? 가령 조그마한 과일 나무를 예로 들어보자. 배나 귤, 유자 나무는 열매가 익으견 그것을 따 먹으려고 사람들이 매달린다. 이때 큰 가지는 꺾이고 작은 줄기는 찢어지는 곤욕을 치르게 마련이지. 이는 인간이 즐겨 먹는 열대를 맺게 한 죄(능격) 때문이 아니겠느냐? 결국 그것으로 인하여 천수를 누리지 못하고 도중에 죽고 만다. 즉 제 스스로 세속의 공격을 불러왔다고 할 수 있지.

세상 모든 만물의 이치도 이와 같다. 쓸모 있는 것은 인간에게 괴롭힘을 당하고 급기야 생을 보전하지 못하고 요절하고 만다. 그래서 나는 '쓸모없는 것'이 되기를 오랫동안 바라왔다. 지금까지 오랜 세월 살아오면서 여러 번 죽을 고비를 잘 넘겼지. 자네 같은 인간이 나를 쓸모없다고 거들떠보지 않았기 때문이야. 사실 내 삶은 나에게는 아주 중요한 것(쓸모 있는 것)인데도 말일세. 자네나 나나 따지고 보면 이 세상에 존재하는 하찮은 사물이야. 그런데 이제 곧 늙어죽을, 별 볼일 없는 자네가 어떻게 나처럼 오래 살고 있는 생명의 참뜻을 알겠는가? 내가 살아온 세월의 두께 속에는 자네가 이 세상에 태어나기 전 수많은 인간들이 살아온 역사가 겹겹으로 아로새겨져 있게."

말을 마치자 상수리나무는 우람한 덩치를 흔들면서 장석에게 달려들었다. 장석은 그 서슬에 가위가 눌려 숨을 헐떡이다가 꿈에서 깨어났다. 온몸이 땀으로 검벅이 되어 있었다. 아침이 되자, 옆에서 나무를 깎고 있는 제자에게 좀 이야기를 들려주었다. 그랬더니 제자가 의문을 제기하며 물었다.

"쓸모없는 것이 되기를 그토록 원했다면 어째서 사당을 지키는 나무가 되었을까요?"

　난데없는 제자의 물음에 장석은 깜짝 놀라 손짓으로 조용히 하라는 시늉을 했다. 혹시나 그 상수리나무가 들으면 또 무어라고 하며 달려들 것이 두려웠다. 장석은 속삭이듯 제자의 물음에 대답해주었다.

　"자네만 알아두게. 그 상수리나무는 토지신을 모시는 사당에 의지하고 지금껏 살아왔네. 자신은 그 까닭을 알 턱이 없지. 만약 사당이 없었다면, 벌써 도끼에 찍혀 숯으로 변했거나 아궁이에 들어가 한 줌 잿덩이가 되었겠지. 그토록 오래 살아 거목巨木으로 성장한 것은 다른 나무들과는 사정이 다르다네. 그러니 덩치가 크고 우람하다고 해서 덮어놓고 칭찬할 수야 없지 않겠나?"

〈인간세〉 편

해설

쓸모 있는 것과 쓸모없는 것을 가리는 것은 인간의 판단 기준이다. 장자는 이 판단 기준을 무시했다. 《장자》에는 이런 내용의 우화들이 여러 편 실려 있다.

대체로 인간에게 쓸모 있는 것은 천수를 누리지 못하고 그 생명이 훼손되거나 요절하는 경우가 허다하다. 당하는 쪽에서 보면, 그 '쓸모 있음'이 오히려 큰 화를 불러오는 원인이 된다. 이런 이치를 어찌 인간과 사물의 관계에서만 한정시킬 수 있겠는가. 인간과 인간 사이에도 이 법칙은 어김없이 적용된다. 역사상 유능한 인재가 젊었을 때 화를 당한 예는 그 수를 헤아릴 수 없을 만큼 많다. 반짝이는 재능 때문에 그 능력을 충분히 발휘하지 못하고 역사의 뒤안길로 사라져버렸다.

장자는 인류 역사상 찾아보기 드문 천재라고 알려져 있다. 그러나 그는 자신의 재능을 겉으로 드러내지 않는 유연한 삶을 살았다. 남이 알아주지 않는다고 해서 '쓸모없다'고 말하는 것은 편협한 인간의 오만이다. 자연이 만들어낸 이 세상 삼라만상은 모두 존재의 가치가 있음에 유의할 일이다.

남을 돌아보며 생각하기 전에, 우선 자신의 내면을 아름답게 가꾸고 보전하고 또 그것을 스스로 즐기는 것이 선행되어야 할 것이다. 결국 그런 삶이 남이 보기어 '쓸모없이' 보일지라도 자신을 위한 '쓸모 있는' 삶이 아니겠는가? 장자는 이것을 무용지용無用之用*이라고 했다.

---

*쓸모없는 것은 이 세상에 아무것도 없다. 즉 쓸모없다고 버려지는 것이 오히려 더 큰 효용이 될 수도 있다는 의미다.

은자의 노래

공자가 제자들을 거느리고 초나라에 갔다. 초나라는 공자의 조국인 노나라와는 풍토가 전혀 다른 큰 나라였다. 남쪽에 위치하여 기후가 온난하고 초목이 무성했다. 땅 또한 기름져 물산이 풍부하게 생산되는 살기 좋은 나라였다. 공자 일행이 초나라에 당도하기까지는 수년이 걸렸다. 그동안 온갖 간난艱難을 무릅쓰고 천하주유를 강행했기 때문에 모두들 피로에 지쳐 잠시 쉬고 있었다.

그런데 공자가 머물고 있는 집 담 모퉁이에 매일같이 어떤 사나이가 나타나 어떤 말을 흥얼거리고 돌아다녔다. 머리카락을 흐트러뜨리고 낡은 옷을 걸친 이 사나이를 사람들은 미치광이 접여*라고 불렀다. 이 미친 녀석이 흥얼거리는 것은, 가락이 있는 노래였고 어찌 보면 한 편의 시 같기도 했다.

봉이여, 빛깔 찬란한 봉새여!

어찌하여 그대의 덕이 쇠하였는가.

오는 세상 기대할 수 없고 지난날을 좇을 수도 없는데

천하에 도가 있으면 성인은 그 뜻을 이루겠지만

도가 쇠하여 사라진 세상, 숨어 살아라.

그저 형벌만 면한다면 그게 다행이지.

복은 깃털보다 가벼운데 아무도 잡으려 하지 않고

화는 땅덩이보다 무겁지만 피하는 이 없구나.

그만두어라, 그만두어라! 덕을 팔고 다니는 그 어리석음을.

위태롭구나! 땅에 금을 그어 놓고

벼랑 끝으로 내닫는 그 모습이.

밝은 세상 찾아다니는 사람들 가는 길 막지 말아라.

돌부리, 진흙탕 피하면 발 다치지 않으리.

산에 자라는 나무, 곧아서 스스로 제 몸 해치고

등잔 기름은 활활 타오르는 성질로 스스로를 태우지 않는가.

계수나무는 그 향기 때문에 껍질이 벗겨지고

옻나무는 광택을 머금고 있어 갈기갈기 찢기게 되지.

사람들은 쓸모 있는 것의 쓰임은 알아도

쓸모없는 것의 쓰임은 모른다네.

〈인간세〉 편

＊광접여狂接輿라고도 하며 공자와 동시대인으로서 초나라의 현인이다. 거짓으로 미친 척하며 관직을 멀리했다. 광접여라는 별명은 공자의 수레 곁에 따라붙어 다녔다고 해서 생긴 듯하다.

해 설

　공자는 천하를 주유周遊했다고들 말한다. 천하라고 하면 온 세상을 뜻하지만, 여기서는 주나라 안의 여러 제후국을 의미한다. 공자가 살았던 시대는 춘추시대였다. 지금으로부터 2500여 년 전이다. 주왕실은 쇠퇴하여 겨우 명맥만 유지하고 있었고, 이 틈을 타서 여러 제후국들이 다투어 세력을 신장시키려고 혈안이 되어 있을 때였다. 중앙 통제가 느슨해지자 지방세력(제후국)이 영역을 넓히려고 각축하는 지극히 혼란스러운 세상이었다.
　이런 시대에 노나라에서 태어난 공자는 자신의 정치이념을 실현하기 위해 여러 제후국을 순방했다. 공자의 통치이념은 덕치주의이며 옛 주나라 예악의 다스림을 되찾아야 한다는 것, 곧 극기복례克己復禮*라 할 수 있다.
　공자는 난세를 개탄하고 제자들과 더불어 10여 년간 제후국을 떠돌며 자신의 정치이념인 왕도를 외쳤다. 왕도정치란, 통치자는 마땅히 어진 덕을 베풀어 백성을 다스려야 한다는 이상론이다. 서로 죽기 아니면 살기로 싸우고 있는 험악한 현실 속에 공자의 주장은 먹혀들 리가 없었다. 아무도 공자를 반기지 않았고 결국 뜻을 접고 고국인 노나라로 돌아가고 말았다.
　위의 이야기는 공자가 초나라에 갔을 때의 일화다. 비현실적인 유가의 이상론을 은근히 비꼬고 있다. 광접여라는 미치광이를 등장시켜 조롱할 뿐만 아니라 유가의 명분론을 비판하고 도가의 무위의 다스림을 옹호하고 있다. 봉새에 비유한 공자의 재능이 위태롭다 경고하고 쓸데없는 것의 쓰임을 말하고 있는 것이 그 한 예라 여겨진다.

이 이야기는 《장자》에 실려 있지만, 《논어》에 이미 비슷한 내용이 있는 것으로 보아 장자의 순수한 허구는 아닌 듯하다. 참고로 《논어》〈미자微子〉편의 내용을 소개하면 다음과 같다.

> 초나라 미치광이 접여가 공자의 수레 앞을 지나며 노래했다.
> 봉이여, 봉이여***** 덕이 쇠한 세상 어찌겠는가.
> 지난 세상 돌이킬 수 없고 오는 길 막을 수 없다.
> 그만두어라, 그만두어라! 정치라는 것은 위험하구나.
>
> 공자가 수레에서 내려 접여에게 말을 걸려고 하자, 그는 쏜살같이 도망쳐 버렸다. 그래서 그와 더불어 이야기할 수가 없었다.

---

* 지나친 욕심을 누르고 예의를 되찾았다는 의미로 하은주의 정치 이상을 되찾아 실현하는 일을 말한다.
** 상서로운 상상의 사인 봉황새鳳凰를 말하며, 여기서는 공자를 비유해서 지칭했다.

천형을 받은 공자

　노나라에 숙산무지叔山無趾라는 사람이 있었다. 그는 월형을 받아 한쪽 발뒤꿈치가 잘려 나갔기 때문에 '무지(발목이 없는 병신)'란 별명을 얻었다. 혼란기였던 당시는 국법을 조금만 거스르거나 통치자에게 순순히 따르지 않으면 가혹한 형벌이 내려지곤 했다. 그래서 월형을 받아 복사뼈 아래 발목이 뭉텅 잘려 나간 사람들이 상당수 있었다. 세상에서는 그들을 올자兀者라고 부르며 무시하거나 인간 취급도 하지 않았다. 숙산무지도 그중의 하나였다.
　그는 소싯적에 몸가짐을 경솔히 하다가 결국 그 지경이 되고 말았다. 차차 나이가 들어가니, 현재의 자기 처지가 부끄럽고 창피한 것은 고사하고 인생을 망쳤다고 생각했다. 철없던 과거의 일들이 후회막급이었다. 평생 다리를 질질 끌면서 남들한테 손가락질받으며 살고 싶지는 않았다. 그렇다고 엎질러진 물을 지금 와서 어떻게 퍼 담을 수 있겠는가.

그는 여러 가지로 생각해보았다. 발이라는 것은 신체의 아주 작은 한 부분에 불과한데, 그것 하나 없다고 인생이 크게 달라진다는 것은 이치에 맞지 않았다. 또 인간은 육체보다 더 중요한 정신세계라는 것이 있지 않은가. 덕을 기르고 애써 공부하여 남보다 더 훌륭한 식견을 가진다면, 아무도 자신을 멸시하거나 얕보지 않을 것이다. 이런 결론에 도달한 숙산무지는 공자를 찾아가 배움을 청하기로 결심했다.

당시 공자는 노나라뿐만 아니라 천하가 인정하는 참스승이라고 소문나 있었다. 때문에 공자의 문전은 사방에서 모여든 제자들로 들끓었다. 숙산무지는 심하게 절룩거리면서 공자의 거처를 찾아갔다. 그러나 제자들에게 둘러싸인 공자를 대면하여 자신의 뜻을 하소연하기는 쉽지 않았다. 그렇다고 포기하고 물러날 수는 없었다. 천신만고 끝에 먼 길을 찾아왔는데, 무슨 수를 써서라도 공자를 직접 만나야만 했다. 그는 여러 사람을 헤집고 뒤뚱거리며 앞으로 나아갔다. 공자의 제자들은 멸시하는 눈짓을 하며 서로 마주 보았다. 그들의 눈빛에는 한결같이 '역시 올자란 예의범절도 모르는 한심한 인간이야' 하는 뜻이 담겨 있었다. 그러거나 말거나 숙산무지는 공자에게 공손하게 예를 올리고 가르침을 청했다.

"저는 어려서 철모를 때 경솔하게 행동하고 이기심에 집착하다가 이 지경에 이르렀으나 지금은 깊이 뉘우치고 있습니다. 깨달은 바가 있어 이제부터라도 선생님의 가르침을 받고 싶습니다."

공자는 잠시 생각하다가 그에게 말했다.

"자네는 천방지축 날뛰다가 필경 형벌을 받았겠지? 지금 그것을 후회하고 뉘우친들 무슨 소용이 있겠나. 주위를 둘러보게. 내가 가르칠 제자들은 너무 많아. 나는 자네 같은 사람까지 가르쳐줄 여력이 없네. 돌아가서 다른 선생을 찾아보게."

이 말을 듣고 숙산무지는 눈앞이 아찔했다. 공자의 명성, 높은 덕망을 듣고 찾아왔는데 문전박대를 당하고 일언지하에 쫓겨난 꼴이 되었다. 그대로 물러나기는 너무 허망하다는 생각이 들어 더듬거리며 몇 마디 말을 덧붙였다.

"물론 제가 사람으로서 참된 도리를 다하지 못하고 부질없이 명리를 좇다가 이렇게 형을 받아 병신이 된 것은 사실입니다. 그러나 제가 오늘 선생님을 찾은 것은, 잘려 나간 발보다 더 중요한 것이 있어 그것을 잃지 않으려고 생각했기 때문입니다. 하늘과 땅은 만물을 덮어주고 따뜻하게 감싸준다고 들었습니다. 저는 선생님을 하늘과 땅 같은 분이라고 믿고 찾아왔는데 덕이 높으신 선생님께서 저를 형벌받은 병신이라고 멸시하시니 뜻밖입니다."

공자는 그 말을 듣고 깜짝 놀랐다. 많은 사람들이 찾아와 가르침을 청했을 때, 돌려보낸 사람은 수도 없이 많았다. 그러나 이런 말을 들어보기는 처음이었다. 이미 상처입은 사람에게 더 큰 상처를 입히다니! 공자는 서둘러 사과했다.

"아니, 아니, 내가 잘못 생각했네. 소견이 좁았어. 자, 안으로 들어오시게. 내가 아는 데까지 가르쳐줄 터이니."

숙산무지는 좀 전과는 전혀 다른 공자의 태도를 멍하니 바라보았다. 어이가 없었다. 그래서 인사도 없이 뒤돌아 서서 공자의 거처를 빠져나왔다. 공자는 절룩거리며 걸어 나가는 숙산무지의 뒷모습을 바라보면서, 자신이 부끄럽고 상대에게 미안하고 또 그 뒷모습이 가련하다는 생각이 들었다. 그러나 뒤도 돌아보지 않고 가버렸으니 달리 어쩔 도리가 없었다. 애써 만류하지 않은 것은, 비록 월형을 받은 올자라 하더라도 그의 태도가 너무나도 당당했고, 의젓함에 압도되었기 때문이었다.

공자는 곧 제자들을 불러 모았다.

"너희들도 방금 보고 듣지 않았느냐? 조금 전 그 사람은 형을 받았음에도 불구하고 배우려는 뜻을 가지고 있다. 너희들처럼 사지가 온전하다고 해서 완전한 인간은 아니다. 아는 것이 없고 덕을 기르지 않는다면, 병신과 다를 것이 무엇이겠느냐. 이후부터는 더욱 배움에 힘쓰고 덕을 길러라!"

공자는 제자들을 격려하고 분발시키는 좋은 본보기로 숙산무지의 예를 활용했다. 사물이나 남을 대하는 자신의 편협, 옹졸함 같은 것은 전혀 염두에 두지 않은 듯한 당당한 태도였다.

한편 기대했던 공자에게 퇴짜를 맞고 허전한 마음으로 돌아온 숙산무지는 생각에 생각을 거듭했다. 한때의 과실을 반성하고 새로운 삶을 개척해보겠다는 자신의 결의가 잘못된 것인가. 그렇지는 않을 것이다. 자신과 같은 병신이나 가난뱅이, 천성으로 타고난 꼽추, 언청이 같은 약자를 받아들이지 않는 이 세상이 원망스러웠다. 여러 날을 고민하던 숙산무지는 노담을 찾아가 보기로 했다.

풍문으로는 노담, 즉 노자는 제자도 거의 없고 남 앞에서 무엇을 가르친다고 잘난 체도 하지 않는 현인이라고 알려져 있었다. 그러니 그에게 가르침을 청하기로 한 것이다.

숙산무지가 천 리도 넘는 길을 물어물어 노자를 찾아가 보니, 그는 움막 비슷한 초가에서 기거하는 중늙은이였다. 낡고 거친 베옷을 걸치고 있었으나 그의 눈빛은 가벼이 대할 수 없을 만큼 밝고 강렬했다. 숙산무지는 그 번쩍번쩍하는 형형한 눈빛에 자신도 모르게 빨려 들어갔다. 역시 노자를 찾아온 것이 잘한 일이라고 생각되었다.

수인사修人事를 끝낸 후 먼저 공자를 찾아갔던 지난날의 자초지종을 간략하게 말하고 나서 조심스럽게 공자에 대한 평을 했다.

"공구*는 말과 행동이 일치하지 않는 사람인 것 같습니다. 표리부동한 거짓 선비가 아닐까요? 말끝마다 덕을 입에 담고 있지만 기실其實, 그 자신은 덕이 무엇인지도 모르는 사람입니다. 많은 제자들을 거느리고 뽐내면서 그들을 가르친다는 것이 가소롭게 여겨지기도 했습니다. 무엇 때문에 제자들을 불러 모으고 가르친다고 야단법석을 떠는지요? 아마도 세상에 좋은 평판을 얻으려는 얄팍한 잔꾀, 이기심 때문인 것 같습니다. 무지한 제 소견으로도 그 속내가 훤히 들여다보이는데 말입니다. 그러니 지극한 삶의 도리를 터득한 지인至人**이 되려면 아직 까마득한 것 같았습니다. 만약 덕이 충만한 사람의 눈으로 본다면, 그 따위 평판이나 명리를 낚으려는 행위는 자기 몸을 스스로 속박하는 수갑이나 족쇄와 다름없지요."

숙산무지의 하소연 섞인 불평불만을 말없이 듣고 있던 노자는 빙그레 웃으면서 나지막하게 타일렀다.

"자네는 구태여 그렇게까지 말하지 말게. 자네 말대로라면 공구는 불쌍한 사람이야. 그런 사람을 구제하는 방법을 찾아야 하지 않겠나? 자네가 말한 그 지인이란, 생과 사를 뛰어넘어 존재하는 사람일세. 삶과 죽음을 한가지로 여길 뿐만 아니라 그 자체를 초월하지. 옳고 그름도 판별하려고 하지 않는다네. 크게 보면 만물의 근원은 하나거든. 만물제동萬物齊同이야. 만약 이런 뜻에 통달한 지인이 있다면, 그 사람으로 하여금 공구, 아니 공자라는 그 위인을 깨우쳐즐 수 있을 거야. 수갑이나 족쇄를 풀어주어야지."

노자의 말이 끝나자 숙산무지는 고개를 절레절레 흔들었다.

"아닙니다. 아닙니다. 그것은 불가능합니다. 공구 그 사람은 명성에 사로잡힌 천형을 받은 사람이니까요. 하늘이 내린 벌을 어느 누가 어떻게 풀 수 있겠습니까."

〈덕충부〉 편***

---

* 공자의 본명. 여기서는 공자를 낮추어 그의 본명으로 말했다고 여겨진다.
** 덕이 썩 높은 사람, 지극한 도를 터득한 사람이란 의미로 쓰였다.
*** 《장자》 내편 다섯 번째 편명으로 덕이 마음속에 충만하면 그 조짐이 겉으로 드러남을 의미한다. 장자는 여기서 외형은 불구지만 내면에는 덕이 충만한 사람을 내세워 주인공으로 삼았다. 겉모습으로 사람을 평가하는 세속의 어리석음과 그 경박함을 꾸짖고 있다. 또 형식에 치우쳐 내면의 진실을 보지 못하는 데 대한 비판이기도 하다.

해설

　장자는 공자 사후 100여 년 뒤에 태어났다. 춘추시대 공자는 노나라 사람이고, 장자는 전국시대 송나라 사람이었다. 그들의 삶은 시공이 다를 뿐 아니라 지향하는 이상적 목표 또한 판이했다. 공자가 유가를 창시한 비조鼻祖라면, 장자는 노자사상을 구체화하고 완성시킨 도가의 중심인물이었다. 《장자》에는 공자가 자주 등장한다. 대부분 공자와 그의 학파를 간접적, 우의적으로 비판하는 내용이다.
　위의 이야기에서도 공자의 표리부동함을 비난하면서 도가가 추구하는 지인의 경지를 보여준다. 지극한 덕을 쌓은 사람은 자신을 특별히 드러내지 않고 옳고 그름, 죽음과 삶까지도 초극超克한다고 역설하고 있다. 더구나 헛된 명성을 추구하는 것은 자기 몸을 스스로 구속하는 것이며 도저히 풀려날 수 없는 천형을 받은 것과 같다고 말한다. 절름발이를 천시하고 받아주지 않은 공자에 대한 신랄한 비판이 주류를 이루고 있다. 이 작품은 물론 사실이 아닌 장자의 창작일 것이다. 그렇다면 왜 이런 실명을 거론한 허구가 만들어졌을까?
　전국시대 당시의 중심사상은 맹자가 그 체계를 확립한 유가와 묵자를 중심으로 한 묵가학파였다. 여기에 노자의 학설을 구체화시킨 장자, 곧 노장사상 또한 무시할 수 없는 세력을 형성하고 있었다. 이들은 자신들의 사상을 내세우기 위해 반대 학파를 공격하기 일쑤였다. 맹자와 묵자는 직설적으로 상대를 공격하는 내용의 글을 썼고, 장자는 우의적으로 비판했다는 점이 다르다고 하겠다.

인간의 정이란

어느 날 혜시가 장자를 찾아왔다. 여러 가지 복잡한 문제가 얽혀 심란할 때였다. 장자를 만나서 위로받고 싶은 심정이었다. 생각의 근원이 서로 달라 늘 티격태격했지만, 이 친구를 대하면 왠지 기분이 좋고 세속의 먼지를 씻어버린 듯한 상쾌함을 맛볼 수 있었다. 혜시는 장자를 보자 다짜고짜 대들었다.

"어떤 이가 그러길 사람은 본래부터 정이 없다고 하는데 정말인가?"

"옳은 말이지."

장자의 대답하는 터도는 아주 천연덕스럽고 또 태연했다. 그것이 아니꼽고 못마땅해서 혜시가 따져 물었다.

"사람이면서 정이 없다면 어찌 그걸 사람이라고 할 수 있겠나?"

"허허, 그게 무슨 말인가? 자연이 인간의 모습을 만들어주었는데, 어째서 사람이 아니라고 할 수 있나?"

장자는 혜시를 느긋하게 바라보면서 정색을 했다.

"그건 내가 말한 '정이 없다'는 본래의 뜻이 아닐세. 일반적으로 사람들은 좋아하고 싫어하는 감정으로 자기 몸을 스스로 괴롭히고 상하게 하지. 또 자기 삶의 이익을 추구하기 위해 몸부림치다가 뜻대로 되지 않으면 분노하고 실망하고 한탄하지 않던가? 이런 감정이 인간의 본래의 모습이 아니란 말일세."

"삶을 지탱해주는 이익을 외면하면서 어떻게 자신을 온전히 보전할 수 있겠나?"

혜시의 이 물음에 장자는 자신이 품고 있던 생각을 풀어내었다.

"인간은 본래 자연과 하늘의 도가 그 형체와 정신을 만들어주었네. 그러니 거기에 따르면 되는 거지. 오욕五慾*이나 칠정七情** 따위의 감정은 자연의 질서나 하늘의 지극한 도에는 원래부터 존재하지 않았네. 정이란 인간이 만들어낸, 스스로를 얽어매고 괴롭히는 군더더기일 뿐이야. 지금 자네는 공연히 마음을 밖으로 향한 채, 정력을 지치게 하고 사물에 기대어 신음하며 책상에 엎드려 졸고 있네. 자연이 자네를 만들어준 근본도 모르면서 쓸데없는 궤변을 늘어놓아 세상을 어지럽힌단 말이야."

〈덕충부〉 편

* 사람의 다섯 가지 욕망, 곧 재물욕, 명예욕, 식욕, 수면욕, 색욕을 말한다.
** 사람의 일곱 가지 감정인 희로애락애오욕喜怒哀樂愛惡欲을 의미한다.

해 설

성인은 사람의 모습을 하고 있으나 인간의 정은 지니지 않는다. 사람의 형태를 하고 있으니 사람과 더불어 살고 있을 뿐이다. 그러나 정이 없으므로 옳고 그름의 판단은 하지 않는다. 성인이 작게 보이는 것은, 뭇사람 속에 있기 때문이다. 그러니 얼마나 위대하고 큰가, 홀로 자연의 덕을 이룩함이!

위의 말은 이 이야기 앞부분에 나오는 전제나 서론이라 할 수 있다. 정이란 사람의 마음속 움직임이다. 그러니 인간이라면 누구나 가지고 있게 마련이다. 그러나 장자나 도가사상가들은 이것을 애써 부정하려고 한다. 물론 이 역시 궤변이고 억지 주장이지만, 음미해볼 만한 가치는 충분히 있다. 인간의 좋아하고 싫어함, 사랑하고 미워하는 감정을 초월하여 항시 자연 속에서 우유자적하며 노니는 장자의 모습을 상상한다면 어느 정도 수긍할 수 있지 않을까?

안회의 좌망

어느 날 안회顔回가 공자 앞에 무릎을 꿇고 조용히 앉았다. 공자의 수제자인 안회는 공자보다 30년 연하였으나, 20대 후반에 이미 백발이 되어 있었다. 사물을 궁구함이 지극해서였던가. 아니면 학문에 심취하여 그 깊고 심오함이 극에 이르러 세월이 더하여졌는지도 모를 일이다. 공자도 늘 이 젊은 제자 앞에서는 옷깃을 여미었다.

한동안 말없이 앉아 있던 안회가 조심스럽게 입을 열었다.

"선생님, 요즘 저는 무엇인가 발전한 것 같습니다."

공자가 의아하여 물었다.

"그렇다면, 그것이 무엇이냐?"

"인의를 잊었습니다."

공자는 사랑하는 제자를 물끄러미 바라보았다. 인의라는 덕목은 공자 자신이 주창하는 지고의 가치가 아닌가. 그런데 그것을 잊었다니!

공자는 속으로 무척 놀랐지만, 내색하지 않고 곰곰이 생각해보았다. 하늘이 자신에게 내려준 이 현명한 제자가 인의를 잊었다는 것은, 결국 '인의'라는 것을 의식하지 않아도 이미 자신의 일부가 되었음을 의미하는 것이리라. 이런 결론에 도달하자 공자는 몹시 기쁘고 대견스러웠다.

"참 좋은 일이다. 인의를 잊을 수 있다니! 그러나 그것만으로는 부족하지 않겠느냐?"

공자의 대답을 귀담아들은 안회는 공손히 절하고 물러갔다.

이 만남이 있은 지 얼마 후, 안회가 다시 공자를 찾아뵙고 말했다.
"이제, 좀 더 깨달은 바가 있습니다. 제가 예악*을 잊었습니다."

안회의 진지한 태도에 공자는 멈칫했다. 지난번에는 인의를 잊었다 하더니 이번에는 예악까지 잊었다고 말하지 않는가. '예악'이란 단순히 형식적 예절이나 흥을 돋우는 음률, 음악이 아니다. 예는 자신을 낮추어 언행을 삼가고 심신을 수련하여 세상의 질서를 바로 세우는 것이며, 악이란 대중을 순화시켜 아름다운 마음을 불러일으키는 조화의 근원이 아닌가. 그런데 그것마저 잊었다니! 공자는 안회의 덕이 바야흐로 심오한 경지에 도달하였음을 의식하며 더욱 분발시키기로 했다.

"네가 비로소 인의예악을 잊을 수 있는 경지에까지 이르렀다니 더 없이 기쁘다. 그러나 그 이상의 또 무엇이 있지 않겠느냐?"

몇 달 후 안회가 다시 공자 앞에 앉았다. 몸가짐은 평소와 다름없이

---

*예절과 음악. 사회교육과 국가 통치에 필수불가결한 유가의 덕목이다.

정중하고 의젓했으나 그의 얼굴빛은 조금 달랐다. 무엇인가에 깊이 침잠해 있는 고요함, 바로 그것이었다.

"선생님, 저의 수양이 한 발짝 더 나아간 것 같습니다. 비로소 좌망*을 깨쳤습니다."

공자는 깜짝 놀랐다. 좌망에 이르렀다니! '좌망'이란 앉아 있으면서 모든 것을 잊는다는 뜻이 아니겠는가.

"네가 말한 그 좌망이란 것이 무엇이냐?"

"좌망이란…… 저 자신을 잊는 것입니다. 몸과 마음, 총명까지도 잊어 형체를 떠나고 앎을 버려 큰 도와 하나가 되는 경지입니다. 그것을 대통大通, 즉 현상을 뛰어넘어 대자연과 일체됨을 뜻합니다. 물아일체의 경지, 그것이 곧 좌망입니다."

공자는 인간의 삶과 우주의 철리를 완벽하게 터득한 제자를 정감 어린 눈으로 바라보았다. 무엇을 더 바라며 요구하겠는가.

"큰 도와 혼연일체를 이루었다니! 이제 너는 옳고 그름, 선과 악, 인간의 욕망이나 집착 같은 하잘것없는 인간사를 초월했다. 대자연에 몸을 맡겨 무한한 자유, 그 희열을 맛볼 수 있으리니. 과연 어질도다! 나도 너의 뒤를 따르고 싶다."

〈대종사〉 편**

＊잡념을 떠나 무아의 경지에 들어간다는 뜻이다.
＊＊《장자》 내편 여섯 번째 편명으로 으뜸 되는 큰 스승을 의미한다.

⚖ 해 설

이 이야기 역시 장자가 지어낸 허구임이 분명하다. 공자와 그의 수제자인 안회를 등장시켜 간단한 몇 마디 대화를 나누는 것으로 구성되어 있다. 잘 짜인 한 편의 희곡을 연상시킨다. 구성 또한 극적으로 되어 있다. 발단, 전개, 절정, 파국의 4단계가 거의 완벽하게 점진적으로 진행되어 긴장과 박진감이 더해진다. 그리고 마지막 파국의 단계에 이르러서는 잔잔한 감동을 불러일으키고 있다.

이 짧은 희곡을 감상하면서 장자의 숨은 의도를 간파해보자. 우선 인의예악은 유가 학자들이 추구하는 최고의 가치다. 그런데 마지막에 등장하는 좌망은 도가의 근본이념이다. 이런 이질적 요소를 자연스럽게 하나로 통합시키고 있다.

현실에 뿌리를 두고 실천을 강요하는 유가학파들이 현실 도피적 은둔을 미덕으로 여기고 유유히 떠도는 도가사상을 받아들일 리는 없다. 그럼에도 불구하고 장자는 안회와 공자의 대화를 교묘히 꾸며내어 유가적 가치 추구를 떠나 도가의 심오한 무위자연의 경지를 보여주고 있다. 공자 자신도 "나도 너의 뒤를 따르고 싶다"고 했으니 장자의 해학이 절정에 도달한 것이 아니겠는가.

참고로 《사기》〈중니제자열전〉을 살펴보자. 공자가 안회를 극찬하는 내용이다.

현명하도다 회여! 대나무로 만든 도시락의 한 그릇 밥과 표주박에 담긴 물 한 모금을 가시며 누추한 거처에서 가난하게 살았도다. 다른 사람 같으면 그 모진 가난을 이겨내며 어찌 학문에 매진할 수 있었겠는가. 안회는 그런 어려움을 아랑곳하지 않고 학문을 즐겼으니 더욱 가상하지 않은가!

또 안회가 30대 초반에 요절하자 공자는 하늘을 우러러 탄식했다.

내 도를 전하게 하는 것을 하늘이 막는가! 안회가 있음으로 문인들이 나와 함께할 수 있었는데…….

장자가 만들어낸 좌망이란 말의 의미는 불교의 선, 곧 좌선坐禪과 비슷하다. 깊은 명상을 통하여 진리를 터득, 무아의 희열에 이르게 하는 수행이 불교의 좌선이다. 장자는 기원전 4세기경, 중국 땅에서 살았으니 불법을 알 리도 없었고 더구나 중국의 선종은 기원후 6세기에 달마대사가 창시했다. 이런 점을 감안하면 '좌망'과 '선'은 거의 1000여 년의 시차가 있다. 그런데도 불구하고 그 함의가 거의 쌍둥이처럼 닮아 있는 것은 무엇 때문일까. 아마도 진리란 시공을 초월하는 것이기 때문이리라.

신통한 무당

정나라에 계함季咸이라는 이름난 무당이 있었다. 무당이란 원래 춤과 노래로 신을 불러내어 그 신에게 인간의 소원을 빌어주는 사람을 말한다. 절대자인 하늘의 신과 인간 사이를 소통시키는 매개자의 역할을 담당했다고 여겨진다. 무당은 양 팔을 벌려 옷소매를 펄럭이는 춤을 추고 신묘한 음악으로 신을 유혹하여 자신의 몸속으로 들어오게 한다. 이것을 신 내림, 또는 '신들리다'라고 한다. 일단 신이 내린 무당은 절대자인 신을 대변하여 인간의 소원을 들어주고, 또 하늘의 뜻을 인간에게 전해주는 신과 인간 사이의 중간자라고 할 수 있다. 이것이 샤머니즘*이다.

그러던 무당이 후대에 내려와서는 죽은 이의 영혼을 불러낸다든가,

---

* 시베리아 북부의 원주민 사이에서 시작되어 극동 지방으로 건해진 원시 종교의 한 형태다. 샤먼, 곧 무당이 신 내린 상태에서 신령이나 죽은 이의 영혼을 불러내어 길흉을 판단하고 예언 따위를 하는 것을 말한다.

인간의 길흉을 점치고, 굿을 통하여 액막이하는 민간신앙으로 변했다. 이럴 즈음 계함이란 무당이 등장했다. 그는 인간사를 두루 꿰뚫는 신통한 무당이라고 나라 안에 소문이 파다했다. 계함은 사람들의 사생, 존망, 길흉 등을 예언했는데, 어느 것 하나 틀리는 것이 없었다. 마치 귀신처럼 언제, 어느 날, 몇 시경에 무슨 일이 일어나는지를 족집게처럼 집어냈으니 정나라 사람들은 두려워서 그를 피했다.

당시 열자는 호자壺子라는 스승에게 도학을 배웠는데, 자신은 이미 천지자연의 도를 터득한 양 의기양양해 있었다. 그래서 계함이란 무당이 세상사를 모두 안다는 소문을 듣고 그를 만나기로 했다. 계함은 열자의 관상을 요모조모로 뜯어보고는 그의 과거지사를 정확히 알아맞혔다. 대부분이 귀에 걸면 귀걸이, 코에 걸면 코걸이 식의 추상적 애매한 표현인데도 열자는 그렇게 생각하지 않았다.

처음 만난 자신의 지난 일을 어쩌면 그렇게 훤하게 알고 있을까. 그것이 너무 신기하고 존경스럽게 느껴졌다. 과거를 모조리 알고 있으니 닥쳐올 미래는 두말할 것도 없이 손바닥을 들여다보듯이 낱낱이 알고 있을 것은 자명한 일이 아니겠는가. 열자는 계함에게 심취하여 홀딱 반하고 말았다.

어느 날 열자는 스승인 호자를 찾아가 계함을 만난 이야기를 끄집어냈다.

"처음 저는 선생님의 가르침이 지극한 경지에 이르렀다고 생각했는데, 아닌 것 같습니다. 선생님보다 더 지극한 자를 만났습니다."

호자는 이미 알고 있다는 듯이 빙긋 웃으며 말했다.

"나는 너에게 도의 겉모습만 가르쳤지 그 알맹이는 충분히 말해주지 않았다. 그런데도 너는 마치 세상 이치를 다 터득했다고 생각했느냐? 음양의 조화를 모른다면 그것은 미숙함이다. 너는 그 미숙한 도의 껍질만으로 세상과 맞서 살아가려고 했단 말이냐? 그러니 남이 네 관상을 보고 쉽게 알아맞히는 것이다. 어디 시험 삼아 그 무당을 데려와 내 관상을 한번 보도록 하자."

다음 날 열자는 두당인 계함을 호자에게 데려왔다. 그리고 스승의 관상을 봐달라고 부탁했다. 호자는 눈을 지그시 감고 조용히 앉아 있을 뿐, 아무런 표정의 변화도 보이지 않았다. 무당은 자신의 몸속에 들어 있는 귀신을 불러내는 시늉을 하며 호자의 관상을 자세히 살폈다. 그러더니 이내 모든 것을 알았다는 듯이 자리에서 일어났다. 옆에서 지켜보던 열자가 눈치를 채고 따라 나왔다.

"우리 선생님의 관상이 어떠한지요?"

계함은 슬픈 표정을 짓고 낮은 목소리로 속삭였다.

"당신의 선생님은 곧 죽을 것입니다. 살릴 방도가 없어요. 아마 열흘을 넘기기 어려울 겁니다. 이상한 형상을 보았어요. 물기를 머금은 축축한 재灰를 보았습니다."

계함은 손을 내젓고는 금세 사라졌다. 열자는 마음이 몹시 아팠다. 선생님이 곧 세상을 떠나시다니! 방으로 들어와서 호자를 대하자 눈물이 주르륵 흘러내려 옷깃을 적셨다. 겨우 정신을 가다듬고 무당의 예언을 선생님께 알렸다. 이 말을 듣고도 호자는 놀라는 기색이 전혀 없었다. 호자는 한동안 담담한 표정으로 조용히 앉아 있다가 입을 열었다.

"좀 전에 나는 그 무당에게 대지의 상을 보여주었다. 생명의 싹이 생겨나는 듯하다 사라지는 모습이고 움직임도 없으며 그렇다고 멈추지도 않는 상이지. 그는 아마 내 덕이 꽉 막혀 있는 조짐을 보았을 것이다. 한 번 더 데려와 보아라."

다음 날 열자는 계함에게 허리를 굽히고 사정사정하여 호자에게 데려왔다. 관상을 다 본 후, 밖으로 나오자 무당이 밝은 목소리로 말했다.

"참, 다행입니다. 당신의 선생님은 나를 만나서 죽을병이 다 나았어요. 내가 그 축축한 재에 불씨를 넣어보았습니다. 오늘 보니 생기가 있더군요. 나는 그 미세한 움직임을 보았지요."

열자는 그 기쁜 소식을 호자에게 즉시 알렸다. 이번에도 호자는 덤덤하게 말했다.

"오늘 나는 천지의 상을 보여주었다. 푸른 하늘과 부드러운 땅덩어리는 자연의 본체다. 거기에는 어떤 인위도 끼어들 틈이 없지. 그러나 무엇인가가 깊은 곳에서 움직이고는 있다. 그것을 기(氣)라고 말하는데, 아마 그 무당은 희미한 기의 움직임, 그 끝자락을 보았을 것이다. 그를 한 번 더 데려오너라."

이렇게 하여 계함은 호자의 관상을 세 번째 보게 되었다. 점을 치고 나서 자신을 믿고 따르는 열자에게 솔직히 털어놓았다.

"당신 선생님의 상은 일정하지 않아요. 그래서 제대로 된 점을 칠 수가 없습니다. 어제 다르고 오늘 다르고 하여 오락가락하는 상입니다. 관상이 안정을 되찾으면, 그때 다시 봐드리지요."

무당이 물러가고 난 후, 호자가 말했다.

"아까 나는 크고 텅 빈 허허로운 세상의 상을 보여주었다. 그는 아마 내 조화된 기운의 징조를 보았을 것이다. 소용돌이치는 물이 모여 연못이 되고, 정지한 듯 흐르는 강물은 큰 호수를 이룬다. 그런 연못이나 호수는 아홉 가지가 있지만, 나는 그중 세 개만 보여주었다. 한 번은 꽉 막혀 있음이고 다음은 천지의 움직임, 마지막에는 큰 비움, 곧 태허太虛였는데 이런 것이 바로 그 연못의 근원이다. 그 무당에게 이제 내 관상이 안정되었다고 말하고 다시 와서 봐달라고 부탁하여라."

호자의 관상이 안정을 되찾았다는 말을 듣고 계함이 열자에 이끌려 호자 앞에 다시 나타났다. 그런데 이상한 일이 벌어졌다. 계함이 호자의 얼굴을 한 번 보더니만, 자리에 앉지도 않고 슬금슬금 꽁무니를 빼면서 밖으로 나가버렸다. 뒷간에 볼일을 보러 갔으려니 여겼으나 끝내 무당은 돌아오지 않았다. 이것을 눈치채고 호자가 버럭 고함을 질렀다.

"그놈이 도망간 모양이다. 쫓아가서 붙들어라!"

열자가 즉시 달아난 무당을 뒤쫓았으나 잡지 못하고 돌아왔다.

"어디론가 사라졌습니다. 아무리 찾아보아도 종적을 모르겠습니다."

호자는 열자를 자리에 앉게 하고 차근차근 설명했다.

"이번에 나는 내 본질 그대로의 상을 보여주었다. 거기는 텅 비어 있어 아무 조짐도 없다. 그냥 자연에 순응하는 나의 실체다. 바람 부는 대로 나부끼고, 물결치는 대로 흐르고 있으니 뭇사람을 속이는 무당 따위가 얼마나 두려웠겠느냐? 그래서 도망간 것이다."

열자는 자신의 미숙함을 크게 깨닫고 집으로 돌아왔다. 한때 혹세무민惑世誣民하는 무당 따위에 홀려 방황했던 지난날이 몹시 후회스럽고 부끄러웠다. 그래서 3년 동안이나 외출을 삼가고 근신했다. 아내를 위하여 밥을 짓는 등 집안의 허드렛일을 도맡아 하고, 돼지 기르기를 어린아이 돌보듯 정성을 다했다. 그러다 보니 세상일에 좋고 싫음이 없어졌다. 허식을 버리고 본래의 소박한 인간 본성을 되찾은 것이다. 무심히 홀로 서 있어 갖가지 어려운 일에 얽매이지 않고 자유로웠다. 한결같이 이런 모양으로 살다가 일생을 마쳤다.

〈응제왕〉 편*

---

*《장자》 내편에 나오는 마지막 편명이다. 제왕帝王이란 곧 자연을 말한다. 그러니 자연에 순응한다는 의미로 해석된다. 스스로를 잊고 자연에 순응한다면 만물의 제왕이 된다고 해석하기도 한다.

해 설

호자는 열자의 스승이라고 나오지만, 장자의 생각이나 사상을 대변하는 장자의 분신이라고 여겨진다. 인간이 사생이나 길흉화복을 점치고 그것을 변화시키려는 것은 부질없는 행위다. 그런 자질구레한 세속을 초월하는 가운데 삶의 참모습이 있다. 이것이 도가사상의 무위자연의 삶이다. 당시 도가사상가들은 운명을 예언하거나 그것을 점치고 바꾸려는 주술, 무당 같은 민간신앙을 부정했다. 자연을 반하는 하잘것없는 인위적 행동이었기 때문이다.

그런데 후세에 등장한 도교와는 어떤 차이가 있을까. 도교는 황로사상 黃老思想*을 바탕으르 거기에 민간신앙을 결부시키고 불교의식, 잡다한 신과 방술, 신화, 신선사상을 섞어 만들어진 중국 토착종교다. 그렇기 때문에 선진시대, 곧 춘추전국시대를 풍미한 심원한 도가사상과는 거리가 있다. 노장사상은 종교라기보다는 하나의 철학사상이다.

*중국 고대 전설상의 시즈라 일컬어지는 황제와 노자의 사상과 그 학문을 말한다. 도교와 같은 뜻이다.

혼돈의 죽음

아주 오래전, 하늘과 땅이 서로 맞붙어 있을 때의 일이다. 이제 곧 천지개벽이 일어나기 직전이었다. 우주는 짙은 어둠과 아득한 안개, 적막 속에 깊이 잠들어 있었다.

이런 세상 한가운데 혼돈混沌*이 살고 있었다. 혼돈은 중앙에 우뚝 솟아 있어 우주가 어느 한쪽으로 기울어져 넘어지지 않도록 중심을 잡아 주는 중요한 역할을 담당했다. 그래서 그를 중앙의 제왕이라고 불렀다. 혼돈은 그 이름에 걸맞게 늠름하고 의젓했으며 중후했다. 마음씨 또한 너그럽고 부드러워 사방팔방을 두루 포용했다.

이런 혼돈에게 자주 찾아와 놀고 가는 손님이 있었다. 남해를 다스리는 제왕인 숙儵**과, 북해의 제왕인 홀忽***이었다. 숙은 몹시 빠르고 그 모습이 검푸렀다. 홀은 있는 듯 없는 듯 갑자기 나타났다가 문득 사라지곤 했다. 이들의 모습이나 그 성질이 어떠하든, 혼돈은 언제나 친절하고 반갑게 맞이했다. 뿐만 아니라 최상의 귀빈으로 모시고 후하게 대접하는 것을 잊지 않았다.

그러던 어느 날, 숙과 홀 두 제왕이 조용히 만났다. 혼돈이 모르게 비밀리에 상의할 일이 있어서였다. 남해의 제왕인 숙이 먼저 입을 열었다.

"우리는 중앙에 있는 혼돈을 찾아가서 놀 때마다 융숭한 대접을 받았네. 그런데 우리는 혼돈에게 무엇으로 보답했지?"

한참 생각에 잠겨 있던 홀이 맞장구를 쳤다.

"그래, 자네 말이 맞아. 후한 대접을 받았지만 아무런 보답을 하지 않았지. 혼돈은 인심이 좋고 너그러운데 그렇다고 마냥 그 후의를 모르는 척할 수야 없지 않겠나?"

숙과 홀은 이렇게 대화를 나누면서 혼돈에게 무엇인가 보답해야 된다는 결론에 이르렀다. 어떻게, 무엇으로 그 은혜에 보답할까. 두 제왕은 온갖 궁리를 하면서 머리를 맞대었다. 한동안 끙끙거리면서 숙고하던 두 제왕은 동시에 '아' 하는 탄성을 내질렀다. 혼돈의 생김새를 머릿속에 그리다가 문득 떠오른 묘안이었다. 혼돈은 그 형체가 커다랗게 우뚝 솟아 있을 뿐, 두루뭉술한 그 무엇이지 않은가. 평소에 자주 놀러가서 만나 보았지만, 구체적이고 확실한 형태를 찾아볼 수가 없었다. 그가 베푸는 두터운 정에 빠져 그것을 잊고 있었던 것이다.

혼돈에게 확실한 생명을 불어넣어 주자. 사람처럼 보고 듣고 숨 쉬며

---

* 만물이 분화되기 이전의 상태로 하늘과 땅이 아직 나뉘기 전의 모습을 의인화했다. 여기서는 순수한 자연을 뜻한다.
** 글자의 뜻은 '빠르다, 검다'란 의미인데, 여기서는 갑자기 나타나는 현상, 곧 有를 의인화한 것이다.
*** '소홀하다, 갑자기'란 의미로 여기서는 갑자기 사라지는 것, 곧 無를 의미한다.

말하고, 산해진미를 맛볼 수 있게 만들어주자. 이런 생각을 하며 숙과 홀은 기쁘기 그지없었다. 세상 한가운데 우뚝 솟아 균형을 잡아주는 제왕이라면 진작부터 갖추고 있어야 할 중요한 덕목이었다. 혼돈에게는 그런 기능을 담당할 구멍이 없었다.

인간은 누구에게나 칠규七竅라는 일곱 개의 구멍이 있다. 사물을 밝게 보는 눈, 세상의 온갖 소리를 들을 수 있는 귀, 그리고 숨을 쉬는 코와 입이 바로 그것이다. 남해의 제왕인 숙이 검푸른 입을 떡 벌리고 큰 소리로 말했다.

"혼돈에게 일곱 개의 구멍을 뚫어주자!"

북해의 홀이 덩달아 외쳤다.

"그래. 그것 참 좋은 생각이야!"

"그런데 어떻게 누가 그 구멍을 뚫는 것이 좋을까?"

숙의 말에 홀이 기다렸다는 듯이 얼른 되받았다.

"그런 건 걱정할 필요도 없어. 내가 남의 눈에 띄지 않으니까 동에 번쩍 서에 번쩍하면서 알게 모르게 재빨리 뚫어버릴 테니까. 자네는 나를 도와주면 돼."

"아니, 한꺼번에 일곱 개의 구멍을 다 뚫는다고? 혼돈에게 충격이 너무 크지 않을까?"

"그렇다면 하루에 한 구멍씩 뚫기로 하자."

숙과 홀, 이 두 제왕의 비밀 회동은 이런 결론을 도출해냈다. 그리고 그들은 합의 내용을 곧 실천에 옮겼다. 혼돈은 아무것도 모른 채 이들의 잦은 방문을 반겼고 언제나처럼 귀빈으로 모시고 후하게 대접했다. 숙과 홀은 찾아온 첫날부터 혼돈의 몸에 구멍을 뚫기 시작했다. 끝과

망치, 날카로운 송곳으로 마구 파내고 찔렀지만 혼돈은 아무런 반응도 하지 않았다. 태산처럼 우뚝 솟은 그 우람한 모습은 어제나 오늘이나 변함이 없었다. 숙과 홀은 계획대로 하루에 한 구멍씩을 파 나갔다. 그 동안 혼돈이 베풀어준 후의를 보답하는 심정으로 열과 성을 다했다.

드디어 7일 째 되는 날, 그들은 하나 남은 마지막 구멍을 뚫었다. 이제 혼돈은 밝게 보고 듣고 말하고 숨 쉴 수 있으리라! 숙과 홀은 기쁜 마음으로 혼돈을 흔들어 깨웠다. 그런데 이게 어찌 된 영문인가. 혼돈이 깊은 잠에서 깨는 순간 천지가 진동하고, 자신들이 뚫어놓은 일곱 개의 구멍에서는 검붉은 피가 한꺼번에 콸콸 쏟아져 나오고 있었다. 도저히 막을 수도 없는 거대한 홍수가 되어 혼돈의 주위가 온통 피바다로 변했다. 순식간에 일어난 일이었다.

숙과 홀은 서서히 홍수에 파묻혀 떠내려가는 혼돈을 바라보며 망연자실했다. 태산처럼 세상 중앙에 우뚝 솟아 있던 혼돈은 친구들의 어이없는 실수로 이렇게 죽고 말았다.

〈응제왕〉 편

해 설

《장자》에 나오는 대표적인 우화다. 간략한 내용이지만, 이 짧은 이야기가 담고 있는 의미는 결코 가벼이 볼 수 없다.

우선 배경과 구성, 여기 등장하는 의인화된 인물을 검토해볼 필요가 있다. 시간과 공간적 배경은 천지개벽 이전, 아직 태초太初*나 태허太虛** 이전, 혼돈의 상태였다. 무대는 남과 북, 그리고 중앙이다. 이것을 합치면 하나의 세계, 곧 우주가 된다. 이곳을 다스리는 신들이 등장인물이다. 물론 의인화된 명칭이지만, 혼돈을 중심으로 남북으로 숙과 홀을 배치해놓았다. 숙이란 말은 어떤 현상이 갑자기 나타나는 것, 즉 만물의 생성절멸生成絶滅의 변화로 본다면 일시적으로 존재하는 유有를 뜻하고, 홀은 어떤 현상이 홀연히 사라지는 것, 즉 있다가도 없어지는 무無를 상징한다.

이런 유와 무의 사이, 중앙에 혼돈이 자리 잡고 있다. 혼돈이란 하늘과 땅이 열리기 전의 상태, 만물이 분화되기 이전, 즉 태고의 자연 상태다. 장자가 구성한 인물의 배치와 그 명칭이 뜻하는 바는 절묘한 의미를 함축하고 있음을 간과할 수 없다.

내용은 아주 간단히 요약할 수 있다. 순수한 자연에 어떤 작용, 일곱 개의 구멍을 뚫는 것과 같은 인위가 가해지면, 결국 자연은 죽고 만다. 무위자연을 주창했던 도가사상의 진면목이 확연히 나타나 있다.

현대인들이 부르짖는 환경보호, 자연훼손에 저항하는 것도 노장사상과 일맥상통하고 있다고 말할 수 있다. 그러나 그것은 장자의 웅장한 뜻의 일부분일 뿐이다. 《장자》의 수많은 우화 속에는 사회적 약자들이 많이 등장한다. 지지리 못난 생김새를 가진 인간, 가난뱅이, 형벌을 받아 병신이 된 자 등등인데, 이들은 사회적 강자들에게 멸시와 천대를 받는다. 이런 강자들의 마음속에 자리 잡고 있는 욕망, 집착, 입신양명, 이기심, 얕은 지혜 같은 것들 역시 자연을 망가뜨리는 요소다. 잘난 놈, 못난 놈 구분할 것 없이 큰 범위로 보면 인간 자체가 자연 속에서 생멸을 거듭하는 하나의 현상에 지나지 않는다.

  만물은 없다가도 생겨나고 또 있다가도 없어진다. 이야기 속에 의인화된 숙과 홀이 여기에 해당한다. 유와 무가 변화무상하므로 이 세상은 있음이자 또한 없음이다. 이 한가운데 혼돈이 존자한다. 혼돈은 순수한 자연 상태 그대로이다. 혼돈이 죽고 난 후, 천지는 개벽했고 만물이 분화되어 가지가지 형태로 생겨났다. 숙과 홀의 부질없는 실수를 바로잡는 일, 곧 자연 그대로의 상태로 되돌리는 것이 장자의 큰 뜻일 것이다.

---

* 하늘과 땅이 처음 열릴 때, 천지가 창조된 그 시점을 말한다.
** 텅 빈 그 무엇, 곧 하늘을 뜻한다. 동양철학에서는 기의 본질을 말한다.

백락의 과오

깊어 가는 가을 하늘은 높고 푸르렀다. 흰 구름이 두둥실 떠 있는 바람도 향기로운 한가한 오후였다. 넓은 초원에는 야생마들이 풀을 뜯으며 이리저리 옮겨 다녔다. 천고마비라고 했던가.

뜨거운 여름 햇살을 받아 무성히 자란 풀은 가을바람을 타고 적당히 영글고 마른다. 그것을 포식한 야생마들은 엉덩이가 통통하게 살찌기 마련이다. 이제 머지않아 북방의 초원은 서리가 내리고 매서운 눈보라가 몰아칠 것이다. 그때를 대비하여 살을 찌우고 또 온몸에 새로운 털이 돋고 목덜미에는 갈기가 멋지고 길게 자랄 것이다.

야생마들은 부지런히 풀을 뜯고 때때로 습지를 찾아 물을 마신다. 그리고 신바람이 나면 껑충껑충 뛰면서 서로 몸을 비비고 발길질을 한다. 1년 중 가장 풍성한 계절을 맞아 평화 속에 깃든 자유, 삶의 여유가 충만한 한 폭의 정경情景이고 그림이다.

이때 어디선가 씽 하는 바람이 불어왔다. 초원을 가로지르는 질풍疾風이었다. 말발굽 소리, 그것보다 더 빨리 초원에 나타난 것은 야생마 사냥꾼들이었다. 그들은 밧줄로 만든 올가미를 휘두르며 야생마 무리 속으로 뛰어들었다. 평화와 자유, 한가르움이 가득했던 풍성한 초원은 삽시간에 혼란 속으로 빠져들었다. 미처 올가미를 피하지 못한 몇 마리 야생마가 비명을 지르며 길길이 뛰어올랐다. 곧 목덜미를 조이는 올가미에 얽혀 나뒹굴기 시작했다. 그 가운데 목뼈나 발목이 부러지고 피를 철철 흘리는 놈들도 있었다. 야생마들은 전문 사냥꾼에게 붙들려 이렇게 질질 끌려갔다.

춘추시대 진나라에는 백락伯樂*이라는 사람이 있었다. 본명은 손양孫陽이지만 사람들은 그를 '백락'으로 불렀다. 백락의 본뜻은 천마天馬를 관장하는 별의 이름이다. 천마는 이 세상에서 제일 뛰어난 말이다. 천상에 살고 있는 상제가 타고 하늘을 가로질러 달리는 말이니, 이보다 더 훌륭한 말이 어디 있겠는가.

백락은 별명대로 말에 대해서는 모르는 것이 없었다. 한마디로 말 박사였다. 그중에서도 말을 감별하는 안목이 특히 뛰어났다. 어린 망아지만 보고도 그놈이 장차 커서 천리마가 되어 초원을 내달릴지, 아니면 마차를 끄는 짐꾼으로 일생을 마칠 것인가를 단번에 판별했다. 뿐만 아니라 이 녀석들을 다듬고 훈련시키는 기술, 즉 조련사로서도 천부적 재

---

* 말의 좋고 나쁨을 감정했던 인물로, 사람을 알아보는 안목이 탁월한 사람을 비유하는 말로도 쓰인다.

능을 가지고 있었다. 그렇기 때문에 사람들은 백락을 말 감별과 조련의 전설적 인물로 높이 평가했다. '백락이 있은 연후에 천리마가 있다'라는 속담이 생겨났으니 그 명성을 가히 짐작하고도 남음이다.

춘추전국시대의 수많은 왕후장상들, 또 힘깨나 쓰는 유무명인사, 수만금을 쌓아놓은 갑부들, 이들 모두는 한결같이 천리마를 갖는 것이 소원이었다. 그러니 백락의 주가가 하늘 높이 치솟는 것은 당연한 일이었다.

백락의 드넓은 저택은 온갖 종류의 말들로 들끓었다. 장래가 촉망되는 망아지들, 사냥꾼에 끌려온 야생마, 족보를 자랑하는 후손들, 흰 놈, 붉은 놈, 검은 놈, 얼룩빼기 등 그 종류도 각양각색이었다.

말이란 동물은 발굽으로 서리를 밟고 털로 추위를 막는다. 그리고 배가 고프면 풀을 뜯고 목이 마르면 물을 마시며 껑충껑충 뛰어다닌다. 이것이 말의 본성이다. 자연에서 태어나 자유롭게 살고 있는 말의 모습인 것이다. 그러나 백락은 먼저 이들의 천성인 자유를 구속한다. 동아줄로 고삐를 매고 재갈을 물리며, 앞에는 가죽 끈을 가로질러 옴짝달싹도 못하게 한다. 그다음 털을 태우고 깎기도 하며 발굽을 불로 지져 쇠붙이를 박고 벌겋게 달군 쇠도장을 찍는다. 이런 초기 과정을 견디지 못하고 죽어 나가는 놈이 열에 두셋은 된다.

백락은 여기서 살아남은 놈들에게 가혹한 훈련을 시킨다. 여물과 물을 제한하여 굶주리게 하고 목이 바싹바싹 타들어가게도 하며 또 빨리 달리고 천천히 걷는 훈련을 매일 반복한다. 말을 듣지 않으면 매서운 채찍이 날아온다. 백락은 모든 잔인한 방법을 총동원하여 말들을 극한 상황으로 몰아넣는다. 이 과정에서 또 절반 정도는 죽고 만다. 그러니 한 마리 천리마가 단들어지기까지 얼마나 심한 고통이 따랐고 그 고통 속에 죽어간 생명은 또 얼마나 많았겠는가. 그러나 세상 사람들은 여기에 대해서는 아무도 말하지 않는다. 다만 백탁을 천리마의 아버지라고 떠받들어 존경할 뿐이다.

찰흙을 마음대로 주물러 질그릇을 빚어내는 도공과 목재를 다루는 대목도 마찬가지다. 이름난 도공은 이렇게 자신을 자랑한다.

"나야말로 흔해 빠진 찰흙으로 유용한 물건을 만들어내는 명수다. 둥근 것, 모난 것, 길고 짧은 것, 뚱뚱하고 홀쭉한 것, 그 모양이 어떤 것이라도 내 손으로 만들 수 있지."

대목도 지지 않고 자신의 실력을 뽐낸다.

"나는 나무를 내 마음대로 자르고 깎고, 구멍을 뚫고 또 매끄럽게 다룰 수 있다. 굽은 것은 굽은 대로, 곧은 것은 곧은 대로 먹줄을 치고 고칠 수 있다. 이름난 정자, 큰 부자들의 호화 저택들, 웅장한 대궐이 내 손안에 있지."

그런데 여기서 생각의 폭을 조금 넓혀보자. 과연 찰흙이나 나무가 본디 자신의 모습을 버리고 다른 모양으로 변하기를 원했던 것일까. 도공은 찰흙을 반죽하여 주물러 물건의 모양을 만들고, 그것을 불가마에 넣어 여러 날 굽는다. 그렇게 공들였던 것들이 제 마음에 맞지 않으면 욕설을 퍼붓고 마구 부숴버리고는 또 그런 행위를 반복한다.

대목이란 자는 어떤가. 우선 산야를 누비며 나무를 고른다. 구불구불 제멋대로 자란 것은 거들떠보지도 않고, 쓸모없다고 투덜댄다. 그러다가 수백 년 하늘 높이 올곧게 자란 거목을 발견하면 무지막지하게 도끼를 휘둘러 찍어낸다. 천년의 세월을 온몸에 두르고 있던 그 울창하고 거대한 생명은 '쿵' 하고 쓰러지고 만다. 대목은 얼씨구나 좋은 재목감을 얻었다고 좋아만 했지 그 나무의 외마디 비명은 듣지 못했다.

찰흙은 본래 생명을 품어 잉태하고 그것을 자라게 하는 생명의 근원이다. 불에 구운 도자기 조각이나 높이 솟은 궁전의 기둥이 어찌 살아 숨 쉬는 생명일 수 있겠는가. 소위 명인이라고 떠받들어 숭앙崇仰하는 사람들은 생명을 짓이겨 변형시키고 죽이는 자들이다.

백락 또한 마찬가지다. 그는 말을 학대하여 자신이 원하는 대로 만들었다. 이 세상 모든 말들은 그 어떤 놈도 스스로 천리마가 되기를 원하지 않았다. 준마駿馬니 천리마千里馬니 하는 구별은 오만한 인간이 만든 척도에 지나지 않는다.

지난날 사람 사는 세상 그 어느 시대든 명군, 현사賢士, 성인들이 등장했다. 시대가 혼란스러우면 이들은 더욱 돋보이게 마련이다. 춘추전국시대는 백가쟁명의 시대였다. 이 중에 유가에 속하는 학파는 인의예악을 주장했다. 인의예악에 따르는 온갖 규제를 통하여 인간의 본성을 길들이려고 했다. 백락이 저지른 잘못을 똑같은 방법으로 따라 하고 있는 것이다. 그러면서도 성인이니 뭐니 하며 뽐내고 있다. 천하를 잘 다스리는 자는 그런 짓을 하지 않는다.

〈마제〉편*

---

*마제馬蹄는 직역하면 말의 발굽이란 뜻이다. 《장자》 외편의 편명으로 내편과는 달리 아무 의미가 없다. 그냥 첫 번째 나오는 말을 편명으로 삼았을 뿐이다.

해설

　백락은 말을 잘 감별하고 조련시킨다고 알려진 전설적 인물이다. 상고시대 넓은 중국 대륙의 교통수단은 단연 말이 최고였다. 전쟁이 벌어지면 말이 승패를 좌우하는 것은 상례였다. 인간의 역사, 국가의 흥망성쇠는 수천 년 동안 말과 함께했다고 해도 지나치지 않다. 기원 전후 맹위를 떨치던 흉노족으로부터 13세기 혜성처럼 등장하여 동서양을 종횡무진 내달리던 칭기즈칸과 그 후예들, 근세까지 청나라라는 이름으로 중국 대륙을 지배했던 만주족, 이들의 막강한 힘은 말에서 비롯되었다. 그러니 백락의 명성은 어느 성인 못지않게 오랫동안 전승되어 왔다.
　장자는 이런 백락을 크게 꾸짖고 있다. 동물을 학대하여 죽이고 생명의 본성을 말살시키는 장본인이라고 생각했다. 동시에 인의예악으로 인간을 얽어매려는 유가, 곧 공자와 그의 무리들을 싸잡아 나무라고 있다.
　장자 사후 2300여 년이 지났다. 인류는 문화나 문명의 측면에서 엄청난 발전을 이룩했다. 그러나 근본적으로 따지면 장자의 사상을 능가하는 그 어떤 형이상학도 창조하지 못했다.
　생활의 여유가 있는 계층에서는 고상한 취미를 자랑하는 사람들이 꽤 많다. 분재를 예로 들어보자. 분재의 소재로는 본래 덩치 큰 나무가 주로 쓰인다. 소나무, 단풍나무, 느티나무 등 종류도 다양하다. 이들은 나무가 크게 자라지 못하도록 뿌리를 자르고 가지를 구부려 철사로 칭칭 감는다. 또 보기 좋게 한다고 몸통을 비비 꼬아 묶어둔다. 주인은 이런 것을 여러 개 나열하고 무슨 큰 예술품을 감상하듯 감탄을 연발하고 으스댄다. 그러고는 응접실을 찾는 손님에게 호기롭게 자랑한다.

"대자연이 내 응접실에 펼쳐져 있네!"

착각도 유만부동이다. 잘 꾸며진 응접실에는 분재들의 비명, 아우성, 신음 소리로 가득 차 있다. 그 원망에 찬 울림을 듣지 못할 뿐이다.

물론 시대가 변했고, 인간의 생활 방식 역시 크게 달라졌다. 그것을 2000년 전 도가사상에 견주어 비판하는 것 역시 옳은 일은 아닐 것이다. 그러나 오늘날 전 세계적으로 펼쳐지는 자연보호, 환경보전, 동물 애호가들이 하는 주장의 근원은 장자의 무위자연과 상통하고 있다. 인간 역시 자연의 일부분이니 자연과 더불어 살아가야 할 것이다.

《전국책》에 등장하는 백락의 일화를 하나 살펴보자.

춘추시대 어느 사람이 말을 팔려고 저잣거리에 매어 놓았다. 사흘 동안 서 있었으나 아무도 거들떠보지 않았다. 웬일일까? 자신이 보기에는 훤칠한 키에 늠름하고 적당히 살이 찐 보기 좋은 말인데 살 사람이 없다니! 말 주인은 이런저런 궁리를 하다가 무릎을 쳤다. 그렇지! 백락을 찾아가 보자. 그는 곧 백락을 만나 부탁했다.

"시장에 오셔서 제 말을 살펴보시고, 가실 때는 아쉬운 듯 한 번 뒤돌아보아 주십시오. 그렇게만 해주신다면 사례는 넉넉히 하겠습니다."

백락이 그 사람이 시키는 대로 했더니, 금세 말 값이 열 배로 치솟고 서로 사겠다고 아우성을 쳤다.

이 고사로 인하여 생긴 말이 '백락일고伯樂一顧*'다. 즉 백락이 한 번 돌아본다는 의미인데, 당시 백락의 명성을 짐작하고도 남음이다.

---

* 명마가 백락을 만나야 세상에 알려진다는 뜻으로 자기의 재능을 남이 알아주어 인정받는 것을 일컫는 말이다.

성현의 찌꺼기를 탐독한 왕

제나라 환공*이 궁전 마루에서 책을 읽고 있었다. 때는 한여름이어서 몹시 더웠으나 울창한 숲에 가린 궁전 속으로 그 더위가 스며들 틈이 없었다. 요란한 매미들의 울음소리가 들려오는 한가한 대낮이었다. 사방이 확 트인 대청마루는 독서하기에 더없이 좋은 장소였다. 기분이 한껏 좋아진 환공은 독청을 가다듬어 낭랑한 목소리로 옛 성현들의 글을 읽어 나갔다. 글자나 문장의 뜻, 하나하나를 빠뜨리지 않고 되새겼다. 대부분 요순우탕과 같은 태평성대를 이룩한 임금들의 치적이었다.

"과연 성인들의 가르침은 심오한 철리哲理를 말하고 있군. 그것을 이어받아 갈고닦는 것이 뒷사람들이 해야 할 일이 아니겠는가."

환공은 혼자 중얼거리며 감탄해 마지않았다.

＊춘추시대 초기, 최초의 패업을 달성한 제후다.

대청마루에서 한 모퉁이를 돌아가면 공방이 있다. 관청에서 요긴히 쓰는 물품을 만드는 목공소다. 여기에서 윤편輪扁*이라는 늙은 목수가 열심히 수레바퀴를 깎고 있었다. 오늘따라 공방에는 아무도 없었고 윤편 혼자서 끙끙거리며 땀을 흘렸다. 왕후장상과 같은 높은 신분의 어르신들이 타는 마차의 바퀴니 한 치의 실수도 있어서는 안 된다. 윤편은 이런 신념을 가지고 한평생 정성을 쏟아왔다. 수레는 뭐니 뭐니 해도 바퀴가 제일 중요하다. 서른 개의 바퀴살이 중심축으로 모여 힘의 균형을 잡아야만 똑바로 굴러갈 수 있다. 이렇게 바퀴가 완성되면 더 정밀하고 정확해야 하는 작업이 기다리고 있다. 마차 굴대에 바퀴를 끼우는 일이다. 윤편은 오랜 경험을 통해 이 모든 과정을 거의 완벽하게 터득했다고 자부하고 있었다.

한참 일에 열중하던 윤편은 끌과 망치를 놓고 온몸에 흥건히 고인 땀을 닦았다. 날씨가 왜 이렇게 무더운가. 이렇게 생각하며 공방의 앞문을 활짝 열었다. 금세 시원한 바람이 몰려왔다. 그 바람결을 타고 환공의 책 읽는 소리가 뒤따랐다. 또박또박 한 글자씩 읽어 나가는 소리는 분명하지만, 일자무식인 윤편으로서는 무슨 내용인지 알 도리가 없었다. 궁금하기도 하고 잠시 쉴 겸해서 모퉁이를 돌아 대청 아래로 갔다. 환공은 윤편이 가까이 오고 있는 것을 아는지 모르는지 아랑곳하지 않고 읽던 부분을 계속 낭랑하게 읽었다.

윤편은 조심스럽게 다가가 물었다.
"지금 읽고 계시는 책에는 누구의 말씀이 적혀 있습니까?"
책에서 눈을 뗀 환공은 늙은 공장工匠을 지그시 내려다보고 미소를 지었다. 요순임금도 백성을 가까이 대했다고 했으니 미천한 신분의 백성이 자신과 대면하여 대화를 나누는 것도 해롭지는 않을 것이다.

"옛 성인의 말씀이 적혀 있다."

윤편이 얼른 되물었다.

"그 성인은 지금 살아 계신가요?"

"돌아가신 지 이미 오래되었지. 그러나 그 가르침은 책 속에 고스란히 남아 있다. 후세 사람들이 읽고 또 읽어서 그 덕을 본받으려고 하는 것이야."

환공의 자상한 설명을 들은 윤편은 곰곰이 생각해보았다. 읽고 또 읽어서 어떻게 덕을 본받을 수 있겠나. 자신의 좁은 소견으로는 도무지 이해가 되지 않았다. 그래서 아무 생각 없이 쿨쑥 한마디 말이 튀어나왔다.

"그러고 보니 전하께서 읽고 계신 것은, 옛사람들이 남긴 찌꺼기인 조박糟粕**이로군요?"

의외의 말을 들은 환공은 갑자기 얼굴이 굳어졌다. 아무리 무식한 놈이라도 성현을 모독하고, 덩달아 자신까지 멸시한단 말인가. 속이 부글부글 끓어오르고 부아가 치밀었다.

"네 이놈! 책이 성인의 찌꺼기라고? 과인이 성현이 남긴 글을 읽고 있는데 어디서 입을 함부로 놀리느냐? 성현의 말씀이 어째서 찌꺼기란 말이냐? 명쾌한 설명을 하지 못하면 살아남지 못하리라!"

환공의 화난 목소리에도 불구하고 윤편은 전혀 겁을 먹지 않았다. 오

---

* 수레바퀴를 만드는 편이라는 사람으로, 윤(수레바퀴)은 직업이고 편은 이름이다.
** 술을 걸러내고 남은 찌꺼기를 이르는 말로 학문, 서화, 음악 등에서 옛사람들이 다 밝혀내어 전혀 새로움이 없는 것을 비유한다.

히려 자신이 오랜 세월을 살아오면서 쏟아부은 정성, 그것으로 해서 얻은 어떤 지혜 같은 것을 환공에게 말해주고 싶었다.

"저는 한평생 마차 바퀴를 만들어왔습니다. 아는 것이라고는 그것밖에 없으니 제가 해온 일을 예로 들어 설명드리겠습니다. 우선 바퀴를 만들어 굴대에 끼울 때 너무 많이 깎으면 헐거워서 덜커덩거리게 되고, 그렇다고 덜 깎으면 빡빡해서 마차가 잘 굴러가지 않습니다. 더도 덜도 말고 꼭 맞추는 비결은 말이나 글로는 나타낼 수가 없지요. 마음을 집중하여 정성을 다하면 제 손이 그렇게 만듭니다. 이런 특별한 기술은 제 자식에게도 물려줄 수가 없으며 자식 또한 저를 따라 배울 수가 없습니다. 아마 어떤 신비로운 영감 같은 것이 작용한다고 생각됩니다. 그렇기 때문에 나이 70이 된 늙은이지만, 관청에서 버리지 않고 수레바퀴 깎는 일을 맡기고 있지요. 이런 이치로 보면, 옛 성인들의 재주는 아무도 따라 할 수 없고 또 그것이 후세에 전해질 리가 없지 않겠습니까? 그래서 책에 써놓은 것을 찌꺼기라고 말했습니다."

〈천도〉편

해설

도를 배움에 있어 세상에서 귀중히 여기는 것이 글이다. 글이란 곧 말이니 말 역시 귀중한 것이 된다. 말과 글이 귀중한 까닭은 뜻이 있기 때문인데, 뜻이란 무엇인가. 추구하는 것이 있음이다. 뜻이 추구하는 것을 말이나 글로는 온전히 전할 수가 없다. 그런데도 세상에서는 그것(책)을 귀중히 여긴다.

이 말은 앞의 이야기에 나오는 글에 대한 정의와 비슷하다. 한마디로 요약하면 도를 책으로 전수받을 수 없다는 의미다. 어떤 면에서는 말만 그럴듯하게 늘어놓는 성현이란 사람들을 교묘하게 비판, 풍자하는 뜻도 내포하고 있는 듯하다. 윤편이란 늙은 목수는 위에서 '영감'이란 말을 하고 있다. 이것은 불교의 선禪사상을 연상시킨다. 깨달음이란 말이나 문자로 표현하기 불가능하다. 어떤 재능이나 사슴이 말이나 문자가 되어 나오면, 그 순간 그것은 이미 깨달음이라는 본질을 떠난 것이 되고 만다. 인간의 정신세계나 재능 같은 것을 있는 그대로 고스란히 표현할 수 있는 말이나 문자는 없다. 그래서 선종禪宗*에서는 마음에서 마음으로 깨달음을 전하려고 했다. 한마디로 이것을 불립문자不立文字** 교외별전敎外別傳***이라고 한다.

* 불교의 한 종파. 좌선을 통해 불도를 터득하려는 종파로서 6세기 초에 달마대사가 중국에 전했다. 선가禪家, 선도禪道, 선문禪門이라고도 한다.
** 불도의 깨달음은 마음에서 마음으로 전해지는 것이지 문자나 말로는 전해지지 않는다는 의미다.
*** 선종에서 석가가 말이나 문자를 쓰지 않고, 마음으로써 심원한 깨달음을 전해준 일을 말한다.

경국지색을 흉내 내다

서시西施*가 미녀로 뽑혀 올라간 지 얼마 되지 않아서였다. 그 이름은 회계산 근처에서 겨우 명맥만 유지하고 있던 월나라는 말할 것도 없고 오나라를 뒤덮을 만큼 유명해졌다.

처음 서시는 월나라 산골에서 빨래를 하던 평범한 처녀였는데, 오나라왕 부차에게 진상품으로 바쳐진 가련한 아가씨였다. 그런데 오나라왕 부차가 서시에게 홀딱 반해 밤낮으로 옆에 끼고 살았다. 서시는 가녀린 미모뿐만 아니라 노래와 춤, 시, 그림, 글씨에도 뛰어난 재능을 가지고 있었다. 그러니 부차의 사랑을 독차지하기에 부족함이 없었.

그런 서시에게는 아무도 흉내 낼 수 없는 또 하나의 남다른 애교가 있었다. 볼록한 가슴에 손을 얹고 얼굴을 살짝 찡그리는 것이었다. 달덩이처럼 둥글고 환한 얼굴에 떠오른, 한 점 흠집은 애처롭기까지 했다. 이 모습을 바라볼 때마다 오왕 부차는 애간장이 녹아 정사를 잊을 정도였다.

　서시가 이렇게 이름을 드날리고 있을 때, 콧방귀를 뀌면서 못마땅해 하는 또 다른 처녀가 있었다. 완계浣溪라는 냇가에서 서시와 함께 빨래를 하며 자란 처녀였다. 그 둘은 밤이면 냇물 속으로 들어가 서로 몸을 씻겨주었고 물장구를 치며 흉허물 없이 지냈다. 그러나 몸매가 가녀린 서시와는 달리 건장한 체격을 타고난 그 처녀는 얼굴에 광대뼈가 튀어나와 추녀라고 소문이 나 있었다. 그러나 그녀는 자신이 서시보다 못났다고는 전혀 생각하지 않았다. 다만 서시보다 몸집이 조금 크고 애교가 모자란다고 여길 뿐이었다.

　사실 서시의 그 애교가 따지고 보면 적잖은 흠집이라는 것을 그녀는 잘 알고 있었다. 서시는 어릴 적부터 가슴앓이를 하여 얼굴을 찡그리는 것이 버릇이 되어 있었다. 시도 때도 없이 가슴속이 스르르 아파 오면 한 손으로 볼록한 가슴을 살짝 누르면서 미간을 찡그렸다. 그런 표정이 오왕의 애간장을 녹이다니!

　추녀로 소문난 이 처녀는 서시를 흉내 내기로 마음먹었다. 서시의 찡그린 얼굴은 누구보다도 자신이 잘 알고 있으니 그것을 따라 하기는 어렵지 않을 성싶었다. 거울 앞에서 연습을 거듭했다. 가슴에 손을 얹고 미간을 찡그려 보았다. 광대뼈가 튀어나온 얼굴이어서 보일 듯 말 듯한 주름살을 잡기가 쉽지 않았다. 서시는 괴로운 표정을 하면서도 항상 엷은 미소를 잃지 않았었다.

　어느 정도 서시의 애교를 익힌 이 추녀는 동네방네, 큰길, 골목길을

＊월왕 구천이 오왕 부차에게 미인계의 일환으로 진상했다는 월나라의 미녀를 말한다.

가리지 않고 쏘다녔다. 서시의 표정을 흉내 내면서. 그렇게 여러 날이 지났는데도 반응은 영 신통치 않았다. 뭇 사나이들이 몰려들기는커녕 만나는 사람들마다 그녀를 슬금슬금 피했다. 우는지 웃는지 도무지 짐작할 수도 없는 그 일그러진 얼굴은 하나의 괴물 같았다. 그것이 역겨워 부잣집에서는 아예 문을 닫아걸었다. 울타리나 담이 없는 가난한 집 사람들은 그 처녀가 근처에 얼씬거리면 줄행랑을 쳤다. 처녀는 그 뒷모습을 바라보면서 영문을 몰라 어리둥절했다. 서시와 내가 무엇이 다른가.

〈천운〉 편

🔺 해 설

경국지색이란 말이 있다. 임금이 홀딱 반해 국정을 소홀히 하여 나라를 위태롭게 할 정도의 미인을 뜻한다. 춘추시대 후기 서시가 바로 경국지색에 손색이 없는 미녀였다. 월나라 구천이 미인계로 진상한 이 여인이 오나라의 패망이 일조했다는 것은 이미 잘 알려진 역사적 사실이다. 얼굴을 살짝 찡그리는 서시의 애교는 일품이라고 알려져 있다. 그러나 이것은 아무나 따라 할 수 없는 서시만의 독특한 재능이다.

옛 성현들의 인으 예악이란 덕목을 그대로 따르려고 하는 유가들을 비판하기 위해 만들어낸 창작품이라고 여겨진다. 이 이야기에서 유래한 효빈效顰이라는 고사성어가 있다. 찡그린 얼굴을 흉내 낸다는 말로 남의 결점을 장점인 줄 알고 따라 한다는 의미다.

용을 만난 공자

공자는 자신의 사상이 담긴 많은 저술이 오래 보존되도록 어딘가에 깊이 갈무리해두고 싶었다. 그 장소를 물색하다가 주나라 왕실의 서고를 생각하게 되었다. 세력은 쇠퇴하여 미미하지만, 주나라는 명분상 천하의 중심이고 사람들의 마음속 고향이나 다름없었다. 그래서 제자인 자로子路(본명은 중유仲由)와 상의했다. 자로는 한참을 생각하고는 대답했다.

"노담이라는 주나라 왕실 장서를 맡아 관리하는 이가 있는데, 지금은 현직에서 물러나 조용히 은거하고 있다고 합니다. 세상에서는 그를 노자라고 받들어 숭앙한다고 들었습니다. 선생님께서 책을 주왕실 서고에 맡기려면 먼저 이분을 만나보시는 게 어떨는지요?"

공자는 그것이 순리라고 생각하고 자로의 건의대로 노담을 만나러 갔다. 그러나 그를 쉽게 만날 수 없었다. 노담의 은거지를 알고 있는 사람이 드물 뿐 아니라 알 만한 사람들도 머뭇거리며 선뜻 가르쳐주지 않

있다. 공자는 이들을 오랫동안 설득하여 노담과 대면할 수 있었다.

공자는 자신이 이제까지 공부하고 정리한 12경經을 내보이면서 장황하게 의론을 펼쳤다. 자신은 학문의 깊이와 덕을 겸비한 사람이고 수많은 제자들이 있으며 또 직접 저술한 책도 여러 권 있다고 과시한 셈이다. 이것은 노담을 찾은 목적을 달성하기 위함이었다. 자신이 정리한 12경, 또 직접 저술한 책이 오래 보존될 가치가 있음을 넌지시 일깨워 그것을 주왕실 서고에 보관시켜 달라는 뜻이었다.

그러나 노담은 공자의 지루하고 장황한 언설을 귀담아듣지 않았다. 귀찮다는 듯이 하품까지 했다. 그러고는 공자의 말을 가로막았다.

"아아, 이제 그만하시오. 그렇게 어려운 말을 하다니. 나 같은 늙은이가 알아들을 수가 없구려. 간단하게 요점만 말하시오."

노담의 냉담한 태도에 공자는 기가 한풀 꺾였다. 잠시 그의 안색을 살펴보았다. 겉모습은 허름한 옷차림을 한 중늙은이였지만, 맑은 눈동자에는 범상치 않은 어떤 광채가 번쩍였다. 오랜 세월 주왕실의 서고를 보살폈으니 고금의 역사와 그 사상을 훤히 알고 있을 것이다. 어쩌면 자신의 지론인 인의의 도덕관, 극기복례克己復禮*의 정치 이상을 긍정적으로 받아들일지도 모르지 않겠는가. 이렇게 생각한 공자는 용기를 내어 힘주어 말했다.

"이 어지러운 세상을 바로잡으려면 인의만 한 것이 없습니다. 그것이 제가 말하려는 요지입니다."

노담은 퉁명스럽게 되물었다.

---

* 개인의 욕심을 누르고 지난날 요순시대의 예의범절을 회복하려는 일을 말한다.

"그대가 주장하는 인의란 도대체 뭐요?"

공자는 이 늙은이를 설득할 좋은 기회라고 여기고 자세한 풀이를 늘어놓았다. 인간의 본성에 기초한 어짊, 정의로움이 곧 인의다. 개개인은 물론이고 백성을 다스리는 통치자에게는 더더욱 요구되는 덕목이다. 지난날 3대, 곧 하은주의 성인들 역시 이것을 바탕으로 태평성대를 이룩했다. 그러니 그것을 회복하는 일이 급선무가 아니겠는가. 대강 이런 요지의 설명이 장시간 계속되었다.

한동안 아무 말 없이 듣고 있던 노담이 불쑥 한마디 내뱉었다.

"그대가 말하고 있는 인의라는 것이 진짜 인간의 본성입니까? 태어날 때부터 그것을 몸에 지니고 있었단 말이요?"

뜻밖의 물음에 공자는 멈칫했다. 해답의 실마리를 찾아 궁리하고 있는데, 노담이 마치 어린아이를 타이르듯이 단호하게 말했다.

"그대는 무엇인가 잘못 알고 있는 것 같소. 내가 비유해서 이야기할 테니 잘 생각해보시오. 방아를 찧어 그것을 키로 까불면 등겨 가루가 눈으로 들어갈 때가 있소. 눈을 비비고 물로 씻어내는 등 야단법석을 떨어도 앞이 캄캄하고 눈은 쓰리고 아프지요. 또 여름철에 모기나 등에 같은 작은 벌레에게 물리면, 온몸이 가렵고 근지러워 밤새도록 한숨도 자지 못하게 됩니다. 그러나 그것은 그때뿐 오래가지 않습니다.

그런데 인의라는 것은 사람의 심중을 마구 흔들어놓고 또 얽어매고 있소. 세상 사람들이 그 뜻도 제대로 모르면서 거기 묶여 우왕좌왕 갈팡질팡하는 꼴을 아마 그대도 보았을 거요. 사람의 본성은 본래 자연 그대로요. 거기에는 아무 색깔도 없고, 인의라는 글자는 더더욱 찾아볼 수가 없단 말이요. 고니는 날마다 목욕하지 않아도 늘 흰빛이고, 까마귀는 달리 물들이지 않아도 새까맣게 보이지 않소? 그것이 태어날 때부터 가지고 있는 본성이지요. 크게 보면 자연의 한 부분인 것이오. 그대는 인의라는 올가미로 사람의 순박한 본성을 얽어매거나 물들이려 하지 마시오. 구태여 혼자 잘난 체, 큰 북을 두드리며 마치 길 잃은 어린아이를 찾아 헤매는 것 같은 흉내는 내지 마시오. 아마도 있는 그대로의 자연의 덕(본성)을 따르는 게 좋을 것이오.

물고기만 하더라도 가뭄이 들면, 조그마한 웅덩이로 모여들어 몸을 비비며 살겠다고 몸부림을 치오. 그런 물고기를 살리는 방도가 인의는 아니지요. 몇 동이 물을 퍼부어준다고 해서 그들이 살아나겠소? 자연으로 돌아가도록 물길을 터주어야 하오. 큰 호수나 강, 그런 것이 물고기들이 살아가는 자연 아니겠소. 이런 것이 나를 잊고 자연과 한 몸이 된다고 말하는 거요. 므위자연, 그것이 바로 대도大道가 아니겠소?"

노담을 만나고 온 공자는 사흘 동안 아무 말이 없었다. 공자의 침묵에 숙연해진 제자들이 조심스럽게 물었다.

"선생님께서는 노담을 만나서 무엇을 가르쳐주셨습니까?"

제자들의 거듭된 질문에 공자가 비로소 입을 열었다.

"나는 이번에 처음으로 용을 보았다. 용이란 것은 문득, 자연의 기운이 합쳐져서 그 몸을 이루고, 빛은 찬란하기 그지없다. 구름 기운을 타고 노닐며 우주의 음양을 호흡한다. 나는 놀라서 입만 떡 벌리고 어쩔 줄 몰라 했는데 무엇을 가르쳐준단 말인가?"

〈천운〉 편

해 설

공자가 노자를 만났다는 기록은 옛 문헌 여러 군데에 나타나 있다. 그런데도 그 구체적 정황은 확실하지 않다. 이 두 사상가는 춘추시대라는 동시대의 인물이어서 서로 만났을 가능성이 높다.

《장자》에는 공자가 곳곳에 등장한다. 대부분 도가 쪽에서 유가학파를 비난하는 내용이다. 그것은 장자를 비롯한 도가학파들이 만들어낸 허구일 가능성이 크다. 여기서는 〈천도〉, 〈천운〉 편에 실려 있는 내용을 한데 엮어 이야기로 꾸몄다. 그 진정성은 차치하고 장자 특유의 해학과 풍자가 번득이는 문장을 읽는 재미를 맛볼 수 있을 것이다.

사마천의 《사기》 〈노자한비열전〉에도 이와 비슷한 내용이 기록되어 있다. 공자가 노자를 만나고 와서 한 말이라고 한다.

새는 잘 날 수 있고, 물고기는 물속에서 잘 헤엄친다. 또 들짐승은 산야를 힘차게 내달릴 수 있다는 것을 나는 안다. 달리는 들짐승은 그물로, 물고기는 낚시로, 나는 새는 화살로 잡을 수 있다. 그러나 용은 구름과 바람을 타고 하늘로 올라가니 용에 대해서는 아무것도 할 수가 없구나! 내가 노자를 만나보니 마치 용과 같은 사람이었다.

우물 안 개구리

공손룡公孫龍*은 장자의 말을 적어놓은 서적을 뒤적이다가 벌컥 울화가 치밀었다. 뭐가 뭔지 뒤죽박죽이어서 도무지 이해할 수가 없었다. 논리라고는 손톱만큼도 찾아볼 수 없는 허황한 소리뿐이었다. 몽환 속을 허우적거리면서 유유자적 희희낙락한 삶을 살았던 장자, 세상 사람들은 음으로 양으로 보이지 않는 존경을 그에게 보내고 있었다. 공손룡은 장자의 사상을 어떻게 공격할지 고심했다.

장자는 공손룡보다 한 세대 이상 앞서 태어났다. 그러나 크게 보면 동시대인이라고 말할 수 있다. 이들이 살았던 세상은 그야말로 백가쟁명, 백화제방의 시대였고 또 전국시대의 한복판이었다. 수많은 자유사상가들이 무리지어 서로 잘났다고 뽐내며 다투던 때다. 장자는 5,000여

---

* 조나라 평원군平原君을 섬긴 논리학의 대가다.

자로 요약된 춘추시대 노자의 심원한 철학사상을 부드럽게 풀어 그것을 우화로 만들어내었다. 그 사상 근저에는 도라는 것이 자리 잡고 있었기 때문에 후세 사람들이 이 무리를 도가학파라고 이름 지었다. 전국시대라는 역사상 보기 드문 난세를 살아나가는 지혜가 그 속에 담겨 있었기 때문에 세상 사람들은 거기에 매료되었다.

공손룡은 고금의 여러 사상을 섭렵하여 자신의 주장을 확립한 큰 학자였다. 그의 학문은 한마디로 말하면 논리학이고, 학파로는 명가로 분류된다. 당시 제자백가들은 학파를 불문하고 명가들의 먹잇감이 되었다. 사물의 이치를 따지는 것은 물론이고 이들은 교묘한 변설로 상대를 꼼짝 못하게 만드는 말재주꾼이자 궤변의 명수였다.

이 명가라고 하는 논리학의 중심에 공손룡이 있었다. 그는 동이同異나 견백堅白의 논리를 내세워 세상을 현혹했다. 사물의 일반적 개념을 송두리째 뒤집어엎는 궤변이었다.

소위 '견백의 논리'란 것을 알기 쉽게 풀이해보면 이렇다. 여기 단단한 흰색의 돌덩이가 하나 있다고 가정하자. 그런데 이 돌덩이는 하나가 아니고 둘이다. 왜 그런가? 눈으로 돌을 보면 흰색이란 것은 알 수 있지만 단단하다는 그 성질은 알 수가 없다. 또 눈을 감고 돌을 만져보면 단단한 것은 알 수 있으나 그것이 희다는 것은 모른다. 그러므로 '단단한 흰 돌'이라는 개념은 동시에 성립될 수 없다. 하나지만 둘이다.

당시 이런 궤변은 수도 없이 많았다. 장자의 친한 친구였던 혜시도 궤변을 즐겼다. 그 예를 몇 가지만 소개해본다.

- 달리는 수레의 바퀴는 땅에 닿지 않는다.

- 날아가는 화살도 정지된 시간이 있다.
- 누런 말과 검은 소는 합이 둘이 아니고 셋이다.
- 한 자짜리 지팡이를 하루에 반씩 잘라낸다고 하더라도 1만 년이 걸려도 다 자를 수 없다.

이렇게 변설에 능한 혜시도 장자 앞에서는 주눅이 들었듯이, 공손룡 역시 장자의 저술을 대하고 나서 갈팡질팡했다. 내 이론과 지식이 장자를 능가하지 못해서인가. 세상에 날고 긴다는 논객들도 내 한 토막 변설에 쩔쩔매지 않았던가. 그런데 장자 앞에서는 왜 이렇게 기를 펴지 못하는가. 아무리 머리를 짜봐도 그 이유를 알 수가 없었다. 공손룡은 위나라 공자公子*인 모牟와 상의해보기로 작정했다.

모는 견문이 넓고 도량이 컸다. 여러 번 만나 토론을 나누었으나 그때마다 늘 자신을 인정해주었기에 호감을 가지고 있었다. 모를 만나자, 공손룡이 조심스럽게 입을 열었다. 세 치 혀로 내로라하는 학자들을 희롱하던 그런 자신만만한 기개氣慨는 온데간데없어지고 풀죽은 목소리였다.

"나는 어릴 때부터 지식에 목말라 많은 책을 읽고, 여러 가지 사상을 탐구해왔지요. 내 나름대로는 누구에게도 지지 않을 만한 이론과 지식, 지혜를 겸비한 달인으로 자부해왔습니다. 그런데 장자의 책을 읽으면 눈앞이 캄캄해집니다. 그 뜻은커녕 무엇을 말하는지조차 모를 지경입니다.

---

* 지체 높은 집안, 특히 제후의 자제를 공자라고 불렀다. 여기서는 위나라 제후의 아들 모를 말한다. 중산에 봉해졌으므로 '중산공 모'라고 불리기도 했다.

어떻게 하면 장자와 지혜를 겨루어 그의 허를 찌를 수 있는지요?"

공손룡의 말을 들은 공자 모는 책상에 기댄 채 장탄식을 거듭하더니 하늘을 올려다보고 빙긋이 웃었다.

"자네는 저 '우물 안 개구리' 이야기를 모르는 것 같군. 내가 그 내막을 자상히 들려줄 테니 참고하기 바라네."

공자 모는 공손룡을 힐끗 쳐다보고 이야기를 시작했다.

옛날에 오랫동안 사용하지 않은 우물 속에 개구리 한 마리가 살고 있었다. 우물 속에서 개구리는 불편함이 전혀 없었다. 먹이는 넘치도록 풍부했고, 헤엄치며 놀기에도 물이 충분했다. 눈을 위로 치뜨면 푸른 하늘이 보일 뿐 아니라 때때로 흰 구름이 둥둥실 흘러가기도 했다. 그러니 답답하지도 않았고 세상을 보는 문도 열려 있어 구경거리가 많았다.

어느 날, 둥실둥실 떠서 흘러가는 구름을 보다가 문득 한 생각이 떠올랐다. 도대체 저 구름은 어디로 가는 걸까. 어쩌면 말로만 들어왔던 머나먼 동해로 갈지도 모르지. 거기에는 큰 자라가 살고 있다고 하던데…….

개구리는 여기까지 생각이 미치자, 자신의 만족한 삶을 자라에게 자랑하고 싶어졌다. 흘러가는 저 구름이 자신의 말을 자라에게 전해줄 것만 같았다. 그래서 자라가 들을 수 있도록 큰 소리로 외쳤다.

"나는 사는 것이 참 즐겁다. 우물 속에 가로놓인 나무토막 위로 폴짝 뛰어오르고, 때로는 우물 벽에 튀어나온 깨진 기왓장에 달라붙어 쉬기도 하지. 물속으로 풍덩 뛰어들어 두 다리를 쭉 뻗고 마음대로 헤엄치고 논다. 가끔 물속에 잠겼다가 얼굴만 물 위로 내밀어 시원한 바람을 마시지. 또 진흙 속에 발끝을 밀어넣어 먹이를 찾는다. 내 주위에는 장구벌레, 가재, 올챙이 등 작은 생명들이 우글거리지만, 어느 놈도 나를 당하지 못한다. 아무도 찾지 않는 이 우물을 네가 독차지하고 있네. 말하자면 나만을 위한 천국일세. 자라 자네가 언제 한번 와서 나의 이 지극한 삶의 즐거움을 보지 않겠나?"

개구리의 이 외침은 흘러가는 구름에 실려 동해에 살고 있는 자라의 귀에 들어갔다. 그렇지 않아도 심심하던 자라는 우물로 개구리를 찾아왔다. 개구리의 지극한 즐거움이 대체 무엇인지 궁금했다. 자라는 우물물에 몸을 담그고 왼발을 집어넣었는데, 왼발이 채 들어가기도 전에 오른쪽 무릎이 걸려 몸을 움직이기가 어려웠다. 하도 어이가 없어 뒤로 물러났다. 그러면서 개구리에게 말했다.

"이 우물은 너무 좁아. 자네는 내가 살고 있는 바다라는 곳을 전혀 모르고 있구나. 넓이는 몇천 리가 되는지 짐작할 수도 없고, 깊이는 천 길도 더 된다. 저 옛날 우왕禹王 때는 아홉 번의 큰 홍수가 있었고 탕왕湯王 때는 일곱 번의 큰 가뭄이 있었지만 물이 불어나거나 줄어들지 않았단 말이다. 언제 어디서 어떤 일이 생겨도 바닷물은 변함이 없지. 그 넓고 깊은 물속에서 자유자재로 헤엄치고 노는 것이 내 즐거움일세."

자라의 말을 귀담아듣던 개구리는 그만 기가 질리고 말았다.

공자 모는 이야기를 끝내고 공손룡을 돌아보았다. 그러고는 직설적으로 타이르듯이 말했다.

"자네는 어느 것이 옳고 그른지 그것마저 분별하지 못하고 횡설수설하지 않았나? 동이를 합하여 같은 것과 다른 것의 구별을 없애 한 가지라고 말하고, 견백을 나누는 등 그렇지 않은 것을 그렇다고 하고 옳지 않은 것을 옳다고 우겼지. 사물의 본질을 궁구하거나 논리학의 측면에서는 어느 정도 기여했다고는 생각하지만, 사실 따지고 보면 얕은 말재간에 불과하네. 자네의 그 천박한 식견으로 장자의 심원한 철리哲理를 논한다는 그 생각 자체가 얼마나 가소로운가? 비유하면 모기가 산을 짊어지려 하고 노래기가 장강을 건너겠다는 것과 마찬가질세. 장자의 미묘하고 지극한 정신세계, 그 까마득한 높이를 전혀 모르면서 하찮은 구변으로 한때의 승리를 뽐내고 있는 꼴일세.

 자네는 앞의 이야기에 등장하는 그 우물 안 개구리와 어쩌면 그렇게 흡사한가? 장자로 말하면 황천黃泉을 내리밟고, 하늘 위로 치솟아 헤아릴 수 없는 경지에 도달한 사람일세. 저 아득한 우주의 근본에서 시작하여 위대한 도를 터득한 지인인데, 자네의 얕은 지식과 궤변으로 그것을 바라보는 것은 마치 가는 대롱 구멍으로 드넓은 하늘을 본다*든가 송곳으로 땅을 찔러 그 깊이를 측량하려는 것**과 같은 좁은 소견일세."

 공손룡은 공자 모의 말을 다 듣고 나서 혀가 입천장에 달라붙어 도무지 떨어지지가 않았다. 해괴한 변론으로 한 세상을 풍미했던 것은 장자를 전혀 몰랐을 때의 일이었다.

〈추수〉 편

* 한자로는 용관규천用管窺天이라고 하며 대롱으로 하늘을 쳐다본다는 뜻으로 소견이 좁음을 비유한다.
** 한자로는 용추지지用錐指地라고 한다. 송곳으로 땅을 찔러 그 깊이를 알려고 한다는 뜻으로 소견이 좁음을 이르는 말이다.

◎ 해 설

　《장자》에 있는 이 이야기는 장자의 작품은 아니다. 사마천의 《사기》를 보면 논리학의 대가인 공손룡은 장자보다 50여 년 뒤의 사람이다. 아마도 장자 이후, 도가학파들이 자신들의 심원한 사상을 합리화시키는 과정에서 만들어진 작품일 것이다.
　여기 등장하는 명가의 대표적 인물인 공손룡이나 위나라 공자 모는 모두 실존했던 인물이다. 두 사람은 동시대인이고 몇 번 만난 적이 있었다는 사실이 분명히 역사에 나타나 있다. 그러나 장자를 사이에 두고 위의 이야기와 같은 대화를 주고받았다는 것은 불확실하다. 그렇게 볼 때, 아마도 장자 이후 도가학파들이 자신들의 심원한 사상을 합리화시키는 과정에서 만들어졌을 가능성이 크다.
　현재 우리가 자주 쓰는 '우물 안 개구리'라는 말의 시원이 기원전 3세기경이었으니 아득히 먼 옛날이었다. 일반적으로 언어는 생성, 성장, 사멸의 과정을 거치는 것이 보편적 현상이다. 살아남는다고 하더라도 대부분 그 뜻이 변질되어 전해진다. 그런데 '우물 안 개구리'란 이 말은 2000년도 넘는 세월 동안 전혀 변하지 않고 본래의 뜻 그대로 살아남아 오늘날까지 널리 쓰이고 있다.

장자와 물고기의 마음속

　장자가 혜자惠子와 함께 강가 돌다리 위에서 노닐고 있었다. 하늘은 더없이 푸르렀고, 시원한 강바람이 살랑살랑 불어오는 초가을이었다. 장자는 다리 난간에 기대어 고여 있는 듯 흘러가는 강물을 내려다보았다. 가을 물이 맑아서인가. 물속이 훤히 들여다보였다. 거울처럼 맑은 물속에서는 피라미 떼들이 무리지어 몰려다니며 한가롭게 놀고 있었다. 그 광경이 너무 재미있어 열심히 들여다보고 있는데 혜자가 옆으로 다가왔다.
　"저것이 바로 물고기의 즐거움일세."
　장자가 이렇게 말하자 혜자가 대뜸 시비를 걸어왔다.
　"자네는 물고기가 아닌데, 어떻게 물고기가 즐거워하는지를 알 수가 있나?"
　장자는 혜자를 힐끗 쳐다보았다. 이 친구는 사사건건 따지고 드니 그걸 그냥 내버려둘 수만은 없었다. 그래서 그 시비에 맞장구를 쳤다.

"허 참, 자네는 내가 아닌데 내 마음속을 어떻게 알았지?"

혜자가 다시 대꾸했다.

"물론 나는 자네 마음속을 알 수가 없지. 나는 자네가 아니니까. 마찬가지로 자네는 저 프라미가 아니지 않은가? 그러니 물고기가 즐거워하는지 괴로워하는지를 알 수 없다는 것은 당연하지 않은가?"

논리 정연한 혜자의 반격에 장자는 잠시 머뭇거렸다.

"그렇다면 처음으로 돌아가서 따져 보세. 자네는 '내가 물고기가 아닌데 어찌 물고기가 즐거워하는가를 알 수 있나' 하고 물었어. 이 말은 이미 내 마음을 알고서 물은 것 아닌가? 자네는 내가 아니면서 내 마음속을 알았던 게야. 나는 물고기는 아니지만, 그들의 즐거움은 알고 있지."

〈추수〉 편

◎ 해설

　형식 논리에 해박한 혜자와 사물의 근원적 절대경지를 추구하는 장자가 나눈 대화의 한 장면이다. 이들은 서로 판이한 정신세계를 가지고 있었지만 서로 친한 친구이자 대화나 토론 상대였고, 상호 보완관계였다.
　장자의 자연 친화, 물아일체의 심오한 경지를 보여주기 위해 논리학의 대가인 혜자를 등장시켰다고 여겨진다. 사물에 대한 인식은 논리를 뛰어넘어, 대상과 자신이 하나가 될 때 비로소 완성되고 그 논리적 인식의 한계나 굴레에서 벗어나 자유스러워진다는 의미를 내포하고 있다. 장자의 마지막 말이 그것을 확인시켜주고 있다.
　"나는 물고기가 아니지만, 그들의 즐거움은 알고 있지."
　장자는 이때, 이미 물고기라는 자연과 하나로 동화되었다.

장자의 아내가 죽다

장자의 처가 죽었다는 소식을 듣고 혜자가 문상을 갔다. 다 쓰러져가는 사립문을 밀치고 들어서자, 어디선가 노랫소리가 들려왔다. 좀 이상한 생각이 들어 자세히 살펴보니, 장자가 두 다리를 뻗고 앉아 물동이를 두드리며 노랫가락을 흥얼거리고 있었다. 초상집이라면 으레 곡소리가 들려야 마땅한 일인데 장단을 맞추며 노래를 부르다니!

혜자는 이런 장자의 행동거지가 못마땅하여 나무랐다.

"그분과 함께 살았고 자식을 낳아 길렀으며 또 같이 늙었네. 그런 부인이 유명을 달리했는데 슬프지도 않은가? 곡을 하기는커녕 장단을 맞추며 노래를 부르고 있으니 너무 심하지 않나?"

장자는 부르던 노래를 멈추고 혜자를 바라보았다. 눈물이 말라붙은 초췌한 몰골이지만 한결 여유가 있었다.

"아내가 죽은 그 순간에는 나라고 어찌 슬프지 않았겠나? 그러나 조용히 생각해보았네. 삶이란 본래 없었던 것이고 형체나 기 또한 없었지. 그저 아득하고 흐릿한 가운데 섞여 있다가 일순 변하여 기가 되고, 기가 자라 형체를 이루어 생명이란 것이 생겨났지. 그것이 또 홀연히 사라진 것이 죽음일세. 이것은 흡사 춘하추동의 네 계절이 변화를 거듭하는 것과 같은 이치야. 지금 그 사람은 하늘과 땅이라는 큰 방 안에 편히 누워 있네. 그런데도 내가 슬퍼하며 눈물을 짜내고 소리 내어 운다면, 자연의 섭리를 전혀 모르는 바보 같은 짓이 아니겠는가? 그래서 곡을 그쳤던 게야."

〈지락〉 편

해 설

장자는 생과 사를 하나의 자연현상이라고 보았다. 무에서 유가 생겨나고 또 그 '있음'이 '없음'으로 되돌아가는 것은 엄연한 자연의 질서다. 그러니 아내가 죽었다고 슬퍼할 까닭이 없다는 논리를 펴고 있다. 여기에서 장자의 사생관이 여실히 드러난다.

그러나 이 일화의 행간行間을 자세히 관찰해보면, 반드시 그렇지만도 않은 듯하다. "아내가 처음 죽었을 때 나라고 어찌 슬퍼하지 않았겠는가 是其始死也 我獨何能无槪然. 또 그래서 곡哭을 그쳤다"라는 마지막 말에서 장자의 인간다운 면모를 엿볼 수 있다. 아내가 죽었을 때 장자는 분명 울었다. 장자가 흥얼거렸다는 그 노랫가락 역시 자연의 엄혹한 질서에 대한 인간의 한 같은 넋두리가 아니었겠는가.

장자의 사생활은 거의 알려진 바가 없는데, 이 내용으로 보아 처와 자식이 있었다는 것을 알 수 있어 흥미롭다.

꿈속의 대화

장자는 송나라 몽蒙 땅에서 태어나 생애의 대부분을 그곳에서 보냈다. 전국시대 당시 송나라는 세력이 미미한 약소국이었다. 좁은 땅덩이, 한적한 산촌에서 나고 자랐지만, 장자의 정신세계는 우주를 주유하고 생사를 넘나들 만큼 넓고 깊었다. 후일 사마천은 《사기》에서 '그의 저서가 10여 만 자나 되었고 매우 박학하여 통달하지 않은 것이 없었다'라고 기록하였다. 실제 오늘날까지 전해오는 내용도 66,000자에 이른다. 장자는 사람들의 눈을 피해 숨어 살았기 때문에 삶이 자세히 알려지지 않았으나 현인이라는 소문은 널리 퍼져 있었다.

그러던 어느 날, 남쪽 초나라 사신이 장자의 움막을 찾아왔다. 초왕은 천하의 인재를 구하고 있던 중이었다. 사신은 초나라 위왕의 뜻을 전했다. 후한 대접을 하여 초나라 재상으로 모시겠다는 내용이었다. 초나라는 사방이 수천 리나 되는 넓은 영토를 가지고 있었고, 기후가 온화하고 땅이 기름져 온갖 물산이 풍부했다. 장자가 아닌 다른 사람이었다면, 귀가 번쩍 드이는 제안이었을 것이다. 그러나 장자는 웃으면서 완곡한 뜻을 담아 거절했다. 비록 쓰러져가는 움막에 기거하고 진흙탕 속에 몸을 담그고 있지만, 제후들에게 속박당하는 삶을 살기는 싫다는 것을 우의적으로 표현했다.

장자가 젊은 시절 칠원漆園이란 조그마한 지방의 관리를 지냈다는 기록은 있지만, 한 나라의 재상자리를 제의받음은 이것이 처음이고 마지막이었다. 그의 언사는 거센 물결과 같이 자유분방하고 제멋대로였으므로 왕공대인들로부터는 훌륭한 인재로 평가받지 못했다고《사기》는 기록하고 있다. 여하간 장자는 당시 사회에서 특출한 자유인이었다.

그날 이후 장자는 가끔 초나라를 생각하게 되었다. 비옥한 땅과 울창한 숲, 드넓은 들판을 직접 보고 싶었다. 그래서 단출한 차림을 하고 초나라를 향해 무턱대고 길을 떠났다. 자신의 조국인 송나라를 벗어나 남쪽으로 향했다. 인가는 드물었고 초목이 무성한 황폐해진 산과 들의 연속이었다. 잦은 전쟁 때문일까. 몇십 리를 가도 사람 그림자조차 보기 어려웠다. 가끔 허물어진 집터가 여기저기 흩어져 있었으나, 그것은 오래전 사람이 살았다는 흔적일 뿐, 잡초 우거진 들무더기였다.

해가 지고 곧 이슬이 촉촉이 내렸다. 장자는 하룻밤 몸을 누일 적당한 산기슭을 찾았다. 이리저리 살피다가 돌 틈에 뒹굴고 있는 해골을 보았다. 몸체와 뼈는 다 삭아 없어진 후였다.

장자는 말에서 내려 채찍으로 해골을 툭툭 두드렸다. 그러면서 이 사람이 살았을 시대와 그의 삶이 어떤 것이었을까 하는 호기심이 일었다. 보통 사람 같으면 땅속 깊이 묻혀 흙과 더불어 한 몸이 되었을 텐데 무슨 사연이라도 있었단 말인가. 장자는 혼잣말로 중얼거렸다.

"이 무슨 망측한 꼴인가? 그대는 삶을 탐하고 욕심이 과하여 이렇게 되었는가? 아니면 나라에 반역하다가 처형되었는가? 혹은 못된 일을 저질러 부모와 처자식을 볼 면목이 없어 자진自盡이라도 했단 말인가. 또 삼동에 얼어 터지고 굶어 죽었는가. 이것도 저것도 아니라면 천수를 누리고 이렇게 되었는가?"

말을 마친 장자는 해골바가지를 끌어당겨 그것을 베개 삼아 벌렁 드러누웠다. 어느덧 밤하늘의 총총한 별들이 눈앞에 낮게 내려와 있었다. 장자는 그 휘황찬란한 우주의 운행을 보며 시간과 공간, 그 속을 살아가는 인간이란 존재는 과연 무엇일까 하는 상념에 사로잡혔다. 그러다가 스르르 깊은 잠속으로 빨려 들어갔다.

얼마나 시간이 흘렀을까. 어디선가 사람의 음성이 들려왔다. 소리는 점점 커지고 몸집이 큰 사나이가 눈앞에 어른거리더니 확연한 모습을 드러냈다. 사나이는 힐난하듯 꾸짖었다.

"그대는 흡사 말만 번드레하게 늘어놓는 변사辯士를 닮았군. 내 죽음에 대해 이러쿵저러쿵하는 걸 보면."

장자는 순간적으로 이 사나이가 자신이 베고 누운 해골의 주인이라는 사실을 알아차렸다. 사나이는 태도를 바꾸어 다시 부드러운 목소리로 말을 걸어왔다.

"그대가 말하는 것 모두가 인간 세상의 잡다한 쓰레기에 불과하네. 인간이 탐하는 욕망이나 집착, 명예, 그로 인해 생긴 근심, 걱정 따위는 순간을 살아가는 인간의 명에나 다름없지. 죽은 자가 보면 가소롭고 한

심하단 말일세. 자네는 제법 유식한 체하지만 우리가 노닐고 있는 죽음이란 세계를 전혀 모르지. 그곳이 어떤 곳인지 알고 싶지 않나?"

장자는 해골의 주인인 이 사나이의 말에 귀가 솔깃했다.

"좋소, 어디 한번 들어봅시다."

"한마디로 말하면 그곳은 정적일세. 고요함이 은은히 감돌고 있지. 위로는 높은 사람도 없고 아래로는 낮은 사람도 없으며, 사시사철 구분 또한 없지. 그저 하늘과 땅이 맞닿은 영원무궁 그 자체일세. 깊은 명상을 통하여 얻을 수 있는 희열이 가득한 곳이야. 사람 사는 세상의 어느 임금인들 이런 지극한 즐거움, 안락함을 맛볼 수 있겠나?"

장자는 도무지 믿기지가 않아서 다시 물었다.

"하지만 만일 내가 수명을 관장하는 천신에게 부탁하여 그대를 옛날 모습 그대로, 형체를 복원하고 뼈와 살과 피부를 만들어 살려낸다면 좋아할 것이 아니겠소? 그리운 부모형제 처자식을 만나보고 어쩌면 부귀영화도 누릴 수 있을 텐데……."

장자의 말이 채 끝나기도 전에 사나이는 몹시 불쾌한 표정을 지으며 버럭 고함을 질렀다.

"그 무슨 해괴망측한 소리를 지껄이는 거요. 이 오묘하고 지극한 희열을 버리고 다시 천박한 인간의 고통을 겪으란 말이오!"

장자는 사나이의 협악하고 우렁찬 소리에 놀라 잠에서 깨어났다. 머리를 받치고 있는 해골은 돌덩이인 양 아무 말이 없었다. 별빛이 쏟아져 내리는 한밤중이었다.

〈지락〉 편

☖ 해 설

사람이 죽으면 어떻게 될까. 아마도 영원히 풀 수 없는 수수께끼일 것이다. 이 세상을 살았던 헤아릴 수 없이 많은 사람들 중에 죽었다가 다시 살아난 사람이 하나도 없으니 당연한 일이다. 그러나 사람들은 이 영원한 의문을 그냥 내버려두지 않고 여러 가지로 상상해 새로운 세상을 창안해내었다. 결국 이런 생각은 종교라는 거대한 인류문화를 꽃피우게 한 동기가 아니겠는가.

인간이 죽으면 건너가는 피안彼岸의 세계를 극락과 지옥, 혹은 천당, 연옥으로 구분하여 수많은 이야기를 만들었다. 생과 사를 사이에 두고 이룩한 종교문화는 인류가 존재하는 한 영원히 발전하여 이어질 것이다.

2500여 년 전 한 제자가 죽음에 대해 묻자, 공자는 이렇게 대답했다.

"삶의 가치나 의미도 아직 통달하지 못했는데, 내가 어찌 죽음을 알겠느냐?"

이런 점으로 미루어볼 때, 오늘날 유교라고 말하는 공자나 유가들의 사상은 종교라기보다는 인의를 근본으로 하는 정치, 도덕적 철학사상에 가깝다. 내세에 대한 구체적 언급이 없기 때문이다.

꿈을 가탁假託한 위의 이야기에서 장자는 "죽음은 지극한 즐거움이다"라고 말하고 있는 듯하다. 장자의 사생관, 그 사유의 심오한 일면을 엿볼 수 있는 내용이라고 여겨진다.

노나라 왕과 해조

어느 날, 노나라 서울에 이상하게 생긴 해조(海鳥) 한 마리가 날아와 앉았다. 전에 보지 못하던 새였다. 긴 목을 뽑아 끼룩끼룩 울면서 공중을 선회했다. 사람들은 처음 보는 이 새에 대하여 여러 가지로 해석했다.

– 머리에서 발끝까지의 길이가 8자는 더 되겠다.
– 아마 먼 동쪽 바다에서 길을 잃고 헤매다가 노나라에까지 날아왔을 거야.
– 흡사 봉황처럼 상겼다.

봉황은 실제로 존재하지 않는 상상의 새다. 그러나 오랜 옛날부터 사람들은 머릿속에서 봉황새를 만들어 간직해왔다. 하늘나라에서 신선과 더불어 사는 이 새가 지상에 모습을 나타내면 좋은 징조로 여겼다. 아무도 본 적이 없는 이 봉황은 사람들의 마음속에서 영롱한 빛을 발하며 언제나 날고 있었다.

　노나라 왕은 이 새의 소식을 듣고 정중히 모셔오도록 신하에게 명령했다. 그러나 하늘을 자유롭게 날고 있는 야생의 새를 어떻게 귀빈처럼 영접迎接하여 모셔온단 말인가. 왕의 명령을 거역할 수 없는 신하들은 모든 방법을 총동원하여 그 새를 붙들어 왔다. 그리고 왕에게 진언했다.

　"이 새가 몹시 불안하고 목마르고 배고픈 듯합니다. 먼 길을 오느라 지쳐 있음에 틀림없습니다."

　왕은 알았다는 듯이 고개를 끄덕이고 조상의 신주를 모신 종묘宗廟로 데리고 들어갔다. 고유제告由祭*라도 올릴 생각에서였다.

　종묘 안에서는 옛날 순舜임금이 만들었다는 신비롭고 장중한 음악이 울려 퍼졌다. 노나라 왕은 그 새를 상석上席에 앉히고 후하게 접대했다. 향기로운 술과 소, 돼지, 양고기로 만든 요리들이 가득했다. 그러나 붙들려온 새는 아무것도 먹으려 하지 않았다. 종묘 안을 쿵쿵 울리는 음악소리와 시중드는 시녀들에 놀라 어찌할 줄 모르고 퍼드덕거릴 뿐이었다. 처음에는 놀라 두리번거리던 눈망울이 걱정과 슬픈 빛으로 변하더니 정신이 혼미해진 듯, 긴 목을 늘어뜨리고 움직이지도 않았다. 결국 이 새는 노나라 왕의 지극한 환대 속에 3일 만에 죽고 말았다.

〈지락〉 편

---

* 사삿집이나 나라에서 큰일이 있을 때 사당이나 종묘에 그 사실을 알리고 조상에게 예를 표하는 일을 말한다.

◎ 해 설

　노나라 왕은 자기를 보양補養하는 방법으로 새를 접대했지만 새가 살아가는 방법을 전혀 알지 못했다. 그래서 새가 죽고 만 것이다. 새는 깊은 숲 속, 냇가나 호수에서 자유롭게 노닐게 해야 한다. 미꾸라지나 피라미를 쪼아 먹고 같은 무리 속에서 함께 살아가는 것이 최상의 즐거움일 것이다. 새는 사람의 목소리, 그림자조차 꺼린다. 어디 하늘을 나는 새뿐이겠는가. 들짐승, 물고기들도 마찬가지다. 사람 이외의 모든 야생의 생명들은 그들의 세상이 따로 있다. 본성이 각각 다르니 좋고 싫어함도 제각각이다. 이런 이치를 사람들에게 확대 적용해보면, 세상의 모든 사람들도 각각 특유의 개성을 가지고 있다. 나에게 좋은 것이 상대방에게도 반드시 좋은 것은 아니다. 옛 성인들은 이것을 살펴 사람들이 다 함께 즐겁게 살아가는 방법을 마련했다.

　이 말은 위의 이야기에 대한 장자의 논평이다. 노나라 왕은 바다에서 날아온 새를 귀한 손님으로 극진히 모셨지만 결국 죽게 만들었다. 자연에 인공이 가해졌기 때문일 것이다.
　이 이야기 속에 들어 있는 교훈은 결코 가볍지 않다. 자연과 인간, 또 인간과 인간 사이를 어떻게 조화시켜 온 세상이 즐거운 이상향이 될 것인가 하는 과제를 제시하고 있다. 아마도 인간이 두고두고 풀어야 할 어려운 숙제일 것이다. 어떻게 하면 하늘과 땅 사이 모든 생명체들이 자유를 구가하며 즐거운 삶을 영위할 수 있을 것인가.

싸움닭을 기르는 법

옛날 어느 나라 왕이 닭싸움을 즐겼다. 투계鬪鷄, 즉 닭싸움은 일정한 울타리를 만들어 그 안에 싸움닭 두 마리를 집어넣고 싸움을 붙이는 경기다. 경기장 주변에는 관객들이 빙 둘러서서 열띤 응원을 하며 싸움을 구경한다.

닭싸움이 시작되면 두 마리 수탉은 주위를 빙빙 돌며 서로를 탐색한다. 눈을 부라리고 날개를 펴 금세 달려들 듯하다가 옆으로 빠지고, 또 날개를 펼쳐 깃을 세우고 자신의 위세를 과시하기도 한다. 이때 관객들은 숨을 죽이고 동작 하나하나에 긴장한다. 이런 과정이 끝나면, 어김없이 싸움이 시작된다. 전속력으로 달려가 온몸으로 상대와 부딪히는데 이때는 몸통뿐만 아니라 발, 날개, 부리 등 신체의 모든 부분이 총동원된다.

닭은 어느 정도 날 수 있는 능력이 있기 때문에 두 놈이 맞부딪힐 때는 위로 솟구쳐 오르기 마련이다. 후다닥후다닥 하며 몇 번 맞붙어 싸우면 대개 승패가 판가름 난다. 힘이 부친 놈은 상대의 완력이나 발길질에 나뒹군다. 그러면 슬슬 꽁무니를 빼고 뒷걸음쳐 달아나는데 그렇다고 힘센 놈이 그냥 두지 않는다. 기세등등하게 달려들어 발톱으로 할퀴고 부리로 물어뜯는다. 마지막에는 머리 위에 돋아 있는 붉은색의 볏을 마구 쪼아댄다. 약한 놈이라고 일방적으로 당하기만 하겠는가. 죽을 힘을 다해 여기에 대항한다. 서로의 볏을 콕콕 물어뜯는데 수탉의 상징인 커다란 볏에서는 피가 철철 흘러나와 온통 피투성이가 된다. 보통의 경우 이쯤 되면 심판이 중지를 선언하는데 닭싸움은 예외다. 상대가 초주검이 될 때까지 계속하도록 내버려둔다. 이때 관객들의 흥분은 절정에 달하고 이에 열광한다. 피를 보고 약자의 주검을 즐기는 인간의 야성, 그 잔혹함이 가득한 현장의 모습이다.

이와 같은 닭싸움은 동서고금을 통해 인간이 즐기는 하나의 도락道樂으로 발전해왔다. 여기에 흥미를 더하기 위하여 금품을 걸고 도박을 하고 전문적인 싸움닭 곧, 투계를 양성하기도 했다. 이런 닭싸움을 즐겼던 왕은 투계를 잘 길들인다고 소문난 기성자紀渻子(제나라의 현인)를 불러 부탁했다.

"그대의 명성을 들었네. 어떤 닭이라도 이길 수 있는 투계를 양성하여 과인을 즐겁게 해줄 수 있겠는가?"

기성자는 왕의 뜻을 받들어 공손히 대답했다.

"임금님께서는 천하무적인 투계를 원하시는 것 같은데, 실상 천하무적이란 이 세상에 존재할 수 없지요. 그러나 그 버금가는 것은 가능할 것입니다. 최선을 다해 보겠습니다."

왕은 '이 세상에 천하무적이란 존재할 수 없다'는 기성자의 말이 마음에 걸렸으나 자신의 부탁을 쾌히 승낙했으니 믿어보기로 했다. 아마도 덩치가 우람한 놈을 골라 잘 훈련시키겠지. 발톱이나 부리를 날카롭게 벼리는 것은 물론이고 눈에 불을 켜고 마구 달려들 적개심을 길러주어야 할 텐데. 왕은 후닥닥 날아올라 상대의 몸통을 발로 걷어차고 사정없이 물고 늘어지는 용감무쌍한 자신의 투계를 상상하며 즐거운 시간을 보냈다. 그러나 열흘이 지나도 기성자에게서 아무런 기별이 없었다. 조바심이 나서 기성자를 불렀다.

"어떤가? 훈련은 잘 시키고 있는가?"

기성자는 고개를 푹 숙이고 나직한 음성으로 대답했다.

"아직 멀었습니다. 지금 한창 기세가 등등해졌습니다. 그러나 그것은 허세에 불과하지요."

그 후 열흘이 지났다. 왕은 마음이 조급하여 어쩔 줄 몰라 했다. 눈앞에는 기상이 늠름한 투계가 어른거렸다. 그래서 다시 기성자를 불렀다.

"이제는 충분하겠지? 싸움을 한 번 붙여보면 어떻겠는가?"

기성자는 머리를 긁적이면서 대답했다.

"아직도 부족한 점이 많습니다. 이놈은 다른 닭의 울음소리를 듣고 그 그림자만 얼씬거려도 달려들려고 안달나 있습니다. 말하자면 적개심이 싹튼 것이지요."

또 열흘이 지나갔다. 왕은 한껏 기대에 부풀어 기성자에게 말했다.

"그대의 명성을 감안하면 충분하지 않겠나? 이미 한 달이 지났으니 어디 한번 데려와보게."

그러나 기성자의 대답은 딴판이었다.

"아직은 부족합니다. 이 녀석은 적을 보면 눈알을 부라리고 지지 않으려는 태도가 역력합니다."

왕은 기다리기에 지쳤으나 그렇다고 자신의 투계를 포기할 수는 없었다. 또 열흘이 지나고 나서 물었다.

"그만큼 오래 훈련시켰으면 이제는 되지 않았겠는가?"

기성자는 고개를 들고 왕을 바라보면서 대답했다.

"완전하지는 않지만, 이만하면 싸움을 붙여볼 만합니다. 상대 닭이 아무리 덤벼들어도 태도가 조금도 달라지지가 않습니다. 허세나 적개심, 분노 같은 감정을 전혀 겉으로 드러내지 않게끔 훈련시켰습니다. 이것은 덕이 충실해진 증거입니다. 그 늠름한 자세는 다른 싸움닭을 압도하고도 남음입니다. 상대는 기가 질려 싸워볼 생각도 않고 도망칠 것이 분명합니다. 멀리서 바라보면 흡사 나무로 깎아 만든 닭처럼 보일 것입니다."

기성자의 말을 들은 왕은 어이가 없었다. 싸움닭이 싸울 생각은 전혀 하지 않는다니! 적개심이나 분노 같은 감정 없이 어떻게 싸움에 임할 것인가. 또 닭 같은 하잘것없는 미물에게 덕이 무엇인가? 나무로 깎아 만든 것처럼 보이는 것이 덕이 충만한 증거라고? 덕이 충만한 자가 어찌 피투성이의 싸움을 할 것인가. 투계를 즐기던 왕은 크게 실망하고 더 이상 묻지 않았다.

〈달생〉 편

해설

투계를 기르는 이 이야기는 《열자》 〈황제〉 편에도 나온다. 내용은 거의 같지만 《열자》에서는 투계를 즐기는 왕이 주나라 선왕이라고 명시되어 있다. 《장자》나 《열자》 어느 것이 먼저 쓰인 것인지는 분명하지 않다. 그러니 누구의 창작인지도 알 수 없다. 확실한 것은 이런 종류의 우화가 전국시대 당시에 널리 유포되어 있었다는 사실이다.

여기서 강조하는 것은 덕성이다. 허세나 질투, 적개심 같은 것을 초월하여 그 위에 군림하는 것이 곧 '덕'임을 우의적으로 보여주고 있다. 뿐만 아니라 인간의 잔학한 본성을 억눌러 '덕'으로 치유할 수 있다는 가르침이기도 하다.

헤엄을 잘 치는 신기

공자가 여량呂梁이라는 계곡을 여행할 때였다. 깊은 산속의 골짜기는 몹시 험했다. 사방은 깎아지른 듯한 돌산으로 둘러막혀 있고, 푸른 하늘은 손바닥만 하게 보였다. 그 바위산 사이로 강물이 흐르고 있었는데, 유속이 매우 빨랐고 천지가 진동하는 것 같은 소리를 내질렀다.

강물은 바위에 부딪쳐 하얀 포말을 내뿜기도 하고, 여울져 흐르다가 소용돌이가 되고, 조금 넓고 평평한 곳에 이르면 잠시 쉬어 가듯 유유히 흘렀다.

공자 일행은 강을 따라 계곡을 빠져나오고 있었다. 힘겹게 한 굽이를 돌아나오면 또 다른 돌산 모퉁이가 앞을 가로막았다. 그야말로 첩첩산중, 구절양장九折羊腸*이었다. 아직 40리쯤 더 가야 들판이 나온다고 하니 눈앞이 아득하고 다리에 힘이 빠졌다. 일행은 잠시 쉬어 갈 양으로 평퍼짐한 바위를 찾아 둘러앉았다. 바위 바로 아래는 낭떠러지로 강물이 쏟아져 내리는 웅장한 폭포였다. 벼락 치는 소리와 함께 하얀 물보라가 사방으로 튀어 앞뒤를 분간하기가 어려웠다. 저렇게 요동치는 물속에는 물고기는커녕 자라나 거북 따위도 살지 못하겠지. 이렇게 생각하며 그 장관을 내려다보고 있던 공자는 깜짝 놀랐다.

거대한 물기둥이 내리꽂히는 폭포 바로 밑, 그 소용돌이 속에 한 사나이가 떠내려가고 있었다. 생을 비관하고 자살하려고 폭포로 뛰어든 것인가. 공자는 급히 제자들에게 일렀다.

"어서 뛰어 내려가서 저 사람을 구해라!"

바위 위에서 바라보니 사나이는 급류에 휘말려 물속에서 들락날락하고 있었다.

제자들이 급히 몇백 걸음쯤 뛰어 내려갔을 때, 자세히 보니 사나이는 이미 물속에서 나와 바위에 기대어 쉬고 있었다. 공자도 헐레벌떡 뒤따라갔는데, 이게 어찌 된 영문인가. 그 사나이는 머리를 풀어헤친 채 바위에 걸터앉아 한가롭게 노래를 흥얼거리고 있었다. 가쁜 숨을 몰아쉬며 공자가 물었다.

"나는 당신이 물귀신이라고 생각했는데, 이제 보니 사지가 멀쩡한 젊은이구려. 어떻게 하면 그렇게 헤엄을 잘 칠 수가 있소? 특별한 비결이라도 있는 거요? 거친 물살을 헤쳐 나가는 도 같은 것 말이요?"

사나이는 가소롭다는 듯이 공자 일행을 힐끗 쳐다보고 웃었다.

"헤엄치는데 무슨 도가 있겠소? 그냥 평소에 익힌 대로 물속을 돌아다니고 흐름에 따라 몸을 맡길 뿐이지요. 물이 소용돌이치면 그 속으로 빨려 들어가고, 솟구쳐 오르면 나도 떠오르고 굽이쳐 급류로 흐르면 따라 흘러갑니다. 물의 본성에 의지할 뿐 나는 전혀 힘을 쓰지 않습니다.

이런 것을 천명天命**에 따른다고 할 수 있지요."

공자는 감탄을 연발하면서 다시 물었다.

"평소에 그 저주를 어떻게 익혔으며 또 물의 본성에 따르고, 천명이라는 것이 무엇인지 자세히 알고 싶소."

"나는 육지에서 태어나 걸음마를 배웠고, 곧 물속에서 놀았습니다. 깊은 산골이니 친구가 없었지요. 물고기들이 나의 친한 친구였습니다. 물의 본성에 의지한다는 것은, 쉽게 말하면 물과 내가 하나가 된다는 뜻이지요. 그렇기 때문에 나는 물속에서 편안합니다. 마치 물고기들처럼 자유롭지요. 내가 있는 곳이 물속인지도 모르고 헤엄치고 노니는 것을 천명에 따른다고 합니다."

공자 일행은 사나이의 자세한 설명을 듣고 넋이 빠진 듯, 멍하니 서서 굽이쳐 흐르는 강물을 바라보았다. 이때 옆에서 '첨벙' 하는 소리가 나더니 사나이는 순식간에 물속으로 사라져버렸다.

〈달생〉 편

---

* 꼬불꼬불하게 서린 양의 창자라는 뜻으로 산길 따위가 몹시 험하게 꼬불꼬불한 것을 이르는 말이다.
** 원래의 뜻은 타고난 수경, 곧 천수나 하늘의 명령을 뜻하는데 ∞기서는 '하늘의 뜻' 곧 자연을 의미한다.

해설

〈달생〉 편에는 신기神技의 경지를 묘사한 이야기가 많이 등장한다. 망아무심忘我無心, 즉 나를 잊고 잡된 마음이 없으면, 신기를 터득할 수 있다는 의미다. 더 나아가 인간의 '하고자 함', 곧 인위를 버리고 천지자연에 순응하면 지극한 경지에서 마음껏 자유로울 수 있다는 것을 암시하고 있다.

헤엄을 잘 치는 방법은 아주 간단하다. 물과 내가 하나가 되는 것이다. 그렇다고 아무나 따라 할 수는 없다. 천명을 알고 거기 순응하는 사람만이 가능한 일일 것이다.

도는 어디에 있는가

어느 날 동곽자東郭子*가 장자를 찾아와서 물었다.
"선생님, 세상 사람들이 금과옥조처럼 떠받드는 그 도란 것은 어디에 있습니까?"
장자는 아직 잠이 덜 깬 듯 늘어지게 하품을 하면서 동곽자를 천천히 살펴보았다. 이 친구가 동곽이란 곳에서 스승이라고 알려진 그 사람이구나. 맹랑한 질문이긴 하지만, 무어라고 대답은 해주어야 했다. 한동안 우물쭈물하다가 성의 없이 한마디 내던졌다.
"없는 곳이 없소."
이 퉁명스러운 대답을 듣고 동곽자는 어리둥절했다. 없는 곳이 없다면, 이 세상은 온통 도로 꼭 차 있단 말인가. 애매모호하게 얼버무리려

---

* 본명은 순자順子이며 동곽 지방의 선생이란 의미로 '동곽자'라 불린다.

는 수작 같아서 단단히 따지고 싶어졌다.

"도가 어디에 있는지를 분명히 가르쳐주십시오."

없는 곳이 없다고 말했는데 무얼 또 가르쳐 달란 말인가? 장자는 더 이상 할 말이 없었지만 슬슬 장난기가 동했다.

"땅강아지와 개미에게 있소!"

"어떻게 그렇게 하찮은 미물에게 도가 있다고 말씀하십니까?"

"저 들판이나 황무지에 널려 있는 돌피와 피*에도 있소."

"어째서 점점 낮아져, 그런 쓸모없는 풀까지 말씀하십니까?"

"기왓장과 길바닥에 깔아놓은 벽돌에도 있소."

"말씀이 점점 심해지는군요?"

"똥이나 오줌에도 있소!"

동곽자는 기가 막혀 더는 묻지 않았다. 이런 사람에게서 어떻게 속 시원한 대답을 기대할 수 있을 것인가? 애초에 장자를 찾아왔고, 또 그것을 물은 것이 자신의 실수라고 생각하고 자리에서 일어서려고 했다. 이때 장자가 정색을 하고 말했다.

"당신의 질문은 처음부터 본질에서 벗어났습니다. 가령 시장을 책임진 벼슬아치가 감독자에게 돼지를 밟아보고 살찐 정도를 묻는다면 어떻게 하겠소? 감독자는 그 밟는 부분이 돼지의 머리로부터 허리, 엉덩이, 다리로 차츰 내려가야 전체를 파악할 수 있지 않겠소? 이와 마찬가지로 도가 어느 한곳에 있다고 한정할 수는 없습니다. 그렇다고 사물을 초월해 존재하는 것도 아닙니다. 지극한 도란 모든 것에 다 있습니다. 이것은 큰 가르침이지요. 또 그 영향은 온 세상에 널리 퍼져 골고루 미치고 있습니다."

동곽자는 장자의 진정어린 해설을 듣고 자신의 경솔함을 뉘우쳤다. 그렇다 하더라도 장자의 해설은 한갓 한 고을의 서생書生으로서는 이해하기 어려웠다. 과연 도가 있는 곳은 어디란 말인가.

〈지북유〉 편

* 별가치 없는 일년초를 의미한다.

🔺 해 설

　춘추전국시대 제자백가들 사이에서 도에 대한 논의가 활발하게 전개되었음은 여러 가지 정황으로 미루어볼 때 사실일 것이다. 명확한 결론을 도출해내지 못한 것 또한 분명한 사실이다. 공자는 "아침에 도를 깨우친다면 저녁에 죽어도 좋다朝聞道 夕死可矣"라고 말했지만, 과연 그가 말한 도가 구체적으로 무엇을 의미하는가에 대한 언급은 없다. 기껏해야 인의예악이나 덕의 가치, 그것을 실행하는 것을 의미한다고 추론할 뿐이다. 실제 도란 것을 철학적 명제로 부상시킨 것은, 노자의 《도덕경》일 것이다. 그렇기 때문에 노자와 그 학파들을 도가로 분류했다.

　도는 형체가 없으므로 눈으로 보고 귀로 듣고 손으로 만져볼 수가 없다. 그러니 어떻게 말이나 글로 표현할 수 있겠는가. 더구나 그것이 어디에 있다고 꼭 집어서 나타낼 수 없는 것은 당연한 이치다. 이 물음에 대한 장자의 대답이 흥미롭다. 땅강아지와 개미, 돌피와 피, 기왓장과 벽돌, 똥이나 오줌, 이렇게 이어진다. 하잘것없는 동물에서 시작하여 아무 가치 없는 쭉정이 풀, 무생물, 마지막에는 인간이 가장 기피하고 천시하는 똥이나 오줌으로 발전해가고 있다. 도가 없는 곳이 없다고 말하면서 가장 비천한 것만 골라 예로 들었다. 이것은 도가 어디에든 다 있다는 것을 강조하기 위한 화법이다.

　그렇다면 도란 과연 무엇인가. 인간이 어떻게 살아야 하는가 하는 그 길을 말함인가. 천지만물의 조화나 우주의 질서를 의미하는가. 아니면 자연 속 모든 존재의 절대가치인가. 아마도 이 모든 것을 아우르는 그 무엇인데, 그것을 편의상 '도'라고 이름 지었을 뿐이다.

《노자》 제1장 첫 구절에 이것이 명시되어 있다.

도라고 부를 수도 있는데, 꼭 그렇게 부르지 않아도 좋다道可道 非常道.

도란 보일 듯 말 듯, 있다가 없어지고 또 홀연히 나타나는 것, 천지에 가득한 그 어떤 자연의 질서 같은 것은 아닐까. 동양철학이 영원히 추구할 명제임에 분명하다.

장석의 묘기

　장자가 제자를 데리고 어느 지인의 장지로 향했다. 생을 마감한 사람을 마지막으로 떠나보내는 자리에 참석하기 위해서였다. 나지막한 야산에 자리 잡은 공동묘지에는 잡초가 무성했고, 이미 죽은 자들이 즐비하게 누워 있었다. 잠시 동안 이 세상에 형체를 나타냈다가 다시 자연으로 돌아간 사람들의 흔적이었다.

　장자는 그 사이를 헤매다가 친구인 혜자의 무덤 앞에 이르렀다. 만나기만 하면 입씨름을 일삼던 그 친구가 오늘따라 몹시 그리웠다. 온갖 논리를 끌어다가 자신의 사상인 무위자연에 대항했었다. 현실에 바탕을 둔 큰 학자였지만, 우주공간의 허허로운 경지에서 노니는 장자의 큰 뜻에 늘 주눅이 들어 맥을 추지 못한 것도 사실이었다. 그러나 혜자와 자신 사이에 승자와 패자는 없었다고 생각되었다. 서로의 다름을 부각시켜 자신을 더욱 돋보이게 했을지라도.

혜자가 먼저 세상을 떠난 후, 장자는 온몸에 힘이 쑥 빠져나간 듯 무기력한 나날을 보냈다. 마치 자신의 존재가치가 혜자에게 있지 않았을까 하는 심정이기도 했다. 오늘 혜자의 무덤 앞에 오니 더욱 서글픈 심정이었다. 삶과 죽음은 아무 소리 없이 진행되는 자연의 순환일 뿐이라고 큰소리쳤던 자신을 뒤돌아보았다. 혜자가 살아 있었다면 여기에 대해 또 무어라고 반론을 제기할 만하지만 무덤 속 혜자는 아무 말이 없었다. 장자가 처연한 모습으로 넋을 잃고 멍하니 서 있는데, 옆에 있던 제자가 말을 걸어왔다.

"혜자는 선생님과 친구였지만 그 생각이나 사상, 행적은 전혀 다른 사람이 아니었습니까? 그런데 왜 이처럼 슬퍼하시는지요?"

제자의 난데없는 이 물음에 무덤 속 혜자와 무언의 대화를 주고받던 장자는 그 꿈속에서 깨어났다.

"응, 그렇지. 그건 듯는 말일세. 그런데 내 말을 들어보게."

장자는 무덤가 잡초 위에 털썩 주저앉았다. 그러고는 이야기를 시작했다.

초나라에 묘기를 자랑하여 여러 구경꾼들에게 보여주는 재주꾼이 있었다. 그 묘기라는 것은 시퍼렇게 날이 선 도끼를 한 치의 착오도 없이 휘두르는 것이었다. 자신의 묘기를 도와주는 영郢* 사람이 코끝에 파리 날개처럼 백토白土를 얇게 바르고 서 있고, 장석이 도끼를 휘둘러 그 백토를 깎아내는 재주였는데, 장석의 도끼 솜씨는 과연 신기에 가까웠다.

*춘추전국시대의 초나라 도읍지로 지금의 호북성 강릉현 북쪽이다.

구경꾼들이 모여들고 무대 장치가 완성되면, 이 노천극장은 숨 막히는 긴장 속으로 빠져든다. 무대 위에는 영 사람이 코끝에 백토를 하얗게 칠한 채 꼼짝 않고 서 있고, 장석은 큰 소리로 기합을 넣으며 정신을 한군데로 모았다. 어느 정도 준비 자세가 끝나면 장석은 도끼를 휘둘렀다. 바람 소리가 씽씽 나며 도끼날이 번쩍였다.

처음 몇 번은 도끼가 허공을 가르면서 영 사람 주위를 빙빙 돌았다. 그러다가 어느 한순간 시퍼런 도끼날이 영 사람의 얼굴을 향해 날아갔다. 이때 코끝에 발랐던 백토는 순식간에 흔적도 없이 사라졌다. 그러나 영 사람은 조금도 다치지 않고 멀쩡했다. 심지어 그는 무시무시한 도끼가 눈앞으로 점점 가까이 다가오는데도 눈 한 번 깜짝하지 않고 처음 서 있던 그대로 자세를 바꾸지 않았다. 장석의 귀신 같은 재주를 철석같이 믿지 않고는 도저히 있을 수 없는 일이었다. 이 광경을 숨죽이며 지켜보고 있던 구경꾼들은 가슴을 쓸어내리고 환호했다.

이런 장석의 신기에 가까운 묘기는 이웃 송나라에까지 알려졌다. 송나라 원군元君(송의 제후)은 그 묘기를 직접 보고 싶어 장석을 초대했다.

"자네의 도끼 놀리는 솜씨가 귀신 같다고 하니 그것을 내게 한 번 보여줄 수 없겠는가?"

장석은 풀죽은 목소리로 대답했다.

"불가능합니다."

"어째서?"

"저의 도끼 다루는 솜씨는 아직 녹슬지 않고 옛날 모습 그대로지만, 도끼날 앞에 서 있어야 할 그 영 사람이 얼마 전에 죽었습니다. 그 사람이 없으면, 저의 재주는 더 이상 묘기가 될 수 없습니다."

장자는 이 이야기를 끝내고 하늘을 올려다보았다. 혜자를 비롯한 망자亡者들이 누워 있는 그 바로 위, 검푸른 우주공간은 한없이 높고 깊어 끝이 없었다. 장자는 넋이 빠진 듯 맥없이 혼잣말로 중얼거렸다.

"혜자가 죽어 단짝을 잃었는데, 내가 무슨 말을 더 할 수 있겠는가."

〈서무귀〉 편

🔺 해 설

혜자는 장자와 가까운 친구 사이였다. 온갖 사상이 난무하던 전국시대를 함께 살았다. 그러나 그들의 사상은 판이하게 달랐다. 혜자는 명가(논리학파)에 속하는 현실주의자인 반면, 장자는 노자의 철학사상을 이어받아 도가를 완성한 도가의 중심인물이었다. 또 혜자는 위나라의 재상을 지냈으나 장자는 초나라에서 제의한 재상자리를 일언지하에 거절했다.

이런 현격한 차이가 있음에도 불구하고 두 사람은 자주 만나 토론을 즐겼다. 이 사실은 현전하는 66,000자에 달하는 방대한 저서 《장자》 여러 곳에 기록되어 있다. 여기 등장하는 혜자는 늘 조연으로 출연한다. 그는 장자의 사상을 구현하는 데 없어서는 안 될 조연 배우였다. 아내의 죽음에도 곡을 하지 않고 노래를 불렀다는 장자가 혜자의 무덤 앞에서, 슬픈 표정을 보인 것은 두 사람이 얼마나 가까운 사이였는지를 암묵적으로 보여주는 일화다.

장석의 신명을 불러일으켰던 시퍼런 도끼날도, 그 앞에서 두려움 없이 꼼짝 않고 서 있는 조수인 영 사람이 죽고 나니 그 빛을 잃고 말았다. 이와 마찬가지로 장자의 여유, 해학, 유유자적함도 혜자의 송곳 같은 논리를 잃고 말았으니 어디에 그 능청을 떨겠는가.

재주로 화를 부른 원숭이

 찌는 듯이 무덥던 여름이 이제 막 지나갔다. 그러나 남국의 햇볕은 아직도 뜨거웠다. 오나라 왕은 서늘한 바람이라도 쏘일 양으로 강에 배를 띄웠다. 가까운 신하 몇 명과 친한 벗 안불의顔不疑*와 함께였다.

 배는 순풍을 타고 느리게 강줄기를 거슬러 올라갔다. 강의 양안兩岸에는 수목이 울창하여 경관이 수려했다. 또한 온갖 진귀한 새나 짐승들이 어지럽게 날며 숲 속을 들락거렸다. 인간의 발길이 거의 닿지 않은 듯, 자연 그대로의 청순한 세계였다. 한 폭의 풍경화 속으로 들어가면서 오왕은 감탄을 연발했다. 이 순간 번잡한 세상사는 갈끔히 사라졌다.

 배가 강폭이 좁아지는 곳에 이르자, 수많은 원숭이 떼들이 나뭇가지를 타고 오르내리면서 꽥꽥 소리를 질렀다. 아마도 울긋불긋한 돛으로

---

* 성은 안이고 불의는 이름인데 오왕의 벗이라고 알려져 있다.

장식한 배를 처음 보는 듯, 저희들끼리 신기하다는 의사소통일 것이다. 저놈들이 왜 저렇게 시끄럽게 야단법석인가. 오왕은 배에서 내려 원숭이들이 몰려 있는 낮은 언덕으로 올라갔다. 이 모습을 본 원숭이들이 놀라서 사방으로 흩어지고 일부는 빽빽한 가시나무 사이로 달아났.

그런데 유독 한 마리가 도망가지 않고 홀로 남아서 재주를 부렸다. 오왕 일행이 가까이 접근해도 달아날 생각은커녕 나무 열매를 따서 던졌다.

야, 이놈 봐라! 오왕은 원숭이를 향해 활을 쏘았다. 그런데 이게 어찌 된 영문인가. 원숭이는 날아오는 화살을 손으로 재빨리 잡고는 보란 듯이 깔깔거리며 웃고 있었다. 이 원숭이는 왕이 어떤 존재인지 전혀 모르고 있는 듯했다. 조그마한 원숭이 따위에게 놀림감이 된 오왕은 부아가 치밀어 올랐다. 어디 이놈이 얼마나 재주를 잘 부리는지 한번 보자. 이렇게 생각하고 시종들에게 활을 쏘아 맞히도록 명령했다.

연속으로 날아오는 화살을 왼손, 오른손으로 번갈아 잡으며 요리조리 날랜 재주를 연출하던 원숭이는 결국 나무에서 굴러떨어졌다. 미처 피하지 못한 화살을 맞고 말았던 것이다. 가까이 가서 보니 손에 화살 하나를 꼭 쥐고 죽어 있었다. 오왕은 안불의를 돌아보고 말했다.

"죽일 생각은 없었는데……. 이놈이 재주를 자랑하며 자신의 민첩함만 믿고 오만하게 굴다가 이 지경이 되었으니 자업자득이 아니겠나? 자네도 이 점을 교훈으로 삼아야 할 것이야."

이 말을 듣고 안불의는 등줄기가 서늘해짐을 느꼈다.

〈서무귀〉 편

해설

그 후 안불의는 늙은 벼슬을 버리고 고향으로 돌아왔다. 동오童梧라는 이름난 현인을 스승으로 모시고 심신을 수양했다. 벼슬길에 있을 때의 오만함, 방약두인傍若無人한 건방진 태도, 코신補身에만 급급한 잔재주, 또 권력에 빌붙어서 굽실거리는 비루함 같은 것을 말끔히 씻어 버리는 데 3년이 걸렸다. 안불의가 이렇게 변신하여 훌륭한 인품을 드러내자, 온 나라 사람들이 그를 칭송했다.

이 후일담은 본문 따로 뒤에 붙어 있다. '원숭이도 나무에서 떨어질 때가 있다'라는 속담을 떠올리게 하는 짤막한 창작품이다. 아무리 훌륭한 재주라도 완전하지 않다는 교훈을 담고 있다. 권력이나 금력, 출중한 재주에는 항상 교만이나 오만함, 안하무인과 같은 건방진 태도가 뒤따른다. 이것은 언젠가는 큰 재앙을 불러오는 원인으로 작용하는 것이 세상 이치다. 항상 겸손하고 낮은 자세로 자신을 성찰하며 조심조심 살아갈 일이다. 그 옛날 안불의가 그렇게 했던 것처럼.

붕어의 노여움

여름 가뭄이 꽤 오래 계속되었다. 들판에서 무럭무럭 자라던 곡식들이 이삭도 패기 전에 시들시들 말라갔다. 땅덩이가 뜨겁게 달아올라 온 천지가 가마솥인 양 후끈거렸다. 우물도 말라붙어 겨우 목을 축일 정도였다.

장자는 불볕 하늘을 바라보며 한숨을 내쉬었다. 이틀을 굶은 배에서는 꼬르륵 하는 소리가 났다. 허름한 초가에 살면서 겨우 입에 풀칠할 정도로 가난했지만, 언제나 마음은 대천 한바다였고 자연에 순응했다. 이렇게 자유로움을 만끽하며 희희낙락했던 그였다.

식량이 바닥을 들어낸 지 이미 며칠이 지났다. 이웃을 전전하며 도움을 받았으나 그쪽도 남을 도와줄 형편이 되지 못했다. 장자는 생각다 못해 감하후監河候*를 찾아갔다. 인근에서 소문난 부자이며 봉읍封邑도 가지고 있어 거기에서 들어오는 세금도 막대했다. 내키지 않은 발걸음이지만 식구들을 굶게 내버려둘 수는 없었다.

감하후는 장자를 반갑게 맞아들였다. 초나라에서 천금을 주고 재상으로 모셔가겠다는 것을, 일언지하에 거절했다는 소문은 이미 들어 알고 있었다. 이런 자가 무슨 일로 나를 찾아왔을까 하고 머리를 굴리고 있는데 장자가 불쑥 입을 열었다.

"곡식 몇 되만 빌려줄 수 없겠소?"

예기치 못한 요구에 감하후는 어리둥절했다. 세상에 이름난 선생이 곡식 몇 톨을 빌려 달라고 하다니! 그는 흔쾌히 대답했다.

"아, 물론 빌려 드리지요. 그러나 그깟 곡식 몇 되 가지고 되겠습니까? 이제 곧 추수가 끝나면 봉읍에서 많은 곡식을 보내올 것입니다. 그때 가서 선생에게 300금을 빌려 드리지요. 그만하면 궁핍을 면하기에는 충분하겠지요?"

이 말을 듣자, 장자는 울화가 치밀었다. 그러나 그것을 꾹 눌러 참고 감하후에게 한 토막 이야기를 들려주었다.

내가 아까 이리로 오는 도중에 어디선가 나를 부르는 소리가 나기에 뒤돌아보았소. 그런데 사방에는 아무도 없더군. 이상하다 싶어 주위를 자세히 살펴보니, 수레바퀴 자국에 고인 물속에 붕어 한 마리가 파드득거리고 있습디다. 내가 붕어에게 다가가 물었소.

"너는 도대체 어디서 왔으며, 지금 나를 왜 불렀느냐?"

붕어가 가쁜 숨을 몰아쉬며 대답했소.

---

* 위나라 문후, 또는 감하 지방의 관리가 후(侯)를 칭한 것이라는 설도 있다.

"나는 장강의 깊은 물속에서 노닐었는데, 어쩌다가 이 지경이 되었습니다. 부디 물 몇 동이만 길어다가 나를 살려줄 수 없겠소?"

그래서 내가 이렇게 대답했소.

"그야 어렵지 않지. 그깟 물 몇 동이로 되겠나. 내가 지금 남쪽으로 오나라, 월나라 임금을 만나러 간다. 그 나라에는 큰 강이 많지. 그들에게 부탁해 서강西江의 큰 물줄기를 이리로 끌어와서 너를 흠뻑 적셔주면 어떻겠니? 그만하면 너는 펄펄 살아서 장강의 깊은 물속으로 들어가겠지."

내 말이 채 끝나기도 전에 붕어란 놈이 크게 화를 내며 버럭 고함을 치지 않겠소.

"난 지금 당장 목을 축일 물이 없어 곤란을 겪고 있는 중이오. 물 한 동이만 있어도 생명을 부지할 수 있지만, 당신이 듣기 좋은 소리로 나를 농락하려 한다면 아예 그만두시오. 이후 다시 나를 만나려거든 건어물 가게로 찾아가 보시오!"

이야기를 다 끝낸 장자는 뒤도 돌아보지 않고 감하후의 큰 저택을 빠져나왔다. 배 속에서 꼬르륵거리던 소리는 온데간데없어지고 속이 후련했다.

〈외물〉 편

해 설

　예나 지금이나 마찬가지겠지만, 권력과 부를 가진 자와 그와는 달리 가난하게 살아가는 서민의 모습이 잘 대조를 이루고 있다. 특히 가진 자의 교만과 여기에 맞서는 장자의 당당함이 돋보인다. 이 이야기 속에 담긴 숨은 뜻은, 가진 자와 헐벗고 못 사는 사람 사이의 계급 갈등을 말하려는 것이 아니다. 매사를 처리, 결정하는 데는 경중輕重과 완급緩急에 초점을 맞추어야 한다는 교훈을 말하고 있다.
　《장자》에 나오는 우화 가운데 백미에 해당하는 작품이라고 알려져 있다.

낚시와 경륜

전국시대 초기였다. 세상은 더욱 어지러워졌고, 제후들은 저마다 영토를 넓히려고 혈안이 되어 있었다. 종주국이었던 주나라는 그 이름만 남아 있을 뿐, 약소국으로 전락한 지 오래되었다. 공公이라고 불리던 제후들은 주변의 눈치를 살피면서 조심스럽게 자신을 '왕'이라고 높여 부르는 현실이었다.

제자백가들이 우후죽순처럼 등장하여 어지러운 세상을 구하겠다고 각가지 방책을 외치고 다녔다. 사흘이 멀다 하고 정변이 일어나고, 또 크고 작은 전쟁이 쉼 없이 이어졌다. 이런 와중에 등 터지고 죽어나는 것은 가련한 백성들뿐이었다.

조그마한 제후국인 임나라 공자公子는 도량이 넓고 생각이 깊었다. 영토를 넓히거나 패자가 되어 세상을 호령하고 싶은 생각은 꿈에도 하지 않았다. 어떻게 하면 굶주리고 헐벗은 백성을 구휼할 수 있을까. 또 정치의 요체는 백성들의 의식주를 풍족하게 만들어주는 것인데, 그 방도는 무엇일까. 이런 생각으로 골몰했다.

지난날 태평성대를 누리게 했던 성군, 현신들을 더듬어보았다. 그러다가 문득 태공망太公望을 떠올렸다. 성은 강, 이름은 여상呂尙이지만 강태공이라는 별명으로 불리었다. 위수渭水가에서 곧은 낚시를 드리우고 때를 기다리던 늙은이, 그는 결국 서백(주문왕)을 만나 자신의 큰 뜻을 성취할 수 있었다. 그러나 시대 상황이 그때와는 전혀 다르지 않은가.

고심을 거듭하던 임공자는 드디어 백성을 먹여 살릴 묘안 하나를 생각해냈다. 미끼도 없는 곧은 낚시로 세상을 구한, 전설적인 강태공과는 정반대로 해보자. 바꾸어 말하면 임공자가 생각해낸 것은 발상의 전환이었다.

결심을 굳힌 임공자는 큰 낚싯대와 거기에 걸맞은 바늘, 굵은 낚싯줄을 만들었다. 이런 것을 준비하고 제작하는 데만도 몇 달이 걸렸다. 모든 준비가 완료되자 그는 큰 낚싯대를 둘러메고 회계산會稽山으로 올라가 자리를 잡았다.

제일 높은 봉우리를 타고 앉아 아래를 내려다보니 온 천하가 한눈에 들어왔다. 안개가 자욱한 땅끝, 저 너머에 푸른 바다가 보였다. 말로만 들어왔던 넓은 동해, 망망대해가 바로 발밑에서 출렁이며 넘실거렸다.

임공자는 옳다구나 하고 그 한가운데에 낚싯바늘을 던졌다. 미끼로 사용한 것은 황소 다섯 마리였다. 다섯 마리의 황소를 매단 큰 낚싯바늘이 바닷속으로 서서히 잠겨 들어갔다. 그것을 바라보며 임공자는 회심의 미소를 지었다.

그 후 임공자는 낚싯대를 회계산 바위에 고정시켜놓고 고기가 물기를 기다렸다. '동해에서 제일 큰 놈이 걸려들겠지' 하는 생각으로 임공자는 즐겁기 한량없었다. 대어를 기다리는 낚시꾼의 마음은 예나 지금이나 다를 바가 없다. 임공자는 마음이 들떠 매일 밤낮을 회계산에 걸터앉아 대어를 기다렸다. 그러나 대어란 놈이 그렇게 쉽게 걸려들겠는가. 느긋한 마음으로 발아래 세상을 내려다보았다. 그 황홀한 재미에 흠뻑 빠져들었다.

새벽안개가 스멀스멀 걷히면 아득한 수평선에서 붉은 불덩이가 서서히 솟아오른다. 이글이글 불타는 태양이 세상을 밝히며 하루가 시작된다. 만물은 모두 잠에서 깨어나 분주한 하루를 시작하며 삶을 즐긴다. 하늘과 땅, 바다는 온통 살아서 꿈틀거리고 그들이 내지르는 소리는 웅대한 관현악이 된다. 보이는 것, 들리는 것 모두가 새롭고 신선했다.

어디 그것뿐인가. 날짐승들이 둥지를 찾아갈 무렵의 아늑한 낙조落照, 한밤중 쏟아져 내리는 별빛, 소리 없이 젖어드는 밤이슬의 촉촉한 감촉, 캄캄한 어둠 속에서 불쑥 솟아오르는 하현달의 가슴 서늘한 광휘光輝, 이런 장관은 아무나 또 어디서나 볼 수 있는 것은 아니었다.

이렇게 하기를 몇 달이 지났다. 그동안 기다리는 큰 고기는 잡지 못했지만, 임공자는 지치거나 불평하지 않았다. 낚시의 묘미는 기다림이라고 하지 않던가. 더구나 천하를 조망하고 자연의 신비에 흠뻑 빠져 세월이 흐르는 것조차 잊을 정도의 큰 즐거움이 있으니 낚시를 드리우고 있다는 사실 자체도 모를 지경이었다.

임공자가 회계산 꼭대기에서 동해에 낚시를 드리운 지 1년이 조금 지나서였다. 회계산 바위에 묶어놓은 낚싯대 끝이 크게 휘더니 밑으로 곤두박질쳤다. 임공자는 깜짝 놀라 낚싯대를 들어 올리려고 안간힘을 썼다. 그러나 낚싯대는 꿈쩍도 하지 않았다. 고기는 미끼를 삼키고 물속으로 깊이 들어가고 말았다. 이를 어쩔 것인가. 한동안 당황하던 임공자는 생각을 고쳐먹었다. 서둘지 말고 기다려 보자. 이제부터가 이놈과의 싸움인데, 고기의 힘이 다하면 언젠가는 물 위로 솟아오르겠지. 낚싯줄처럼 팽팽히 긴장된 마음으로 고기가 물그 들어간 바다를 응시했다. 숨소리까지 죽이며 미세한 움직임 하나하나를 놓치지 않으려고 신경을 곤두세웠다.

시간이 얼마나 흘렀을까. 아마 몇 날 며칠이 지났으리라. 이윽고 바다가 요동을 치며 출렁이더니 큰 고기가 무서운 기세로 솟구치며 등지느러미를 드러냈다. 그와 동시에 산더미 같은 파도가 일고 바닷물이 진동하는 소리는 마치 귀신의 울음소리 같아서 천 리 밖 사람들까지 두려움에 떨게 했다. 임공자는 있는 힘을 다해 이놈을 물 밖으로 끌어냈다. 몸통이 얼마나 컸던지 회계산 중턱을 덮을 정도였다.

그는 고기가 상하기 전에 잘게 썰어 건포乾脯로 만들었다. 그리고 굶주린 백성들에게 골고루 나누어주었다. 절강성 동쪽으로부터 창오산 북쪽에 이르기까지 수천 리에 걸친 모든 사람들이 한 몫씩 받아 배불리 먹을 수 있었다.

임공자의 황당한 낚시 이야기는 믿거나 말거나 사람들의 입에서 입으로 전파되었다. 수다스럽고 시시껄렁한 세상 이야기를 즐기는 이들은 더욱 열을 내어 임공자를 추켜세웠다. 하기야 짤막한 낚싯대를 웅덩이나 도랑에 드리우고 송사리나 피라미를 노리는 보통 사람들은 상상조차 할 수 없는 일이다.

이와 마찬가지로 자신의 이익만을 위해 여기저기 기웃거리는 기회주의자, 교묘한 말재간을 밑천 삼아 세상의 평판을 낚으려는 재주꾼들, 잡다한 학문이나 이론을 내세워 혼란을 부채질하는 여러 선생님들은 다시 한 번 생각해볼 일이다. 임공자의 낚시 방법이 과연 허황된 과대망상에 불과한 것일까. 천하를 경륜經綸*하겠다는 큰 뜻을 가진 사람만이 임공자의 그릇 크기를 이해할 수 있을 것이다.

〈외물〉편

---

* 나라를 다스리는 일, 또는 그 방책을 말한다.

해설

흔히 도가사상은 현실과 거리가 먼, 손에 잡히지 않는 허황된 것이라고 말한다. 도가사상가들이 설파하는 자연이나 무위 속에는 시시콜콜한 삶의 방법이 구체적으로 명시되어 있지 않다. 그렇다 하더라도 소극적 방관자라거나 비판관을 일삼는 비현실주의자라고 단정 지을 수 없다. 오히려 그 반대일 수도 있다.

춘추전국시대의 복잡하게 얽히고설킨 혼란상을 평정하는 데는 잔재주나 어설픈 정책, 잡다한 주의나 주장 같은 것으로는 불가능했다. 그것을 뛰어넘는 근본적 처방이 필요했다. 인간의 본성을 되찾아 자연으로 회귀시키는 것, 그것이 무위자연이고 어쩌면 그 근본적 처방이 아니었을까.

장자는 이런 노자의 난해한 이론을 우의적으로 풀어 한 폭의 큰 그림을 만들었다. 한마디로 요약하면 회화다. 그 그림 속에는 과장된 익살뿐 아니라 진실이 살아서 꿈틀거린다. 장자가 2000년도 더 넘게 동양인의 폭넓은 사랑을 받아온 이유가 여기에 있다. 이렇게 보면 그가 현실을 외면했다거나, 꿈속을 거니는 몽롱한 망상가라는 견해는 옳지 않다. 오히려 장자의 내면에는 치열한 현실 비판과 그 대안이 자리 잡고 있었다고 말할 수 있다.

임공자의 낚시 이야기는 요즘 말로 하면, 경제 제일주의에 해당한다. 정치는 뭐니 뭐니 해도 경제가 우선한다는 것을 암묵적으로 보여주는 우화다. 상상을 불허하는 큰 고기를 잡아 백성들에게 골고루 나누어주었다는 것이 바로 그것이다. 본문 말미에 임공자의 큰 그릇을 이해하지 못하는 사람과는 경세經世*를 논할 수 없다고 적혀 있다.

1960년대 중반 중국은 홍위병이라는 낮도깨비의 출현으로 사상투쟁이라는 홍역을 치렀다. 그 후 작은 거인 등소평이 혜성처럼 등장하여 아주 짧은 기간에 수십 억이 넘는 중국인의 먹고사는 문제를 근본적으로 해결했다. 어쩌면 그는 임공자의 환생이 아니었을까. 오척 단구의 이 거인은 회계산이 아닌 태산에 올라 앉아 사해四海를 향해 낚싯대를 휘둘렀다. 그 덕에 만 리도 더 되는 넓은 땅에 사는 중국인들은 모두 어포魚脯를 씹으며 배를 두드리고 있다. 마치 요순시대가 도래한 듯, 격양가擊壤歌**를 높이 부르며 함포고복含哺鼓腹***하고 있는 모양이다.

여하간 지금 중국은 5000년 역사 이래 가장 안정되었고, 그 국력은 무서운 기세로 성장하고 있다. 학자들은 세계의 중심이 동양으로 이동할 것이라고 입을 모으고 있다. 이 모든 것은 결국 경제 성장에 기인한다고 할 수 있다.

그러나 먹고사는 문제는 인간의 기본 욕구에 지나지 않는다. 장자가 그리던 이상적 삶의 근원은 무위자연이고, 그 속에는 무한한 자유가 내재해 있다. 중국이 아직 거기까지 이르지 못한 것 같아 안타깝다. 그러나 머지않은 장래에 그들이 희구하는 자유로운 세상이 도래할 것이다. 그 조짐이 조금씩 나타나고 있으니까.

---

* 세상을 다스린다는 의미다.
** 고대 중국 요임금 때 늙은 농부가 천하가 태평함을 기려 땅을 두드리며 불렀다는 노래를 말한다.
*** 배불리 먹고 배를 두드린다는 뜻으로 먹을 것이 많아서 좋아하는 모습을 뜻한다.

위선자들의 도굴 현장

희미한 달빛 하나 없는 캄캄한 그믐날 밤, 한 무리의 유학자들이 무덤가에 모였다. 모두들 의관을 갖추었으나 도포자락은 밤이슬에 젖어 흙투성이가 되어 있었다. 이들은 얼마 전에 죽은 인근 부자의 무덤을 도굴盜掘하기 위해 모인 것이다.

"우선 사자死者에 대한 예의를 갖추어라!"

우두머리 격인 큰 선비가 낮은 음성으로 위엄 있게 명령을 내렸다. 젊은 선비, 곧 대유의 제자들이 준비해온 제물을 차려놓고 간단한 의식을 행했다.

"유세차維歲次* 모년 모일에 인의를 실현하기 위해 그대를 방문하겠네. 그대의 혼은 이미 몸을 떠나 구천으로 들어갔고 생전의 몸뚱이는

---

* 간지로 따져볼 때 해의 차례를 말한다. 제문, 축문의 첫거리에 쓰는 관용어다.

곧 썩어 없어질 한낱 티끌이 아니겠는가. 그러니 따지고 보면 그 먼지 속의 금은보화는 자네의 것이 아니네. 우리가 그것을 가져가서 인간을 이롭게 하려고 하니, 그대는 크게 노여워하지 말게. 별로 차린 것은 없지만 이 한잔 술로 위로하게나. 상향尚饗*."

유학자들은 축문을 다 읽고 형식적인 읍揖을 하는 것으로 의식을 끝냈다. 그러고는 차려놓았던 술을 나눠 마셨다. 말하자면 음복인 셈이다.

별빛이 총총한 밤하늘엔 이슬이 소리 없이 내리고 있었다. 큰 선비는 무덤 앞에 놓인 널찍한 상석에 책상다리를 하고 점잖게 앉아 몸을 흔들면서 공자의 말씀인《논어》의 한 구절을 흥얼거렸다.

"제자들이 배운 것을 익히기 위해 이제 땅을 파고 들어가는구나. 인의를 실현하니 즐겁기 그지없다學而時習之 不亦說乎. 먼 곳에서 친구들이 모여드니 이 얼마나 기쁜 일인가有朋自遠方來 不亦樂乎."

"이제 무덤 속으로 들어가 사자死者를 기쁘게 하여라!"

대유(스승)가 눈을 지그시 감고 성인이 남긴 명언을 읊조리면서 소유(제자)들을 격려하는 동안 밤은 점점 깊어만 갔다.

시간이 얼마나 흘렀을까. 초롱초롱하던 별빛이 희미해지더니 동녘하늘에 조금 훤한 빛이 어른거렸다. 이제 곧 먼동이 트려는가 보다. 이것을 보고 큰 선비가 작업하는 무덤 속 제자들에게 소리를 질렀다.

"머지않아 날이 밝아 오겠다. 일이 어떻게 되어가고 있는가?"

여기에 맞추어 제자들이 대답하는 소리가 무덤 속에서 들려왔다.

"아직 송장의 속옷을 못 벗겼습니다. 그런데 입에 번쩍이는 구슬이 물려 있습니다. 옛날 시에 있는 그대로입니다."

곧이어 제자들의 합창 소리가 들려왔다. 그 옛날 유행했던 시의 한 구절**이었다.

> 푸르고 푸른 보리靑靑之麥
> 무덤가에 무성한데生於陵陂
> 살아서 남에게 베푼 일이 없는 자가生不布施
> 죽어서 어찌 구슬을 물고 있는가死何含珠爲

큰 선비는 제자들이 읊고 있는 그 시의 구절구절이 마음에 들었고, 또 감동했다. 더구나 번쩍이는 구슬을 입에 물고 있다지 않는가. 그렇고말고. 무덤의 주인인 이 부자 역시 살아생전에 은혜라고는 손톱만큼도 베풀 줄을 몰랐었지. 불쌍한 인생이었어.

"시 삼백이 사무사詩 三百 思無邪***라! 옛 성현들의 말씀은 거짓이 없구나."

큰 선비가 무덤 밖에서 기고만장하여 들떠 있을 때쯤, 땅속의 제자들은 땀을 뻘뻘 흘리고 있었다. 시신의 꽉 다문 입이 잘 벌려지지 않아 애를 먹었다. 한 제자가 송장의 머리칼을 잡고 턱을 누르자 동료들이 조심스럽게 쇠망치로 턱뼈를 내리쳤다. 이렇게 억지로 입을 벌리게 하니 번쩍이는 구슬이 손 안으로 굴러 들어왔다. 상처 하나 없이 빼낸 구슬

---

* '신명께서는 제물을 받으소서'라는 뜻으로 제례 축문의 끝에 쓰는 관용어다.
** 고대 중국의 민요풍 노래로 4구체 형식으로 되어 있어 몹시 오래 전의 시임을 알 수 있다. 생전에 적선을 하지 않고 죽은 자를 타난하며 헐뜯는 뜻을 풍자적으로 노래하고 있다.
*** 시 삼백은 《시경》을 말함. 《시경》에는 305수의 시가 실려 있는데 이것을 대략적으로 말하는 것이다. 사무사는 공자의 시평詩評인데, 감정의 순수함이 시의 본질이라고 해석된다. 곧 시 305수가 한결같이 거짓이 없는 순수한 인간의 감정이라는 뜻이다.

을 둘러싸고 제자들은 머리를 맞대고 히죽 웃었다.

"완벽完璧*하구먼, 이제 우리도 이 방면에서 도를 터득했구나!"

〈외물〉편

* 조금의 결점도 없이 완전무결함을 의미한다. 원래의 뜻은 빌렸던 물건을 온전히 반환한다는 것인데, 전국시대 조나라의 인상여가 천하의 보물인 화씨의 구슬和氏之璧을 진나라에 빼앗기지 않고 흠집 하나 없이 온전히 가지고 돌아왔다는 고사에서 유래한 말이다. 직역하면 '흠집 하나 없는 구슬'이란 뜻이다.

해설

겉으로는 성인군자인 척 뽐내면서 실제 행동은 그렇지 못한 유가들의 표리부동함, 그 위선을 신랄하게 풍자하고 있는 모양을 사실적으로 묘사한 것이다. 전국시대 당시 도가들이 본 유가들의 모습이다.

그러나 이와 유사한 행위가 어찌 전국시대 유가들에게만 한정 지을 수 있을 것인가. 이른바 지식인들, 정신적 지도자, 사회의 스승이라고 자타가 공인하는 무리들 속에는 의외로 이런 위선자들이 많았음을 역사가 증명하고 있다. 제자백가 이후 2000년도 넘는 그 유구한 역사 속에는 이와 같은 위선자들이 빼곡히 들어차 있다.

많이 배운 자일수록 도둑질하는 솜씨가 뛰어나고, 그것을 정당화하고 감추는 기법 또한 우수하다. 예를 갖추어 도굴하면서 인의를 앞세우는 무리들은 도통한 사람들이다.

현재 우리 사회, 대명천지 환한 이 세상에도 이런 무리들은 높은 의자 위에서 거들먹거리며 희희낙락하고 있음은 주지의 사실이다. 때문에 고전이 아직도 살아서 숨 쉬고 있다는 것을 명심할 일이다. 언제쯤 완벽한 정의가 구현될 것인가.

얼마 전《정의란 무엇인가》라는 미국 학자의 책이 날개 돋친 듯 팔렸다. 정의를 추구하는 현대인의 인간 심리가 그만큼 컸던 것을 반영하는 증표일 것이다. 그렇다고 하더라도 그것을 기대하는 것은 무리가 아닐까.

2

우화에서 발견한 지혜의 보고 《열자》

《열자列子》

△
□
◎
▷

열자의 생애와 사상

열자列子(기원전 400년경)의 성은 열列이며 이름은 어구禦寇다. 곧 '열어구'가 본명이다. 정나라에서 태어났다고 알려져 있으나 그의 생애는 분명하지 않다. 어림잡아 노자의 후배며 장자보다 조금 앞선 시대, 즉 공자와 맹자의 중간쯤 생존한 인물이라고 여겨진다.

사마천의 《사기》에는 기록이 없으나, 《장자》에는 '열어구' 이야기가 등장한다. 또 《열자》 첫머리에 '열자는 정나라 포圃 땅에서 40년 동안 살았는데, 아무도 알아보는 사람이 없었다'라고 기록되어 있다. 이런 점으로 미루어보면 숨어 사는 선비, 곧 은사였을 가능성을 배제할 수 없다.

열자의 사상은 《열자》라는 저술을 통해 알 수 있는데, 노자를 이어받은 '무위자연'이 중심을 이루고 있다. 현실을 초월한 공허무위空虛無爲에서 참다운 삶의 가치를 찾으려고 했다. 그의 이런 사상은 대부분 우화형식으로 나타나 있고 꿈과 현실, 삶과 죽음 같은 것을 동일시하고 있다. 이런 경향으로 본다면 노자보다는 오히려 장자에 가깝다고 할 수 있다.

또 열자가 외물을 초월하기 때문에 물에 빠져도 죽지 않고, 뜨거운 불 속에서도 살아날 수 있으며 바람을 타고 다니는 신선이었다는 허황된 이야기는 후대 도교의 신선사상이 가미된 것으로 볼 수 있다.

《열자》는 어떤 책인가

《열자》는 옛부터 《노자》, 《장자》와 더불어 도가삼서道家三書라 하여 널리 읽혔다. 현전하는 것은 전 8편으로, 열어구의 저서라고 알려져 있다. 그러나 이 책에는 도가사상뿐만 아니라 잡다한 이야기가 혼재하고 있어, 저자와 편집 시기가 확실하지 않다고 보는 것이 학자들의 공통된 견해다. 내용의 소재는 전국시대의 것이 많고 또《장자》를 비롯한 여러 고전과 중복되는 이야기가 다수 포함되어 있다.

유가는 현실에 바탕을 둔 예악, 인의 등으로 사회질서를 확립하려 했으므로 사람들의 행동이나 생활을 지나치게 형식화, 규격화하여 무미건조한 경향이 있었다. 그러나 도가사상가들은 이러한 가치 기준을 철저히 부정하고, 현실을 초월한 자유분방한 인간성을 창조하려고 했다. 풍부한 상상력을 바탕으로 우화를 만들어내었고, 그것은 오랜 세월 동양인의 정신적 안식처로서의 구실을 담당해왔다《열자》역시 그 속에는 잡다한 내용이 포함되어 있을지라도, 풍부한 상상력이 살아 숨 쉬는 이야기들로 가득 찬 책임에는 틀림없다.

기나라 사람의 걱정

 길을 가던 기나라 사람 한 명이 서쪽 하늘에서 몰려오는 검은 구름을 근심 어린 눈으로 쳐다보았다. 좀 전, 그러니까 길을 나서기 전만 하더라도 하늘은 구름 한 점 없이 맑게 개어 있었다. 그런데 갑자기 세상이 어두워지고 천지가 먹구름으로 뒤덮였다. 바람까지 강하게 불어와 몸을 지탱하기조차 힘들었다.
 펄럭이는 옷깃을 움켜잡고 간신히 몇 발짝 옮겼을 때, '번쩍' 하는 불빛이 맞은편 산에 내리꽂히고 불덩이가 때그르르 굴렀다. 그와 동시에 하늘이 찢기는 듯한 천둥소리가 귀청을 때렸다. 기나라 사람은 거의 기절할 지경이 되어 옴짝달싹 못하고 쏟아져 내리는 소나기에 흠뻑 두들겨 맞으며 그 자리에 얼어붙은 듯 서 있었다.
 그 일이 있고 나서부터 이 사람은 밖으로 나다닐 수가 없었다. 금방 하늘이 무너질 것 같고 땅이 갈라져 그 속으로 빨려들어 가는 환상에 몸을 떨었다.

처음 얼마간은 집 안에 틀어박혀 기둥을 부둥켜안고 떨어지지 않으려고 안간힘을 썼으나 그것도 허사였다. 하늘이 무너져 내리면, 그깟 초가삼간이 무슨 수로 지탱하며 땅이 갈라진다면 집과 함께 천 길 낭떠러지로 떨어질 것은 보나마나 자명한 일이 아니겠는가. 그는 증상이 점점 심해져 밤에는 한숨도 자지 못하고 밥도 제대로 먹을 수가 없었다. 이렇게 열흘쯤 지나니 피골이 상접하고 눈이 움푹 들어가 몰골이 말이 아니었다. 가족들이 타이르고 이해를 시키려 무진 애를 썼으나 아무 소용이 없었다.

평상시에 멀쩡하던 사람이 아무 까닭 없이 거의 죽게 되었다는 소문이 집 밖으로 소리 없이 퍼져 나갔다. 멀지 않은 지방에 살고 있던 친구도 그 소문을 들었다. 늘 자신만만하고 쾌활하던 사람이 그 지경이 되다니. 어쩌면 귀신에 홀린 것은 아닐까. 혹은 정신착란이 일어나서 미치기 직전에 이르렀을지도 모를 일이다. 아직 노망들 나이도 아닌데. 친구는 걱정이 되어 직접 만나서 설득해보기로 작정했다.

"이보게. 자네가 하늘이 무너지고 땅이 꺼질 것을 걱정하고 있다는 것이 사실인가?"

그 기나라 사람은 친구의 물음에 대답할 기력도 없어 고개만 겨우 끄덕였다.

"기가 막히는군. 하늘은 뻥 뚫려 있는 빈 공간 같지만, 실상은 그렇지 않아. 기로 가득 차서 그 기가 겹겹이 쌓여 있네. 천지 사방에 기가 없는 곳이란 아무 데도 없네. 하늘이란 곳은 기로 충만해 있는 곳이야. 우리는 매일 그 기 속에서 숨 쉬고 움직이고 먹고 자지. 그러니 어떻게 하늘이 무너질 수 있겠는가?"

기나라 사람은 친구의 말에 반신반의하면서 되물었다.

"하늘이 과연 기운이 쌓인 것이라면 해와 달, 별이 떨어질 수는 있지 않겠나?"

"해와 달, 별들도 역시 기가 뭉친 덩어리일세. 다만 그것들은 빛을 가지고 있을 뿐이야. 그 빛은 밤낮으로 쏟아져 내리지만, 거기 맞아 몸을 상한 사람은 아무도 없지 않은가? 오히려 만물이 성장하는 데 큰 도움을 주고 추위를 막아주지 않던가?"

"그건 그렇다 치고 땅이 꺼지면 어떻게 하지?"

"그런 허무맹랑한 생각은 집어치우게. 땅이란 흙과 돌덩이가 무진장 쌓인 것이야. 흙덩이는 우리가 딛고 있는 곳 어디든지 꽉 차 있어. 그러니까 그 위에서 걷고 뛰고 하더라도 절대 무너지지 않지."

친구의 말을 유심히 듣고 있던 그 기나라 사람은 얼굴에 생기가 돌기 시작했다. 꽉 막혔던 머릿속이 시원하게 뻥 뚫리는 기분이었다. 이제 살았구나 하는 기색이 역력했다. 그는 드디어 웃는 얼굴이 되어 친구의 손을 잡았다.

"자네가 아니었다면, 나는 하늘이 무너지고 땅이 꺼지기도 전에 죽었을 걸세. 무지한 나를 깨우쳐주어서 고맙기 그지없네."

두 사람은 서로 기뻐하며 한동안 웃음꽃을 피웠다. 그 후 기나라 사람은 원기를 회복했다.

초나라의 장려자長盧子라는 현인이 이것을 전해 듣고 웃으며 이렇게 말했다.

"무지개, 구름, 안개, 비, 사시四時 같은 것은 하늘 속 기의 움직임이다. 그것은 여러 가지 형태로 변화무쌍하지. 산이나, 강, 바다, 쇠, 돌, 불, 나무 같은 것은 그 형체가 땅 위에서 이루어진 것들이다. 하늘과 땅이 기운과 흙이 쌓여서 된 것이라면, 어떻게 무너지지 않는다고 단언할 수 있겠는가. 물론 하늘과 땅은 무한한 우주 속의 한낱 작은 존재이기는 하지만, 형태를 가진 사물 가운데는 가장 큰 것이 아니겠나. 그러니 그것이 없어진다는 것도 어려운 일이며, 그 변화를 안다는 것 또한 불가능한 일이다. 이렇게 볼 때, 하늘과 땅이 무너져 없어지지 않을까 하고 걱정하는 사람은 너무 앞서서 멀리 생각하는 사람임에 틀림없다. 영원 속의 찰나를 살아가는 인생이란 것을 생각한다면 그것은 기우杞憂*에 불과하다. 그렇다고 하늘과 땅이 영원무궁토록 존재한다는 생각도 옳다고는 말 할 수 없다. 기와 흙이 쌓인 것이라면 그것도 언젠가 무너질 때가 올 것이다. 그때를 생각한다면 어떻게 걱정하지 않겠는가?"

정나라 포 땅에서 살고 있던 열자가 이 이야기를 들었다. 그는 한참을 생각하다가 이렇게 결론지었다.

"천지가 무너진다는 생각도 잘못이고, 무너지지 않는다는 것도 틀린 생각이다. 무너지고 안 무너지고는 우리 인간들이 알 바가 아니다. 다만 무너지지 않는다면 그것으로 다행이다. 무너진다면 그건 그때의 일이다. 마찬가지로 살아 있는 동안에는 죽음을 생각할 필요가 없고 죽은 다음에는 사는 것을 마음에 둘 수 없지 않겠는가. 세상에 태어날 때는

---

*이 말은 '기나라 사람의 걱정'에서 유래된 말이다. 쓸데없는 걱정이나 부질없는 근심을 뜻한다.

태어날 때의 일이며, 떠날 때는 그때의 일이다. 자연의 순리에 따를 뿐인데, 어찌 하늘과 땅이 무너지고 안 무너지는 것을 왈가왈부하며 논쟁을 일삼겠는가."

〈천서〉 편*

---

*《열자》 첫머리의 편명으로 '천서天瑞'란 하늘의 상서로운 조짐이란 뜻으로 만물의 생성변화가 결국은 자연의 순리라는 의미다.

해 설

이 이야기에는 네 사람이 등장한다. 주연主演은 어떤 기나라 사람과 그의 친구이고, 조연助演으로 나온 사람은 초나라 장려자와 정나라의 열자이다. 이들 조연은 제3의 비평가라고 할 수 있다.

문제를 제기한 주연 중 한 사람은 하늘과 땅이 무너진다고 걱정했고, 다른 한 사람은 절대 그럴 리 없다고 부정하고 친구를 설득했다. 옛사람들의 초보적인 우주와 물질, 천체에 관한 견해여서 흥미롭다.

여기 등장하는 장려자라는 비평가는 위의 상반된 견해를 절충하여 논평하고 있다. 하늘과 땅이 무너지는 것을 당장 걱정할 필요는 없다. 인간이 세상을 살아가는 동안에는 아무런 변화가 없을 것이다. 그러나 먼 장래의 언젠가는 하늘과 땅이 무너질 수도 있다.

두 번째 비평가인 열자는 이런 논의 자체를 부정하고 있다. 하늘과 땅은 곧 자연이고 그 순리를 있는 그대로 받아들이라는 것이다. "태어날 때는 태어날 때의 일이고, 떠날 때는 그때의 일이다. 대자연의 생성변화는 자연의 순리다." 이 말에서 열자와 도가사상가들의 사생관을 엿볼 수 있어 흥미롭다.

오늘날 우리가 흔히 쓰는 기우란 말은 이 이야기에서 유래한다. 기우란, 곧 쓸데없는 걱정과 근심을 뜻한다.

부자가 되는 방법

　제나라의 국씨는 큰 부자였다. 호화로운 저택은 아닐지라도 상당히 큰 집에서 살았고, 집 앞의 넓은 들녘에는 자기 소유의 전답도 여기저기 널려 있었다. 뿐만 아니라 집 뒤를 병풍처럼 두르고 있는 펑퍼짐한 야산이 모두 자기 소유였다. 그는 돌무더기였던 산비탈을 일구어 일부는 과일나무를 심고, 그 나머지는 모두 뽕나무 밭으로 만들었다. 멀리서 바라보면 마치 바다나 큰 호수가 펼쳐진 듯, 푸른 물결이 바람에 일렁이는 듯하여 장관을 이루었다.
　산 위쪽에는 가뭄을 대비하여 적당한 크기의 저수지도 만들어두었다. 그러니 가뭄이나 홍수 피해는 거의 입지 않았다. 가을 수확기 철이 되면 곡식이 창고에 그득 찼고, 뽕나무나 과실수에서 나오는 수익도 엄청났다. 해를 거듭할수록 재산이 불어 인근 고을은 말할 것도 없고 나라 밖에까지 부자라는 소문이 퍼져 나갔다.

이만하면 남부럽지 않은 호사를 누릴 만도 하지만, 국씨는 그렇게 하지 않았다. 자수성가한 사람답게 검소했고 1년 내내 농사일에 골몰했다. 많은 일꾼을 고용하여 그들의 식솔들을 불러들이고 그들과 함께 생활했다. 먹는 것, 입는 것도 일꾼들과 차별을 두지 않았다. 밖에서 보면 누가 주인이고 고용인인지 구별하기가 쉽지 않았다. 애써 그 차이를 찾으려고 한다면, 남보다 더 일찍 일어나고 밤늦도록 열심히 일하는 사람이 주인인 국씨일 것이다.

　국씨는 일꾼들과 그들의 식솔을 유난히 아끼고 돌보아주었다. 새경도 넉넉히 줄 뿐 아니라 한 가족인 양 따뜻한 마음으로 대했다. 한솥밥을 먹고 있으니 당연한 일이 아니겠는가.

　흉년을 만나 이웃이 굶주릴 때는 알게 모르게 곡식을 나누어주고 여러 가지 방법으로 그들을 도와주었다. 그런데도 이런 국씨에 대한 세상의 평판은 그리 좋지 않았다. 가난한 사람들은 부자들을 대하는 일종의 이유 없는 혐오감 같은 감정을 가지고 있었다. 따지고 보면, 그것이 편견과 오해라는 것을 금방 알 수 있을지라도 말이다. 여기서 세상 사람들의 국씨에 대한 다양한 평판을 몇 가지 나열해 보자.

　― 그 친구 소싯적에는 별 볼일 없이 가난했으나 부자가 되고 나니 퍽 거만해졌어. 원래 과묵한 성격이지만 말이야.

　― 일꾼들을 잘 보살펴주고 후한 대접을 하는 것은 일종의 얕은꾀에 지나지 않아. 그들을 뼈 빠지게 부려먹을 심산인거지. 더구나 자기가 앞장서서 열심히 일하니 일꾼들이 어떻게 놀 여가가 있겠어.

　― 좋게 말하면 검소하다고 할 수 있지만, 노랑이임엔 틀림없어. 먹고

입는 것이 우리만도 못하다는 소문이 있더군. 부자라면 부자답게 좋은 음식을 골라 먹고 비단옷을 입어야 할 것이 아닌가.
- 흉년이나 어려운 시기, 곤란한 이웃에게 곡식을 조금 나누어주는 모양인데, 이것도 알고 보면 좋은 평판을 얻겠다는 수작이지.
- 참, 바보 천치 같은 인간이야. 그만큼 잘살게 되었는데, 일은 왜 해? 우리 같으면, 천하의 미인들을 열 명쯤 골라 첩실로 거느리고 비단 이불 속에서 뒹굴고 있을 걸세. 이 세상 산해진미를 씹으며 고대광실 높은 누각에 비스듬히 누워 미희美姬들의 춤과 노래를 음미할 텐데……. 그 즐거움을 모르니 목석이나 다름없지.

국씨도 이와 같은 다양한 세간의 평을 대강은 알고 있었다. 또 세상 사람들의 그런 말도 전혀 근거 없다고는 생각하지 않았다. 그러나 그는 이러쿵저러쿵 하는 소리에 전혀 반응하지 않았다. 그저 새벽에 일어나 밤늦도록 일하는 재미에 푹 빠져 있었다.

이른 봄 새싹이 파릇파릇 돋아나 꽃이 피고 열매가 맺는 것, 그것을 바라보고 어루만지고 돌보는 재미보다 더 큰 즐거움이 이 세상 어디에 있을 것인가. 뽕잎을 먹고 자란 누에고치에서 비단실을 뽑아낼 때는 신비스러운 자연의 섭리에 감탄하곤 했다. 겨울철 얼음이 얼고 눈이 쌓이면 일꾼들에게는 말미를 주지만, 국씨는 하루도 쉬지 않았다. 과수나무 가지치기와 밑거름을 주고, 가축을 돌보고, 땔감을 긁어모아 쌓고, 들판을 두루 살펴 허물어진 곳을 보수하고, 때로는 저수지로 올라가 내년에 농사로 쓸 물이 충분한가를 점검하는 등, 해도 해도 끝이 없는 일을 하느라 하루해가 짧았다. 비록 얼음이나 눈이 덮여 있지만, 그 속에서도 나무는 자라고 있고 생명이 꿈틀거린다는 것을 국씨는 훤히 알고 있었다. 그것은 무식한 농부가 오랜 경험을 통해 얻은 직관이라고 할 수 있으리라.

해가 서산으로 기운 어느 날, 저녁 무렵이였다. 국씨 집에 남루한 옷차림을 한 손님이 찾아왔다. 그의 모양새로 보아 인근 사람이 아니라는 것은 금세 알 수 있었다. 등에는 괴나리봇짐이 걸려 있었고, 너덜너덜한 짚신은 옆구리가 터져 맨발이 드러나 보였다. 아마도 수일간 먼 길을 걸어왔음직한 행색이 역력했다. 국씨는 첫눈에 그것을 알아차렸다. 길 가는 나그네가 하룻밤 묵어갈 요량이겠지. 이렇게 생각하며 그를 잘 대접해 보내라고 당부하고 돌아섰다. 아직 어둡기 전이라 마무리할 일들이 한두 가지가 아니었다.

그날 밤 국씨가 잠자리에 막 들려고 할 때 전갈이 왔다. 사랑채에 든 손님이 주인장을 찾는다는 것이었다. 국씨는 잊고 있던 그 길손을 떠올렸다. 무슨 사연일까. 그냥 지나가는 과객이 아니었던가. 어쩌면 일자리를 찾아 떠도는 사람일지도 모른다. 퍽 피곤한 행색이었으나 사지가 멀쩡한 건장한 사내였다. 농사일에 경험이 있다면, 일꾼으로 받아들여도 무방하겠지. 그렇지 않아도 개간할 산지가 조금 남아 있으니까. 국씨는 손님을 만나기 전 이런저런 생각을 해보았다.

국씨가 사랑채에 들어서자, 손님은 벌떡 일어나 공손히 절을 올렸다. 국씨는 엉겁결에 엉거주춤 답례를 하고 마주 앉았다. 손님은 먼저 자기소개를 했다. 성은 상向*씨고 송나라 사람이라는 것, 또 배운 것도 신통

---

*본래 '향'이라고 하지만 성이나 나라 이름일 때는 상으로 읽는다.

치 않을뿐더러 가진 것도 거의 없는 가난뱅이 신세라는 내용이었다. 그러면서 정색을 하고 물었다.

"저는 주인장께서 큰 부자라는 소문을 듣고 찾아왔습니다. 윗대에서 물려받은 것 없이 당대에 부자가 되기는 쉬운 일이 아니지요. 그 비결을 알고 싶어 이렇게 주인장 어른을 뵙고자 한 것입니다. 천 리 길을 멀다고 생각하지 않고 달려온 제 간절한 소망입니다. 어떻게 하면 부자가 될 수 있는지요?"

말을 마치자 손님은 다시 일어나 큰절을 올렸다. 국씨가 미처 말리기도 전에 그는 넙죽 엎드려 고개를 숙이고 일어나지 않았다. 난감한 일이었다. 그냥 지나가는 뜨내기라고 생각했던 것이 잘못이었다. 송나라에서 제나라까지 그 먼 길을 걸어서 왔다니! 또 그가 바라는 것, 곧 부자가 되는 비법이란 것이 도대체 무엇이란 말인가. 자신에게 그런 숨은 재주가 있었던가. 아무리 생각해도 알 수 없는 일이었다.

일평생 그냥 죽자 살자 꾸벅꾸벅 일만 해오지 않았던가. 그것이 즐거워서 더더욱 열심히 일했을 뿐이었다. 따지고 보면 하늘이 자신을 도와주었다고 말할 수는 있다. 온 천지에 지천으로 널려 있는 자연을 나름대로 적절하게 이용하여 내 것으로 만든 일은 부인할 수 없지 않겠는가. 아마도 하늘의 도움 없이는 그것마저 불가능한 일일 수도 있었다. 이런 자신의 과거지사를 손님에게 어떻게 설명해야 하나. 부지런히 열심히 일만 하면 누구라도 부자가 된다? 이 따위의 말장난은 삼척동자라도 다 알고 있을 것이다. 또 유식한 사람들의 입에 발린 헛소리가 아니겠는가. 자기 집에서 부지런히 일하는 일꾼 중에서 부자가 되어 독립한 사람은 아직 아무도 없다. 불원천리 찾아온 손님을 실망시키는 것도 도리에 어긋난다. 그러면 어떻게 대답해야 하지? 보아하니 이 사람은 매사에 적극적이고 성실한 성품을 타고난 것 같으니 잘만 깨우쳐주면 그의 소원을 성취할 수도 있을 것 같았다. 국씨는 궁리를 거듭하다가 좋은 묘안을 떠올렸다. 옛사람들도 천시天時와 지리地利를 운운하지 않았던가.

국씨가 머릿속에서 부지런히 생각을 굴리고 있는 동안에도 손님인 상씨는 고개를 들지 않고 있었다. 국씨는 손님을 일으켜 바로 앉게 했다. 그리고 조용히 입을 열었다.

"내가 부자가 된 비법이란 것은 없습니다. 다만 그것을 꼭 말하라면, 남들도 대강 알고 있는 방법이지요. 이런 것을 입에 올린다는 것은 참 쑥스러운 일입니다만, 손님의 처지가 딱하고 알고 싶어 하는 그 정성이 지극하여 간략하게나 말씀드리지요. 행여 남에게 이야기할 바도 아니니 그 점 유의하시고······."

이 말을 들은 상씨는 금세 눈을 반짝이며 바싹 다가앉았다. 국씨는 한동안 우물쭈물하며 주저하다가 상씨의 귓가에 대고 은밀히 속삭였다.

"나는 재주가 좀 있습니다. 때와 장소를 분별할 줄 압니다. 에둘러 말하면 훔치는 것이지요. 매년 그렇게 하다 보니 어렵던 살림이 자급自給하게 되었지요. 또 몇 해를 더하니 풍족해졌습니다. 부는 부를 부른다는 말이 있지요. 갈수록 재산이 불어나 이것을 바탕으로 이웃들에게 조금씩 베풀기도 합니다."

이 말을 들은 상씨는 고개를 끄덕였다. 그러면 그렇지! 알고 보면 부자들은 다 도둑놈이 아닌가. 처음 도둑질로 얼마간의 밑천을 마련하여 그것을 불려 큰 부자가 되었다는 뜻이겠지. 일단 부자가 되고 나면 시비곡직是非曲直을 가리자고 나설 놈도 없을 것이고 보란 듯이 선심 쓰면서 떵떵거리고 잘살 수 있을 것이다. 상씨는 이렇게 생각하고 고향인 송나라로 돌아왔다.

귀향길이 멀어 많은 고생을 했으나 마음은 허공에 뜬 듯 즐거웠다. 집에 돌아온 상씨는 지친 몸을 추스르기 위해 방바닥에 벌렁 드러누웠다. 천장을 쳐다보니 비가 새어 여기저기 얼룩이 져 있었다.

부자가 되면, 선대로부터 물려받은 이 집도 헐어버리고 새로 큰 집을 지을 수 있겠지. 우선 사랑채와 안채를 동남 방향으로 세우고 북서쪽은 행랑채로 빙 둘러막으면 되겠군. 상씨는 자신이 부자가 된 후를 상정하여 거기 걸맞은 계획을 짜느라고 골몰했다. 설계도를 근사하게 그렸다가 지우고 또다시 그리고, 그러기를 하루 종일 반복하다가 불현듯 제나라 국씨의 말이 떠올랐다. 그는 훔치는 재주가 있다고 말했는데, 과연 나에게도 그런 비상한 재간이 있을까. 때와 장소를 가릴 줄 알아야 한다는 것은 무엇을 의미할까? 잠시 생각하던 상씨는 묘안을 떠올리며 스스로 감탄했다.

그가 말한 '때'는 칠흑같이 어두운 밤일 것이다. 그렇다면 그믐날 밤이겠지. 그럼 '장소'는 건 뻔한 이치 아닌가. 재물이 쌓여 있을 만한 곳이야. 빈집을 털면 무슨 소용이 있겠는가. 상씨는 국씨가 은밀히 속삭여주던 그 비법을 아주 수월하게 해석해내었다. 그는 날아갈 듯이 기뻤다.

상씨는 건강이 어느 정도 회복되자, 서둘러 자리를 털고 일어났다. 자신의 계획을 실천에 옮기기로 굳게 결심했다. 쇠뿔도 단김에 빼랬다고 하지 않던가. 주저하면 안 된다. 이렇게 몇 번씩 마음속으로 다짐했다.

드디어 기다리던 그믐날이 돌아왔다. 상씨는 미리 알아두었던 인근 부잣집 담을 넘었다. 한밤중이어서 사위는 쥐 죽은 듯이 고요했다. 상씨는 재화가 들어 있음직한 방을 골라 벽을 뚫었다. 그리고 돈이 될 만한 것이면 무엇이든지 쓸어 담아가지고 돌아왔다. 이런 방법으로 도둑질에 몇 번 성공하고 나니 자신감이 생기고 재미도 있었다. 공연히 손이 근질근질하고 밤이 되면 여기저기를 어슬렁어슬렁 돌아다녔다. 높은 담이 보이면 훌쩍 뛰어넘고 싶기도 했다. 배포가 커지고 조금씩 대담해졌다. 이제 나도 도둑질에 이력이 났구나! 그믐밤을 기다리는 마음이 초조해졌다. 왜 하필 그믐날인가. 달빛이 훤한 보름만 피하면 되겠지. 이렇게 생각하고 한 달에도 여러 번 부잣집 담을 넘었다.

그러나 꼬리가 길면 잡히는 법이다. 급기야 상씨는 도둑질하던 현장에서 붙들리고 말았다. 그 결과 부자가 되기는커녕 선대로부터 물려받은 조그마한 집마저 몰수당하고 오랫동안 감옥에서 고생했다.

상씨는 제나라의 국씨가 자신을 망쳐놓았다고 생각했다. 은근슬쩍 놀려 먹는 속임수에 걸려든 것이 아닌가. 그는 감옥에서 풀려나자, 곧바로 국씨를 찾아가 원망을 늘어놓으며 화풀이를 했다. 한참 동안 듣고 있던 국씨가 한심하다는 표정을 지으며 되물었다.

"도대체 당신은 도둑질을 어떻게 했소?"

상씨는 분을 억누르며 사실 그대로를 자세히 설명했다. 이것을 듣고 국씨는 탄식을 거듭하며 말했다.

"당신이 그렇게 속이 비좁고 답답한 사람인 줄은 미처 몰랐소. 나는 도둑질하는 도리를 에둘러 말했는데, 그것을 곧이곧대로 믿었다니! 내가 이제 자세히 설명하지요.

옛사람이 말하길, 천시와 지리를 잘 이용해야 한다고 했소. 나는 그 하늘의 때와 땅의 이로움을 내 것으로 만들었지요. 자연의 이로움을 훔친 셈입니다.

'하늘의 때와 자연의 이로움'이란 곧 자연이 인간에게 베풀어주는 혜택입니다. 말하자면, 하늘에서 쏟아져 내리는 무진장한 햇빛과 열, 비, 이슬, 눈, 땅의 두터운 온기와 그 기운, 끊임없이 솟아오르는 샘물 등이지요. 때맞추어 곡식과 나무를 심어 가꾸고 그 열매를 거두어들인다면, 자연을 이용하는 것이 됩니다. 어디 그뿐이겠습니까? 흙으로 벽돌을 만들어 집을 짓고, 산과 들에서 날뛰는 짐승들, 물고기, 자라를 잡아먹는 재료로 삼았습니다.

이 모든 것들은 본래는 내 것이 아니었습니다. 자연의 삼라만상은 하늘이 생육시킨 것이니 그 주인은 하늘입니다. 나는 하늘의 것을 훔쳤기 때문에 죄를 받지 않았소. 당신이 도둑질한 방법과는 차이가 있지요. 당신은 남이 애써 모은 재물을 훔쳤으니 죄를 받은 것은 당연합니다. 어찌 이제 와서 나를 원망하시오?"

장황한 국씨의 설명을 들은 상씨는 뭐가 뭔지 도무지 알 수가 없었다. 같은 도둑질인데 어떻게 차이가 있겠는가. 궁리 끝에 그는 동곽東郭* 선생을 찾아가 물어보기로 작정했다. 동곽 선생은 세상에 도통한 사람이라고 알려져 있으니 모르는 것이 없을 것이다.

동곽 선생은 허름한 옷차림을 한 보잘것없는 시골 늙은이였다. 그러나 그의 눈빛은 유난히 맑고 빛났다. 또 목소리는 주위를 압도하는 위엄이 있었다.

"자네가 자기 것이라고 믿고 있는 그 몸뚱이도 실은 훔친 것이 아닌가? 즉 세상에 흩어져 있는 음양의 조화를 훔치다가 자네의 생명을 불어넣고 살덩어리를 만든 것이라고 볼 수 있지. 이 세상에 순수하게 자기 것이라고는 것은 아무것도 없네. 천지 만물은 모두 자연의 조화로 이루어졌네. 그런데 여기에는 '공도公道**'라는 보이지 않는 큰 법칙이 있어. 그것을 따르고 순응하는 것이 삶의 바른 도리일세. 국씨는 공도에 맞는 도둑질을 했고, 자네는 사사로운 이익을 탐하여 공도를 어지럽혔지. 그래서 벌을 받은 거야. 이와 같이 도둑질에도 차이가 있는 것이 보통 사람들의 상식 아니겠나? 그러나 공이나 사 같은 것을 초월한, 천지의 덕을 통달한 사람에겐 어느 것이 도둑이고 도둑이 아닌지 하는 그런 시시콜콜한 구별은 없네."

〈천서〉 편

---

* 도가학파의 선생으로 여기서는 열자 자신을 가탁한 인물이다.
** 사회 일반에게 통용되는 바른 도리를 의미한다.

해 설

　이 이야기에서는 세 인물이 등장한다. 자수성가한 큰 부자인 국씨와 가난뱅이 상씨, 그리고 심판관 격인 동곽 선생이다. 주된 주제는 도둑질이다. 천지에 널려 있는 자연을 도둑질(이용)한 것은 공도이고 사사로운 이익을 위해 도둑질한 것은 공도를 어긴 것이라고 말하고 있다. 이것은 심판관의 아주 성실하고 상식적인 판단이다.

　이렇게 상식적인 판결 속에 간과해서는 안 될, 그 무엇이 있음에 유의할 필요가 있다. 자연의 섭리, 그 질서에 순응하며 살아가라는 가르침이 그것이다. 마지막 구절이 의미심장하다. 천지의 덕을 통달한 사람은 공사 자체를 부정하고 있다. 도가의 자연합일, 공허무위의 경지를 엿볼 수 있는 대목이다.

허공을 밟고 바람을 타다

어느 날 열자가 홀연히 집으로 돌아왔다. 10여 년 전, 도를 배운다고 자취를 감춘 이래 그가 간 곳을 아무도 몰랐다. 이제 열자는 사람들의 기억 속에, 또 무심히 흘러간 세월 속에 묻힌 인물이었다. 그런데 그가 갑자기 모습을 드러낸 것이다. 예전의 얼굴 그대로, 어찌 보면 더 젊고 생기발랄한 신선한 모습으로. 세상에서는 여기에 대해 여러 가지 뜬소문이 바람결에 날아다녔다. 그것을 몇 가지로 요약하면 이렇다.

- 열자는 허공을 밟고 바람을 타고 돌아왔다.
- 열자는 늙지도 죽지도 않는 신선의 도를 터득했다.
- 열자는 그 옛날 임금인 황제*를 만났다고 하더라.

윤생尹生이란 사람이 이 소문에 현혹되어 열자를 찾아와 스스로 제자가 되었다. 윤생은 자기 집안일은 전혀 돌보지 않고 열자를 모시는 일에 전심전력을 기울였다. 그러나 열자는 거들떠보지도 않았다. 윤생이 열자를 모시고 정성을 다한 것은, 기실 '허공을 밟고 바람을 타는' 도술을 배우려는 욕심에서였다. 그래서 틈만 나면 그 비법을 가르쳐 달라고 은근히 간청했다. 그러나 열자는 윤생의 간절한 소원을 아는지 모르는지 아무런 반응을 보이지 않았다.

윤생이 열 번째, 도술에 관한 것을 가르쳐 달라고 애원했을 때, 열자는 무심히 흘러가는 구름만 멍하니 바라보고 있었다. 윤생은 부아가 치밀어 더 이상 참지 못하고 스승의 곁을 떠나겠다고 선언했다. 그렇게 말했는데도 열자는 가타부타 아무 말이 없었다. 올 때도 제 마음대로 했으니 갈 때도 마음 내키는 대로 하라는 듯이 무심한 태도로 일관했다.

윤생은 집에 돌아와 몇 달 동안이나 곰곰이 생각해보았다. 아무리 생각해도 허공을 밟고 바람을 타고 싶은 자신의 소망을 포기할 수 없었다. 무슨 수를 써서라도 그 도술을 익혀야겠다고 마음을 고쳐먹고 다잡았다. 그렇게 하여 다시 열자를 찾아가 제자로 받아주기를 간청했다. 열자는 윤생을 힐끗 돌아보며 물었다.

"자네는 어째서 이랬다저랬다 하며 왔다 갔다 하는가?"

윤생은 기가 꺾여 머리를 푹 숙이고 기어들어가는 목소리로 간신히 대답했다.

"전에는 선생님께 가르침을 청했는데, 저는 아무것도 얻은 것이 없다 여기고 선생님을 원망했습니다. 그러나 지금은 그 원망의 응어리가 깨끗이 풀렸습니다. 가만히 생각해보니 제가 너무 경솔했다고 여겨 많이 뉘우쳤습니다. 그래서 다시 찾아뵙게 되었습니다."

윤생의 말을 듣고 나서 열자가 타이르듯이 말했다.

"전에 나는 자네가 세상 물정을 조금은 알고 있다고 여겼는데 지금 보니 어찌 그리 비트하고 천박한가? 그건 그렇다 치고 내가 스승인 노상씨老商氏**와 벗인 백고자伯高子에게 배운 것을 들려주겠네."

열자는 마음을 열어 자신이 겪은 그동안의 배움의 과정을 풀어놓았다. 윤생은 들뜬 마음으로 그 이야기에 귀를 기울였다.

"내가 스승을 섬기고 훌륭한 인물을 벗으로 삼은 지 3년이 되니, 마음속은 감히 옳고 그름을 생각하지 않고 입으로는 이로움과 해로움을 말하지 않게 되었네. 그때 비로소 선생님께서 한 번 돌아보았을 뿐이야. 5년 후에는 다시 옳고 그름을 염두에 두었고 이로움과 해로움을 말할 수 있었지. 그런 내 모습을 선생님이 보시더니 살짝 미소를 머금더군. 7년이 지나니 마음이 생각하는 대로 내버려두어도 옳고 그름이 없게 되어 입에서는 이해득실을 말하지 않았지. 그때서야 선생님께서 나를 부르시어 나란히 앉게 되었네. 이렇게 선생님 슬하에서 9년이 흘러갔지. 이제는 내 생각이나 말속에서 시비, 선악, 이해득실 따위는 사라지고 말았네. 뿐만 아니라 선생님께서 나의 스승인지, 또 어떤 사람이 나의 벗인지도 알지 못하게 되었네. 다시 말하면 안과 밖의 구분이 모호하여 없어져버린 거야. 그 후로는 눈, 귀, 코, 입 같은 감각 기능이 마

---

* 중국 고대 전설상의 제왕으로 신농씨와 더불어 삼황三皇이라 일컬어진다. 도가에선 이 황제를 시조 격으로 높이 받들었다. 황제와 노자의 사상을 합쳐 황로학黃老學이라고도 불렸으며 후일 도교로 발전했다.
** 확실한 기록은 없지만 내용으로 미루어보면 도를 터득한 지인으로서 황로학의 가상적 인물로 여겨진다.

비되어 그 각각의 미묘한 분별이 없어졌지. 마음은 응결되고 몸은 풀어져 뼈와 살이 녹아 한 덩어리가 되었네. 그러니 몸이 무엇을 의지하고 있고 발이 무엇을 밟고 있는지조차 몰랐어. 몸뚱이가 가벼워져 마치 바람에 나부끼는 가랑잎처럼 동서로 왔다 갔다 하더군. 내가 바람을 타는 건지 바람이 나를 타고 있는 건지조차 모를 지경이 되었네. 그런데 지금, 자네는 어떤가? 나의 문하로 들어온 지 불과 몇 달 되지도 않았는데 스승을 원망하고 오락가락했네. 그런 태도로는 우주나 땅의 기운이 자네 몸 조각 하나도 받아주지 않을 걸세. 하물며 허공을 밟고 바람을 타고 다니겠다는 소망이 가능한 일이겠는가?"

열자의 지난 10여 년간의 수련 이야기는 여기에서 끝났다. 윤생은 너무 부끄러워 숨을 죽이고 쥐 죽은 듯이 고개를 푹 숙이고 있었다.

〈황제〉 편

해설

　마음을 비워라, 비움의 철학 등등 '비움'이란 말이 요즘 여러 계층에서 유행하고 있다. 학자, 선생, 종교인, 일반 지식인, 늙은이, 젊은이 할 것 없이 두루 입에 올리는 일종의 유행어가 되었다. 인간이 짊어진 원초적 고뇌를 모두 털어내고 허심탄회한 자연 상태의 순수함으로 되돌아가는 지름길이 곧 '비움'의 참뜻일 것이다.

　이 말속에 담긴 진정한 의미는, 실제로 2500여 년 전 도가사상에 뿌리를 두고 있다. 이것을 구체화시켜 만든 우화가 위의 이야기다. 마음을 비우면 몸은 가벼워지고 자연합일의 경지, 그 속에서 지고의 즐거움을 즐길 수 있다는 것이다. 열자는 자신의 경험을 통하여 완전한 도(비움)에 이르는 과정을 단계별로 나누어 설명하고 있다. 먼저 마음속의 시비와 이해득실을 없애야 하고 그것이 완전히 소결한 단계를 지나 무심, 망아, 무아의 경지에 도달하면 드디어 물아일체, 자연합일을 이룩한다는 내용이다. 여기서 '허공을 밟고 바람을 탄다'는 것은 그런 상태를 상징적으로 보여주는 구체적 형태다. 열자는 결코 신선이 아니었다.

　열자가 바람을 타고 다녔다는 전설 같은 이야기는 여기에서 유래된 듯하다. 《장자》의 〈소요유〉 편에 나오는 그 내용을 요약하면 이렇다.

　열자는 바람을 타고 다니는데, 두둥실 가볍게 날았다. 그는 바람이 부는 것이 순조로운가, 그렇지 않은가에 대해서는 마음을 쓰지 않았다. 그렇다 하더라도 '바람'이란 것에 의지하지 않았는가! 무궁한 경지에 이른 지인이라면 의지하는 것이 없어야 할 것이다.

이 말로 미루어 짐작해보면, 장자는 열자보다 한 수 위에서 노닐었다는 것을 알 수 있다. 바람 같은 외물에 의지하지 않고 허허로운 우주공간을 자유자재로 떠돌며 소요한 진정한 자유인이었다.

도가학파들은 자신들의 이상적인 인간형을 고대 전설적 제왕인 황제에게서 찾아 그를 떠받든다. 황제가 온갖 간난을 극복하고 드디어 깨달았다는 것이 무위이치無爲而治*다. 이 지극한 다스림은 어떤 인위적인 작용도 들어 있지 않은 순수함이다. 황제의 이 사상을 노자가 이어받았다고 알려져 있다. 그렇기 때문에 도가사상을 황로지학黃老之學이라고도 부른다. 후세에 와서 이것이 불교와 민간신앙, 신선사상, 방술 등 잡다한 것들과 결부되어 도교로 발전했다. 이런 점을 염두에 두고 도가와 도교의 차이점을 알아야 할 것이다. 도가는 철학사상이고 도교는 후세 도가사상에서 파생되어 나온 민간종교다.

---

*일부러 어떤 것을 이룩하겠다는 목적을 버린 다스림을 말하며 백성들의 자유의사를 존중한 민주주의의 원시적 형태라고 여겨진다.

갈매기들은 알고 있다

　소년은 오늘도 바닷가로 나갔다. 말이 소년이지 입가에 거무스름한 수염이 돋고 몸집도 커서 소년이라고 부르기에는 왠지 어색한 모습이었다. 하지만 마을 사람들은 그를 항상 '소년'이라고 불렀다. 그 속에는 '갈매기 아이'라는 비아냥거림, 놀려 대는 의미가 포함되어 있다는 것을 소년도 잘 알고 있었다. 그러나 소년은 그것이 싫지 않았다.
　소년은 바닷가 외진 마을에서 태어났다. 해변 마을이지만 대부분 농사를 지으며 살았고 고기잡이로 생계를 이어가는 사람은 없었다. 마을에서 조금만 걸어 나오면, 바로 푸른 물이 넘실거리는 드넓은 바다가 보인다. 갈대가 듬성듬성 돋아나 있는 자갈밭 너머에는 흰 백사장이 해안을 따라 길게 펼쳐져 있었다.
　소년은 아주 어렸을 적부터 이 백사장에 나와 놀기를 좋아했다. 걸핏하면 싸움질하고 다투는 동네 아이들이 싫기도 하려니와 산으로 꽉 막혀 있는 마을이 답답해서였다. 나지막한 언덕 하나만 넘으면 시야가 확 트인 넓은 바다가 한눈에 내려다보인다. 멀리 하늘과 맞닿은 아득한 수평선, 그 위로 자욱하게 피어오르는 물안개, 갯바위에 부딪쳐 잘게 부서지는 포말, 때로는 무섭게 으르렁거리며 달려드는 집채 같은 파도, 이 모든 것이 소년의 마음을 사로잡았고 가슴을 울렁이게 했다.

그래서 소년은 거의 매일같이 바닷가로 나왔다. 어려서는 반짝이는 조약돌, 조개껍질 같은 것을 줍고, 모래성도 쌓으며 해변을 기어다니는 크고 작은 게들을 쫓아다녔다. 조금 자랐을 때는 어른들이 하는 낚시에 재미를 붙였다. 가는 버드나무를 다듬어 낚싯대를 만들고 바느질하는 실을 매달아 고기를 낚았다. 파닥거리며 올라온 작은 물고기들을 손바닥 위에 올려놓으면 길길이 뛰면서 살려 달라고 아우성을 쳤다. 소년은 마음이 여리어 슬그머니 물속으로 넣어주곤 했다. 고기는 잠시 망설이다가 재빨리 물속으로 사라졌다. 그것을 바라보는 소년의 입가엔 엷은 미소가 번졌다.

그러던 어느 날, 물고기를 손바닥에 올려놓고 들여다보고 있는데, 어디선가 갈매기가 날아와 눈 깜박할 사이에 고기를 낚아채어 하늘 위로 올라갔다. 갈매기는 끼룩끼룩하며 떠나지 않고 주위를 맴돌고 있었다. 소년은 순간 깜짝 놀랐으나 너무 재미있어 깔깔거리고 웃었다. 아마 갈매기가 배가 몹시 고픈 모양이지. 이렇게 생각하고 또 낚싯대로 고기를 잡아 올렸다. 그런데 이번에는 갈매기가 무리지어 날아왔다. 소년의 주위, 바로 머리 위를 선회하기도 하고 옆에 바싹 내려앉아 소년이 고기 잡는 것을 기다리고 있었다. 소년은 부지런히 고기를 잡아 갈매기들에게 던져주었다.

이러기를 수년 동안 계속하다 보니 소년은 어느새 어른의 모습이 되었다. 그러나 마음은 아직 어린애였고 갈매기들은 여전히 그를 따랐다. 연로한 아버지의 일손을 돕고 틈만 나면 바닷가로 나왔다. 푸른 하늘과 출렁이는 물결, 부서지는 파도, 새하얀 모래밭, 확 트인 시야, 눈앞에 어지럽게 몰려드는 갈매기 떼들, 그 속에 은은히 감도는 짭짤하고 비릿하고 향긋한 냄새, 이런 자연과 소년은 한 몸이 되었다. 시시콜콜한 세상 살아가는 근심 같은 것은 순식간에 사라지고 형언할 수 없는 기쁨으로 숨이 막혔다.

저녁 무렵이었다. 소년이 바다에서 돌아와 닥 밥상을 마주하고 앉았을 때 아버지가 은근히 소년에게 말했다.

"너는 매일 바다로 나가 갈매기와 논다는데 그게 사실이냐?"

소년은 가슴이 찔끔했다. 그동안 마음속에서는 늘 아버지에 대한 미안함이 자리 잡고 있었다. 아버지의 얼굴에 주름살이 깊어 갈수록 그 마음은 더했다. 농사일밖에 모르는 아버지였다. 그런 아버지를 편히 쉬게 하고 자신이 힘든 농사일을 대신할 나이가 되었다고 생각은 했지만, 그게 그렇게 쉬운 일은 아니었다. 아버지는 몸져눕지 않는 한 생업을 계속했고 자신은 뒤에서 조금씩 도와주면서 그럭저럭 지내온 터였다. 조금이라도 틈이 나면 곧장 바닷가로 달려가는 것을 아버지는 진작부터 알고 있었다. 그러나 거기에 대해서 가타부타 전혀 말씀이 없으셨는데…….

소년은 고개를 푹 숙이고 기어들어가는 목소리로 "예" 하고 대답했다. 아버지가 무어라고 나무라더라도 그것을 달갑게 순순히 받아들이겠다고 속으로 다짐했다. 그러나 아버지의 다음 말은 예상과는 전혀 달랐다.

"그렇다면 나도 갈매기와 놀고 싶구나. 그놈들은 몇 마리 붙들어 오너라."

소년은 깜짝 놀랐다. 그동안 아무 말씀도 없으셨지만, 자신을 깊이 이해하고 있었구나 하는 생각에 콧마루가 찡하고 눈물이 핑 돌았다. 내가 오랜 세월 갈매기들과 즐겁게 놀았으니, 이제 아버지도 그런 기쁨을 맛볼 수가 있다면 얼마나 좋겠는가. 소년은 고개를 들고 환한 얼굴이 되어 아버지에게 약속했다.

"예, 아버지가 원하신다면 그렇게 하지요. 그건 아주 쉬운 일입니다."

다음 날 아침이 되자, 소년은 여느 때와 다름없이 바닷가로 나갔다. 몇 놈을 붙들어 갈까. 또 그놈들이 순순히 따라올까? 이런 생각을 하며 돌무더기 갈대밭을 넘어 백사장에 이르렀다. 이제 막 안개가 걷힌 바다는 눈부시게 푸르렀다. 잔잔한 물결은 햇빛을 받아 더욱 반짝반짝 빛났다. 그 위를 흰 갈매기 떼들이 어지럽게 날고 있었다.

그런데 이상했다. 여느 때 같으면 자신에게로 무리져 날아와 끼룩거리며 반길 텐데, 오늘은 그렇지 않았다. 이 녀석들이 어제저녁 아버지와 나눈 대화를 엿들은 것은 아닐까? 혹은 자신들을 붙들어 가겠다는 내 속마음을 알아차린 것은 아닐까. 이런 생각이 얼핏 스쳤지만, 소년은 그것을 강하게 지워버렸다. 절대로 그런 일은 없을 것이다. 소년은 고개를 가로저으며 갈매기 떼들에게 다가가 손을 흔들었다. 그러나 가까이 접근하는 놈은 한 마리도 없었다. 그냥 반가운 표시를 하며 머리 위를 맴돌 뿐, 내려와 앉지 않았다. 아주 어렸을 적부터 몸을 비비며 함께 뒹굴었는데……. 바로 어제저녁 무렵만 하더라도 머리와 팔에 내려

앉아 정을 나눈 사이가 아니던가. 소년은 쉽게 포기하지 않고 몇 번을 더 불러보았다. 그리고 백사장을 이리저리 뛰며 갈매기들을 따라다녔다. 그러나 허사였다. 가까이 접근하면 할수록 갈매기들은 더욱 높이 날아올랐다.

　소년은 눈앞이 캄캄해졌다. 아버지와의 약속 같은 것은 생각하지도 않았다. 그저 무언가 귀중한 것을 잃어버렸다는 허무감 같은 것이 꾸역꾸역 몰려와 가슴속을 꽉 채웠다. 맥이 풀리고 다리가 후들후들 떨렸다. 더 이상 서 있지 못하고 개펄에 털썩 주저앉고 말았다. 소년의 눈앞에 보이는 것은 이제 아무것도 없었다. 하늘빛을 닮아 짙푸르던 바다, 새벽녘 불쑥 솟아오르던 장엄한 태양, 반짝이는 파도, 고즈넉한 석양의 잔잔한 물결, 갯바위에 부딪쳐 잘게 부서지는 굴보라, 새하얀 모래밭, 어지럽게 춤추던 갈매기들의 군무群舞, 그리고 이 모든 것들과 함께 나누던 환희의 순간들이 눈앞에서 가물가물 점점 더 멀어져 갔다. 소년은 자신이 그처럼 소중히 가꾸던 세상을 한순간에 잃어버리고 말았다.

〈황제〉 편

해설

왜 그렇게 되었을까. 여기에 대해 이야기 끝에 짧은 논평이 나온다.

지극한 말이란 말을 떠나 있고, 지극한 행위는 무위無爲*에 있다. 사사로운 마음을 버려야 한다. 보통 사람들이 말하는 그 지혜라고 하는 것은 알고 보면 천박한 것이다.

사람들이 야생의 동물들과 스스럼없이 함께 살아가는 것은 불가능하다. 사람 가까이에서 살아가는 다른 동물들도 매한가지다. 왜 그럴까. 아마도 사람들에게는 사심, 곧 사사로운 이익을 추구하는 마음이 있어서일 것이다. 야생동물들은 본능적으로 그것을 잘 알고 있다. 비록 선한 마음을 가지고 한 발짝 다가간다고 하더라도 두 발짝 물러난다.

여기 등장하는 소년은 이런 야생동물들과 친구처럼 가까이 지냈다. 그 소년은 사심 없는 순진무구함을 지녔기 때문에 그것이 가능했다. 그러나 그가 갈매기를 붙들어 가겠다고 마음먹었을 때, 사정은 달라진다. 누가 말하지 않아도 자연은 저절로 알게 된다. 천진무구함을 버린 소년의 마음을 기심機心이라고 할 수 있다. 즉 남을 속이려는 간교한 마음이다. 본문 끝의 논평이 의미심장한 구절임으로 그것을 다시 한 번 반추해본다.

'지극한 말은 말을 필요로 하지 않고 지극한 행위는 무위, 곧 천진무구함이다.' 《여씨춘추》에도 이와 비슷한 이야기가 실려 있다.

* 무엇을 하고자 함이 없는 마음으로 곧 사심이 없음을 의미한다.

건망증의 고마움

송나라 양리라는 마을에 화자華子란 사람이 살고 있었다. 그는 부지런하고 의지가 강할 뿐 아니라 총명했다. 그 덕에 중년이 되어서는 남부럽지 않은 재산도 모았고 또 가솔도 많았다. 빈한貧寒한 가정에서 태어나 30여 년간 온갖 고생을 겪으며 이룩한 결과였다. 한마디로 말하면 자수성가한 사람이었다. 그러니 마음가짐도 건전했고 늘 자신만만했다.

그러나 중년을 지나 나이가 더해갈수록 자신의 몸과 마음이 예전 같지 않다는 것을 느꼈다. 젊었을 때는 물불 가리지 않고 뛰어들어 몸을 혹사해도 아무렇지도 않았는데…….

흰 털이 여기저기 솟아나고, 얼굴이나 손등에 검버섯이 점점이 피었다. 눈도 침침하여 가까운 곳의 사물이 흐릿하게 보였다. 거기에 보조를 맞추기라도 하듯이 기억력도 희미해졌다. 아침이 되면 잠자리에서 벌떡 일어나지 못하고 한참을 누워서 꾸물거렸다. 세월의 무게가 자신을 억누르고 있었다. 좀 허망하다는 생각이 스쳤으나 이내 마음을 고쳐 먹었다. 생로병사는 자연현상이 아닌가. 여기에 맞서거나 거역할 수 있는 것은 아무것도 없다.

동쪽에서 뜨는 아침 해는 때가 되면 서산마루로 넘어가기 마련이다. 달이 차면 기울고, 모진 겨울이 지나면 반드시 새싹 돋고 꽃 피는 봄이 찾아온다. 이것이 곧 자연이고 순리가 아니겠는가. 도도히 흘러가는 세월에 몸을 맡길 뿐 억지로 거스르지 말자.

화자가 이렇게 생각을 바꾸자 오히려 힘이 솟고 매일매일이 즐거웠다. 눈이 어둡고 가는귀가 먹고, 기억력이 쇠퇴하는 것을 전혀 의식하지 않았다. 그랬더니 세상을 바라보는 눈이나 마음가짐이 새로워졌다. 동네 골목에서 철없이 뛰노는 아이들을 보면 왠지 입가에 빙그레 미소가 떠올랐다. 어린 생명에는 미래의 희망이 가득했다. 이와 비슷한 마음이겠지만, 자연현상에 대한 애착 또한 날로 더해갔다.

이른 봄 새롭게 돋아나는 새싹, 길가에 아무렇게나 피어 있는 이름 모를 풀꽃들, 새벽녘 스멀스멀 피어오르는 안개, 밤하늘을 수놓는 헤아릴 수 없이 많은 별들, 새와 들짐승, 비, 바람, 구름 등의 변덕스러운 변화에 이르기까지 세심한 관심을 기울였고 정이 갔다. 예전엔 미처 깨닫지 못했던 신비이고 경이였다. 검고 거친 흙바닥, 돌 틈에서 어쩌면 저렇게 붉고 연한 꽃잎이 피어오를까. 또 그 은은한 향기는 어디서 생겨났는가.

화자는 매일같이 여기저기를 돌아다니며 자연의 아름다움과 신비한 현상에 흠뻑 취했다. 비록 몸은 늙어가지만, 마음은 늘 새롭고 즐거웠다. 먹고살기 위해 동분서주하며 아귀다툼하던 지난 젊은 시절은 까맣게 잊어버렸다. 또 마음이 한량없이 너그러워졌다. 팽팽하게 긴장해 있던 줄이 어느 한순간 느슨하게 풀어졌다. 집안 식구들이 뭐라고 하면 다 좋다고 받아들였다. 이웃들의 어려운 부탁도 군말 없이 들어주었다.

화자의 이런 변화를 가솔들이나 친척, 친지들이 이상한 눈으로 바라보았다. 예전에는 그렇지 않았는데……. 사람이 죽을 때가 되면 마음부터 먼저 변한다고 하던데. 그러나 화자는 아직 죽을 나이도 아닐뿐더러 잘 먹고 잘 자며 잔병치레 없이 건강한 모습이었다. 혹시 정신이 이상해진 것은 아닐까. 까닭 없이 히죽히죽 웃고, 목적 없이 여기저기를 쏘다니는 것으로 보아 실성했거나 아니면 그 직전일지도 모르는 일이다.

가족들은 끼리끼리 모여 쑥덕이다가, 마침내 그것이 공론화되기에 이르렀다. 화자의 아내가 아들, 손자, 며느리들을 한 자리에 모아놓고 물었다.

"요즘 너희 아버지가 좀 이상하다. 겉보기는 멀쩡한 것 같은데 생각이나 행동이 예전과 같지 않다. 너희들이 보고 듣고 한 것을 자상히 말해보아라."

큰아들이 먼저 입을 열었다.

"아버지는 뭔가를 자꾸 잊어버리시는 것 같습니다. 지난봄에 곡식을 여러 곳에 장리長利*로 주었는데, 그것을 까맣게 모르고 있어요. 아마 우리 모르게 남에게 금전도 빌려주었을 텐데……."

며느리들이 한마디씩 거들었다.

"배고픈 것도 모르시는 것 같아요. 언젠가 저녁 진지를 차려 사랑에 들어가니, 금방 먹었는데 왜 또 가져왔냐고 하셨어요. 시도 때도 구별

*봄에 꾸어준 곡식에 대하여 가을에 그 절반 정도의 이자를 더하여 받는 이자놀이다.

하시지 못하는 것 같아요. 해가 막 넘어갔는데 지금이 아침이냐 저녁이냐 하고 물으시더라고요."

이 말을 듣고 큰손자 녀석이 끼어들었다.

"동네 아이들이 우리 할아버지를 미쳤다고 해요. 내가 화가 나서 달려드니까, 도망가면서 소리를 꽥 질렀어요. 안 미쳤으면 바보가 된 거야! 그러더라고요."

철모르는 장손의 말에 화자의 아내가 손을 내저었다.

"그런 몹쓸 생각은 하지도 마라. 실성을 하다니!"

"실성은 아니라고 하더라도 너무 많은 것을 잊고 있어요. 아침에 한 일을 저녁때가 되면 까맣게 잊어버리고, 길 가다가도 어디를 가려고 나섰는지 모르고, 방에 들어와서는 앉는 것도 모르고 서성이고 계세요."

듣고만 있던 작은아들이 걱정스레 말했다. 어느 정도 가족들의 의견을 청취한 화자의 아내가 결론을 내렸다.

"나도 대강은 알고 있었다. 본인의 생일도 모르고, 아이들, 손자 놈들의 이름까지 혼동하고 있더라. 건망증이 심해진 것 같다. 기다려보자. 조금 있으면 차차 괜찮아지겠지. 아버지에게는 절대 내색하지 마라!"

가족회의는 일단 이렇게 끝이 났다. 그러나 화자의 증세는 날로 심해졌다. 생각다 못해 점쟁이를 불러 물어보았으나 족집게라고 이름난 그도 고개를 가로저었다. 점괘가 나오지 않으니 도리가 없다는 것이다. 무당을 데려다가 굿을 하고 용하다는 의원에게 치료도 의뢰했으나 별다른 효험이 없었다.

그러던 어느 날, 노나라에서 공자의 학문을 배웠다는 선비 한 사람이 찾아왔다. 그는 소문을 들어서 대강은 알고 있으니 자신이 한번 치료해보겠다고 자청하고 나섰다. 얼핏 보기에 허름한 선비풍의 길 가는 나그네 같았지만, 화자의 집에서는 그를 반갑게 맞아들였다. 물에 빠진 사람이 지푸라기라도 잡아보겠다는 절박한 심정이었다. 화자의 장남이 선비를 사랑채로 안내하여 상석에 앉히고 공손히 큰절을 올렸다. 선비는 답례를 대강 마치자 곧바로 물었다.

"언제부터 그런 증세가 있었나요? 들리는 말로는 총기가 출중했다고 하던데……."

화자의 큰아들은 그동안의 자초지종을 자세히 설명했다. 큰 병을 앓은 적도 없고, 마음의 상처를 입을 만한 충격적인 사건도 없었다는 것, 또 가족이 화목하고 먹고살기도 넉넉하며 걱정할 만한 일이 전혀 없었다고 했다. 그냥 중년을 넘어 나이를 더해가면서 이유 없이 건망증이 심해졌다는 내용이었다. 이어서 아버지의 병을 고쳐주기만 하면 후하게 사례하겠다는 말도 빼놓지 않았다.

선비는 한동안 생각에 잠겨 있다가 천천히 입을 열었다.

"이런 것은 원래 병이라고도 할 수 있고, 또 병이 아니라고도 할 수 있지요. 가족이나 남이 볼 때는 병 같지만, 본인 자신은 아마도 병들었다고 생각하지 않을 겁니다. 간혹 기억력이 특출한 사람들에게서 자주 나타나는 현상입니다. 사람의 두뇌는 칼날과 같습니다. 날이 시퍼렇게 선 칼날은 쉽게 무뎌지지요. 그렇기 때문에 점을 친다거나 푸닥거리로 해결될 성질이 아닙니다. 더구나 침이나 약 같은 의원의 처방은 먹혀들지가 않습니다. 마음을 다스리는 것이 최상입니다. 우선 환자가 완전히 실성했는지 그렇지 않은지를 알아야겠습니다."

선비는 말을 끝내고 화자의 아들을 가까이 오게 하여 귓속말로 속삭였다. 그리고 다짐하듯이 소리 내어 말했다.

"이 세 가지만 시험해보시오."

화자의 아들은 잘 알았다는 듯이 고개를 끄덕였다. 선비가 귓속말로 은밀히 지시한 세 가지란 대강 이런 것이었다. 환자를 발가벗겨 보고, 먹을 것을 주지 말고 굶기고, 또 캄캄한 어두운 방에 가두어보라는 내용이었다. 화자의 장남은 좀 무례한 행동이기는 했으나, 아버지의 병을 고쳐보려는 일념으로 선비가 시키는 대로 해보았다. 선비는 화자의 지근至近거리에서 그 반응을 예의 주시했다. 옷을 벗기니 새 옷을 가져오라고 해서 입었다. 끼니를 굶기니 밥을 달라고 하여 달게 먹었다. 또 어두운 방에 가두어두니 밝은 곳으로 이내 뛰어나왔다. 이것을 지켜본 선비는 밝은 얼굴로 화자의 아들에게 말했다.

"이 병은 고칠 수 있습니다. 내가 시험한 것은 의식주에 대한 욕망을 관찰하는 것인데, 정상이었습니다."

이 말을 듣자 화자의 아들은 희망에 들떠 선비의 손을 덥석 잡고 애걸하듯 부탁했다.

"선생님, 아버님의 병환을 꼭 고쳐주십시오. 만일 완치된다면 우리 집 재산의 절반이라도 떼어 드리겠습니다."

선비는 입가에 미소를 머금고 말했다.

"내가 환자를 고치는 방법은 말 그대로 비방입니다. 대대로 비밀로 전해온 것이라 남이 엿보게 할 수 없습니다. 다들 물러가시고 나 혼자서 이레 동안 환자와 한방에서 기거하게 해주시오."

화자의 장남은 이를 쾌히 승낙하고 집안 식구들을 단속하여 선비 근처에는 얼씬도 하지 못하게 했다. 집안 사람들은 말소리, 숨소리까지 죽여 가며 살얼음을 밟듯 이레를 보냈다. 그러니 그동안 선비가 무엇을 어떻게 했는지는 전혀 알 길이 없었다.

마침내 선비가 약속한 이레, 즉 일주일이 되는 날이 밝았다. 화자의 식솔들이 숨죽이며 손꼽아 기다리던 바로 그날이었다. 해가 중천에 떠오를 때쯤, 사랑채 쪽에서 왁자지껄하는 말소리와 커다란 웃음소리가 들려왔다. 화자의 아들이 허둥지둥 뛰어가 보니, 아버지가 껄껄 웃으며 선비의 손을 잡고 대청으로 걸어 나오고 있었다. 선비는 얼굴 가득히 웃음을 띠고 말했다.

"이제 조금도 걱정할 것이 없습니다. 주인장의 건망증이 완전히 사라졌습니다. 지난날의 일을 몇 가지 물어보면 금방 알 수 있겠지요."

한동안 근심 걱정으로 우울했던 집안이 갑자기 활기를 되찾고 곳곳에서 웃음꽃이 피었다. 화자의 아내를 필두로 하여 아들, 딸, 손자, 며느리들이 우르르 사랑채로 모여들었다. 화자도 오랜만에 가족들을 대하니 절로 마음이 흐뭇해졌다. 손자들의 이름을 일일이 부르며 머리를 쓰다듬고 어루만져주었다. 혹시나 싶어 화자의 아내가 몇 마디 물어보았다. 화자는 기다렸다는 듯이 과거의 일들을 줄줄이 늘어놓았다. 마치 집안의 자세한 내력을 적은 종이를 읽어나가듯 막힘이 없었다. 선대의 제삿날부터 아들, 딸, 손자들의 생년월일시에 이르기까지 또박또박 기억해냈고, 또한 아주 정확했다.

행여나 하고 모여 있던 식구들은 감탄을 연발하고 환호하며 덩실덩실 춤을 췄다. 화자도 이런 분위기에 휩쓸려 덩달아 빙글빙글 웃으며 좋아했다. 이제 화자의 병이라고 하던 그 건망증은 씻은 듯이 사라졌다. 동시에 온 집안을 감싸고 내리누르던 그 암울한 기운도 훨훨 날아가 버렸다. 구름 한 점 없는 맑게 갠 한낮이었다.

다음 날 아침이었다. 느닷없이 사랑채 쪽에서 화자의 분노한 음성이 울려 퍼졌다. 입에서는 연신 이놈들 하며 평소 입에 담지 않던 욕지거리가 튀어나왔다. 놀라 달려간 아내를 밀쳐 쫓아내고 자식들에게 노발대발하며 호통을 쳤다. 기어코 이놈들이 나를 망쳤다며 고래고래 소리를 지르고 길길이 날뛰었다. 그러다가 화자의 눈이 벌겋게 충혈되더니 그 선비를 찾았다. 그놈의 간사한 꾀에 자신이 속았다고 중얼거리며 팔을 걷어붙였다. 눈앞에 선비가 보이면 바로 때려눕힐 것만 같았다. 선비는 닭도 울기 전, 꼭두새벽에 이미 집을 빠져나가고 없었다. 두둑한 보수를 챙긴 것은 두말할 필요도 없었다. 화자는 그것을 눈치챈 듯, 창고로 달려가 녹슨 창을 집어 들고 밖으로 뛰어나갔다. 선비를 따라잡겠다는 그 기세가 거칠고 무서웠다. 겁에 질린 아들들이 그 뒤를 따랐다.

이른 아침에 벌어진 예상치 못한 한바탕 소동이었다. 집 안에 남은 식구들은 너무 놀라서 어떻게 해야 할지 방도를 찾지 못하고 있었다. 얼마쯤 시간이 지나서였다. 이웃, 화자의 가까운 친구가 창을 꼬나들고 식식거리는 화자를 붙들고 사랑채로 들어갔다. 그는 화자의 분이 어느 정도 사그라지자 조용히 물어보았다.

"자네의 병이 하루아침에 씻은 듯이 사라졌다고 하던데, 왜 이리 화가 나서 우왕좌왕하는가?"

한참 동안을 묵묵부답으로 일관하던 화자가 친구에게 하소연하듯이 말했다.

"내가 그동안 약간의 건망증 증상이 있었어. 나도 그것을 알고 있었네. 그러나 그까짓 것을 병이라고 생각하지 않았었는데, 아내나 자식들은 무슨 죽을병이라도 걸린 듯 난리굿을 벌였네. 굳이 말릴 생각도 없고 해서 저희들 하는 대로 내버려두고 말았지. 그런데 그 선비란 놈이 홀연히 나타나서 교묘한 방법으로 내 기억력을 되살려놓고 말았네. 처음엔 정신이 맑아지고 세상이 환하게 밝아져서 기분이 한껏 좋았지. 흡사 회춘한 것 같더란 말이야. 그런데 실은 그게 아니었네."

화자는 여기서 말을 끊고 숨을 헐떡였다. 다시 분노가 치밀어 오르는 듯 몸을 부르르 떨었다. 그것이 진정되자 다음 말이 이어졌다.

"어젯밤 나는 한숨도 눈을 붙이지 못했네. 잠을 청했으나 정신이 말똥말똥하여 도무지 잠을 이룰 수가 없었지. 그래서 누웠다가 일어나기를 반복했던 거야. 어디 그뿐인가. 지금까지 잊고 있던 수십 년 전의 일들이 한꺼번에 되살아나서 머릿속을 어지럽혔네. 내가 살아오면서 겪었던 가까운 사람들의 생사, 이해득실, 희로애락 등의 옛 기억이 생생하게 떠올라 마음을 휘젓고 괴롭혔어. 고개를 흔들고 잊으려고 애써 보았으나 더욱 기승을 부리며 살아서 꿈틀거리지 않겠나? 도무지 잊히지가 않았네. 남은 내 생애를 이 괴로움, 한평생 겪은 고통의 응어리를 안고 살아갈 일을 생각하면 미칠 지경일세. 내가 가벼운 건망증 속에서 세상사를 잊고 살 때는 만사가 태평스럽고 즐겁기만 했었는데……."

〈주목왕〉 편

해 설

 노년기에 접어들면 여러 가지 신체적, 정신적 변화가 찾아온다. 흰 털이 온몸에 돋아나고, 가까운 곳이 흐릿하게 보여 돋보기를 끼게 된다. 얼마 후면 가는귀가 먹고 기력이 떨어지며 기억력이 현저히 감소하게 된다. 젊은이들은 도저히 상상할 수 없는 일들이다. 오직 스스로 경험한 늙은이들만이 알 수 있다. 이런 것은 병이라기보다 하나의 자연현상이다. 곧 늙어간다는 것을 의미한다.
 봄에 돋아난 연푸른 새잎이 여름에 활짝 피어나고 가을이 되면 붉게 물들고 곧이어 낙엽이 되어 떨어지는 것과 같은 자연의 순환작용이라고 볼 수 있다. 생로병사는 인생의 필연적인 과정인데 이것을 인위적으로 막을 수는 없다. 요즘 그것을 거부하려는 여러 가지 연구가 진행되고 있지만 이는 자연을 거스르려는 것, 그 외 아무것도 아니다.
 위의 이야기는 2000년도 훨씬 전에 만들어졌지만, 문명이 극도로 발전한 현재도 새겨둘 만한 교훈을 내포하고 있다. 즉 자연을 거스르면 오히려 큰 재앙을 초래한다는 의미다. 도도히 흘러가는 세월에 몸을 맡기고 주어진 삶에 감사하고 또 그것을 여유롭게 즐긴다면, 인생은 그렇게 허무한 것만도 아니다.

어리석은 늙은이가 산을 옮기다

　태행산太行山과 왕옥산王屋山이 하늘 높이 솟아 있는 두메산골에 조그마한 마을이 자리 잡고 있었다. 마을이라고 해야 진흙과 돌을 쌓고 그 위에 띠를 덮은, 움막이나 다름없는 초옥 몇 채가 옹기종기 모여 있을 뿐이다. 마을 사람들은 산비탈에 화전을 일구며 대대로 여기서 살아왔다. 사방이 산으로 둘러막혀 하늘만 빠끔히 뚫려 있는 궁벽窮僻한 곳이지만 그것을 숙명처럼 여기고 아무 불평불만 없이 꾸벅꾸벅 생업에 열중하였다.
　그들은 조상 대대로 살아왔고, 또 자신들이 나고 자란 이 산골짜기 밖의 다른 세상은 잘 알지 못했다. 그저 들리는 소문이 바람처럼 잠시 왔다가 슬며시 빠져나가곤 했다. 그도 그럴 것이 태행산과 왕옥산은 사방이 칠백 리나 되고 높이가 만 길이 넘으니 당연한 일이었다.
　이 마을 북쪽 산기슭에 우공寓公이 살고 있었다. 나이가 구십에 가까웠지만, 삽이나 괭이를 잡고 일할 만큼 건강했다. 오늘도 우공은 곡식을 심어놓은 돌밭을 일구다가 허리를 펴고 머리 위를 올려다보았다. 청명한 하늘에 흰 구름 몇 점이 두둥실 떠서 어디론가 흘러가고 있었다. 아마도 저 구름은 예주豫州를 지나 한수漢水 북쪽까지 날아갈지도 모르겠구나! 느닷없이 이런 생각이 떠올랐다. 풍문에 들어 알고 있던 지명이나 강 이름을 되뇌며 바깥세상에 대한 궁금증이 새삼스럽게 일어났다. 구십 평생, 자신이 살고 있는 산골에서 백리 밖을 벗어나지 못했어도 큰 산 너머의 세상 물정은 대강 짐작할 수 있었다.

그동안 소금장수나 약 뿌리를 캐러 들르는 외지 사람이 더러 있었고, 먼 길을 가는 나그네인지, 혹은 큰 죄를 짓고 도망 다니는 사람인지는 몰라도 가끔 낯선 얼굴들이 마을에 묵어간 적이 있었다. 그들의 말에 의하면, 큰 산 너머에는 끝이 보이지 않는 넓은 들판이 있고, 사람들이 북적이는 도시도 많다. 또 남쪽 지방엔 한없이 넓은 장강이 넘실거리고, 북쪽엔 발원이 어딘지도 모르는 길고 긴 황하가 동쪽으로 흘러가 발해 끝, 큰 바다에 닿는다. 때로는 전쟁이 터져 창과 방패가 부딪히지만 그것은 잠시 동안이다. 물산이 풍부하고 큰길에는 마차가 끊이지 않고 왕래한다. 대강 이런 소식들이었다.

우공은 눈앞을 가로막고 있는 태행산을 바라보며 길게 한숨을 내쉬었다. 오늘 따라 왠지 가슴이 답답하고 울적해지기까지 했다. 자신은 어영부영 이렇게 살아왔지만, 앞으로 끝없이 이어질 자손들을 생각하니 더욱 막막한 심정이었다. 전에는 느껴보지 못한 감정이었다. 나다니는데 불편하기는 했어도 이렇게 답답하지는 않았었는데…… 무슨 좋은 수가 없을까. 궁리에 궁리를 거듭하다가 무릎을 탁 쳤다. 그것을 여태까지 모르고 있었다니! 우공은 온몸을 짓누르던 큰 바위 덩어리가 순식간에 사라지고 가슴이 탁 트이는 시원함을 느꼈다.

그날 저녁 밥상을 굴리고 난 후, 우공은 가족들을 불러 모았다. 이미 중년을 훌쩍 넘긴 세 아들과 장성한 손자들, 그리고 늙은 할망구인 마누라가 한자리에 모였다. 말하자면 가족회의를 연 것이다. 식구들이 다 모이자 우공은 조용히 말했다.

"우리가 조상 대대로 살아온 이곳은 너무 좁다. 그리고 세상과는 동떨어져 있어. 외롭고 쓸쓸하고 답답하기도 하지. 그래서 같인데, 앞을 가로막고 있는 저 산을 깎아 평지로 만들면 어떻겠느냐? 만약 그렇게 된다면 예주 남쪽까지 하루 만에 닿을 수 있고 또 거기서 배를 타면 한수 북쪽까지도 출입할 수 있겠지."

모여 있던 가족들은 '와와' 하며 환성을 질렀다. 모두들 좋다고 들떠 있는 틈에 우공의 늙은 아내는 이맛살을 찌푸리며 못마땅해했다. 그러고는 좀 화난 목소리로 따지고 들었다.

"아 참, 기가 막히는군. 영감 힘으로 조그마한 언덕 하나도 헐어버리지 못할 텐데 저 큰 산을 어떻게 파내며, 그 많은 흙과 돌덩이는 어디다 버린단 말이오?"

이렇게 반대 의견을 내놓았지만, 다른 사람들은 모두들 찬성이었다. 파낸 흙과 돌은 동쪽 발해 끝으로 가져가 깊은 바다에 버리면 된다고 했다.

다음 날 아침 우공은 세 아들과 손자들을 데리고 산을 파기 시작했다. 저마다 삽, 곡괭이, 소쿠리, 삼태기 등을 들고 나와서 땀을 뻘뻘 흘렸다. 이것을 본 이웃집 여덟 살 난 과부의 아들이 저도 일을 돕겠다고 달려들었다. 일이 순조롭게 진행되어 해가 중천에 떠 있을 때쯤, 우공의 아들 손자는 흙과 돌덩이를 한 짐씩 짊어지고 발해 쪽을 향해 길을 떠났다.

그들은 1년쯤 후에, 무거운 짐을 바다에 버리고 돌아왔다. 한 번 왕복하는 데 꼬박 1년이 걸린 셈이다.

이 웃지 못할, 믿을 수 없는 이야기가 꼬리에 꼬리를 물고 세상 밖으로 퍼져 나갔다. 황하 근처에 사는 지수智叟라는 사람이 이 소문을 듣고 껄껄 웃으며 세상 사람 모두가 들으라는 듯이 충고를 아끼지 않았다.

"내가 우공을 만난다면 이렇게 말하겠어. 자네의 뜻은 장하다고 할 수 있지. 그러나 그건 지나친 바보짓일세. 인간의 힘으로 큰 산을 헐어 여기서 저기로 옮길 수는 없는 일 아닌가? 더구나 자네는 여생이 얼마 남지 않은 상늙은이일세. 산자락 한 모서리를 파내기도 어렵거니와 그 많은 흙과 돌덩이는 어쩌겠다는 것인가?"

발 없는 말이 천 리를 간다고 했던가. 결국 우공도 이 지수라는 늙은이의 말을 전해 들었다. 우공은 혼자 똑똑한 채 말하는 지수에게 무어라고 일깨워주고 싶었다. 그래서 한심하다는 듯이 흘러가는 흰 구름을 보고 이렇게 대꾸해주었다.

"여보게, 자네는 넓은 들과 황하의 큰 물줄기 근처에서 살아왔으면서 어쩌면 소견이 그리 좁은가? 산골에 살고 있는 내 이웃, 과붓집 어린애만도 못하다니! 자네의 이름자가 지수라고 했던가? '지혜로운 늙은이'란 그 이름이 부끄럽지도 않은가? 자네가 자랑하는 알량한 그 지혜라는 것은 눈앞에 있는 것만 보는 천박한 것일세.

설령 내가 죽는다고 하더라도 내 아들이 있고 손자가 있네. 손자의 손자, 또 그 손자, 이렇게 내 자손은 영원히 대를 이어갈 것이야. 그런데 산의 흙이나 돌덩이는 더 이상 불어나지 않지. 이런 이치로 따진다면 언젠가는 산을 다 파내어 평지가 될 날이 틀림없이 오고야 말 것이 아니겠나."

황하가에 살고 있는 지수는 이 말을 듣고 기가 질려 더 이상 할 말이 없었다.

〈탕문〉 편

해 설

이 이야기를 접하면 중국인의 대륙적 기질에 일순 기가 질리고 감탄하게 된다. 큰 산을 옮기겠다는 그 발상에 놀랄 뿐 아니라 자자손손 이어갈 먼 미래에 대한 확고한 신념 또한 대단하다. 이 글은 짤막한 단편이지만, 그 속에 함축된 의미는 결코 단순하지 않다. 두고두고 되씹어볼 만한 가치를 지닌 우화라고 여겨진다. 온 세상 사람들이 불가사의라고 경탄해 마지않는 만리장성이 현재도 그 위용을 자랑하고 있음을 상기하지 않을 수 없다.

여기에 등장하는 주인공은 두메산골에 사는 우공이다. '어리석은 늙은이'를 뜻한다. 이 우공을 비웃고 충고한 자는 넓은 들판 황하가에 살고 있는 지수란 인물이다. 곧 '지혜로운 늙은이'라는 의미다. 이런 상반된 뜻의 이름자를 주인공으로 설정한 그 자체가 아이러니하고 해학적이다. 과연 누가 더 어리석고 지혜로운가? 이 해답은 이 우화를 이해하는 독자의 몫이다. 우공이산愚公移山*이란 고사성어가 여기에서 유래한다.

《열자》에 실려 있는 이 '우공이산'의 원문 말미에는 군더더기가 더 붙어 있다. 즉 옥황상제가 우공의 큰 뜻에 감탄하여 원래 기주 남쪽 하양 북쪽에 있던, 태행산과 왕옥산을 현재의 자리로 옮겨주었다는 후일담이다. 해피엔딩의 결말인데, 신화적 요소가 들어 있고 또 주제를 흐릴 것 같아 여기서는 생략했음을 밝혀둔다.

* '어리석은 늙은이가 산을 옮기다'라는 말로 아무리 어려운 일이라도 끝까지 노력하면 목적을 달성한다는 의미다. 또는 약삭빠른 자보다 우직한 자가 더 큰일을 할 수 있다는 것을 비유한다.

태양이 가장 가까운 시간

공자가 동쪽 지방을 여행할 때의 일이었다. 공자는 중년을 넘어 거의 노인이 다 되어갈 무렵인 50대 후반에 제자들을 대동하고 13년 동안 천하를 주유했다고 기록되어 있다. 이때 목적은 여러 제후들을 만나 자신의 정치이상을 실현시키기 위함이었는데, 결국 실패하고 고국인 노나라로 돌아왔다. 아두도 자신의 주장에 귀 기울이지 않았고, 또 현실정치를 맡기지도 않았기 때문이었다. 공자의 생애 동안 가장 힘들고 어려운 기간이었다. 그렇다고 완전히 실패한 것은 아니었다. 수십 명의 유가학파들을 이끌고 다닌 요란했던 그의 행보는, 공자를 유명인사로 만들기에 충분했다.

이제 공자는 좁은 노나라 땅의 선생이 아니라 천하가 알아주는 유가의 중심인물이 되어 있었다. 공자의 후반기 생은 제자 양성과 저술활동이 대부분이었다. 오늘날까지 전해지는 공자의 저술은 대부분 이때 완성된 것이다.

공자는 저술에 골몰하면서도 틈만 나면 여행을 즐겼다. 제후들이나 그 일가친척 나부랭이, 권력자, 지방 토호土豪*들에게는 이미 신물이 났지만, 그래도 여행은 즐거웠다. 순진한 백성들, 그들의 소박한 삶을 살펴보고 그 속에서 무엇인가 배울 만한 어떤 가치 같은 것을 얻을 수 있는 좋은 기회였기 때문이다.

공자의 마차는 도심을 빠져나와 시골길로 접어들었다. 다 쓰러져가는 초가 몇 채가 흉물스럽게 널려 있는 동네 앞을 지나가는데, 길가에서 두 아이가 심하게 말다툼을 하고 있었다. 이놈들이 왜 저러는가 싶어 마차를 세우게 했다. 공자는 아이들에게 다가가 싸우는 원인을 물었다.

"저는 해가 처음 떠오를 때가 우리와 가장 가까이 있다고 생각하는데, 이 아이는 아니래요."

키가 좀 작은 아이가 먼저 대답했다.

그러자 키 큰 아이가 씩씩거리며 대들었다.

"나는 해가 중천에 떠 있을 때가 가장 가깝다고 생각한다."

첫 번째 아이가 증거를 들이대며 맞받았다.

"그 말은 틀렸어. 해가 동쪽에서 막 솟아오를 때는 마차 덮개만큼 커 보이지만, 한낮에는 조그만 접시만 하지. 가까이 있는 것은 커 보이고 멀리 있으면 작아 보인다는 것을 왜 모르지?"

키 큰 아이가 여기에 지지 않고 자신의 주장을 펼쳤다.

"너는 하나만 알고 둘은 모르는 맹꽁이야. 해가 처음 뜰 때는 서늘하지만, 한낮이 되면 뜨겁단 말이다. 멀리 있으니까 서늘하고 가까이 있으니까 뜨거운 것은 당연한 이치야. 말하자면 해는 하늘에 있는 불덩이니까."

두 아이는 잠시 논쟁을 중단하고 공자를 쳐다보았다. 수정처럼 맑은 눈동자를 반짝이며 어느 것이 옳은지를 심판해 달라는 그런 표정이었다. 공자는 얼른 대답을 하지 못하고 머뭇거렸다. 어떻게 판정을 해주어야 이 두 놈을 다 같이 만족시킬 수 있을까. 아무리 생각해도 묘안이 떠오르지 않았다. 실은 공자 자신도 해결할 수 없는 어려운 문제였다. 멍하니 서서 골몰하고 있는데, 아이들의 목소리가 들려왔다.

"이 할아버지를 모르는 것이 없다고 말한 사람이 대체 누구였냐?"

"그래. 이 할아버지를 또 누가 훌륭한 사람이라고 말했더라?"

두 아이는 까르르 웃으며 정답게 손을 잡고 즙은 동네 골목으로 사라졌다. 해가 중천에 떠 있는 한낮이었다.

〈탕문〉 편

* 지방의 토착민으로 권력과 재산을 가진 사람을 뜻한다.

🔺 해 설

  흔히 세상 사람들이 말하는 옳고 그름에 있지 절대적 기준이라는 것은 존재하지 않는다. 보는 관점이나 각도에 따라서 다를 수도 있다. 인의예악을 최고의 가치나 덕목으로 일관하고 있는 유가들을 희화한 토막 삽화다. 또 공자를 개입시켜 그의 명성을 폄훼하려는 의도가 엿보인다.

  노자, 열자, 장자로 이어지는 도가사상가들은 유가들이 자랑하는 박식을 우의적으로 은근히 비판해왔다. 이 짤막한 한 토막 이야기도 그중 하나다.

궁술의 극치

아득한 아주 옛날에, 감승甘蠅이란 명궁이 있었다. 그가 활줄만 당겨도 짐승이 땅에 쓰러져 뒹굴고, 나는 새도 곤두박질쳐 떨어졌다고 한다. 비위飛衛란 사람이 이 명궁에게서 궁술을 배워 스승을 능가할 정도가 되었다. 감승이 세상을 뜨자, 비위는 당대 최고의 명궁수로 이름을 날렸다. 그러던 중 기창紀昌이란 젊은이가 찾아와 궁술을 가르쳐 달라고 청했다. 각종 무예에 통달했는데, 궁술에서만은 아직도 미흡한 점이 많다고 자기소개를 했다. 비위는 이 열의에 찬 젊은이에게 말했다.

"활쏘기란 아무나 배울 수 있는 기술이 아닐세. 팔의 힘이 넘치고 손재주가 뛰어나다 하더라도 최고의 경지에 도달할 수는 없네. 그냥 평범한 궁사라면 몰라도.'

비위의 부정적인 대답에 기창은 부아가 치밀었지만, 꾹 참았다.

"이 세상에 배우지 못할 기술이 어디 있겠습니까? 선생님의 지극한 가르침을 달게 받겠습니다."

비위는 궁술을 꼭 배우고야 말겠다는 젊은이를 바라보았다. 그렇지 않아도 자신의 대를 이을 제자 하나쯤은 양성해두고 싶은 심정이었기 때문에, 이 젊은이가 거기에 합당한가를 눈여겨 살펴보았다.

"명궁이 되려면 목표를 바라보는 눈과 사물을 대하는 마음이 한 점 흔들림이 없어야 하네. 이 수련 과정은 일조일석에 이루어지는 것이 아니야. 그래도 궁술을 배우겠는가?"

기창은 부드럽고 진지하게 설명해주는 비위를 쳐다보았다. 겉모습은 평범한 중늙은이에 불과했지만 그의 형형한 눈빛은 광채를 발했다. 어떤 목표를 향한 강렬한 한 줄기의 빛이었다. 그 빛은 화살이 날아와 꽂히듯 기창의 가슴팍을 정통으로 꿰뚫었다. 섬뜩하고 가슴 서늘한 두려움을 느꼈지만, 웬일인지 그것을 배워보고 싶은 욕망이 불쑥 솟아올랐다.

"선생님이 가르쳐만 주신다면 무슨 일이든지 하겠습니다."

분위기에 압도된 기창은 순한 양처럼 부드러워졌다. 한동안 무예에 몰두하여 근육을 단련했고, 온갖 무술을 연마하며 뽐내던 우락부락한 성격이 한순간에 온데간데없이 사라졌다.

"그렇다면, 너는 먼저 눈을 고정시키는 훈련부터 해야 한다. 움직이는 물체는 어느 한순간은 반드시 정지된 상태로 존재한다. 그 순간을 포착하는 것이 필수적이다. 움직이는 목표는 눈 한 번 깜작하는 사이에 이미 지나가버리고 만다. 그러니 눈을 깜작거리지 않게 되었을 때, 활에 대한 것을 가르쳐주지."

기창은 이 말을 듣고 집에 돌아와 여러 가지 방법을 생각해보았다. 움직이는 사물의 정지된 순간을 무슨 수로 붙잡는단 말인가. 또 눈을 깜작이지 않는 훈련은 어떤 방법으로 해야 하는가, 궁리를 거듭하던 기창은 그럴듯한 묘수를 찾아냈다. 바로 아내가 짜고 있는 베틀 밑에 누워 있는 것이었다. 베틀 밑에 반듯이 누워 위를 쳐다보면, 끊임없이 베틀의 북이 좌우로 왔다 갔다 한다. 아내의 손늘림에 따라 그 속도가 약간 다를 수 있지만 대부분의 경우 쏜살같이 지나간다.

기창은 1년도 더 넘게 아내의 베틀 밑에 누워 위를 쳐다보았다. 그랬더니 북이 아무리 빨리 지나가더라도 정지된 순간을 포착할 수 있게 되었고 눈도 깜작이지 않게 되었다. 그러나 어딘가 좀 미흡했다. 언젠가 아내의 실수로 북이 튀어나와 눈을 찌른 적이 있었는데, 그때 본능적으로 눈을 감고 말았던 것이다.

그래서 이번에는 송곳이 떨어지더라도 눈을 깜작이지 않게 하는 훈련을 했다. 천장에 송곳을 매달아놓고 누워 있는 자신의 얼굴로 내리꽂히는 장치를 마련했다. 비록 줄에 매달린 송곳이지만, 그것이 눈을 향해 내리꽂힐 때는 겁을 하고 눈을 감았다. 그러나 이 훈련도 1년 여를 거듭하니 아무렇지도 않게 되었다. 이제 기창의 눈은 어떤 상황에서도 깜작이지 않고, 움직이는 사물의 순간순간을 붙잡아 볼 수 있을 만큼 잘 훈련되어 있었다. 기창은 자신만만한 태도로 스승인 비위를 찾아가 그 사실을 알렸다. 그러고는 활에 대한 모든 것을 배울 수 있는 준비를 완료했다고 말했다. 비위는 기창을 몇 번 시험해보고 나서 다시 일렀다.

"그동안 고생이 많았겠구나! 눈을 고정시켜 사물을 보는 능력은 그만하면 충분하다. 그러나 한 가지 더 터득해야 할 것이 있다. 즉 작은 것이 큰 것같이 보이고, 먼 데 있는 물체가 바로 눈앞에 다가와 있는 것처럼 뚜렷해질 때 다시 오너라."

기창은 이 가르침에도 수긍이 갔다. 목표물이 크던 작던, 또 멀리 떨어져 있더라도 그것을 명중시키려면 반드시 거쳐야 할 과정이 아니겠는가. 명사수를 위한 길에 한 발 더 가까워진 기분이었다.

작은 것이라면 무엇이 있을까. 그것은 쉽게 생각해낼 수 있었다. 사람들은 작은 것을 깨알만 하다고 말하지 않던가. 참께, 그런데 목표물은 살아 움직이는 것이어야 한다. 깨알만 한 동물은 바로 우리 몸을 기어다니며 피를 빨아 먹는 이(蝨)가 안성맞춤이었다. 그래서 기창은 이를 한 마리 잡아 가늘고 긴 말총(말 꼬리털)으로 묶어 남쪽 창가에 매달아놓았다. 그리고 틈만 나면 그것을 바라보았다. 한 열흘쯤 지나자, 이의 모습이 선명히 눈앞에 다가와 보였다. 스승의 가르침의 가능성이 느껴졌다. 그동안에도 쉴 새 없이 활쏘기 연습을 해왔지만, 그렇다고 하더라도 말총에 매달린 이를 어떻게 명중시키겠는가. 반신반의하면서 이를 바라보는 연습을 게을리 하지 않았다.

작은 것이 크게 보이고, 먼 데 있는 것을 눈앞으로 당겨 볼 수 있는 것은, 눈만으로는 불가능하다. 눈이 아니라면 무엇으로 본단 말인가. 기창은 수없이 자문자답해보았다. 그것은 마음으로 보아야 한다는 결론에 도달했다. '마음의 눈'이란 크고 작은 것, 멀고 가까운 것을 초월하는 초능력이 아니겠는가. 지극한 정성으로 3년 동안이나 깨알만 한 이 한 마리를 바라보았다. 그사이 말총에 매달린 이는 점점 커졌다. 이의 머리, 가느다란 다리의 움직임, 몸통 한가운데 검은 점으로 내비치는 심장까지 구분해낼 수 있게 되었다. 이를 매단 가는 말총은 굵은 동아줄이 되고, 깨알 같던 이는 점점 커져서 드디어 큰 쟁반만 한 둥근 과녁으로 보이기 시작했다. 기창은 자신감이 생겨났다.

'저놈을 활로 쏘아보자. 크게 보일지언정 실제는 작은 목표이니 적절히 힘을 조절해야지.' 기창은 이제까지 연마한 모든 기술과 마음을 총동원하여 활시위를 당겼다. 숨을 죽이고 눈 한 번 깜작하지 않고, 잡고 있던 손을 스르르 놓았다. 날아가는 화살을 추적하는 것도 잊지 않았다. 시위를 떠난 화살은 순식간에 날아가 이의 심장을 꿰뚫었다. 가까이 다가가서 자세히 보니 이를 매달았던 말총은 끊어지지 않고 그대로 남아 있었다. 아, 드디어 명궁이 되었구나!

기창은 비위에게 달려가 그 감격스러운 장면을 선명하게 설명해주었다. 비위는 기창의 말을 다 듣고 나더니 펄떡 뛰어오르며 가슴을 두드렸다. 기쁨을 억제하지 못하는 듯 제자를 끌어안았다.

"네가 비로소 도를 터득했구나!"

스승과 제자는 몸을 비비며 서로를 마주 보았다. 두 사람의 눈은 물기를 머금어 반짝이고 있었다.

그 후 기창은 비위에게서 활에 대한 모든 것을 전수받았다. 비위 역시 자신이 갈고닦은 궁술의 지극한 경지를, 터럭 하나 남기지 않고 전해주었다. 그것은 말이나 동작으로 이루어지는 것이 아닌 서로의 눈빛으로 마음에서 마음으로 자연스럽게 주고받는 이심전심의 경지였다.

이렇게 하여 기창은 비위의 궁술 모두를 완벽하게 습득했다고 자부했다. 오히려 스승을 능가한다고까지 생각했다. 그러나 세상은 자신을 최고의 명궁수라고 알아주지 않았다. 기껏 비위의 똑똑한 제자쯤으로 여길 따름이었다. 비의는 머리가 희끗희끗한 늙은이였고, 자신은 혈기 왕성한 장년임에도 불구하고.

기창은 그것이 늘 불만이었다. 자신은 세상 최고의 명궁이 되기 위해 오랫동안 심혈을 기울여왔다. 그런데 왜 세상은 그것을 알아주지 않는가. 어떻게 하면 세상 사람들이 자신의 존재를 알아줄 수 있을까! 그 방법은 딱 한 가지뿐이었다. 스승인 비위와의 맞대결을 통하여 그를 쓰러뜨린다면, 당대 최고의 명궁이 될 것이다. 세상의 최고는 오직 하나일 뿐 절대로 둘이 존재할 수 없다는 것은 명백한 진리가 아닌가.

기창이 자신의 포부, 활시합으로 승패를 결정하자고 스승인 비위에게 알렸더니, 비위 역시 흔쾌히 응해주었다. 자칫 잘못하면 목숨을 잃을 수 있는 위험한 일인데도 비위는 두려워하는 기색이 전혀 없었다. 기창은 자신만만했고, 내심 가슴이 벅차올랐다. 이 기회에 비위를 활로 쏘아 죽여 없앤다면, 명실공히 자신이 세상 최고의 명궁이 될 것이다.

약속한 날이 되어 두 사람의 궁사가 들판에서 마주 섰다. 바람 한 점 불지 않는 청명한 날이었다. 이런 기후 조건이라면, 백발백중될 것임은 더 말할 필요조차 없었다.

기창은 비위의 심장 한가운데를 겨냥하여 힘껏 활시위를 당겼다. 화살은 쏜살같이 허공을 날았다. 그런데 이게 어찌 된 영문인가. 화살을 추적하던 기창은 깜짝 놀랐다. 눈 깜작할 사이 비위의 심장을 꿰뚫어야 할 그 화살이, 맞은편에서 쏜 비위의 화살과 한중간에서 맞부딪쳤다. '딱' 하는 소리가 들렸을 뿐, 먼지 하나 일지 않았다. 기창은 당황하여 연거푸 화살을 날렸지만 역시 마찬가지였다. 맞대결에 약속한 화살이 모두 이렇게 소진되고 말았다. 그러나 기창의 전통箭筒(화살을 넣는 통)에는 아직도 화살 하나가 남아 있었다. 만약을 위해서 약속과는 달리 화살을 하나 더 준비해왔던 것이다. 반드시 스승인 비위를 쓰러뜨리고 명궁의 자리에 올라서고 싶은 욕망에서였다.

기창은 회심의 미소를 머금고 마지막 화살을 날렸다. 이제 중간에서 맞부딪히는 불상사는 또다시 일어나지 않을 것이다. 비위는 맥없이 쓰러질 것이고, 심장에서는 붉은 피가 솟아오르겠지. 기창은 그 참상을 차마 볼 수 없어서 눈을 감았다. 숨 닥히는 순간이 지나가고 기창이 눈을 떴을 때, 기절할 뻔했다. 자기가 쏜 화살에 맞아 꼬꾸라져 있어야 할 비위가 꼿꼿한 자세 그대로 우뚝 서 있었다. 기창은 들판을 달려가 스승 앞에 이르러 자신이 날린 화살을 확인해보았다. 화살은 비위가 들고 있는 가시나무에 맞아 두 동강 나 있었다.

기창은 자신의 잘못을 크게 뉘우치고 풀밭에 엎드려 엉엉 울면서 스승에게 큰절을 올렸다.

"선생님의 너그럽고 높은 도를 이제야 깨우쳤습니다."

비위 역시 엎드려 마주 절하면서 울먹였다.

"이제 마지막으로 가르쳐주어야 할 것이 하나 남아 있다. 나와 네가 터득한 이 비법은 더 이상 전수되어서는 안 된다. 아무리 큰 도를 깨우쳤다고 하더라도 화살은 생명을 해치는 것이니까."

기창은 팔뚝을 찔렀고, 피를 흘리며 그 가르침을 잊지 않겠다고 맹세했다.

"선생님을 이제 저의 아버님으로 모시겠습니다. 저의 미욱한 혼을 깨우쳐주셨으니 당연하지 않겠습니까."

비위는 그 청을 받아들이면서 부둥켜안았다. 전설적인 두 명궁이 내던진 활이 풀밭에서 뒹굴고 있었다.

〈탕문〉 편

해 설

활은 언제 누가 만들었는지 아무도 모른다. 아주 오랜 옛날부터 인간은 활을 만들어 사용했고, 또 그것으로 세상을 지배해왔다. 이것은 동서양이 다를 것이 없다. 지역에 따라 모양은 조금씩 다르지만 원리는 한 가지다.

처음 동물을 사냥하던 도구로 쓰이던 것이 전쟁무기로 발전했다. '총'이라는 괴물이 등장하기 전, 수천 년 동안 살상 무기의 중심역할을 해왔다고 하더라도 지나친 말은 아니다. 그러니 지난날 세상을 지배했던 무기의 중심은 활이었다.

2000여 년 전 아시아 동북부의 강대국 고구려의 시조인 주몽, 곧 동명성왕도 활의 명수였고, 조선을 건국한 이성계 역시 명궁이었다고 한다. 그렇다면, 이 세상에서 활을 제일 잘 쏘는 사람은 누구였을까. 동서양 역사에는 수많은 명궁수들이 등장하지만, 그 우열을 가리는 것은 거의 불가능하다.

이 일화는 전설적 명궁들의 이야기다. 감승, 비위, 기창이 그들인데, 비위와 기창이 주인공이다. 이 이야기의 절정은 마주 쏜 화살이 중간에서 맞부딪히는 장면이다. 과연 그것이 가능이라도 한 일이겠는가. 우연의 일치라면 또 모르겠지만. 그런데 두 명궁들의 대결에서는 현실적으로는 절대로 불가능한 일이 일어났다. 단순한 기술을 초월하여 지극한 도의 경지에 도달한 모습을 보여주는 일화라고 여겨진다. 이 두 명궁들의 지극한 궁술은 더 이상 전수되지 않았다. 스승인 비위의 마지막 교훈이 었기 때문일지도 모르는 일이다.

병도 운명이다

　예나 지금이나 사람은 약한 존재다. 수시로 예기치 못한 일들이 일어나 인간의 생존 그 자체를 위협한다. 아마도 이런 연유로 종교라는 것이 생겨났을 것이다. 절대자에 의지하려는 마음, 그것이 곧 신앙이고, 믿음이 독실하면 마음의 위안을 얻게 된다. 그래서 사람들은 자신들을 보호해줄 절대자를 만들어내었다. 신이 인간을 창조한 것이 아니라, 실은 인간이 신을 만들어냈다고 말할 수 있다. 독실한 신앙인들을 모독하는 말일지라도.
　춘추전국시대 도가에서는 이런 절대자를 초월하는 또 다른 믿음인 무위자연을 주장했다. 억지로 무엇을 하려 하지 말고 자연에 맡겨두라는 주장이다. 얼핏 보면 소극적이고 무기력하고 인간의 의지를 스스로 버리려는 나약하기 짝이 없는 생각 같지만 내실은 그렇지 않다. 자연의 질서에 순응하고 더 나아가 자연과 합일의 지극한 경지에 도달할 때 인간의 근심 걱정, 괴로움 같은 것은 저절로 소멸한다는 이론이다.

전국시대 양주楊朱*란 사람에게는 계량季梁이란 친구가 있었다. 두 사람은 자주 만나 담론을 즐겼다. 당시 세상에 난무하는 제자백가들이 주로 술안주감이 되었다. 갑론을박을 계속하다가 그들은 하나의 결론에 도달하곤 했다. 제가백가들의 해박한 지식은 결국 쓰레기에 불과하다. 세상만물은 애초부터 운명의 지배를 받게 되어 있다. 생겨날 때부터 언제 어떻게 된다는 것이 이미 정해져 있다. 그러니 이 운명을 거스르는 절대적 존재란 아무것도 없다. 이렇게 두 사람은 한통속이 되어 희희낙락했다. 술잔을 주고받으며 운명을 논하고 즐거워하는 모습으로 보아, 운명이라는 초월적인 힘에 질질 끌려다닐 수밖에 없다는 비관적인 자세는 아니었다. 오히려 그것을 즐겁게 받아들이겠다는 낙관적 인생관이 그들을 웃게 만들었다. 이들이 도달한 결론, 즉 운명이라는 것도 자연의 일부라고 생각한다면, 도가사상가들과 일맥상통하는 점이 있었다.

그러던 어느 날, 계량이 병에 걸려 자리에 눕게 되었다. 평소에 건강했던 몸이라 곧 일어나려니 생각했으나 그것이 그리 간단하지가 않았다. 열이 펄펄 끓어오르고 팔다리가 쑤시고 아파서 끙끙거리며 이레 동안을 누워 있었다. 간혹 정신이 혼미해질 때도 있었으나 목숨만은 근근이 유지했다.

양주는 친구가 병이 깊어 중태에 빠졌다는 소식을 접하고 급히 계량에게로 달려갔다. 운명이 이 친구를 앗아가려는 것이 아닌가, 생각하니 조금 섭섭하다는 느낌이 들었다. 살았는지 죽었는지도 구분하기 어렵게 눈을 꼭 감고 있는 환자 주위에 장성한 아들들이 빙 둘러 앉아 훌쩍 훌쩍 울고 있었다. 양주는 그 속을 헤집고 들어가 친구를 흔들어 깨웠다. 그제야 계량은 겨우 눈을 뜨고 알은체했다. 아들들도 계량이 눈을 뜨고 몸을 움직이자 눈물을 닦고 활기를 되찾았다. 급히 의원을 불러야 한다며 저희들끼리 머리를 맞대고 수군거렸다. 계량은 이런 아들들을 보자 양주에게 부탁했다. 목소리는 크지 않았지만 그래도 힘이 있었다. 좀 전에 죽은 듯이 눈을 감고 축 늘어져 있을 때와는 딴판이었다.

"여보게, 자네도 보았지? 내 자식들은 하나같이 못난 놈들뿐이라 저 모양일세. 의원은 무슨 당치 않은 소린가? 그깟 놈들이 뭘 알겠나. 수고스럽겠지만 저 녀석들을 깨우쳐줄 수 없겠나? 말로 타이를 수 없다면 은근한 노랫가락으로라도 일깨워주게."

양주와 계량은 평소에도 술이 얼큰해지면 함께 노랫가락을 흥얼거리곤 했다. 대부분 세상을 풍자하는 내용인데, 그것은 노래일 뿐만 아니라 한 편의 시였다. 즉흥적으로 튀어나왔기에 더욱 즐거워 낄낄거리며 주고받았었다. 아마 그렇게 해달라는 것이겠지. 이렇게 생각하고 양주는 노래를 만들어 불렀다.

하늘이 모르는 것을

인간이 어찌 알리

행복도 하늘로부터 오지 않았고

---

*자는 자거子居로 위나라, 혹은 송나라 사람이란 설이 있다. 양주의 학문은 대체로 노자를 계승했다고 알려져 있다. 《사기》에도 기록이 없어 자세한 것은 알 수 없으나 그의 언행은 제자백가서 여러 군데 채록되어 있다. 극단적 이기주의자로 "자기의 몸 터럭 하나를 뽑아서 온 세상을 이롭게 할 수 있다 하더라도 그런 짓은 하지 않겠다"란 말로 유명하다. 높여서 양자楊子라고 부르기도 한다.

재앙도 사람 탓이 아니라는 걸
　그대와 나는 훤히 알지만
　의원이나 무당 따위가 어찌 알리

　노래를 마치고 양주는 계량을 돌아보았다. 순간 병자의 얼굴에 생기가 돌았다. 빙그레 미소까지 머금고 있었다. 그러나 계량의 아들들은 그 노랫말의 뜻을 전혀 알 수가 없었다. 의원이 모른다면 누가 알겠는가. 결국 그들은 세 사람의 의원을 부르기로 결정했다.
　첫 번째로 계량을 진찰한 의원은 교矯씨였다. 그의 성씨 글자는 잘못된 것을 바로잡겠다는 뜻을 내포하고 있다. 그래서 혹시나 하고 아들들은 기대가 컸다. 교씨는 환자를 면밀히 살펴본 후 계량에게 소견을 말했다.
　"당신은 추위와 더위를 적당히 조절하지 못했고, 또 허실의 균형을 깨뜨렸습니다. 그래서 음양의 조화가 뒤죽박죽이 되었지요. 풀이해서 말하면 음식이나 남녀관계, 또 마음을 지나치게 혹사해서 생긴 병입니다. 하늘이 시킨 것도 귀신이 들린 것도 아닙니다. 비록 병이 깊어지긴 했지만 고칠 수 있습니다."
　이 말을 듣고 주위의 아들들은 기뻐했으나 계량은 얼굴에 노기를 띠었다. 음양의 조화를 엉망으로 만든 일도 없거니와 설혹 그렇다손 치더라도 인간이 어떻게 그것을 바로잡는단 말인가. 어그러진 자연의 질서를. 계량은 아들을 불러 호통을 쳤다.
　"돌팔이 의원이다. 당장 돌려보내라!"
　다음 진찰한 의원은 유씨였다. 유씨는 계량에게 차분하게 설명했다.

"당신은 타고날 때부터 허약했습니다. 거기다가 어머니의 젖이 너무 묽었지요. 이 병은 하루아침에 생긴 것이 아니고 오랫동안에 걸쳐 조금씩 더해진 것입니다. 그러므로 고치기가 어렵겠습니다."

계량은 유씨의 말에 귀가 솔깃했다. 어쩌면 그럴지도 모른다고 생각했다. 그래서 아들에게 말했다.

"이 사람은 보통 의원이 아니다. 음식이나 대접해서 보내라."

다음은 노씨 차례였다. 그는 환자를 물끄러미 보더니 자신 있게 말했다.

"당신의 병은 하늘 때문도 아니고, 사람 잘못도 아니며 귀신이 시킨 것은 더더욱 아닙니다. 세상에 태어날 때부터 이런 병에 걸리게끔 정해져 있었으므로 약이나 침으로 고칠 수는 없지요. 인간의 힘으로 어떻게 할 수가 없으니 그냥 내버려두십시오."

노씨의 말이 끝나자 계량은 환히 웃으면서 아들에게 부탁했다.

"이분은 참으로 명의다. 후히 대접하여 보내라."

이런 일이 있은 후 얼마 지나지 않아 계량의 병은 저절로 낫게 되었다. 자리를 털고 일어난 계량은 양주와 손을 마주 잡고 무엇이 즐거운지 낄낄거리고 웃고 있었다.

〈역명〉편

△ 해 설

  현대의 관점에서 본다면, 여기 등장하는 양주나 병에 걸린 주인공 계량은 운명론자라고 쉽게 단정해버릴 수 있다. 즉 인간은 타고날 때부터 그 운명이 정해져 있다. 거기 저항하여 아등바등 애쓴들 무슨 소용이 있겠는가. 이런 내용이 되겠는데, 이 이야기의 내면에는 그 이상의 것이 있음을 알아야 한다.
  양주나 계량은 운명이나 숙명 같은 것을 자연스럽게 받아들이면서 그것을 초월하고 있다. 운명을 초월하여 운명을 즐긴다고 할 수 있지 않을까.

둔인과 순민

　이른 봄이었다. 겨우내 산과 들을 덮고 있던 눈과 얼음이 녹아 실개천으로 모여들어 졸졸 흘렀다. 개천가 버드나무에 파란 잎이 돋기도 전에 버들가지가 피어 바람에 흩날렸다. 혹독한 추위로 꽁꽁 얼어붙었던 밭고랑도 스르르 녹아 흙덩이가 부드러워졌다. 이때를 놓칠세라 한 농부가 밭에서 열심히 일을 하고 있었다. 괭이로 흙을 파 뒤집고 골을 타서 씨앗을 뿌릴 요량이었다. 누더기를 걸친 등줄기에 땀이 배어오는 느낌이었다. 이제 겨울은 다 지나갔나보군. 그는 속으로 중얼거리며 허리를 폈다.
　밭에서 바라본 동구 앞은 아지랑이가 아른거리고 살구꽃, 복사꽃이 흐드러지게 피어 온통 분홍색 물감을 뿌려놓은 듯했다. 그 정경을 보고 농부는 한껏 기분이 좋아졌다. 역시 겨울이 가면 봄이 오기 마련이지. 지난겨울은 모질게도 추웠다. 더덕더덕 기운 얇은 무명베 이불 속에서 식구들이 엉겨붙어 서로의 체온으로 긴긴 겨울밤을 견디지 않았던가. 때로는 차가운 북풍이 몰아쳤고, 바람이 그치면 어김없이 눈이 내렸다. 움막이나 다름없는 초가집은 눈 속에 자주 파묻혔다. 눈덩이를 뒤집어 쓴 초가지붕에 삐쭉 내민 굴뚝에서 실 같은 가는 연기가 피어오르곤 했다. 그것은 흡사 사람이 살고 있다는 것을 알리는 신호 같았다. 비록 눈구덩이 속일망정 사람들은 살아가고, 그 속에 온기가 숨어 있어 오순도순한 인정이 오고 간다는 것을 보여주는 희미한 증거였다.

농사를 천직으로 알고 대대로 살아온 동네 사람들은 모두가 마찬가지였다. 목마르면 우물을 파서 마시고, 돌밭을 일구어 먹고 살아 왔지만 아무 불평불만이 없었다. 춥고 더운 것은 자연의 당연한 순환일 뿐이다. 거기 순응하는 것이 인간의 도리라는 것쯤은 누가 가르쳐주지 않아도 스스로 잘 알고 있었다. 이들은 세상에 고래등 같은 큰 저택이 있고, 거기 따뜻한 방이 수도 없이 많다는 것을 알지 못했다. 그러니 부드러운 비단이불, 두툼한 솜옷, 여우나 담비의 털외투를 입고 추위가 무엇인지도 모르고 사는 사람들이 있다는 것은 더더욱 상상할 수조차 없었으리라. 아니 그런 것 자체를 생각할 여유 따위가 스며들 틈이 없었다.

동구 앞의 화사한 봄 풍경에 넋을 잃고 있던 농부는 몸을 부르르 떨었다. 봄이라고 하지만 아직 바람이 찼다. 목덜미가 싸늘하게 식어오는 것을 느꼈다. 아침나절 괭이질을 하여 땀으로 젖은 몸이 이제 마르는 모양이군. 이렇게 중얼거리며 양지바른 곳을 찾았다. 동네 어귀 허물어진 돌담 아래로 가서 따뜻한 봄볕에 몸을 내맡겼다.

어느새 왔는지 나물 캐던 아내가 바구니를 옆에 끼고 바싹 다가와 쪼그리고 앉았다. 그들은 마주 보고 싱긋 웃었다. 돌담 밑에는 따뜻한 봄볕이 가득했고, 그 속에서 농부 내외는 너무 행복했다. 단단하게 굳어 있던 몸뚱이가 봄볕을 받아 나른해지는 느낌, 그것은 모진 고생 같은 것을 몰아내는 황홀함이었다. 농부는 아내의 거친 손을 슬그머니 잡고 은근히 속삭였다.

"우리가 담 밑에서 봄볕을 쬐고 있는 이 즐거움은 아무도 모를 거야. 이 따스한 봄볕을 자네 바구니에 가득 담아 임금님께 바친다면 큰 상을 내려주겠지?"

부부는 행복에 겨워 까르르 웃었다. 이른 봄의 한낮이었다.

낮 말은 새가 듣고 밤 말은 쥐가 듣는다고 했던가. 담장에도 귀가 붙어 있다는 속담이 있다. 아무도 듣지 못했던 이 부부의 은밀한 속삭임이 소리 없이 사방으로 퍼져 나갔다. 소문은 발이 없지만 바람을 타고 날아다녔다. 그러다가 이웃 동네 큰 부잣집 안방으로 슬며시 기어들어 갔다. 부자 양반이 뜨끈뜨끈한 아랫목, 비단이불 속에서 막 빠져나올 때였다. 부자는 이 소문을 듣고 화들짝 놀랐다. 무식한 므지렁이들이 별 소리를 다 하는군. 들어 넘길 만도 했지만, 은근히 걱정이 앞섰다.

바구니에 봄볕을 담아 임금님께 진상한다고? 말도 안 되는 소리였다. 그런 허무맹랑한 생각은 삼척동자라도 다 알고 있는 이치 아닌가? 그런데 이런 소문이 왜 퍼졌을까. 부자는 끙끙거리며 소문의 실마리를 풀어보려고 안간힘을 썼다. 그러다가 문득 무언가를 깨달았다. 아하, 바구니에 담는 것은 사실 봄볕이 아니고 다른 물건일 것이다. 임금님께 바친다고 했으니, 아주 귀중한 보물 같은 것이 아니겠는가. 하루하루 끼니를 겨우 이어가는 가난한 농부에게 과연 그만한 귀중품이 있을까. 부자는 머리를 이리저리 굴리다가 언뜻 떠오른 생각이 있었다. 땅을 파다가 벽옥碧玉(푸른빛이 나는 고운 옥돌)을 발견했거나 산삼 뿌리를 캐낸 게 아닐까. 만에 하나 농부가 임금님께 그것을 갖다 바친다면? 부자는 눈앞이 아찔했다. 시기심이 불같이 일어났다. 도저히 참고 있을 수가 없어 곧바로 소문의 주인공인 농부에게로 달려갔다. 이 무식한 놈들에게 무언가 깨우쳐주어야겠다고 다짐하면서.

좁은 시골길에는 봄볕을 받아 잡초가 무성히 자라 있었다. 그 속을 허둥대고 뛰었으니 부자의 바짓가랑이가 아침 이슬에 촉촉이 젖었다. 다 쓰러져가는 움막 앞에서 부자는 자신을 뒤돌아보았다. 내가 왜 이리 미친 듯이 새벽바람에 뛰어나왔는가. 이런 움막 속에 보물은 무슨 보물? 아마도 농지거리겠지. 소문은 봄볕을 바구니에 담는다고 했었는데, 그것을 귀중한 보물로 둔갑시킨 것은 바로 자신이 아니던가. 이렇게 생각하니 너무 부끄러웠고 또 불같이 일던 시기심도 소리 없이 사그라졌다. 그렇더라도 기왕 여기까지 왔으니 어디 한 번 물어 보기나 하자. 부자 양반은 여유를 되찾았다.

"자네가 임금님께 햇볕을 바치겠다고 했다던데 그게 사실인가?"

농부는 수줍은 듯이 머리를 긁적였다.

"예, 그렇게 말했지요. 그런데 그게 뭐 잘못입니까?"

"아니, 아닐세. 그런데 자네는 지금 우리가 살고 있는 나라가 어느 나라인 줄이나 알고 있는가?"

농부는 한참 동안 머뭇거렸다. 어떻게 대답해야 할지 갈피를 잡을 수가 없었다. 전에는 틀림없이 송나라였는데, 그 나라가 망했다는 소문도 있었기 때문이다. 농부가 얼른 대답을 하지 못하자, 보란 듯이 부자가 의기양양하게 말했다.

"송나라일세. 임금님은 여기서 먼 송나라 서울에서 살고 계시지. 자네의 뜻이 기특하기는 하나 내가 어리석은 자네를 일깨워주려고 이렇게 찾아왔네."

부자는 장황하게 이야기를 늘어놓았다. 그 내용은 대강 아래와 같다.

옛날에 얼음장 밑에서 파릇파릇 돋아난 미나리를 먹어본 농부가 있었다. 그 향기와 맛에 탄복하고는 그것을 그 고을 높은 어른에게 갖다 바쳤다. 거기에 대한 보상을 바라거나 칭찬 같은 것을 들으려는 의도는 전혀 없었다. 그냥 맛이 너무 좋으니 이웃들에게도 그것을 나누어주고 싶은 심정으로.

그런데 미나리를 덕어본 양반의 얼굴이 갑자기 일그러졌다. 입안이 아리하게 쑤시고 배 속이 울렁거려 도저히 참을 수가 없었다. 양반은 기어코 울컥 토해내고 말았다. 고량진미만 들어가던 배 속이니 당연한 일이었다. 지체 높은 양반은 화가 머리끝까지 올라와 미나리를 바친 농부를 불러 호통을 쳤다.

"이런 하잘것없는 풀이 무엇이 그리 맛있다고 가져왔느냐!"

농부는 애써 가꾼 미나리를 바치고 욕을 잔뜩 얻어먹고 돌아왔다.

부자는 여기서 이야기를 끝내고 한마디 덧붙이는 것을 잊지 않았다.

"자네가 그 꼴이 될까봐 내가 미리 일깨워주는 걸세."

〈양주〉 편

🔺 해 설

　《열자》에 실린 원문은 좀 복잡하다. 주제가 흐트러져 있다. 앞부분은 양주의 말을 통해서 인간을 두 유형으로 나누어 설명하고 있다. 즉 둔인遁人과 순민順民이다. 둔인은 네 가지의 욕심을 가진 사람이다. 오래 살려는 욕심, 명예욕, 지위욕, 재물욕인데 이런 사람들은 그 욕심 때문에 항상 두려움에 사로잡혀 있다. 반면 순민은 자연의 운명을 거스를 생각이 없는 순한 백성이다.

　열자가 말하려고 한 주제는 순민이다. 그 예화가 위의 이야기다. 우직한 농사꾼이 봄날 햇볕이 너무 따뜻하여 임금님께 드리고 싶다는 소박한 소망을 말하고 있다. 본문에는 '장차 큰 상을 내려주겠지'라고 쓰여 있지만, 이 농부 부부가 상을 바라고 한 말은 아니다. 햇볕을 진상할 수 없다는 것은 아무리 어리석은 농부라도 알고 있으니까.

　그런데 이 이야기에 난데없이 부자가 등장한다. 아마도 앞부분에서 양주가 언급한 그 둔인일 것이다. 욕심이 많고 남을 시기하며 항상 의심하는 사람, 그는 어리석은 농부를 일깨워주려고 또 다른 순민의 일화를 예로 들고 있다. 지방 권력자에게 미나리를 바치고 욕만 잔뜩 얻어먹었다는 이야기.

　이 두 이야기를 합쳐 만들어진 말이 근폭지헌芹曝之獻이다. 직역하면 '미나리와 햇볕을 바치다'라는 의미가 된다. 우매한 사람의 충정, 또는 남에게 주는 예물을 겸손하게 이야기할 때 쓰는 말이다. 현재는 거의 사어死語에 가깝지만, 그 옛날 지식인들이 즐겨 쓰던 언어였다. 자신들은 순민이 아닌 둔인에 가까울지라도.

잃어버린 양과 갈림길

양주楊朱의 이웃집에서 기르던 양 한 마리가 사라졌다. 양을 찾기 위해 그 집 주인은 집안 식구들을 다 불러 모으고 그것도 모자라서 양주에게 도움을 청했다. 양주의 하인들도 함께 데리고 갔으면 했던 것이다. 양주는 이상하게 생각하여 이웃에게 물었다.

"양 한 마리 찾는데 왜 그렇게 많은 사람이 필요한가?"

양 주인의 대답은 그럴듯했다.

"양이 길을 잃은 곳에는 갈림길이 많아서요."

이렇게 하여 그 이웃은 동원된 사람을 데리고 서둘러 양을 찾으러 떠났다. 그 후 해가 서산마루로 넘어갈 때쯤, 양을 찾으러 갔던 사람들이 돌아왔다. 그들은 한결같이 맥이 빠져 있었다. 양주가 다시 물었다.

"그래, 양은 찾았는가?"

양 주인은 고개를 떨구고 힘없이 말했다.

"웬걸요. 못 찾았습니다."

"왜?"

"갈림길에는 다시 갈림길이 있고, 또 갈라지고 해서 그놈이 어느 길로 갔는지 도저히 알 수가 없었지요. 그래서 그만 포기하고 돌아왔습니다."

이 말을 들은 후 양주는 얼굴색이 변했다. 근심하는 것 같기도 하고, 어찌 보면 슬픔에 잠겨 있는 것 같기도 했다. 한동안 말이 없었으며 하루 종일 웃음을 잃은 사람이 되었다. 시선은 초점을 잃었고, 멍하니 넋이 빠져나간 듯, 무엇인가 깊은 생각 속에서 헤매는 것처럼 보였다.

제자들은 끼리끼리 모여 쑥덕였다. 선생님이 왜 저럴까. 양을 찾지 못해 상심해서일까. 아니면 길 잃은 양을 애석히 여겨서인가. 이것도 저것도 아니면 갈림길이 많은 것을 한탄함일까. 이렇게 중구난방으로 떠들었으나 뚜렷한 결론에는 이르지 못했다. 결국 그들은 양주에게 직접 물어보았다.

"양이 그리 귀중한 가축도 아니고 더구나 선생님 댁의 것도 아닌데 왜 그렇게 괴로워하십니까?"

또 다른 제자가 안타까운 듯 말을 더 했다.

"선생님께서 말씀도 없고 웃지도 않으시니 우리는 그 까닭을 모르겠습니다."

양주는 제자들의 거듭된 질문에도 전혀 반응을 보이지 않았다. 갑자기 귀머거리가 된 것처럼 멍한 모습이었다.

그 후 열흘이 지났다. 맹손양孟孫陽이란 양주의 제자가 심도자心都子를 찾아가 그 이야기를 했다. 양주가 침묵한 이유를 이 사람은 알고 있을지도 모른다고 생각하면서 차근차근 자초지종을 설명해주었다. 심도자는 견문이 넓을 뿐더러 아는 것이 많고 생각도 깊은 사람이었다. 그는 한참을 생각하다가 맹손양의 옷소매를 잡아당겼다. 일단 양주를 만나보자는 뜻이었다. 그래서 그들은 함께 양주를 찾아갔다. 심도자는 인사를 마치자 양주에게 이런 이야기를 들려주었다.

 옛날에 아들 셋을 둔 사람이 자식을 모두 제, 노나라 지방으로 유학을 떠나보냈지요. 그곳은 인의의 도가 발달한 곳이어서 그것을 배워오기를 바랐던 것입니다. 몇 년 후, 아들들은 공부를 마치고 돌아왔습니다. 아버지는 훌쩍 자란 아들들을 바라보며 흐뭇한 마음이 되었지요. 외모뿐 아니라 이제 아는 것도 많고 더구나 인의의 도리를 충분히 익혔으리라 생각했습니다. 그래서 맏이에게 넌지시 물었지요.
 "인의란 어떤 것이냐?"
 맏아들은 당당하게 대답했습니다.
 "인의란 내 몸을 소중히 가꾸고 명성이나 헛된 지위 따위를 멀리하는 것입니다. 부모님에게서 받은 몸이니 손가락 하나 훼손함은 불효지요."
 둘째의 대답은 정반대였다.
 "인의란 내 몸을 돌보지 않고 애써 노력하여 후세에 이름을 떨치는 것입니다."
 셋째 아들의 대답은 또 달랐다.
 "인의란 내 몸과 이름을 함께 온전하게 가꾸는 것입니다. 내 몸을 상하지 않게 함이 효도의 비롯됨이요, 후세에 이름을 드날리는 것이 효도의 마침이니까요."
 세 아들의 대답을 들은 아버지는 어안이 벙벙했다. 같은 선생님 밑에서 함께 배웠는데, 왜 이렇게 다른가?

심도자는 말을 끝내고 양주에게 물었다.
"다 같이 유가의 학문을 배웠는데 그 결과가 왜 이렇게 다른지요? 어느 것이 옳고 어느 것이 틀린 것입니까?"
맹손양과 심도자는 초조하게 양주의 대답을 기다렸다. 그러나 그는 역시 대답을 하지 않았다. 그리고 한참 후 엉뚱한 이야기를 끄집어냈다.

"황하 근처에 유명한 뱃사공 한 사람이 있었지. 그는 어려서부터 시뻘건 황하 물속에서 살다시피 했어. 헤엄치는 요령, 잠수하는 기술 같은 것은 저절로 익히게 되었지. 자네들도 알다시피 그 강은 변화무쌍하지 않은가? 때로는 급류가 되어 흐르고 때로는 소용돌이가 휘몰아치곤 하지. 잔잔하다가도 갑자기 물이 불어 강폭이 넓어질 때도 있고, 비 한 방울 뿌리지 않았는데, 홍수로 강이 범람한단 말일세. 그 시원이 워낙 멀어 예측하기 어렵지. 그러거나 말거나 황하를 두려워하지 않고 건너 다니던 그 아이가 자라서 도선업渡船業을 시작했네. 물길에 익숙하다보니 배 한 척으로 일가친척 백여 명을 먹여 살릴 수 있었어. 다시 말해 한낱 비천한 뱃사공이 살림이 넉넉해지고 이름도 날렸던 걸세. 이 소문을 듣고, 그것을 배우려고 너도 나도 보따리를 싸 짊어지고 모여들었다네. 황하가 어떤 물인지도 모르는 사람들이. 그들은 헤엄치는 재주를 배우려고 물속에 뛰어들었다가 거의 절반가량이 시뻘건 황하의 소용돌이에 휩쓸려 죽고 말았지."

양주는 여기서 이야기를 그치고 듣고 있던 두 사람을 돌아보았다. 그리고 은근한 목소리르 물었다.

"본래 헤엄치는 재주를 배워 큰돈을 벌려고 했으나 그것을 배우기는커녕 많은 사람들이 물에 빠져 죽었다. 돈을 벌려는 것과 물에 빠져 죽는 것은 그 이해득실의 차이가 너무 크다. 자네들은 어느 것이 옳고 그르다고 생각하는가?"

이 말을 들은 심도자는 아무 말 없이 고개만 끄덕이고 자리에서 일어섰다. 따라 나온 맹손양은 도무지 이해가 되지 않았다. 그것이 잃어버린 양을 찾는 것과 두슨 연관이 있단 말인가. 그래서 심도자에게 따지듯이 물었다.

"어떻게 된 거요? 당신이 던진 질문도 거리가 멀고, 선생님의 대답 또한 핵심에서 벗어났으니 나는 뭐가 묻지 알 수가 없구려."

심도자는 답답하다는 듯이 이렇게 설명했다.

"진리를 탐구하는 어려움을 이야기한 걸세. 큰 도에 이르는 근본은 하나인데, 사람들은 그것을 모르고 우왕좌왕한다는 거야. 욕심이 과하면 근본을 헤치기 마련 아닌가? 자네는 오랫동안 선생님 밑에서 배웠으면서도 그 비유한 뜻을 모른단 말인가?"

〈설부〉 편

해설

위 이야기의 발단은 잃어버린 양을 찾는 것에서부터 시작된다. 갈림길이 많아서 결국 양을 찾지 못했다는 결론이다. 다기망양多岐亡羊이란 말의 유래가 여기에서 시작된다. 즉 학문의 길이 여러 갈래로 갈라져 있어 쉽게 진리에 도달하기 어렵다는 뜻을 비유적으로 말하고 있다. 기로망양岐路亡羊, 망양지탄亡羊之嘆이라고도 한다.

그런데 이 이야기 후반에 또 다른 예화 두 가지가 덧붙여져 있다. 인의의 도를 배우러 간 삼형제와 뱃사공의 기술을 익히려다가 목숨까지 잃었다는 것이 그것인데, 앞의 발단의 내용과 주제가 명확히 통일되어 있지 않아 약간 어리둥절하다. 그래서일까? 뒷부분을 빼버린 해설서가 여럿 있다.

여하간 마지막에 심도자란 사람의 입을 통해 은유의 의미를 직설적으로 설명하고 있다. 즉 진리탐구란 근본은 하나지만, 그 끝이 갈라지면 목적을 달성하기 어렵다. 또 분에 넘치는 욕심은 오히려 해악을 끼친다는 내용이다. 이런 주제를 명확하게 구체화 시킨 것은 앞부분, 즉 망양다기, 다기망양의 일화임이 분명하다.

죽지 않는 비법

연나라 임금은 오늘도 궁궐 뜰에서 잔치를 벌였다. 바야흐로 봄이 무르녹아 기화요초琪花瑤草가 만발했고, 그 향기가 궁궐에 가득하여 잔치 분위기를 더욱 고조시켰다.

임금은 상좌에 앉아서 아래를 굽어보았다. 길게 늘어놓은 잔칫상은 그야말로 진수성찬이었다. 산해진미가 산처럼 쌓여 있는 높다란 상. 그 좌우로는 비단옷을 입은 신하들이 죽 둘러앉았다. 또한 주변에는 수많은 무희들이 잠자리 날개 같은 옷자락을 펄럭이며 감미로운 음률에 맞춰 너울너울 춤을 추고 있었다.

연나라 임금은 이런 광경을 흐뭇한 심정으로 바라보면서 연거푸 잔을 비웠다. 그는 정신이 몽롱하여 마치 자신이 신선이 된 듯한 착각에 사로잡혔다. 늙지도 죽지도 않고 고통 따위는 아예 모르는 영원무궁토록 살아가는 신선. 그 신선이 되는 것이 연나라 왕이 평소에 갈망하던 소원이었다. 그래서 자주 잔칫상을 차리게 하고 분위기를 띄워 인위적으로 선경仙境을 만들어내었다. 그러나 거기에는 언제나 한계가 있었다. 비록 잔치가 여러 날 계속된다 하더라도 결국 끝나게 마련이고 잔치의 끝은 곧 파국이었고 비참했다. 신선경의 황홀함이 사라진 궁궐은 한바탕 폭풍이 휘몰아친 듯 황폐함을 드러냈다.

연나라 임금은 잔치가 끝난 후, 언제나 그렇듯이 몹시 괴로워했다. 머리가 터질 듯이 아팠고, 팔다리가 욱신거려 거동도 불편했다. 그것보다 그를 더 괴롭힌 것은 죽음에 대한 공포였다. 모든 것이 유한하구나. 잠시 신선이 되어 맛보았던 그 달콤한 황홀감이 이렇게 빨리 끝나다니! 인생은 한바탕 꿈이라고 하지 않던가. 모든 것이 허망했다. 자신이 누리고 있는 지위, 행복 같은 것이 순식간에 사라져버렸다. 연나라 임금은 인생의 허무를 반추하며 자리에 누워 괴로움에 끙끙 앓았다.

이것을 눈치챈 재빠른 신하가 임금의 귀에다 대고 무언가를 속삭였다. 그 소리를 듣고 임금은 자리에서 벌떡 일어났다.

"그것이 사실인가? 죽지 않는 비법을 알고 있는 사람이 있다니!"

신하는 우물쭈물하다가 분명한 어조로 대답했다.

"예, 제가 분명히 들었습니다."

연나라 임금은 갑자기 정신이 맑아졌다. 온몸에 생기가 넘쳐나고 세상이 환하게 밝아오는 느낌이었다. 그는 지체하지 않고 믿을 만한 신하를 골라 그 비방을 알고 있는 사람을 정중히 모셔오라고 명령했다.

사신이 떠난 후, 임금은 기분이 들떠 매사가 즐겁기만 했다. 세상에는 별난 재주를 가진 사람들이 수도 없이 많다. 그중에 죽지 않는 비법을 알고 있는 사람이 왜 없을 것인가. 그 사람이 살고 있는 곳이 꽤 멀긴 하지만 천리마가 끄는 마차를 보냈으니 곧 당도하겠지. 늦어도 열흘 정도면 충분할 것이다. 임금은 이렇게 느긋하게 생각하며 즐거운 나날을 보냈다.

그러나 열흘이 지나도 그 사람을 데리러 간 신하는 돌아오지 않았다. 어떻게 된 영문인가. 천 리 길도 아니고 험준한 산이 가로막혀 있거나 큰 강이 흐르는 곳도 아닌데. 임금은 초조해지기 시작했다. 밥맛도 없어졌고 잠도 오지 않아 뜬눈으로 새우기 일쑤였다. 날짜가 더해 갈수록 안절부절못하면서 우왕좌왕 정신이 없었다. 그 대에 한껏 부풀었던 마음이 기다리는 괴로움으로 변했다.

그렇게 또 열흘이 지나갔다. 임금은 괴로움을 넘어 분노가 머리끝까지 치밀어올랐다. 자신이 신임하여 보낸 신하에 대한 증오로 마음속이 들끓었다. 신하가 눈앞에 어른거리면 당장 목이라도 댕강 자를 기세였다. 그러나 어쩔 것인가. 발만 동동 구르면서 기다리는 수밖에 없었다.

이렇게 험악한 분위기 속에서 신하들은 찍 소리도 못하고 숨을 죽였다. 그중에서도 처음 임금에게 귀띔을 해준 그 눈치 빠른 신하는 더욱 죽을 맛이었다. 그는 죽기를 각오하고 임금에게 자신이 들은 사실을 솔직히 고해바칠 수밖에 없었다. 머리를 푹 숙이고 기어들어가는 목소리로 겨우 입을 열었다.

"죽지 않는 비법을 알고 있다는 그 사람이 며칠 전에 세상을 떠났다고 합니다."

이 말을 듣고 연나라 임금은 깜짝 놀라 펄쩍 뛰었다. 아니, 이게 무슨 청천벽력 같은 소린가. 애타게 기다리던 그 사람이 죽었다니. 눈앞이 캄캄해졌다. 자신이 그토록 소망하던 꿈이 산산조각이 나서 흩어져 날아가고 있었다. 사라져가는 그 꿈의 조각들을 본 순간 아찔하는 현기증이 일었고 몸이 부들부들 떨렸다. 자신의 죽음이 임박했다는 공포가 거대한 파도처럼 밀려왔다.

연나라 임금이 이렇게 암흑 속에서 허우적거리고 있는데, 또 한 사람의 신하가 와서 몸을 납작 엎드렸다. 자신이 보낸 그 신임하던 신하였다. 그는 눈물을 글썽이면서 용서를 빌었다. 사정이 여차여차하여 시일이 늦어졌고, 그 사이 죽지 않는 비방을 알고 있는 그 장본인이 그만 죽고 말았다고 이야기했다. 연나라 임금은 넋을 잃고 한동안 멍하니 바라보다가 버럭 고함을 질렀다.

"이놈을 당장 끌고 가서 목을 쳐라!"

모여 있던 신하들은 아연실색했다. 선뜻 그 명령을 이행하려고 나서는 사람은 아무도 없었다. 한동안 무거운 침묵이 흐르고 난 후, 평소 직언을 자주하던 신하 한 사람이 용기를 내어 간청했다.

"사람이 가장 근심하고 두려워하는 것은 죽음이요, 또 가장 소중히 아끼는 것이 삶입니다. 죽지 않는 재주를 알고 있다는 그 사람, 본인이 정작 죽었는데 어떻게 남을 죽지 않게 할 수가 있겠습니까. 아마도 그 사람의 재주라는 것은 세상을 현혹시키는 사술일 것입니다."

연나라 임금은 이 충직한 신하의 말을 듣고 정신이 번쩍 들었다. 마치 자신이 귀신에 홀렸다가 깨어난 것만 같았다. 이 세상 천지에 죽지 않고 영생을 누린 사람이 있었던가. 생자필멸生者必滅은 영구불변의 진리가 아닌가. 내가 그동안 지나친 욕심에서 허우적거렸구나. 이렇게 자신을 반성하고 생각을 고쳐먹으니 마음이 차차 안정을 되찾았다. 조금 전만 하더라도 정신이 혼미하여 죽음이 임박했었는데, 세상이 다시 밝아졌다. 그는 혼자 중얼거렸다.

"죽지 않는 비법이 따로 있는 것이 아니로군."

그 후 심부름을 갔던 신하는 살아났고, 빈번하던 잔치는 자취를 감추었다. 이에 따라 잔치가 끝난 후의 황량함, 그 쓸쓸한 풍경은 온데간데없어지고 그 자리에 따스한 햇살이 모여들어 옛날 이야기를 주고받으며 속삭이고 있었다.

〈설부〉편

해 설

　이 이야기의 후반부에는 여기에 대한 세상의 평판이 실려 있다. 그것을 열거하면 다음과 같다.

- 제자齊子라는 사람도 죽지 않는 재주를 배우려고 했는데, 그가 죽었다는 소식을 듣고 가슴을 치며 안타까워했다.
- 부자富子란 사람은 그 이야기를 전해 듣고 하늘을 보고 큰 소리로 웃으면서 말했다. "참, 어리석은 사람도 있구나! 그가 배우려던 것은 죽지 않는 재주가 아니겠는가? 그런데 그 재주를 알고 있는 당사자가 죽었는데, 그것을 배우지 못했다고 가슴을 치고 한탄했다니!"
- 호자胡子란 사람은 또 다른 평을 했다. 부자의 말은 잘못이다. 세상에는 어떤 재주를 가지고 있어도 그것을 실행에 옮기지 못하는 사람들이 많이 있다. 안다는 것과 실천하는 것은 반드시 일치하지 않는다. 이런 관점으로 볼 때, 죽지 않는 재주를 가진 사람이 죽었다고 해서 그가 그 비법을 몰랐다고는 말할 수 없지 않겠는가.

　예나 지금이나 사람들은 오래 살고 싶어 한다. 여기에 한술 더 떠서 영생을 꿈꾸기도 한다. 절대 권력자나 부귀영화를 누리는 무리들일수록 생에 대한 집착은 더 강하다고 할 수 있다. 그러나 그것이 가능한 일이겠는가?
　이 이야기는 주인공이 연나라 임금이라고만 되어 있을 뿐 실존인물은 아니다. 역사적 사실은 더더욱 아니며 순수한 창작, 한 편의 콩트로 판단된다. 인간의 욕심, 어리석음을 풍자하고 있다.

방생의 즐거움

언제나 그렇듯이 세모歲暮가 다가오면, 사람들의 마음은 들뜬다. 지난 한 해를 보내고 새해를 맞이하는 송구영신送舊迎新의 기분은 한편으로는 섭섭하고 또 다른 면에서는 미래에 대한 막연한 기대에 가슴이 설레기도 한다.

조나라 서울인 한단邯鄲 사람들도 이런 감정은 매한가지지만, 그들이 맞이하는 세모는 남다른 의미가 있다. 우선 산과 들에 나가 산비둘기 잡기에 온 정신이 팔려 있다. 산비둘기를 생포하여 궁궐로 보내면, 군주인 조간자趙簡子가 무척 기뻐하며 후한 상을 내려주기 때문이다. 그 상금으로 설빔도 장만하고 제물을 사는 데 보탤 수도 있었다. 그래서 한단 사람들은 산비둘기를 생포하려고 온갖 지혜와 방법을 다 동원했다. 그러나 하늘을 나는 산비둘기를 생포하기란 그리 쉽지 않았다. 어쩌다가 잡는다고 하더라도 이미 죽어 있거나 심한 상처를 입어 온전한 상태가 아니었다. 잘 날지도 못하고 피를 철철 흘리는 비둘기를 궁궐로 보낼 수는 없었다. 조간자가 바라는 것은 흠집 하나 없는 팔팔한 자연 상태 그대로의 산비둘기였다.

드디어 새해 아침이 되었다. 붉은 해가 동쪽 하늘에서 불쑥 솟아올랐다. 조간자는 측근들을 데리고 비둘기들이 갇혀 있는 그물망 앞으로 갔다. 다행히 상처 한군데 입지 않고 잡혀온 놈들이 그물 속에 가득했다. 조간자가 흐뭇한 마음으로 바라보고 있는데, 그물 속에 갇힌 비둘기들이 놀라서 달아나려고 날개를 퍼덕였다. 아무리 몸부림을 친들 좁은 그물망 속에서 어쩌겠는가. 서로 부딪쳐 뽑혀 나간 깃털만 풀풀 날렸다.

"금년에는 백 마리도 더 된다고 하니 볼만하겠지?"

조간자가 이렇게 말하자 측근 한 사람이 그 뜻을 이해하지 못하는 듯 물었다.

"이놈들을 어떻게 하실 작정이십니까?"

조간자는 그 측근을 돌아보았다. 그는 얼마 전 어진 사람이라고 소문나 있어 먼 지방에서 불러와 측근으로 삼은 사람이었다. 그러니 해마다 정월 초하룻날 열리는 요란한 이 행사를 모르는 것은 당연했다. 조간자는 모두들 들으라는 듯이 큰 소리로 자랑스럽게 말했다.

"생명이란 모두 고귀한 것일세. 나는 그동안 새해 아침이 되면, 갇혀 있는 생명들을 놓아주었지! 인간이 자연에게 베푸는 큰 은혜가 아니겠는가?"

조간자는 말을 마치고 자신이 직접 그물망을 풀어놓았다. 그러자 뒤엉켜 있던 산비둘기들이 일제히 푸른 하늘로 솟아올랐다. 이제 막 새해 붉은 태양이 떠오른 그 하늘로. 그야말로 장관을 연출하는 순간이었다.

이 광경을 지켜보던 수많은 사람들이 손뼉을 치며 탄성을 내질렀다. 그러나 좀 전에 조간자에게 질문을 했던 그 사람은 여기에 동조하지 않았다. 오히려 못마땅한 표정으로 조간자에게 진언했다.

"백성들은 주군께 산비둘기를 잡아 바치면 후한 상을 준다는 것을 알고 있습니다. 때문에 그것을 잡으려고 별별 수단을 다 동원하지요. 그 과정에서 대부분 죽거나 크게 다치고 온전한 놈은 극소수일 것입니다. 주군께서 직접 죽이지 않았다고 하더라도 그 책임은 면할 수 없습니다. 또 운 좋게 살아서 날아간 놈들이 고맙다고 할 리도 만무합니다. 진정 생명을 아끼는 마음이라면, 이 행사를 중지하시는 것이 좋을 듯합니다. 무릇 방생이라는 것은 자연에 대한 일종의 기만이지요. 알량한 거짓된 은혜가 어찌 생물을 죽이는 큰 죄를 감당할 수 있겠습니까?"

이 말을 듣고 조간자는 깜짝 놀랐다. 미처 거기까지는 생각하지 못한 것이다. 오늘 날려 보낸 백 마리도 넘는 산비둘기를 잡기 위해 몇 천 마리의 산비둘기들이 죽어갔을까. 조간자는 한동안 말이 없었다. 자신이 베푼 은혜가 생명에 대한 기만이고, 또 자기만족에 지나지 않았다는 것을 차츰 깨닫기 시작했다. 이 단순한 이치를 그동안 왜 몰랐던 것인가. 생명의 고귀함은 결국 인간의 손길로 더럽혀진다는 그 분명한 사실을.

〈설부〉 편

해 설

 가끔 종교 기관이나 생명을 존중한다는 민간 단체들이 방생이라는 명분으로 잡혀 있는 생명체를 놓아주는 일이 있다. 구속 상태의 생명체를 풀어줌으로써 그 은혜가 복으로 돌아오기를 바라는 마음에서일 것이다. 자연을 아름답게 가꾼다는 그 민간 단체들은 당연히 할 일을 했다고 자부하며 흐뭇한 마음으로 즐거워할 수도 있다. 어떤 과정으로 붙잡혔는지는 모르더라도 죽어가는 생명체에 대한 연민은 누구에게나 있다. 그러니 방생 그 자체는 긍정적일 수밖에 없다. 그런데도 석연치 못한 느낌은 어디에서 오는 것일까. 자연을 스스로 훼손하고 그것을 치유하겠다는 인간의 오만함, 이기심 때문이 아닐까.
 이와 비슷한 일들은 비일비재하다. 자연 환경을 보전하여 많은 철새들이 날아오기를 바라는 사람들이 있다. 그들은 하늘을 뒤덮은 철새들을 보며 환호한다. 갈대숲에 숨어 망원경으로 확대하여 보고 또 생생한 그 모습을 화면에 담기도 한다. 탐조探鳥를 즐기는 사람들이다. 물론 이것을 비난할 생각은 전혀 없다. 그러나 그들이 모르는 사실이 있다. 시베리아에서 몰려온, 그 덩치 큰 철새들이 진흙탕 속에서 겨울을 나고 있는 토종 물고기들을 잡아먹고 있다는 사실. 그것도 하루에 수백 마리씩을 잡아먹는다.
 겨울철 우리나라로 모여드는 철새들은 수십만 마리도 넘는다. 그들이 겨울 한철 잡아먹는 물고기들의 숫자는 계산조차 불가능하다. 아무리 진흙탕 얼음 속에 갇혀 있는 피라미라 하더라도 생명은 생명이다.
 자연 지킴이나, 그 보호론자들은 어느 한쪽에 치우치지 말아야 할 것임을 명심할 일이다. 자칫 자기만족에 들떠 있던, 조나라 군주인 조간자와 같은 실수를 범할 수도 있으니까.

    최상의 방법은 구위자연, 곧 자연을 어떻게 하려는 생각 그 자체를 버리는 일이다. 그러나 그것은 이상론에 불과하다. 그러면 어떻게 하는 것이 가장 바람직한가. 그것은 자연과 인간 사이에 균형과 조화를 이룩하는 일이 아닐까. 이 균형과 조화는 자연과 인간 사이에만 필요한 것은 아니다. 복잡하게 얽혀 있는 현대 사회의 모순과 부조리를 치유할 수 있는 유일한 묘방妙方이 아니겠는가.

3

천하통일에 기여한 법가사상의 정수 《한비자》

《한비자 韓非子》

한비자의 생애와 사상

한비자 韓非子(?~ 기원전 233)는 전국시대 말 한나라의 귀족인 공자 출신이다. 선천적인 말더듬이로서 변론에는 서툴렀으나 저술에는 뛰어났다. 일찍이 이사 李斯*와 함께 유가인 순자에게서 학문을 배웠는데 그를 능가할 정도였다고 알려져 있다.

한비자는 조국인 한나라가 점점 쇠약해지는 것을 보고 한왕 韓王에게 자주 글을 올려 간하였으나 한왕이 이를 외면하여 어지러운 정치를 바로잡지 못했다. 울분 속에서도 그는 법치를 근간으로 하는 정치사상을 담은《한비자》를 지어 세상에 내놓았다.

이 책은 여기저기를 떠돌다가 우연히 진나라 왕의 손에 들어갔다. 시황제가 되기 전의 일이었다. 진왕 정政은 이 책의 〈고분 孤憤〉, 〈오두 五蠹〉편을 읽고 "내가 이 사람을 만나 서로 이야기할 수 있다면, 죽어도 한이 없겠다"라고 감탄하였다고 한다.

이사가 "한비자가 저술한 책입니다"라고 하자, 진나라는 급히 한나라를 공격하였다. 아마도 진왕이 한비자를 얻고자 함이었을 것이다. 한나라는 이를 두려워하여 결국 한비자를 진나라에 보내서 외교적으로 어려움을 해결하고자 했다. 한비자가 진나라에 왔을 때, 당시 진나라의 재상이었던 이사가 동문수학한 한비자를 모함하여 죽이고 말았다.

한비자는 신하가 군주에게 유세하는 어려움을 설파한 〈난언難言〉, 〈세난說難〉 편을 지었음에도 불구하고 아이러니하게도 자신은 그 화를 피하지 못했다. 한비자는 비록 자신을 시기한 이사에게 죽임을 당했지만, 그의 법치사상은 진시황의 천하통일에 기여한 바가 컸다고 알려져 있다.

한비자는 전국시대 법가사상을 대표하는 인물이다. 그러나 그전에 이미 법치를 주장하고 실현한 상앙商鞅이 있었다. 술術을 강조한 신불해申不害, 세勢를 주창한 신도慎到 역시 법가사상가들이었다.

상앙이 주장한 법치란, 백성들의 사사로운 이익보다는 국익을 우선시하고 법을 엄격히 만인에게 두루 적용하는 것을 원칙으로 삼는 것이었다. 신불해는 형명, 곧 관리를 임용하는 경우 그 이론과 실제 성과의 일치 여부를 살펴 결정해야 한다는 이론을 펼쳤고, 권술로써 신하를 다스려야 한다고 주장했다. 신도가 말한 세란, 군주만이 가지는 유일한 권위나 위세를 의미한다.

한비자는 이 세 가지 법가사상을 두루 종합하여 구체적인 시행 방법

---

* 진시황 때의 재상으로 진나라의 천하통일에 크게 기여했지만 진시황 사후, 2세인 호해를 옹립했다가 조고에 의해 피살되었다.

을 자세히 제시하였다. 그는 자신의 주장을 뒷받침하기 위해 여러 가지 역사적 사실, 설화, 우화 등을 엮어 《한비자》란 뛰어난 명저를 완성했다. 후일 그의 사상을 이어받은 법가들의 이야기가 덧붙여졌겠지만, 그 전체의 맥락은 한비자의 저술임이 분명하다.

 태사공은 말하였다. 노자가 귀히 여긴 도라는 것은, 곧 허무다. 모든 곳에 존재하여 영향을 미치지만, 그 형체를 볼 수가 없다. 허무는 자연에 순응하여 무위 속에서 각종 변화에 적응하는 것이다. 그러므로 그 저서의 언사는 미묘하고 이해하기 어렵다. 장자는 노자의 도덕을 확대하여 자유분방하게 논했는데, 그 요지는 자연에 귀결된다. 신자(신불해)는 부지런히 형명에 힘썼으며, 한자(한비자)는 법률에 의거하여 세상사를 결단하고 시비를 분명히 하였으나 너무 가혹하여 은덕이 결핍되어 있다. 이들의 학설은 모두 도덕에 근원을 두고 있으나, 그중 노자가 가장 심원深遠하다.

위의 논평은 《사기》〈노자한비열전〉의 말미에 나오는 사마천의 말이다. 2000년도 훨씬 전, 당시 제자백가들의 정치사상을 요약한 것으로 정곡을 찌르는 표현이라고 여겨진다.

 그런데 여기서 사마천은 한비자를 평가하며 '은덕이 결핍되어 있다'고 말했다. 이 논평은 법가정신 전반에 대한 이해가 부족한 감정적 표현임이 분명하다. 왜 그런가. 엄혹한 법가사상에는 은전恩典 같은 온정이 끼어들 여지가 없다. 상앙이 그랬고 신불해 역시 정도의 차이는 있을지라도 법가원칙에 충실했다. 더구나 한비자는 자신의 법치사상을 현실정치에 적용할 기회조차 없었다. 사마천이 살았던 한나라 초기 무제 때는 이미 유가사상이 정치이념으로 굳어지고 있을 때였으니 아마도 그 영향을 받았기 때문일 것이다.

《한비자》는 어떤 책인가

전국시대에 저술된 방대한 정치사상서로서 전 20권, 55편에 이른다. 《사기》에는 10여 만 자라고 기술되어 있다. 문장이 매우 치밀하고 적절, 간략, 명쾌하여 후세 논술에 끼친 영향이 매우 컸다. 내용은 법술法術을 숭상하고 형명은 날카롭게 할 것을 군주에게 간諫하는 것으로 되어 있다. 이 가운데는 예화로 든 수많은 역사적 사실, 전설, 우화 등이 망라되어 있어 그 진가를 더욱 돋보이게 한다. 법가사상 전반을 요약한 고대 전적으로 현재까지도 수많은 사람들이 읽고 있는 고전이다.

군주의 애증

미자하彌子瑕는 어린 나이에 위나라 임금 영공靈公을 모시게 되었다. 해맑은 얼굴에 언제나 발그레한 홍조를 띤 미소년이었다. 때문에 궁중 사람들의 귀여움을 받았을 뿐만 아니라 임금이 특히 그를 총애했다. 늘 가까이 두고 잔심부름을 시켰는데, 항상 웃는 얼굴에 사근사근하고 세상 물정을 전혀 모르는 천진함까지 가지고 있어 임금의 심기를 편안하게 해주었다.

임금이란 자리는 밖에서 볼 때는 화려하고 모든 것을 자기 마음대로 할 수 있는 무소불위의 권한을 가지고 있는 것처럼 보인다. 그렇기 때문에 모든 사람들은 선망의 눈으로, 혹은 존경하는 마음으로 바라본다. 그러나 내면은 전혀 그렇지 않다.

백성들의 의식주를 비롯하여 언제 닥칠지 모르는 천재지변, 전쟁에 대한 공포, 자신에 대한 세상의 평판, 정변으로 인하여 임금의 자리에서 쫓겨날지도 모른다는 두려움 등등으로 괴롭다. 어디 그뿐인가. 매사에 자유가 없다. 먹고 입고 움직이는 것이 모두 법도에 맞아야 한다. 조금이라도 어긋나면 시종들이 간섭하고, 준엄한 신하의 질책이 뒤따른다. 또 신하들 중에는 충신과 간신이 뒤섞여 있다. 어떤 신하를 믿어야 하는지 이를 가리는 것은 거의 불가능하다. 내실에 들어서도 마찬가지다. 웃음과 아양으로 옷소매를 끌어당기는 비빈과 궁녀들을 어찌 다 믿을 수 있겠는가. 천 길 물속은 알 수 있어도 한 길 사람 마음속은 모른다는 속담을 떠올리는 위나라 영공은 경계를 늦추지 않았다.

영공은 이런 어지럽고 번잡한 답답함에서 벗어나고 싶을 때가 한두 번이 아니었다. 이때마다 찾는 이가 바로 미자하였다. 영공은 미자하의 순진하고 해맑은 모습을 대할 때마다, 잔잔한 미소가 저절로 떠올랐다. 우선 이 미소년에게는 가식이라곤 전혀 없었다. 임금 앞이라고 하여 두려워하거나 지나치게 조심하지도 않았다. 맑은 눈동자에는 어떤 바람이나 기대, 선망, 질투, 음모 따위는 보이지 않았다. 자연 그대로의 천진난만함이 가득 고여 있었다. 구름 한 점 없는 높푸른 가을 하늘, 그 짙고 깊은 푸른빛의 청순함, 바로 그것이었다.

이런 연유로 영공은 미자하와 단둘이 있을 때가 잦았다. 격의隔意 없이 몸을 부딪치며 장난도 쳤고, 마주 보고 깔깔 웃으며 동심 속으로 빠져들곤 했다. 임금이란 번거롭고 거추장스러운 직분을 잊는 순간이 얼마나 행복한가를 절실히 느낄 수 있었다.

그러던 어느 날, 어전회의에서였다. 대신 한 사람이 임금에게 근엄한 자세로 아뢰었다.

"며칠 전 시종 미자하가 임금님 수레를 몰래 타고 나갔다고 합니다.

법대로 처벌하는 것이 마땅하다고 생각됩니다. 미자하를 벌하게 해주십시오."

여러 신하들이 여기에 동조하듯 머리를 조아리며 임금의 허락을 기다렸다. 영공은 이 말을 듣는 순간 눈앞이 아찔했다. 자신은 이미 들어서 알고 있었지만, 신하들이 공식석상에서 거론하리라고는 미처 생각하지 못했다. 법대로 처벌한다면, 월형에 해당된다. 군주의 수레를 허락 없이 탄 자는 발을 자르도록 법으로 정해져 있었다.

영공은 이 일을 어떻게 처리해야 할지 잠시 망설였다. 자신이 아끼는 그 순진한 아이의 발을 자를 수는 없었다. 그렇다고 신하들의 정당한 요구를 막무가내로 내치는 것은 더더욱 있을 수 없는 일이었다. 무슨 좋은 수가 없을까. 이리저리 궁리하다가 임금은 정신이 번쩍 들었다. 그러면 그렇지! 번개처럼 머릿속을 스쳐가는 묘책에 하마터면 무릎을 '탁' 칠 뻔했다. 그러나 그것을 내색하지 않고 신하에게 되물었다.

"그대는 미자하가 왜 과인의 수레를 타고 갔는지를 알고 있는가?"

임금의 허락을 기다리고 있던 신하들은 무슨 영문인지를 몰라 어리둥절했다. 임금의 수레는 오직 임금만이 탈 수 있다는 것은 상식에 속한다. 그것이 법도이고 임금의 권위를 상징하는 척도다. 여기에 무슨 이유나 사정이 뒤따른단 말인가. 처음 말을 꺼낸 대신은 얼른 대답을 하지 못하고 머뭇거렸다. 둘러앉아 있던 다른 신하들은 눈짓을 교환하며 의아한 표정을 지었다.

잠시 침묵이 흘렀다. 영공은 이 기회를 놓칠세라 큰 소리로 신하들의 머리 위에 대고 일장 훈시를 했다.

"미자하가 한밤중에 과인의 수레를 타고 나간 것은, 나도 들어서 알고 있었다. 그 아이의 모친이 위독하다는 기별을 접하고 마음이 다급한 나머지 그렇게 했다고 한다. 자신의 안위를 걱정하지 않고 월형을 각오하면서까지 죽음이 임박한 부모에게 달려간 사람에게 법을 들이대는 것은 법의 남용이 아닌가? 오륜 중에서도 부자유친이 첫머리에 나오는 것으로 보아 효는 충에 앞서지 않겠는가? 짐은 미자하의 효성에 감탄할 뿐이다. 그대들은 이 일을 두 번 다시 거론하지 마라!"

모여 있던 신하들은 아무 말도 못하고 조용히 물러났다. 그러나 이런 일이 있었다는 것을 아는지 모르는지 미자하는 여전히 임금 곁에 바싹 붙어서 천진난만한 웃음을 터뜨렸다. 두 사람은 나이나 신분을 뛰어넘어 서로의 마음을 알아주는 친구였다. 그렇기에 미자하는 임금의 수레를 몰래 타고 나갔다고 해서 월형을 당하리라고는 꿈에도 생각지 않았다. 임금 역시 기회가 있을 때마다 미자하의 지극한 효성을 칭찬해주었다.

뜨거운 여름 한낮이었다. 궁궐을 뒤덮은 울창한 나무들 속에서 매미들이 극성스럽게 울어대고 있었다. 영공은 복잡한 정무에서 잠시 벗어나고 싶었다. 이 무더운 날씨에 따분하게 공문서 따위나 뒤적이고 있다니. 이렇게 생각하며 하품을 연발했다.

이를 눈치챈 미자하가 임금을 대궐 후원으로 이끌었다. 그곳은 과수원이었다. 탐스러운 복숭아들이 주렁주렁 열려 있었다. 통통하게 살이 찌고 발그레하게 잘 익어 먹음직스러웠다. 선가仙家에서 말하는 천도天桃, 곧 하늘의 복숭아였다. 신선들이 즐겨 먹는 과일로 그것을 먹으면 신선이 된다는 속설도 있었다. 껍질을 살짝 벗기고 입안에 넣으면 달콤하고 향기로운 과즙이 목구멍으로 스르르 흘러들 것이다. 영공은 군침을 꿀꺽 삼켰다. 그러나 임금이라는 고귀한 신분으로서는 나무에서 직접 과일을 따 먹을 수는 없는 노릇이었다. 시종들이 곱게 씻어 은쟁반에 받쳐 들고 오는 과일만이 자신이 맛볼 수 있는 유일한 것이었다.

그런데 미자하는 그렇지 않았다. 거추장스러운 궁중의 법도나 예의범절, 체통 따위는 안중에도 없었다. 자연 속에서 자라난 순수한 동심이 발동했다. 미자하는 나무 사이를 다람쥐처럼 요리조리 기어올라가 아주 크고 먹음직스러운 복숭아 한 알을 따서 바지에 쓱쓱 문질러 닦았다. 그러고는 한입 크게 베어 물어 맛을 보았다. 무어라고 형언할 수 없는 감미로움이 입안에 고였다. 그는 주저하지 않고 먹다 남은 것을 임금에게 건넸다. 영공은 그것을 받아 으적으적 씹으면서 그 향기와 맛에 감탄을 연발했다. 또한 미자하의 충성스러움을 칭찬해 마지않았다.

그 후 여러 해가 흘렀다. 미자하의 몸집이 커지고 얼굴빛이 달라졌다. 입가엔 시커먼 털이 빽빽이 솟아올라 험상궂은 모습이 되었다. 여리고 앳된 옛날의 그 순진한 눈동자는 온데간데없이 사라졌다. 솜털처럼 부드럽고 발그레하던 살갗은 딱딱하게 굳어 검고 우락부락해졌다. 실은 이런 변화는 아주 자연스럽고 정상적인 것이었다. 어린 소년이 건장한 청년으로 성숙한 것에 지나지 않았다.

그런데 위나라 임금은 미자하의 이런 모습을 탐탁지 않게 여겼다. 거기다가 한술 더 떠서 미워지기 시작했다. 궁중 법도를 무시할 뿐만 아니라 자신을 대하는 태도가 불손하기 짝이 없다고 느껴졌다. 들리는 말로는 임금을 등에 업고 온갖 나쁜 짓을 저지른다는 소문이 무성했다.

일상적으로 열리던 어전회의에서였다. 국사의 논의가 막 끝나갈 무렵, 신하 한 사람이 조심스럽게 임금에게 아뢰었다. 그는 궁중의 기강이 해이해지고 있다는 것을 먼저 언급하고, 그 증거로 미자하의 오만불손함을 지적했다. 한마디로 시종에 불과한 미관말직이 너무 건방지니 그대로 내버려둘 수 없다는 뜻이었다. 다른 신하들도 여기에 동조하듯 수군대며 얼굴을 마주 보았다. 그들은 오래전부터 임금의 속마음을 읽고 있었던 것이다. 신하의 말이 끝나자, 영공은 버럭 고함을 질렀다.

"그대들은 이제야 그것을 알았단 말인가! 미자하, 이놈은 전에도 군명이라 속이고 과인의 수레를 함부로 탄 일이 있었고, 또 한 번은 먹다 남은 과일을 내게 주기도 했다. 꼴도 보기 싫으니 먼 곳으로 당장 쫓아버려라!"

이렇게 하여 미자하는 궁중에서 쫓겨나고 말았다. 뿐만 아니라 죄인이 되어 먼 변방으로 귀양살이를 떠났다. 형틀에 묶여 끌려가면서 미자하는 만감이 교차했다. 내가 무슨 큰 죄를 범했단 말인가. 아무리 생각해도 이해가 되지 않았다. 궁중 법도를 조금 어겼을 뿐인데, 그것은 오랜 궁중 생활 내내 해오던 일이었다. 또 궁중 대신들의 비위를 건드린 일은 종종 있었고, 아부하는 관리들에게는 여러 가지 청탁을 하여 사리사욕을 조금 채운 것뿐이었다. 그렇다고 하더라도 임금을 가까이에서 모시고 돕는 일은 예전과 오늘이 다를 것이 없었다. 그런데 앞서는 크게 칭찬을 받았던 일이 이제 와서는 큰 죄가 되다니.

다음의 글은 미자하에 대한 한비자의 논평이다.

이와 같이 미자하의 행동은 처음과 끝이 조금도 달라지지 않았음에도 불구하고 칭찬과 벌이라는 정반대의 결과로 나타났다. 이것은 군주의 애증의 변화 때문이라고 할 수 있다. 이런 점으로 미루어볼 때 국사를 논의하는 신하는 군주의 속마음을 꿰뚫어볼 수 있는 혜안을 가지고 있어야 한다. 이것은 달콤한 말만 늘어놓아 아부하는 것과는 전혀 다른 차원일 것이다. 때와 장소, 그리고 군주의 심기, 애증의 소재와 변화를 면밀히 관찰하는 것이야말로 신하가 갖추어야 할 덕목이 아니겠는가.

무릇 용龍이란 동물은 유순하게 잘 길들이면 그 등에 올라타 구름 위를 날아다닐 수도 있다. 그렇다고 하더라도 항상 조심해야 한다. 용의 턱 밑에는 한 자쯤 되는 거꾸로 돋은 비늘이 있다. 이것을 역린逆鱗*이라고 하는데, 만약 이 비늘을 슬쩍 건드리기만 해도 용은 반드시 물어 죽이고 만다. 임금에게도 용과 흡사한 역린이 있다. 이 거꾸로 돋은 비늘을 건드리지 않고 임금을 설득하는 사람이 지혜로운 신하일 것이다.

미자하는 멋모르고 역린을 건드렸던 것이다. 죽지 않고 쫓겨나 귀양을 간 것만도 큰 행운이었다.

〈세난〉 편**

---

*군주의 노여움을 비유한 말이다.
**《한비자》에 나오는 〈세난說難〉 편은 대략 두 가지 의미로 해석된다. 설난이라 읽으면 '말하기의 어려움'이란 뜻이고, 세난이라 읽으면 '설득하기의 어려움'이란 의미가 된다. 여기서는 '세난'으로 해석했다. 역린을 건드리지 않고 군주를 달래어 설득하기 어렵다는 의미다. '說'자의 음과 뜻은 대략 세 가지이다. '설, 세, 열'인데 '말하다, 설득하다, 기쁘다'로 해석한다.

해설

이 이야기의 뒷부분에 한비자의 직설적 평을 첨가했음을 밝혀둔다. 권력자나 군주를 달래어 설득하는 것의 어려움을 담았다. 인간의 심리는 수시로 변한다. 같은 일이라도 칭찬을 받기도 하고, 비난의 대상이 되기도 한다. 한비자는 군주의 애증 변화가 그 원인이라고 말하고 있다. 고금을 통틀어 이와 비슷한 일은 비일비재하다. 한 때 충신이 역적으로 몰리기도 하고, 또 역적이 충신으로 둔갑하기도 한다. 이런 가치의 상충은 시대나 정치에 국한되지 않고 인생살이 전반에 걸쳐 항상 존재한다.

용은 불가사의한 능력을 가진 상상의 동물이다. 봉건시대에는 임금을 용에 비유했다. 그래서 용안(임금의 얼굴), 용상(임금이 정무를 볼 때 앉는 자리)이란 말이 생겨났다. 용이 가지고 있다는 그 '역린'이란 것은 임금의 독선이나 횡포, 나아가 예측 불가능한 분노 따위를 상징한다.

그렇다면 '역린'은 과거의 한낱 유물이나 전설에 불과한 것일까. 역린은 용이나 임금의 턱 밑에만 있는 것이 아니라 세상 도처에 감추어져 있다. 그래서 이를 피해 조심해서 살아가는 지혜를 익혀야 한다.

미자하에 대한 일화는 《한비자》〈내저설〉 편에도 나온다.

신하의 말을 들을 때, 마치 입의 출입문이 하나인 것처럼 특정한 한 사람만을 통하게 되면, 그 신하는 다른 사람이 들어오지 못하도록 문을 막아버린다.

위의 정의를 증명하기 위해 한비자는 다음과 같은 우화를 만들어냈다.

어느 날 한 난쟁이가 위나라 영공 앞에서 이렇게 말했다.
"제 꿈이 맞았습니다."
유명한 점쟁이라고 해서 그 난쟁이를 궁궐에 들어오도록 했는데, 엉뚱한 말을 하고 있었다. 영공은 흥미가 동하여 넌지시 물었다.
"너는 무슨 꿈을 꾸었단 말이냐?"
"꿈에 아궁이를 보았더니, 오늘 임금님을 배알拜謁하는 영광을 얻었습니다."
영공은 갑자기 얼굴빛이 험악하게 변했다.
"군주를 배알하는 자는 태양을 꿈꾼다고 들었다. 하잘것없는 아궁이를 보고 과인을 만나게 되었다니 그게 무슨 소리냐!"
난쟁이는 정색을 하고 말했다.
"태양은 높이 떠서 언제나 천하를 두루 비추며 어떤 것으로도 그 빛과 따스함을 가릴 수 없습니다. 이는 마치 군주의 총명이나 은혜가 나라 안을 속속들이 밝히고 젖어드는 것과 같은 이치입니다. 때문에 군주를 배알하는 자는 먼저 태양을 꿈꾸게 된다는 것이지요. 그런데 아궁이의 불은 한 사람이 그 앞을 가로막으며 뒤의 사람들은 그 불빛을 볼 수 없음은 물론이고 따스한 온기를 느낄 수도 없습니다. 미천한 제가 아궁이를 보는 꿈을 꾸었던 것으로 보아 지금 누군가가 혼자서 임금님의 은총을 가로막고 있는 것이 분명합니다."

아궁이를 막고 있는 자, 곧 임금의 총명을 흐리게 하는 신하는 미자하를 두고 하는 말이다. 미자하는 위나라 임금을 등에 업고 온갖 악행을 저질렀다고 역사는 기록하고 있다. 그러나 구체적 내용은 전해오지 않는다.

화씨의 보석

초나라 사람 화씨和氏(이름은 변화卞和)가 초산楚山에서 큰 돌덩이를 하나 얻었다. 겉보기에는 둥글넓적한 평범한 돌덩이 같지만 잘 다듬으면 틀림없이 좋은 보옥이 되리라는 것을 한눈에 알아보았다.

화씨는 평소에도 산이나 강가를 두루 돌아다니면서 진귀하게 생긴 돌을 수집하는 취미가 있었다. 그렇기에 그의 집에는 크고 작은 돌덩이들이 수북이 쌓여갔다. 화씨는 돌을 가공하거나 다듬지 않았다. 그런 재주도 없었고, 또 그것을 배우려고도 하지 않았다. 자연 그대로의 돌을 모으고 감상하는 재미에 푹 빠져 있었다. 돌의 모양새며 색깔, 겹겹이 층을 이룬 결을 요모조모로 살펴보았다. 그 속에 감추어져 있는 태고의 신비나 숨결 같은 것을 느낄 때 큰 행복감에 젖었다.

세월이 흐를수록 돌을 보는 화씨의 안목은 더 깊고 넓어졌다. 그는 조그마한 돌덩이 하나에서 대자연을 보고 세월의 두께, 오묘한 우주의 실체를 발견해내기도 했다. 그것은 유한한 인생이 무한한 세계, 곧 영원을 탐색하는 즐거움 같은 것이었다.

이번에 초산에서 얻은 큰 돌덩이는 아무리 보아도 평범하지가 않았다. 전문가가 잘 다듬는다면, 진귀한 보배가 될 수도 있다고 생각했다. 사실 화씨는 보옥이나 보배 같은 재화에는 관심이 없었다. 그러나 보물을 그냥 내버려두는 것은, 흡사 숨겨진 인재를 발굴하여 세상을 이롭게 하지 않는 어리석음이 아니겠는가. 나라의 재산이나 인재는 많으면 많을수록 좋은 일일 것이다. 이렇게 생각한 화씨는 그 돌덩이를 초나라 군주인 여왕에게 바쳤다. 여왕은 돌을 다루는 장인에게 감정을 의뢰했다. 그는 대강 살펴보고는 한마디로 간단히 평가해버렸다.

"이것은 흔한 돌덩이에 불과합니다."

이 말을 들은 여왕은 화씨를 크게 꾸짖고 군주를 속인 죄로 월형에 처했다. 왼쪽 발목을 잘린 화씨는 다리를 질질 끌며 대궐을 나왔다. 억울하기 짝이 없는 일이었으나, 어디다 하소연할 곳도 없었다. 그저 하늘을 한 번 쳐다보고 중얼거렸다.

"나는 무엇을 바라고 돌을 바친 것이 아니었다. 나라의 보배, 어쩌면 천하의 보물이라고 생각해서 그렇게 했을 뿐인데……."

그 후 세월이 흘러 여왕은 죽고 무왕武王이 새로 즉위했다. 화씨는 비단 보자기에 싸서 보관해두었던 그 돌덩이를 떠올렸다. 자신의 오랜 경험으로 판단해볼 때, 좀처럼 구하기 어려운 보물임에는 틀림이 없었다. 다만 그 진가를 알아주는 사람이 없었을 뿐이다. 이제 임금이 바뀌었으니 세상도 많이 달라졌을 것이다. 이렇게 생각한 화씨는 그 돌덩이를 다시 무왕에게 바쳤다. 무왕 역시 보석을 세공하는 사람에게 감정을 맡졌다. 그랬더니 이 보석 세공사 역시 앞의 장인과 똑같은 말을 했다.

"이건 아무 쓸모없는 평범한 돌입니다."

이번에는 화씨의 오른쪽 발목이 잘려나갔다. 세상 사람들은 이런 참변을 당한 화씨를 아무도 동정하지 않았다. 군주를 두 번씩이나 기만했으니 벌을 받아 마땅하다고 여겼다. 그들은 왜 화씨가 위험을 무릅쓰고 그 돌을 임금에게 바치高 했는지에 대해서는 전혀 마음에 두지 않았다.

화씨의 상처가 다 아물 만큼의 세월이 또 흘렀다. 그동안 무왕이 죽고 문왕文王이 새로 즉위했다. 화씨 역시 검었던 머리털이 백발이 되었다. 두 발목을 잃고도 이를 악물고 악착같이 살아온 세월이었다. 이 세상에서 가장 값진 보물을 가슴에 안고 있다는 자부심, 어쩌면 책임감 같은 것이 그의 삶을 지탱하게 했는지도 모를 일이다. 임금이 또 바뀌었다는 소식을 들었지만, 이제는 아무런 기대도 하지 않았다. 더 이상 잘려나갈 여분의 발목도 없었다.

화씨는 그 돌덩이를 품에 안고 이번에는 초산으로 갔다. 초산에서 얻었으니 원래 있던 자리로 돌려 보내고 싶은 심정에서였다. 산 아래서 바라본 정상은 예나 지금이나 다름없이 우람했다. 돌과 돌이 겹겹으로 뭉쳐진 산줄기, 그 너머엔 하늘이 푸르렀다. 천고의 세월, 아니 영원이 머무는 곳엔 아늑한 평화가 감돌고 있었다. 세월이 아무리 흘러도 자연은 옛날 그대로구나! 화씨는 눈앞을 어지럽히는 자신의 흰머리털을 바라보며 만감이 교차했다. 자연이 자신에게 내려준 보물을 아무도 알아주지 않는 세태가 한심했고, 더구나 군주를 기만했다는 치욕을 당하다니! 이런저런 생각을 하니, 호씨의 가슴은 알 수 없는 울분으로 차올랐다. 마침내 그 울분은 온몸을 삼키고 서러움이 되어 밖으로 터져나왔다.

화씨는 초산 아래에서 돌덩이를 가슴에 안고 사흘 낮, 사흘 밤을 울부짖었다. 마치 자신의 생을 울음으로 마감하려는 듯, 울고 또 울었다. 눈물이 마르니 피가 묻어나왔고 목은 서러움으로 꽉 막혀버렸다. 화씨의 이 울부짖는 비통한 소리가 세상 밖으로 퍼져갔다. 새로 임금이 된 문왕이 이 소문을 듣고 사람을 보내 그 까닭을 물었다.

"세상에 월형을 당한 사람은 수도 없이 많은데, 당신은 무엇이 서러워 그처럼 통곡을 했는가?"

초산 아래 기진하여 쓰러져 있던 화씨가 벌떡 일어났다.

"저는 발꿈치가 잘린 것이 서러워 통곡한 것이 아닙니다. 숨겨진 보물의 진가를 알아주지 않았고, 또 그것을 나라에 바친 저에게 군주를 기만했다는 치욕을 안겨준 것이 억울했습니다. 그러나 그것은 참을 수 있었지만, 하늘이 내게 내려준 나라의 보물을 내다버릴 수밖에 없는 현실이 너무 통탄스러워 실컷 울어라도 보고 싶었습니다."

문왕은 이 말을 전해 듣고 옥장玉匠에게 그 돌을 잘 다듬도록 명령했다. 그 결과 세상에서 둘도 없는 값진 보옥을 얻을 수 있었다. 문왕은 그것을 화씨의 벽和氏之璧*이라고 이름 지었다.

〈세난〉 편

---

* 직역하면 화씨의 보옥이란 뜻이다. 원래 벽璧은 둥글고 색깔이 아름다운 옥玉이다. 이 '화씨지벽'은 전국시대에 여러 군주들이 서로 탐하여 여러 가지 일화를 남겼는데 그 행방이 묘연하다.

🔺 해 설

대저 진귀한 보배는 군주가 다투어 가지려고 한다. 화씨가 바친 돌덩이는 가공하기 전의 원석이었다. 그렇기 때문에 아름답지 않았다. 하지만 겉보기가 아름답지 않다고 해서 쓸모없는 것은 아니다. 면밀히 감정하여 그 속에 들어 있는 진가를 찾아내는 것이 중요한 일이 아니겠는가. 또 설령 겉보기에 보잘것없는 돌덩이를 바쳤다고 해도 군주에게는 전혀 해가 되지 않는다. 두 발이 잘리고 나서야, 천하의 둘도 없는 보배로 밝혀졌으니 보옥을 가린다는 것은 이처럼 어려운 일이다.

위의 말은 원문 말미에 덧붙여져 있는 한비자의 평이다. 한비자는 초야에 묻혀 있는 인재를 찾아내기가 어렵다는 것을 은유적으로 이야기를 통해 표현한 것이다. 좀 더 확대 해석해보면 부국강병의 길, 법을 통한 정치개혁을 군주에게 건의하는 것이 얼마나 어려운가를 보여주는 예화이기도 하다.

편작을 믿지 않은 결과

어느 날 명의라고 소문난 편작扁鵲*이 채나라 환공桓公을 알현했다. 환공의 신하들이 주군의 건강을 염려하여 부탁한 결과였다. 지난날 괵나라의 죽어가던 태자를 소생시켰다고 하여 너도 나도 편작을 명의로 받들고 소중히 모셨다.

환공의 기색을 유심히 살펴본 편작은 근심 어린 말투로 정중하게 말했다.

"지금 임금님께서는 병환 중에 계십니다. 그러나 초기 증상에 불과하니 크게 걱정하실 일은 아닙니다. 제가 치료를 할 수 있도록 맡겨주신다면 소임을 다하겠습니다."

대부분의 의사들은 환자를 대할 때, 먼저 안색을 살피는 것이 습관화되어 있다. 피부의 색깔, 이목구비, 그중에서도 눈을 제일 중시한다. 겉으로 볼 수 없는 오장육부의 질환이 본인도 느끼기 전에 얼굴에 나타나기 때문이다. 천하의 명의라고 이름을 떨치고 있는 편작이 그것을 놓칠 리가 없었다. 그는 환공의 누르팅팅하고 푸석푸석한 피부, 희미하게 어른거리는 검은 그림자, 약간 황색을 띤 흰자의를 보고 금세 병이 났다는 것을 알아차렸다. 환공이 놀랄까 싶어 크게 걱정할 것은 없다고 말했지만, 실은 중병이었다. 중요한 장기의 하나인 간장에 탈이 난 것이 분명했다.

간은 보통 침묵의 장기라고 한다. 병이 상당히 진행되어도 자각증상이 없다. 그러다가 어느 한순간 급격히 녹아내리기도 한다. 또 명의를 만나 적절히 치료하면, 순식간에 회복되는 특징을 가지고 있다. 그래서 한마디 말을 덧붙였다.

"빨리 치료하지 않으면 악화될 것이 분명합니다. 서두르십시오."

거듭된 편작의 말을 듣고 환공은 기분이 썩 좋지 않았다. 어디 한군데 아픈 곳도 없고, 거동도 불편하지 않은데 병이 들었다고 하니 도대체 그게 무슨 말인가.

"과인에게는 아무 병도 없소."

이렇게 불쾌하게 내뱉고는 편작을 돌려보냈다. 편작은 마지못해 자리를 뜨면서도 걱정스러운 표정을 바꾸지 않았다. 그가 대궐을 나가자, 환공은 신하들을 불러 심하게 꾸짖었다.

"의사는 모두 이익을 탐하는 무리들이다. 멀쩡한 사람을 보고 병들었

---

*춘추시대의 명의로 이름은 진월인秦越人이다. '편작'이란 원래 중국 상고시대 때의 전설적 명의를 말함인데, 후대에 와서 최고의 의사를 지칭하는 별명으로 불리지 되었다. 편작은 평생 의학연구에 몰두하여 진단법을 체계적으로 분류했고 침, 뜸 등의 동양의학의 기본적 치료법을 완성했다. 진나라에서 의술을 펴던 중 의사들의 시기를 받아 피살되었다.

다고 이야기를 한 뒤 치료해주는 척하고 금품을 뺏어가거나 공을 자랑하려고 한다."

이런 일이 있은 후, 열흘이 지났다. 편작이 다시 환공을 찾아왔다. 이번에는 누가 불러서 온 것이 아니고 스스로 환자를 돌보기 위해 온 것이었다. 누가 무어라 말하더라도 환자의 상태가 악화되기 전에 치료해주고 싶은, 그 한마음뿐이었다.

"주군의 병환은 상당히 진행되어 이미 피부 속으로 들어갔습니다. 지금 곧 치료하지 않으면 점점 더 심해질 것입니다."

이 말에도 환공은 전혀 관심을 두지 않았다.

"생각해주는 것은 고맙지만, 나는 건강하오."

말은 유순하게 했지만, 편작이 나가자 환공은 부아가 치밀었다. 얼굴이 화끈거리고 약간 어지럼증을 느꼈다.

열흘 후, 또다시 편작이 찾아와서 몹시 걱정하며 말했다.

"이제, 병이 장기 깊숙이 침범했습니다. 지금이 손을 써볼 마지막 기회인 것 같습니다."

환공은 이번에는 아무런 대꾸도 하지 않았다. 얼굴에 노기를 띠고 편작을 노려보았다. 멀쩡한 사람을 환자로 만들지 말고 어서 물러가라는 표정이 역력했다.

다시 십여 일이 지났다. 편작은 환공의 병이 걱정되어 도저히 참을 수가 없었다. 그동안 세 번 만났고, 한 달이 지나갔다. 병의 진행 속도는 사람에 따라 조금씩 다르니 어쩌면 소생할 가망이 있을지도 모른다. 이렇게 생각하면서 편작은 또다시 환공을 만나러 갔다. 그러나 곧 도망치듯 대궐을 빠져나오고 말았다. 먼발치에서 슬쩍 환공을 보았을 때,

그는 이미 죽음을 눈앞에 둔 사람이었다.

편작이 서둘러 대궐 담 모퉁이를 들고 있는데, 환공의 신하들이 달려왔다.

"어째서 이번에는 아무 말도 없이 서둘러 돌아가시오? 우리 임금님께서 그 이유를 알고 싶어 하십니다."

편작은 내키지 않았지만, 달려온 신하들의 성의를 뿌리칠 수 없어 자세히 설명해주었다.

"병이 피부의 표ㄷ에 나타날 때는 초기 증상입니다. 이때는 따뜻한 물로 찜질하여 치료가 가능하고, 피부 속으로 들어가면 쑥과 침술을 병행하여 고칠 수 있지요. 만약 병이 장기 깊숙이 침범하여 깊어졌다면, 거기 대응해 여러 가지 탕약을 씁니다. 이것이 내가 알고 있는 치료법의 전부입니다."

편작은 자신을 낮추어 상식적인 치료 방법을 이야기했으나, 실제로 그에게는 남이 알지 못하는 여러 가지 비방이 있었다. 장상군長桑君에게서 의술을 배우고 금방禁方*의 구전口傳과 또 희귀한 의서를 물려받아 그것을 익혔던 것이다. 그래서 한마디 덧붙였다.

"반드시 병이 완치된다고는 장담할 수 없지만, 제가 정성을 다하면 대부분의 환자들은 건강을 되찾았지요. 그런데 임금님의 병은 이미 골수 깊숙이 들어갔습니다. 사람이 치료할 수 있는 한계를 벗어났으니 저로서도 어찌할 도리가 없습니다. 이제 죽고 사는 것은 하늘이 알아서 하겠지요."

* 함부로 남에게 전하지 않는 약방문, 즉 비밀의 치료술을 말한다.

그 닷새 후, 환공은 갑자기 속이 답답해지고 심하게 울렁거리는 증상을 느꼈다. 그러고는 곧 가슴이 찢어질 듯이 아프더니 배 속에서 무슨 덩어리가 왈칵하고 올라왔다. 검붉은 핏덩이였다. 이렇게 몇 차례 토해내고 나니 기진맥진해졌다. 급히 편작을 불러오도록 시켰으나, 그는 이미 진나라로 떠난 후였다. 이렇게 하여 채나라 환공은 결국 죽고 말았다.

〈유로〉편*

---

*유로喩老는 《한비자》의 편명으로 노자의 말씀에서 깨우침을 얻는다는 의미다.

해설

이 점으로 미루어보면 의사가 병을 치료할 경우 경미할 때, 즉 초기 증상에서 손을 써야 한다. 이것은 일이 커지기 전에 미리 예방해야 한다는 교훈을 담고 있다. 사람의 화복도 이와 같은 이치다. 그래서 노자는 다음과 같이 말했다. "성인은 단서端緖를 보자마자 즉시 일을 처리해야 한다."

위의 말은 이 이야기 끝부분에 나오는 한비자의 설명이다. 《한비자》 〈유로〉 편은 노자의 갈씀에서 깨우침을 얻는다는 것을 예화로 보여주고 있다. 여기서 '유' 자는 깨우치다, 비유하다는 뜻이고 '노' 자는 노자를 가리킨다. 어떤 역사적 사실을 노자의 사상과 결부시켜 교훈으로 삼는 이야기다. 위의 편작의 일화도 이 범주에 포함된다. 그러한 노자의 사상을 요약하면 대강 이렇다.

형상을 갖춘 사물 가운데 큰 것은 반드시 작은 것에서 시작되었고, 오랜 세월을 지나면서 수적으로 많아진 것은 적은 것이 발전한 결과다. 이와 마찬가지로 천하의 어려운 일은 반드시 쉬운 것이 커진 결과고, 큰 일은 작은 일로부터 성사된다. 그렇기 때문에 어려운 일을 도모하려면, 쉬운 것을 소홀히 하지 말아야 하고, 큰 것을 이루려고 한다면 작은 것부터 열심히 해야 한다. 까마득히 높은 제방도 땅강아지나 개미구멍으로부터 무너지고 고대광실 높은 저택도 굴뚝의 불티 하나로 잿더미가 된다.

인생을 살아가다 보면 재앙은 전혀 예상하지 못한 곳에서 찾아온다. 아무리 작고 사소한 것일지라도 면밀히 검토하고 쉽게 지나치지 말아야 할 것이다. 이런 삶의 지혜는 고전 속에 가득 들어 있다. 인류문화 축적의 총합이 고전이기 때문이 아니겠는가.

《한비자》에 등장하는 수많은 이야기들은 모두가 범상치 않다는 것을 명심해둘 일이다.

입술이 없으면 이가 시리다

춘추시대 후기였다. 이때는 희미하게 남아 있던 도의가 타락하여 사라지고 약육강식이 들불처럼 번져나가던 암울한 시대였다. 강국의 제후들은 한 치의 땅이라도 더 넓히려고 혈안이 되어 있었다.

당시 진晉나라는 중원의 강국이었다. 진나라 헌공獻公은 옆에 붙어 있는 우나라와 괵나라가 탐이 났다. 그러나 섣불리 군사를 동원할 수는 없었다. 우나라와 괵나라는 오랫동안 아주 친밀한 관계를 유지하고 있어, 그리 만만히 볼 상대가 아니었다. 즉 두 나라가 똘똘 뭉쳐 진나라의 침공에 대항한다면 승리를 장담할 수 없었다. 이런 내막을 훤히 꿰뚫어본 헌공은 음흉한 계략을 썼다. 우선 가까이에 있는 우나라 군주에게 진귀한 보물을 선물로 주면서 구슬렸다.

"괵나라를 치러 갈 테니 잠시 길을 빌려주시오."

우나라 군주는 이미 뇌물을 받았음은 물론이고, 진헌공의 감언이설에 귀가 솔깃했다. 괵나라를 멸하고 그 땅의 일부를 주겠다는 것이었다. 우나라 군주가 허락할 뜻을 내비치자, 대부인 궁지기宮之奇가 분연憤然히 일어나서 극구 반대했다.

"안 됩니다. 그들의 요구를 들어주어서는 절대로 안 됩니다. '입술이 없으면 이가 시리다*'고 했는데, 우리나라와 괵나라와의 관계는 바로 이와 같습니다. 지금 이 두 나라가 의지하고 있는 것은 국가안보를 위하여 서로를 필요로 하기 때문입니다. 만일 길을 빌려주어 괵나라를 멸한다면, 그다음은 우리가 망할 것이 자명합니다."

그러나 우나라 군주는 궁지기의 충언을 뿌리치고 끝내 길을 빌려주고 말았다. 그 후 진나라 군사들은 당당하게 우나라 땅을 통과하여 괵나라를 멸했다. 그리고 돌아오는 길에 아주 간단히, 우나라까지 쳐서 멸망시켰으니 궁지기의 예언은 적중하였다고 할 수 있다. 뇌물에 눈이 먼 우나라 군주의 어리석음이 결국 두 나라를 망하게 했던 것이다.

〈유로〉 편

---

*가까운 사이의 어느 한쪽이 망하면, 다른 한쪽도 그 영향을 받아 온전치 못함을 비유하는 말이다. '순망치한脣亡齒寒'이란 고사성어가 이 이야기에서 유래했지만, 이 말은 이미 《춘추좌씨전》에 나온 바 있다. 궁지기가 예로 든 것은 아마도 《춘추좌씨전》의 내용일 것이다.

◬ 해 설

    이 역사적 사실을, 한비자는 노자의 다음과 같은 말로 결론짓고 있다. "안정되었을 때 그것을 유지하기 쉽고, 조짐이 나타나기 전에 도모하기 쉽다." 이 말은 어떤 위험이나 위급 상태가 일어나기 전, 또 그런 조짐 이전에 미리 대비해야 한다는 뜻이다.

    이로부터 2000여 년이 지난 후, 이와 비슷한 사례가 우리나라에서도 있었다. 임진왜란 당시 일본의 도요토미 히데요시가 명나라를 치러 갈 테니 길을 빌려달라고 요구한 것이다. 1592년 음력 4월 13일, 왜군이 파죽지세로 부산에 상륙하여 동래성으로 쳐들어왔을 때, 동래부사 송상현 장군은 이렇게 말했다. "전사이가도난戰死易假道難*". 싸워서 죽더라도 길은 빌려줄 수 없다는 의미다.

    송상현 장군은 2000년 전의 우나라 대부 궁지기와 같은 충신이었다. 다른 점이 있다면, 송 장군은 이튿날 왜군과 맞서 싸우다가 장렬히 전사했고, 궁지기는 진나라 군사가 오기도 전에 도망갔다는 사실이다. 또 이루 말할 수 없는 재난은 당했지만 조선은 사직을 보전했고 우나라는 멸망했다.

    역사는 되풀이된다. 노자의 말처럼 조짐이 나타나기 전에 국가안보를 위한 만반의 준비를 게을리해서는 안 될 것이다.

---

*여기서 '가假' 자는 거짓이란 뜻이 아니라 '빌리다', '빌려주다'라는 의미다.

한 번 울어 세상을 놀라게 하다

　초나라 장왕莊王*은 즉위한 지 3년이 되도록 정사에는 전혀 관심을 두지 않았다. 명령을 내리지도 않았고, 대신들을 모아놓고 직접 주관하는 회의 한 번 열지 않았다.

　보통의 경우 임금이 바뀌면, 조정은 요란한 소리를 내면서 시끄럽기 마련이다. 지난날 일들의 시시비비가 표면화되고 많은 관리들이 물러나고 새로 들어온다. 또 혁신이라든가 개혁의 목소리가 곳곳에서 터져 나온다. 이 소용돌이 속에서 그야말로 '아침을 몰고 오는' 새 인물이 등장하고, 전에 볼 수 없었던 아첨꾼들이 팔뚝을 걷어붙이고 설쳐대기도 한다. 전 임금을 모셨던 대신들은 기가 죽어 쥐구멍에라도 들어가려고 눈치 보기에 여념이 없다. 백성들 또한 팍팍한 그들의 삶이 나아지기를 은근히 기대하고 있다. 그런 실낱 같은 희망은 번번이 빗나갔을지라도.

　사정이 이런데도 장왕의 목소리는 그 어디에도 없었고, 그림자조차 어른거리지 않았다. 조정은 밥이 되던 죽이 되던 될 대로 되라는 듯한 태도였다. 사실 초나라는 중원 남쪽에 위치하여 이웃 나라와 달리 땅이 기름지고 물산이 풍족했다. 거기다가 사방이 천 리도 넘는 큰 나라였다. 그런데도 그동안 덩칫값을 제대로 하지 못하고 있었다. 동쪽 제나라 환공이나 중원의 진나라 문공이 파업을 달성하여 전성기를 구가할 때, 초나라는 아무 힘도 쓰지 못하고 질질 끌려다니는 나약한 국가였다. 패자가 회맹이라는 명분을 내세워 이리저리로 부르면 찍소리 못하고 달려가서 고개를 숙일 뿐이었다.

장왕이 즉위하고 3년 동안이나 무위도식하는 것을 보고 뜻있는 선비나 대신들은 걱정이 태산 같았다. 장왕의 선대인 목왕穆王 때는 국력이 날로 신장했었는데, 그것은 잠시뿐이었던가. 암암리에 이런 뜻을 내비치는 쑥덕공론이 떠돌아다녔다. 그러나 장왕은 이것을 아는지 모르는지 여전히 정치에는 무관심으로 일관했다. 그렇다고 주색에 빠지거나, 놀이 같은 것에 열중하지도 않았다. 학문을 한답시고 책장을 넘기는 일도 없었다. 늘 멍청한 표정으로 빈둥거리면서 하루하루를 보냈다.

그러던 어느 날, 장왕을 가까이 모시고 있던 우사마右司馬**가 은근한 목소리로 이야기를 꺼냈다.

"신이 수수께끼를 하나 낼 테니 맞혀보십시오."

장왕은 우사마의 말에도 관심이 없는 듯 멀뚱멀뚱한 표정이 되어 바라보았다.

---

* 춘추시대의 초나라 왕으로 후일 춘추오패의 한 사람이 되었다.
** 군정을 맡은 관리로 주나라 때는 육경 중의 하나였다.

"이상한 새 한 마리가 대궐 남쪽 언덕에 내려앉았습니다. 그런데 이 새는 3년 동안 꼼짝도 하지 않았습니다. 날개를 퍼덕여 날려고도, 또 큰 소리로 울지도 않았지요. 이 새의 이름은 무엇이겠습니까?"

우사마는 말을 마치고 장왕의 반응을 세심히 살펴보았다. 자칫 잘못하다가는 역린을 건드려 화를 입지 않을까 하는 조마조마한 심정이었다. 흐리멍덩하게 풀어져 있던 장왕의 눈빛이 잠시 반짝이고 엷은 웃음이 입가에 번졌다. 그러나 금세 무덤덤한 본래의 모습으로 되돌아갔다. 가슴을 졸이던 우사마가 안도의 숨을 내쉬기도 전에 장왕의 음성이 들려왔다. 평소와는 전혀 다른 또렷한 목소리로 수수께끼를 풀어나갔다.

"3년을 날지 않은 것은 장차 높이 날고자 날개의 힘을 비축함이오, 또 울지 않은 것은 조용히 주위를 관찰하는 것이겠지요. 공연히 잡음을 낸다면, 어찌 천지의 큰 울림을 들을 수가 있겠소? 지금은 비록 꼼짝하지 않더라도 한 번 날개를 펴면 하늘 높이 치솟을 것이고, 그 울음소리는 세상을 놀라게 할 거요. 그러니 크게 걱정하지 마시오. 과인은 그대의 말뜻을 잘 알고 있소."

그 후 반년이 지났다. 무기력하고 조용하던 대궐 안에 갑자기 팽팽한 긴장감이 감돌았다. 장왕의 쩌렁쩌렁한 목소리가 울려 퍼졌기 때문이었다. 전날의 흐리멍덩하고 빈둥거리던 장왕의 모습은 온데간데없고, 초롱초롱한 눈빛이 되어 호령, 또 호령이었다.

장왕이 직접 나라를 다스린 지 불과 며칠이 되지 않아 조정의 면모는 크게 혁신되었다. 민폐가 극심했던 열 가지의 법령을 폐기하고, 이를 대신하는 아홉 가지 법령을 새로 제정했다. 무능한 열 명의 제상이 쫓겨났고, 묵묵히 일하던 아홉 명의 신하가 승진했다. 뿐만 아니라 백성들의 원망이 자자하던 다섯 명의 고관이 주살誅殺되었다. 또 산속 깊숙이 숨어살던 여섯 명의 선비를 새로 발탁했다.

이 갑작스럽게 불어닥친 회오리바람은 조정뿐 아니라 온 나라 사람들을 깜짝 놀라게 했다. 이제 초나라는 덩치만 크고 힘이 없었던 옛날의 그 초나라가 아니었다. 국정을 일거에 쇄신한 장왕은 크게 군사를 일으켜 지난날 패권 국가였던 제나라와 진나라를 격파했다. 그 결과 드디어 북녘 땅, 황하의 물을 말에게 먹이고 중원의 패자가 되었다.

3년 동안이나 날지 않고 울지 않던, 그 새가 높이 비상하며 한 번 울어 천하를 진동시켰던 것이다.

〈유로〉편

◬ 해 설

다음의 말은 이 이야기 뒤에 첨가된 한비자의 논평이다.

장왕은 함부로 작은 선행을 행하지 않고, 힘을 비축하여 크게 명성을 떨쳤다. 또 서둘러 자신의 재능을 나타내려고 애쓰지 않았기 때문에 큰 공을 이룩할 수가 있었다. 이것은 노자의 다음 말과 일치하고 있다.
'큰 그릇은 늦게 이루어지고(대기만성), 큰 울림은 인간의 귀로는 들을 수 없다(대음희성)*.'

초나라 장왕은 후일 춘추오패의 한 사람이 되었다. 그만큼 정치적 능력이 탁월했다고 할 수 있다. 그런데 왜 왕위에 오르고 나서 3년간을 허송세월했을까. 겉으로는 무기력하며 빈둥빈둥 놀고 있는 것처럼 보였어도 실제로는 그렇지 않았다고 할 수 있다. 본인이 수수께끼 풀이에서 말했듯이 국정의 구석구석을 살펴보고 면밀한 상황 판단을 했으며 온갖 정보를 수집하고 있었던 것이다.

후일 그가 일거에 정치 개혁, 쇄신을 이룩한 것이 이를 뒷받침한다. 3년 동안이나 무위도식한 것은 힘을 비축하는 기간이었다. 그 결과 26개 작은 제후국을 병합하고 사방 3,000리의 영토를 개척했다고 역사는 기록하고 있다. 3년 동안 울지 않던 새가 한 번 울어 천하를 놀라게 했던 것이다.

〈노자〉에 나오는 대기만성大器晚成, 대음희성大音希聲의 참뜻은 과연 무엇인가. 큰 인물은 하루아침에 이루어지지 않는다. 온갖 고난과 역경을 견디고 나서야 비로소 생겨나는 것이다. 그리고 큰 울림은 보통 사람의 귀로는 들을 수가 없다. 큰 포부를 성취하려는 사람만이 귀를 열어 들을 수 있다. 그 큰 울림은 하늘의 명령이고, 바로 백성들의 함성이 아니겠는가. 천심이 민심인 것처럼.

---

*《노자》에 나오는 말로 남달리 뛰어난 큰 인물은 보통 사람보다 그 성취가 늦다는 뜻이다. 큰 인물은 온갖 고초를 겪고 각고의 노력 끝에 완성된다고도 풀이한다. 간혹 이 말은 과거에 연거푸 낙방한 선비를 위로하는 뜻으로도 쓰였다.

늙은 말의 지혜

　제나라 재상 관중管仲과 대부 습붕隰朋이, 환공桓公을 따라 고죽국을 정벌하기 위해 군사를 일으켰다.
　고죽국은 제나라 북쪽 험한 산악지대에 위치한 조그마한 제후국이었다. 고죽국에 대한 역사의 흔적은 아주 희미하다. 은나라 때부터 존재하고 있었으니, 주 무왕이 봉한 제후국은 아니었다. 아마도 오랜 옛날부터 어느 한 부족 집단이 세상과 동떨어진, 산악지대에 모여 살았던 것이라고 추측할 뿐이다. 이 이름뿐인 조그마한 나라가 역사의 무대에 등장하게 된 것은 백이와 숙제 때문이었다. 은말주초殷末周初에 수양산에서 고사리로 연명하며 충절을 지켰던 백이, 숙제의 조국이었던 것이다.
　제나라가 고죽국을 멸망시키려 한 것은 황하 동북쪽으로의 영토 확장의 일환이었다. 황하의 동북쪽은 원래 동이의 본거지였고, 그들은 아직 문명의 혜택을 받지 못한 미개인들이었다. 이 부족들은 제나라와 인접하고 있어 늘 크고 작은 충돌을 일으켜 큰 골칫거리였다. 비록 오랑캐라고 불렸지만, 등북쪽 지방의 이민족들은 그들 나름의 상당한 혈연적 문화적 전통을 고수해온, 자부심이 강한 사람들이었다. 백이와 숙제 같은 만고충절을 배출한 것이 그 한 예일 것이다.

제 환공에 이르러 국력이 신장되자 그들을 토벌하여 국토를 넓히려고 했다. 처음 고죽국을 치러 출발할 때는 봄이었다. 산간 지방의 이름뿐인 소국이니, 두서너 달 정도면 수월하게 전쟁을 끝내고 돌아오리라 예상했었다. 그래서 대군을 동원하지도 않았고, 군 장비나 식량 같은 것도 되도록 단출하게 준비했다. 싸움터로 향하는 병사들의 마음가짐 또한 가벼웠다. 꽃 피고 새 우는 화창한 봄날, 들과 산으로 나들이 가는 기분이었다.

그런데 고죽국으로 가는 길은 예상과는 달리 멀고 험난했다. 인적이 드문 허허벌판과 가파른 산길의 연속이었다. 그렇다고 출정군을 되돌릴 수는 없었다. 그들이 온갖 역경을 이겨내고 고죽국을 정복했을 때는, 이미 겨울이 되어 있었다. 전혀 예상하지 못한 일이었다. 북쪽 산간의 칼바람이 몰아치고 눈발이 흩날렸다. 승리의 기쁨은 어느새 매서운 북풍 속으로 빨려들고 갈았다.

환공은 서둘러 군사들을 독려하여 회군길에 올랐다. 하늘과 땅이 꽁꽁 얼어붙은 험준한 산길이었다. 추위와 허기에 지친 병사들은 다리를 질질 끌고 따라왔다. 걸핏하면 말이 눈길에 미끄러져 나뒹굴었다. 그런 형편이니 행군 속도는 더딜 수밖에 없었다. 설상가상으로 사흘 걸려 눈이 내렸다. 한번 내린 눈은 녹지 않고 그대로 얼어붙었다. 병사들의 발목은 눈 속에 빠지고 마차 바퀴는 미끄러져 헛돌기 일쑤였다.

이렇게 여러 날을 지체하다가 그만 돌아오는 길을 잃고 말았다. 험준한 산길을 막 빠져나오니 허허벌판이었다. 겹겹으로 하얀 눈이 뒤덮인 아득한 평원이 펼쳐져 있을 뿐, 우마차가 다니던 큰길은 어디에도 없었다. 하늘은 회색 구름과 안개로 꽉 막혀 있어 해가 어디쯤에 있는지조차 분간되지 않았다. 동서남북의 방향 감각은 마비되고 말았다. 이제 어느 쪽으로 가야 할 것인가. 환공은 관중과 습붕 등 참모들을 불러 모았다.

"난감한 일이다. 앞이 잘 보이지도 않고 동서를 분간할 수도 없으니 어느 쪽으로 가서 길을 찾아야 하는가?"

참모들은 한동안 말이 없었다. 난감하기는 그들도 매한가지였다. 춥고 허기져 기진맥진한 판에 길까지 잃다니! 참모들이 묘안을 찾느라고 열심히 머리를 굴리고 있는데, 관중이 환공을 보고 말했다.

"늙은 말은 길을 알고 있을 것입니다. 그 녀석들을 앞세우지요."

이 말을 들은 사람들은 탄성을 내질렀다. 그것을 왜 생각하지 못했던가. 말은 본래 넓은 들판을 누비며 풀과 물을 찾아내는 본능이 있다. 비록 현재는 인간에게 길들여져 있지만 말의 핏속에는 그 옛날, 그들의 조상에게서 물려받은 본능이 요동치고 있음은 부인할 수 없는 사실이었다. 말은 인간과 달리 활동 범위가 넓고 감각이 아주 예민하다. 인간의 눈이 미치지 않는 먼 곳을 볼 수도 있고 바람 소리를 따라 냄새를 맡으며 공간 속에서 자신의 위치를 파악하는 탁월한 능력이 있다. 이것은 아마도 원초적 본능일 것이다. 그러니 늙은 말이라면 믿을 만하지 않겠는가.

이렇게 하여 환공은 늙은 말을 풀어놓아 앞세웠고, 그 결과 길을 찾는 데 성공했다. 눈 덮인 광야를 건너오니 다시 자갈이 깔린 산길이었다. 마차 바퀴가 굴러가는 데 자갈은 큰 걸림돌이었다. 하루에 갈 수 있는 거리가 얼마 되지 않았다. 또 여러 날을 지체하다 보니 이번에는 마실 물이 바닥났다. 메마른 겨울 하늘 밑, 자갈밭 산길에서 어떻게 수많은 병사들이 마실 물을 구할 수 있겠는가. 개울은 바싹 말라붙어 물기라고는 전혀 없었다. 환공이 고심하고 있는데 습붕이 다가왔다.

"개미는 겨울에는 산 남쪽에 집을 짓고, 여름에는 북쪽 땅에 굴을 파고 삽니다. 개미집 8자쯤 아래에는 수맥水脈이 있기 마련입니다."

습붕의 말을 듣고 개미집을 찾아내어 그 아래를 팠더니 과연 물이 솟아올랐다. 땅 밑을 흐르는 지하수의 한 줄기였다.

제나라 환공은 '존왕양이'라는 기치를 내걸고 동북방면의 이민족을 정벌했다. 이때 담譚, 수遂 등 수십 개의 소국을 합병해 영토를 천 리로 넓혔고 산동의 대부분과 하북河北의 동남부를 총일시켜 동이東夷와 화하華夏의 구별을 없앴다고 역사에 기록되어 있다. 아마도 이때 고죽국을 정벌한 것은 그 일환이었을 것이다.

〈설림〉 편*

---

*《한비자》의 편명으로 구전 민간설화, 또는 창작우화 등을 한곳에 모아 이것을 '설림說林'이라고 이름 붙였다. 한마디로 '이야기의 숲'이라는 뜻이다. 상하 두 편으로 구성되어 있다. 학문이나 정치에 종사하는 사람들의 우화 같은 것을 기록하여 그 변화무쌍하고 오묘한 면을 설파하고 있다. 따라서 시대는 변했지만 현대를 살아가는 사람들에게도 큰 교훈이 될 것이다.

해설

관중이나 습붕 같은 지혜로운 사람들도 모르는 것이 있다. 그럴 때는 말이나 개미의 지혜를 빌려, 그것을 스승으로 삼아 난관을 극복한 예이다. 그러나 요즘 사람들은 자신의 어리석음을 깨닫고 성현들의 지혜를 본받지 않으려고 하니, 이는 매우 어리석은 행동이다.

한비자의 논평이다. 그동안 한비자가 강력히 주장해왔던 법치주의, 치국강병론과는 사뭇 거리가 있다. 옛 성현들의 지혜를 본받아야 한다는 주장이 그것인데, 이런 사상은 법가 쪽보다는 오히려 유가에 가깝다. 아마도 한비자의 스승인 순자로부터 물려받은 영향이라고 생각된다. 순자의 제자인 한비자, 이사 등은 냉혹한 법치주의를 주장했으나, 그 이면에는 유가의 흔적이 남아 있었다.

옛 성현의 가르침, 인륜, 도덕에 기초한 인생살이는 인간이 존재하는 한 우리 곁을 떠날 수 없는 하나의 진리가 아니겠는가. 여기 등장하는 제나라의 환공, 관중, 습붕은 한비자보다 400여 년 앞선 세상을 살았던 사람들이다. 한비자는 고대 역사에서 수많은 이야기를 찾아내어 그것을 교훈으로 삼았고, 또 기록으로 남겼다.

여기서 유래한 말이 노마지지老馬之智*다. 곧 '늙은 말의 지혜'란 의미로 풀이할 수 있다. 아무 쓸모없이 보이는 늙은이도 인생살이의 길을 안내하는 훌륭한 지혜를 가지고 있음을 젊은 세대들은 명심해야 할 것이다.

---

*오랜 경험으로 사물에 익숙하여 잘 알고 있음을 말한다.

먼 곳의 물로 이웃집의 불을 끌 수 있는가

　노나라 목공은 늘 궐안에 떨었다. 이웃인 제나라가 언제 대군을 일으켜 쳐들어올지 걱정되어 마음을 졸이고 있었다.
　그 옛날 주왕실로부터 분봉分封*을 받았을 때는 다 같이 사방 100리쯤 되는 작은 제후국이었다. 노나라는 성인이라고 일컫는 주공**을 시조로 삼았고, 제나라는 무왕의 군사로 추앙받던 여상呂尙, 곧 태공망太公望이 분양받은 나라였다. 그렇기 때문에 오랜 세월 긴밀한 우호관계를 유지할 수 있었다. 그런데 세월이 너무 많이 흘러서였던가. 아니면 주왕실이 쇠퇴하여 겨우 명맥만 유지하고 있어서 힘을 쓸 수 없어서인가. 수많은 제후국들은 침략전쟁으로 날이 새고 또 저물었다. 그 결과

---

* 봉건시대에 군주가 제후에게 땅을 주어 다스리게 하던 일.
** 주 무왕의 아우로 이름은 단旦. 주나라 초기 어린 성왕成王을 도와 주나라의 기초를 다졌다.

노나라는 크게 국력을 넓히지 못한 반면, 제나라는 사방이 천 리나 되는 강대국이 되었다. 동북쪽에 인접한 수십 개의 군소 제후국을 합병한 결과였다. 앞으로 제나라는 북서쪽, 어쩌면 남쪽 지방까지 그 세력을 확장하려고 할 것이 분명했다. 노나라에 주공의 사당이 있다고 한들 약육강식의 험난한 세태를 어떻게 피해갈 수 있을 것인가.

목공은 고심을 거듭하다가 묘안을 생각해내었다. 제나라보다 더 크고 강한 나라의 힘을 빌린다면 국가의 안위를 걱정하지 않아도 될 성싶었다. 국력이 제나라를 능가하거나 버금가는 나라로는 중원의 진나라와 남쪽의 초나라가 있었다.

두 강대국과 동맹관계를 돈독히 유지한다면, 제나라는 함부로 쳐들어오지 못할 것이 아니겠는가. 이런 결론에 도달하자 진과 초에 사신을 파견하고 우호관계를 맺는 계획에 착수했다. 그 첫 번째 작업은 공자라고 부르는 많은 아들 중에서 몇 명을 골라 진나라와 초나라에 보내는 일이었다. 자신의 아들이 강대국을 섬기는 신하가 된다면, 이보다 더 든든한 울타리는 없을 것이다. 실제로는 그들이 남의 나라의 인질이 된다고 하더라도.

이런 목공의 외교정책을 못마땅하게 여기는 신하가 있었다. 이서梨鉏라는 대신이 목공을 알현하고 비유의 말로 그 부당함을 지적하고 나섰다.

"만약 여기에 깊은 물에 빠져서 허우적거리는 어린아이가 있다고 가정해보겠습니다. 주위 사람들은 물에 익숙하지 않아 발만 동동 구르고 있는데, 어떤 사람이 큰 소리를 질렀습니다. 월나라 사람을 빨리 불러와라! 그들은 누구나 헤엄을 잘 치니 저 아이를 구할 수 있을 것이다. 임금님께서는 이런 경우를 어떻게 생각하시는지요?"

목공은 엷은 미소를 띠면서 간단히 대답했다.

"그걸 말이라고 묻는 거요? 월나라는 여기서 수천 리나 떨어져 있는 먼 나라요. 그 나라 사람이 아무리 물과 친한들, 그 먼 곳에서 어떻게 금방 죽어가는 아이를 건져내어 살릴 수가 있겠소?"

이서는 이어서 또 다른 상황을 가정하여 예로 들었다.

"이웃에 큰 화재가 났습니다. 때마침 바람이 거세게 불어와 불길은 온 동네를 집어삼킬 듯 맹렬한 기세로 번져 나갔습니다. 몇 동이의 물로는 도저히 불길을 잡을 수가 없었지요. 그때 누군가가 그럴듯한 제안을 했습니다. 동해의 바닷물을 끌어와 불길을 잡아야 한다는 것이었습니다. 주위 사람들이 놀라 그를 쳐다보았습니다. 말로만 들어 알고 있던 동해, 그 바다는 온통 물천지라고 하던데, 그것을 여기까지 어떻게 끌어오지. 주민들은 어쩔 줄 모르고 이리저리 허둥대고만 있었습니다. 이런 위급한 때에, 임금님께서는 그것이 가능하다고 생각하십니까?"

목공은 이서의 거듭된 질문, 만약을 가정한 우의적 언사에 기분이 언짢아졌다. 그 진의를 눈치채고 입을 꾹 다물고 말았다. 이서는 연이어 직언을 쏟아냈다.

"진과 초, 두 나라는 제나라를 능가하는 강대극임에는 틀림없습니다. 그러나 산동에 위치한 우리나라와는 멀리 떨어져 있습니다. 만약에 제나라가 침범하여 우리가 위기에 처했을 때, 과연 구원해줄 수 있겠는지요? 먼 곳의 나라와 동맹을 맺기보다는 이웃인 지나라와 우호관계를 증진시키는 것이 급선무라고 생각됩니다."

〈설림〉 편

해 설

〈설림〉 속에는 이와 같이 군주를 가르치는 수많은 역사적 사실과 우화들이 가득 들어 있다. 정치에 뜻을 둔 사람들이 필독해야 할 내용들이다.

원수불구근화遠水不救近火*란 말이 있다. 곧 먼 곳의 물로는 가까이에 있는 불을 끌 수 없다는 의미다. 각종 정책을 수립하는 정치인들이 꼭 알아두어야 할 교훈이다. 말은 그럴듯해 보이지만 현실적으로 실행하기 어렵다면 그것은 국민을 기만하는 행위가 아니겠는가.

요즘 정치를 한다고 설치고 있는 사람들은 감언이설로 대중을 선동하는 경우가 허다하다. 그들이 내건 휘황찬란한 공약은, 결국 시행할 수 없는 거짓 약속으로 끝나버린 결과를 국민들은 수없이 보아왔다. 그러면서도 국민들은 또 속고 있다. 대중의 이성을 마비시키는 것이 바로 선동이다. 위험한 부채질인 것이다.

*먼 곳의 물로는 가까운 곳의 불을 끌 수 없다는 뜻으로 실현 불가능한 정책을 비판할 때 쓰인다.

귀중한 보배

제나라가 노나라를 공격하여 가볍게 승리했다. 그렇다고 유서 깊은 노나라 왕실을 없애버리고 그 땅을 제나라에 편입시키기에는 아직 역부족이었다. 중원을 호령하는 열국의 시선도 부담스러웠지만, 자존심 강한 노나라 백성들이 호락호락 따라오지 않을 것은 분명한 일이었다. 그런데, 왜 노나라를 공격했을까?

제나라는 힘이 넘치는 나라였다. 춘추오패 중에서도 가장 뛰어났다고 평가하는 환공 이후, 제나라의 국력은 날로 신장해왔다. 아마도 그 넘치는 힘과 국력을 과시하기 위해 노나라를 침범했을 것이다. 간단히 목적은 달성했지만 그냥 물러나기에는 어딘가 미흡한 점이 있었다. 그래서 노나라의 국보인 '참정讒鼎'이라는 솥을 달라고 요구했다.

이 솥은 노나라 왕실에서 대대로 전해 내려오는 보물이었다. 언제 누가 만들었는지는 아무도 몰랐지만 참소하는 말, 남을 헐뜯고 아첨함을 미워하는 솥이라는 것은 천하가 다 알고 있었다. 말하자면 진실의 상징물이었다.

이 귀중한 국보를 전리품으로 달라고 하니 노나라 왕은 난감했다. 요구한다고 해서 선뜻 내줄 물건이 아니었다. 그렇다고 기세등등한 제나라의 요구를 거절할 수도 없는 노릇이었다. 고심 끝에 일단 참정을 보내주겠다고 약속하고 제나라 군사를 돌려보냈다.

그 후 노나라 왕은 극비리에 참정 모양을 본뜬 모조품을 만들어 제나라에 보냈다. 노나라 왕실 주요 인사 몇몇을 제외하고는 참정을 직접 본 사람이 아무도 없었다. 그러니 제나라에서 그것이 모조품이라고 어떻게 알 수 있겠는가. 실제 그 모조품 솥을 가지고 갔던 노나라의 사신도 진품으로 알고 있었다.

노나라의 사신 일행은 정중한 의식을 치르고 참정을 제나라에 진상했다. 제나라 왕은 흐뭇한 심정으로 대신들을 대동하고 그 전리품을 둘러보았다. 일설에는 참정을 고대 하나라의 시조인 우왕이 만들었다고 하는데, 그렇다면 천 년도 더 넘는 세월을 간직하고 있는 보물이 아니겠는가. 그 많은 세월 동안 통치자에게 아첨을 멀리하라고 경계했으니 그 흔적이 구석구석, 어디엔가 배어 있을 것이다.

제나라 왕과 신하들은 큰 기대에 부풀어 노나라에서 보내온 솥을 면밀히 살펴보았다. 그러나 고색창연한 빛, 그 느낌은 거의 찾아보기 어려웠다. 천 년 세월의 얼룩도, 아첨을 미워하고 진실을 가까이 하라는 은은한 울림도 들려오지 않았다. 푸르스름한 색깔을 덧칠한 단순한 고철덩어리에 불과했다. 제나라에서는 '이것은 진품이 아니다' 라는 결론을 내렸다.

불같이 화가 난 제나라 왕이 솥을 가지고 온 노나라 사신을 불렀다.
"노나라에서는 어째서 진품을 보내지 않고 가짜 솥을 보냈는가?"
노기 띤 물음에 사신은 깜짝 놀랐다. 그러나 기죽지 않고 대들었다.
"무슨 말씀을 그렇게 하십니까? 저희들은 진품을 진상했습니다."
"그 모조품이 진품이라고?"
"예, 틀림없습니다."
"그렇다면, 그대는 '참정'을 직접 보았는가?"
이 물음에 노나라 사신은 할 말이 없었다. 말로만 들어 알고 있을 뿐, 자신의 눈으로 직접 본 적은 없었다. 한참 머뭇거리다가 확신에 찬 태도로 단호히 주장했다.
"노나라는 옛 성인인 주공의 나라입니다. 신의를 저버리는 그런 못된 짓은 하지 않습니다. 믿어주십시오."
"그렇다 하더라도 그대의 말은 믿을 수가 없다."
"그럼 누구의 말이라면 믿겠습니까?"
"그대 나라에 있는 악정자춘樂正子春*을 보내시오. 그 사람이 진품이라고 판정하면 거기 따를 것이오."

이렇게 진짜와 가짜라고 옥신각신하다가 결국 악정자춘의 감정에 따르기로 결론지었다. 자춘은 효성으로 유명한 증자의 제자였다. 당시 예악을 관장하는 높은 벼슬, 곧 악정으로 있었는데 정직한 인물이라는 평판은 천하가 다 알고 있었다.

* '악정'은 악관의 우두머리고, '자춘'은 이름이다. 증자의 제자라고 알려져 있다.

노나라 왕은 자춘을 보내기에 앞서 그를 불렀다. 그간의 사정을 간략히 설명하고 선처를 당부했다. 왕의 이야기를 다 듣고 난 자춘이 물었다.

"임금님께서는 왜 진품을 보내지 않으셨습니까?"

"그것은 대대로 전해온 우리의 국보가 아닌가. 더구나 내가 제일 아끼는 귀중한 보배인데 어떻게 진품을 내줄 수 있겠소?"

"그럼 소신이 제나라에 가서 어떻게 말하면 되겠습니까?"

"제나라 사람으로 참정을 직접 본 사람은 아무도 없소. 틀림없는 진품이라고만 감정해주시오."

이 말을 듣고 자춘은 기가 막혔다. 국익도 중요하지만, 그렇다고 가짜를 진품이라고 속여 감정해줄 수는 없었다. 그것은 신의의 문제였다. 믿음과 의리는 쉽게 저버릴 수 없는 윤리적 가치다. 그렇다면 나라와 나라 사이의 신의는 더더욱 중요한 것임은 말할 나위도 없다. 또 노나라의 대표로 외국에 가서 거짓말을 한다면, 그것은 노나라의 거짓말이 될 것임은 자명한 일이다. 언젠가는 이 흉측한 거짓말이 탄로 날 것은 분명하고 역사는 두고두고 노나라의 거짓말을 손가락질하지 않겠는가. 자춘은 이런 자신의 생각을 왕에게는 설명하지 않았다. 다만 웃으면서 왕의 부탁을 완곡한 표현으로 정중히 거절했다.

"임금님께서 그 솥을 보배로 여기듯이 소신 또한 신의를 귀중한 보배로 여깁니다."

〈설림〉 편

해설

솥은 한자로 '정鼎'이라고 한다. 옛날이나 지금이나 음식을 익히는 데 사용한다. 그런데 옛날 솥의 모양은 발이 셋 달리고 귀가 둘이다. 발이 셋인 것은 안정된 모습이다. 발이 넷인 것보다 셋이 더 안정된 형태라는 것쯤은 현대 기하학의 기초 원리다. 여기서 유래한 말이 정립鼎立*이다.

귀가 둘인 것은 여러 가지 해석이 가능하다. 우선 들어 올리는 손잡이가 될 수도 있다. 그러나 그것은 형이하학적인 단순한 생각일 뿐이다. 귀는 소리를 듣는 감각기관이다. 세상의 온갖 소리를 들어 그것을 판별해 내는 것이 아닐까 하는 생각을 해보았다. '어느 것이 옳은 말인지 또 속이는 말인지 그것을 내가 들어 다 알고 있다.' 어쩌면 솥은 이렇게 말하고 있는지도 모를 일이다.

옛 전설에 의하면, 하나라 시조인 우왕禹王이 구주九州(중국의 모든 지방)의 금속을 모아 아홉 개의 솥을 주조鑄造했다고 한다. 그리고 이것을 왕의 권위를 상징하는 보물로 만들었다. 그 후 은나라, 주나라 왕실로 전승했다고 한다. 이런 점으로 미루어본다면, 솥은 어떤 상징물로 쓰이기도 했다는 것을 알 수 있다. 이 이야기 속에 등장하는 참정도 그중의 하나일 것이다. 이 이야기는 인간의 신의가 얼마나 중요한 가치인가를 말해주고 있다.

*어느 쪽으로도 기울어지지 않는 균형이 이루어진, 즉 솥발처럼 세 개가 벌리고 서 있어 매우 안정된 상태를 뜻한다.

죄는 반드시 벌하라

　조나라의 대부 동안우董安于*는 상지上地 지방의 태수로 임명되었다. 이 명령을 접한 동안우는 며칠 동안 머리를 싸매고 끙끙거렸다. 큰 걱정거리를 떠맡았다는 생각에 밥맛도 없고 잠도 오지 않았다.
　상지란 곳은 그 지명이 말해주듯이 높은 땅, 곧 산간벽지였고 오지 중의 오지였다. 동안우가 걱정하는 것은 그곳이 고산준령高山峻嶺으로 둘러싸인 협곡이어서가 아니었다. 그 고을에 살고 있는 주민들의 성품은 온 나라에 소문나 있었다. 울퉁불퉁하고, 삐쭉삐쭉 튀어나온 험악한 지형을 닮아서일까. 그곳 사람들은 모두들 제멋대로이고 법이나 규칙, 예절 따위는 안중에도 없다고들 말하고 있었다. 그 뿐만 아니라 법망을 피해 도망 다니는 범법자들의 소굴이라고도 했다. 지세가 워낙 험하니 중앙정부의 힘이 미치지 못하여 법령 또한 제대로 지켜지지 않았음은 뻔한 일이었다.

동안우는 상지의 태수로 부임하면서 여러 가지 구상을 떠올려보았다. 어떻게 하면 이 사람들을 순치할 수 있을까. 지형이 험하다고는 하나 그것도 하나의 자연이다. 그 자연을 닮았다면, 겉면은 거칠고 모가 났어도 본바탕은 순박하지 않을까. 인정, 곧 어진 정치를 베풀어 감화시킬 것인가. 아니면 법령을 엄하게 시행하여 강제로 거기에 따르도록 할 것인가. 이 두 가지 방안을 놓고 고심을 거듭했다. 인정을 베풀어 천천히 감화시키는 것이 최선책이겠지만, 전임 태수들이 대부분 그렇게 어정쩡하게 다스리다가 쫓겨나지 않았던가. 동안우는 그 전철을 되풀이할 수는 없다고 결론지었다.

'법을 엄하게 적용하여 한 치의 오차도 없이 그대로 시행한다.' 이렇게 마음속으로 굳게 다짐했다. 그러나 은근히 걱정이 앞섰다. 무지몽매한 이들에게 과연 법이라는 것이 통할까. 법이 무엇인지도 확실히 모르고, 설령 희미하게 안다고 하더라도 법은 멀리 떨어져 있다. 태수라는 높은 직위도 우습게 보는 백성들이 아니던가.

동안우는 이런 걱정과 약간의 두려움까지 느끼면서 마음을 굳게 다잡았다. 섣불리 자신의 약한 마음을 내비칠 수는 없었다. 그래서 부임하자마자 지방 관리들을 대동하고 순시에 나섰다. 가장 먼저 상지에서도 제일 험난하다는 석읍石邑으로 갔다. 골짜기는 그 깊이가 천 길도 넘는다고들 말했다. 그리고 계곡의 양 언덕은 깎아지른 절벽이었다. 그 입구에는 몇 채의 움막 비슷한 농가가 띄엄띄엄 흩어져 있었으나 조금 더 들어가니 사람의 흔적은 찾아볼 수조차 없었다. 심산유곡深山幽谷이

---

* 조나라의 관리로 동알우童謁于라는 기록도 있다.

란 이런 것을 두고 하는 말인가. 절벽 사이로는 맑은 물이 졸졸 흘러내렸다. 그러나 그 안쪽은 햇빛이 스며들지 않아 어두침침했다. 마치 동굴을 연상케 하는 그 골짝 속에서 서늘한 바람이 불어왔다. 시원한 바람이 아닌, 으스스한 음기가 느껴지는 그런 바람. 동안우는 더 이상 들어가지 않고 이쯤에서 발을 멈추었다. 그리고 길을 안내한다고 따라나선 이웃 동네 늙은이에게 물었다.

"누가 저 깊은 골짜기 안으로 들어가본 사람이 있었는가?"

"없습니다."

"철모르는 아이들이나 혹은 바보, 귀머거리, 미치광이는 들어갈 수도 있지 않겠나?"

노인은 고개를 절레절레 흔들었다.

"절대 그런 일은 없습니다. 아무리 바보 천치라 하더라도 제 생명의 소중함은 알고 있지요. 저 골짜기 속으로 들어가면 살아 나오지 못한다는 것은 우리 고을 누구나 다 알고 있습니다."

동안우는 재차 물었다.

"그러면 말이나 소, 개, 돼지 같은 가축은 들어간 일이 없는가?"

"물론이지요. 미천한 짐승들도 본능적으로 그것을 알고 있습니다."

동안우는 잘 알았다는 듯이 고개를 끄덕였다. 그리고 크게 숨을 몰아쉬고 말했다. 주위에는 태수를 수행한 관리들, 또 따라나온 이웃 주민들이 신임 태수의 일거수일투족을 주시하고 있었다.

"나는 이 골짜기를 보고 백성을 잘 다스리는 방법을 깨달았다. 즉 법을 엄격히 하여 만일 범하는 자가 있으면 사형에 처하되, 마치 이 골짜기에 들어가면 살아 나오지 못하는 것과 같이 하겠다. 이렇게 한다면 소나 말, 개, 돼지라도 법을 범하지는 않을 것이다. 이제 우리 상지 고을은 법과 질서, 예절이 가지런한 살기 좋은 땅이 될 것이다."

모여 있던 사람들은 모두들 신임 태수의 말에 감탄을 아끼지 않았다. 무법이 횡행하던 거친 고을이 질서 정연한 온순한 모습으로 바뀐다니! 이 얼마나 좋은 일인가. 그들은 그 음산하고 깊은 골짜기를 힐끗 쳐다보고 몸을 부르르 떨었다.

〈내저설〉 편*

---

* 내저설內儲說은 《한비자》의 편명으로 내외, 상하, 좌우를 합쳐 모두 여섯으로 나뉘어 있다. 여기서 '저儲'라는 글자는 준비하다, 비축한다는 뜻이다.

해 설

군주가 인정이 많으면 법이 시행되지 않으며, 권위가 실추되면 아랫사람이 침범한다. 그렇기 때문에 법령은 엄격하게 지켜져야 한다.

이 이야기에 앞서 나오는 한비자의 말이다. 법가사상을 대표하는 한비자는 자신의 이론을 증명하기 위해 역사적 근거를 제시하는 것을 놓치지 않았다. 그중의 하나가 위의 이야기다.

엄격한 법의 적용으로 혼란을 극복하고 부국강병의 길로 나아가야 한다는 주장이다. 유가 쪽의 덕치주의와는 사뭇 다른 모양이다. 법은 원래 백성을 통제하는 수단으로 발전해왔다. 사회가 복잡해지면서 법의 존재가치 역시 그 정당성을 확보했다고 말할 수 있다. 그러나 인간의 삶을 모두 법으로만 얽어맬 수는 없는 일이다. 위의 이야기에 등장하는 상지 태수 동안우는 우회적 방법으로 법치의 당위성을 일깨워준 인물이다. 예화가 지극히 단순하고 초보적이지만, 그 내면에는 백성들을 설득시키려는 의도가 엿보인다. 즉 국민을 계몽시킨 후 법을 엄격히 시행했다는 일화다.

엄격한 법의 정신

    은나라의 법에는 재灰(회)를 길바닥에 내다 버리는 자에게는 중형에 처한다는 법이 있었다고 전해오고 있다. 사형이라는 설도 있고, 손목을 자른다고도 하는데 어떤 형벌인지는 확실하지 않다. 어쨌든 가혹한 처벌임에는 틀림없다.
    자공子貢*은 이 말을 전해 듣고 도무지 이해할 수가 없었다. 타고 남은 재를 길바닥에 버렸다고 해서 사형에 처하다니! 그렇다면 그보다 더 큰 죄는 어떻게 다스리겠다는 것인가. 또 크고 작은 모든 범죄를 극형으로 다스린다면, 이 세상에 살아남을 사람이 몇이나 되겠는가. 생각다 못해 스승인 공자를 찾아가 물어보았다.

---

* 공자의 제자 중 한 사람으로서 구변과 이재理財에 밝았다고 한다. 위나라 출신으로 노나라와 위나라의 재상을 지냈다.

"일설에는 은나라 법에 재를 길바닥에 버린 자는 사형에 처하거나 손목을 자른다는 조항이 있다고 합니다. 재를 버리는 것은 누구나 범할 수 있는 가벼운 죄 아닙니까? 거기에 비해 형벌이 너무 가혹하다고 생각됩니다. 은나라는 성인인 탕湯임금이 세운 나라인데 왜 이런 이치에 맞지 않는 법을 만들었을까요?"

자공의 말을 들은 공자는 한참 동안 눈만 멀뚱거리고 대답하지 않았다. 자신도 전해오는 것을 대강 들어서 알고 있던 내용이었다. 이미 천년도 전의 일이고, 그것을 확실히 증명해주는 법전이나 역사적 기록도 없다. 그냥 사람들의 입에서 입으로 전해 내려온 것에 지나지 않았다. 그렇다고 전혀 근거 없는 헛소문은 아닐 것이다. 알 만한 사람들은 모두들 그렇게 알고 있으니까.

얼마 후, 공자는 자신이 평소에 생각하고 있던 것을 자공에게 말해주었다.

"이것은 옛사람들이 정치하는 방법을 알고 있었다는 증좌가 아니겠는가? 사람들이 내왕하는 큰길에 재를 버린다면, 그 재가 반드시 사람들에게 날아가게 된다. 바람이 조금만 불어도 그것이 날려 지나다니는 사람들을 괴롭힐 것이다. 몸이나 눈에 들어붙어 짜증이 나고 결국 성을 내게 된다. 길에는 성난 사람이 들끓게 되겠지. 그들이 부딪치면 결국 싸움이 일어나는 것은 정한 이치다. 싸움이 벌어지면, 패가 갈라지고 여러 패당들이 뒤엉켜 온통 큰 싸움판으로 변할 수도 있다. 그러다가 살인도 하게 되고 몸이 망가져 병신이 되는 사람도 생겨나겠지. 이 모든 혼란의 원인은 길바닥에 재를 버렸기 때문이다. 그러니 중형에 처하는 것이 마땅하지 않겠느냐?

그리고 깊이 생각해보아라. 사형이란 큰 벌은 누구나 두려워하고 있다. 또 길에다 재를 버리지 않는 일은 아주 쉬운 것이다. 쉬운 일을 행하게 함으로써 큰 범죄를 미연에 방지할 수 있겠지. 나라를 다스리는 사람들이 새겨두어야 할 교훈이 아니겠느냐? 조그마한 사소한 잘못이 큰 재앙으로 변할 수도 있다는 그 사실을 말이다."

〈내저설〉 편

해설

한비자는 공손앙公孫鞅*의 입을 빌려 다음과 같이 말하고 있다.

형벌을 행함에 있어 가벼운 죄를 무겁게 처벌하는 이유는 가벼운 죄를 범하지 않아야 중죄도 일어나지 않기 때문이다. 이것이 형으로써 형을 없애는 방법이다.

이 말은 위의 이야기와 맥락을 같이하고 있다. 곧 법치의 당위성을 강조하는 말이다.

그런데, 공자는 법보다는 인의예지를 앞세운 유가의 창시자였다. 그렇다고 하더라도 법을 완전히 무시하지는 않았다는 것을 보여주고 있어 흥미롭다. 법치도 중요하지만 그것보다 인정, 곧 어진 다스림이 정치의 근본임을 설파했다.

동서고금을 통하여 법이 완전히 없었던 인간 세상은 상상할 수조차 없다. 그것이 불문율이든, 성문율이든 간에. 그러나 그 법이 만인에게 공평하게 적용되고 실행되었는가. 역사상 법은 항상 권력자나 강자 편에 기울어져 있었다는 것은 명백한 사실이다. 법이 사회적 약자를 보호할 때, 진정한 가치를 발휘할 수 있을 것이다.

*법가의 한 사람으로 가벼운 죄도 무겁게 처벌한 사람이다.

군주가 자혜로우면 나라가 망한다

위나라 혜왕惠王*은 정사에 매우 적극적이었다. 어떻게 하면 나라가 부강해지고, 또 백성들이 편안하게 살 수 있을까에 큰 관심을 가진 군주였다. 맹자가 찾아갔을 때, 정치의 요체를 하문한 일이 《맹자》에 기록되어 있다. 비록 맹자가 주장한 왕도정치는 실행하지 않았지만, 그 근본정신에는 공감하고 있었다.

당시는 패도覇道**가 난무하는 전국시대 한복판이었다. 유가의 대표격인 맹자가 동분서주하며 반전反戰과 덕치를 외쳤지만, 그것을 귀담아 들으려는 군주는 아무도 없었다. 현실이 그만큼 냉엄하고 급박했기 때문이었다.

* 《맹자》에 나오는 '양혜왕'과 같은 인물이다. 양나라는 위나라의 별칭으로 수도를 대량으로 옮기고 나서 이런 별칭이 생겼다.
** 유가의 덕치에 반하는 사상으로 무력과 권위, 권모술수를 위주로 하는 사상을 의미한다.

그렇다고 하더라도 위 혜왕은 나름대로 백성들을 사랑하고 그들에게 은혜를 베풀어왔다고 자부하고 있었다. 임금은 만백성의 부모이니 당연한 도리이며 의무라고 여겼다. 그런데 자신이 베푸는 자애로움과 은혜를 백성들은 어떻게 생각하고 있을까 이것이 늘 궁금했다.

그러던 어느 날, 복피卜皮라는 신하에게 은근히 여론의 동향을 물었다. 복피라면 진실한 사람이니 들은 대로, 또 자신의 소견을 솔직히 말하지 않겠는가.

"그대는 나에 대한 세간의 평을 들었을 텐데, 무어라고들 하던가?"

"신이 듣기로는 임금님께서는 인자하며 은혜롭다고들 합니다."

복피의 이 말을 듣고 혜왕은 기분이 한껏 좋아졌다. 그러면 그렇지! 이 난세에 나만큼 백성을 사랑하고 은혜를 베푸는 임금은 아마 없을 거야. 혜왕은 속으로 이렇게 쾌재를 부르면서 내친김에 재차 물었다. 이제 여론의 소재는 알았는데, 그것의 향방向方이 알고 싶었다.

"내가 인자하고 은혜롭다고들 하는데, 그 결과가 어떻게 되겠는가?"

이 물음에 복피는 주저하지 않고 짧게 대답했다.

"장차 나라가 망할 것입니다."

혜왕은 깜짝 놀랐다. 전혀 예상하지 못한 대답이었다. 나라가 부강해지고 백성들이 살기 좋은 태평성대가 될 것이라는 대답을 기대했었는데, 이와는 정반대의 말을 들으니 울화가 치밀었.

좀 전에 복피가 듣기 좋은 말을 하여 고조되었던 기쁨, 그 흐뭇한 감정이 순식간에 사그라지고 말았다. 활활 타오르는 불꽃에 찬물을 퍼부었으니, 이 무슨 날벼락이란 말인가. 혜왕의 얼굴이 화끈화끈 달아올랐다. 그러나 침착함을 잃지 않고 되물었.

"인자하고 은혜로움은 덕과 선을 실행하는 것인데, 어째서 그것이 나라를 망하게 하겠는가?"

복피는 이 말을 기다렸다는 듯이 차근차근 설명해 나갔다.

"대체로 인자하다는 것은 측은한 마음이 우러나오는 것이고, 은혜롭다는 것은 베풀기를 좋아하는 마음입니다. 이런 것은 일반 백성들에게는 바람직한 선행이 될 수 있습니다. 그러나 나라를 다스리는 군주가 취할 태도는 아닙니다. 임금이 인자하면 큰 잘못이 있더라도 처벌하지 않게 되고, 또 베풀기를 좋아하면 공이 별로 없는데도 크게 포상하게 됩니다. 이렇게 상벌이 문란해지면 나라의 법도가 무너지고 맙니다. 그러니 나라가 망할 것은 정한 이치 아니겠습니까?"

혜왕은 허탈한 표정으로 복피의 말을 듣고만 있었다.

〈내저설〉 편

해 설

〈내저설〉편 첫머리에는 이런 말이 실려 있다.

군주 된 사람이 신하를 부리는 데는 일곱 가지 술책이 있고, 신하의 간사함을 살피는 데는 여섯 가지 기미機微(낌새)가 있다.

한비자는 이 원론적인 말을 역사적 실례를 들어 조목조목 증명하고 있다. 위의 이야기도 여기 기술된 역사적 예화 중 하나다. 즉 죄 지은 자는 반드시 처벌하여 군주의 권위를 밝히고, 또 공이 있는 자는 반드시 포상하여 백성의 능력을 극대화시켜야 한다는 이론이다. 이것은 유가의 덕치에 바탕을 둔 인정仁政(자애로운 정치)과는 거리가 멀다. 한비자의 냉엄한 법치주의의 일면을 파악할 수 있는 좋은 본보기라고 여겨진다. 그렇다 하더라도 조금 씁쓸한 뒷맛이 느껴지는 것은 왜일까. 법은 반드시 지켜져야 하지만, 그것만이 정치의 전부는 아니기 때문인가.

사마천은 한비자를 다음과 같이 평했다.

한비자는 법률에 의거하여 모든 세상사를 결단하고 시시비비를 분명히 밝혔으나 너무 가혹하여 은덕이 결핍되어 있다.

가시 끝의 원숭이

　송나라의 연왕燕王은 정밀한 공예품을 좋아했다. 그래서 여러 종류의 세공품, 즉 잔손을 들여 정성껏 만든 수공예품을 모으고 있었다. 그중에는 흙을 이겨 구워 만든 도자기, 쇠로 주조하고 손으로 다듬은 금속 공예품, 나무를 깎아 만든 목공예품 등 여러 가지가 있었다. 그런데 연왕은 그 공예품이 작고 가늘고 부드럽고 섬세할수록 더 좋아하는 독특한 예술적 취향이 있었다. 그것은 혀를 자극하는 향기로운 음식이나 귀를 즐겁게 해주는 음악, 미녀들의 부드러운 촉감과는 또 다른 심미적 쾌감을 제공해주었다.
　그동안 자신이 수집한 섬세한 공예품들을 들여다보고 있으면 왠지 모르게 번잡한 일상을 잊게 되고, 마음이 흐뭇해져 미묘한 미시적 세계로 빠져들곤 했다. 그러면서 늘 좀 더 미세한 조각품은 없을까. 신의 손으로 빚어 만든 보일 듯 말 듯한 것, 그런 신품을 구할 수 있다면 얼마나 좋겠는가. 이렇게 늘 갈망하고 있었다.

그러던 어느 날이었다. 어떤 위나라 사람이 찾아왔다.

"신은 임금님께서 조각품을 좋아하신다는 소문을 들었습니다."

연왕은 이 말을 듣고 그를 반갑게 맞아들였다.

"그래, 어떤 조각품을 가지고 왔는가?"

"조각품을 가져온 것이 아니고 좀 특이한 물품을 조각하는 기술이 있는데, 임금님께서 어떻게 생각하실지 그것이 알고 싶어 이렇게 알현하게 된 것입니다."

연왕은 특이한 물품을 조각할 수 있다는 그 말에 귀가 솔깃해졌다.

"그렇다면, 그대의 기술로 무엇을 조각할 수 있다는 말인가?"

그는 연왕의 물음에 즉답을 피하고 다른 말을 했다.

"저의 조각 기술은 세상에 알려진 여느 장인과는 다릅니다. 마음으로 조각하지요. 신의 계시를 받은 것 같은 마음, 보이지 않는 어떤 손길이 저를 안내합니다."

연왕은 호기심이 점점 더해졌다. 신의 계시를 받았다면, 그것이 바로 신기가 아니겠는가. 어쩌면, 이 사람은 하늘이 내게 보낸 사람일지도 모른다. 연왕은 바싹 다가가서 부드러운 음성으로 물었다.

"그래, 그 신기로 무엇을 어떻게 조각할 수 있나?"

"신은 가시나무의 가시 끝, 그 바늘보다 뾰족한 곳에 원숭이를 조각할 수 있지요. 춤추는 원숭이 말입니다."

이 말에 연왕은 입이 떡 벌어졌다. 자신이 얼마나 애타게 갈망하던 예술품이던가. 드디어 그것을 볼 수 있다는 희망에 들떠서 어찌할 줄을 몰랐다.

"그것은 내가 꿈속에 그리던 공예품이다. 그것을 만들어서 내게 보여줄 수는 없겠나?"

이렇게 말하고 자칭 위나라의 그 조각가를 극진히 대접했다. 우선 집과 땅, 노비와 마차 등을 마련해주고 생활에 불편이 없도록 정성을 다했다.

며칠 후, 연왕은 그를 불렀다.

"그대의 신품神品은 언제쯤 볼 수 있는가?"

"임금님께서 그것을 꼭 보시고 싶다면, 반드시 명심해야 될 일이 있습니다. 6개월 동안 후궁들의 방에 들지 않고, 술과 육식을 삼가야 합니다. 그런 연후에 비가 그치고 날씨가 좋은 날 그늘에서 보시면, 가시나무의 가시 끝에서 원숭이가 춤추고 있을 것입니다."

위나라 조각가의 말은 연왕이 지키기 어려운 굉장히 까다로운 조건이었다. 술과 고기를 입에 대지 않고 또 여색을 멀리 하라니. 그것도 하루 이틀이 아니고 6개월 동안이나! 이 세 가지 전제 조건은 연왕이 하루도 거르지 않던 일상의 일부였고 삶의 즐거움이었다. 그러나 가시 끝에서 춤추는 원숭이를 상상하며 그렇게 하겠노라고 약조했다. 설령 그 조건이 지켜지지 않은들 누가 그 내밀한 사정을 알 수 있겠는가 하는 심정이었다.

세월이 흘러 약속한 6개월이 지나갔다. 그러나 '마음으로 조각한다'는 그 사람은 자신이 만든 작품을 좀처럼 보여주지 않았다. 작품은 완성되었는데, 날씨가 좋지 못하다 또는 일진이 맞지 않는다 등등의 핑계를 대며 차일피일 미루고 있었다. 그 핑계 속에는 임금이 삼가야 할 세 가지 조건, 즉 술, 고기, 여색의 언급은 없었다. 연왕은 그 금기를 어긴 것이 들통날까 마음이 조마조마하여 크게 다그치지 못하고 있었다.

그 무렵 정나라 출신의 이름난 대장장이가 궁궐 근처에서 일하고 있었는데, 연왕을 찾아왔다.

"신은 쇠를 달구어 망치로 그것을 두들겨 물건을 만드는 미천한 대장장이입니다. 아주 섬세한 조각칼 같은 것도 만들지요. 그런데 나무의 가지 끝에 사물을 조각한다는 소문을 듣고, 너무 신기하고 황당한 일이라고 여겨 찾아뵈었습니다."

"그대가 과인에게 하고 싶은 말이 무엇인가?"

연왕은 이상하게 생각하고 물었다. 대장장이는 기다리고 있었다는 듯, 즉시 대답했다.

"모든 조각품은 칼로 다듬기 마련이고, 그 재료는 깎는 칼보다 크지 않으면 깎을 수가 없습니다. 이런 이치로 생각해본다면, 나무의 가시 끝에는 도저히 칼질을 할 수 없을 것입니다. 소신은 평생 조각칼을 만들어왔지만, 가시나무의 가시 끝보다 작은 칼을 만들어본 적이 없습니다. 인간의 능력으로는 불가능한 일이겠지요. 그러니 가시나무의 가시 끝에 원숭이를 조각한다는 말은 믿을 수 없습니다."

대장장이의 말에 연왕은 당황했다.

"그렇다면, 어떻게 그 진위를 알 수 있겠나?"

"임금님께서는 먼저 그 칼을 보여달라고 하십시오. 그것으로 조각의 가능성을 판별할 수 있을 것입니다."

연왕은 논리 정연한 이 대장장이의 말이 과연 옳다고 생각했다. 그 사람은 신의 계시에 따라 마음으로 조각한다고 했는데, 그것도 터무니없는 허황된 소리로 여겨졌다. 지키기 어려운 까다로운 조건을 제시한 것도 만약을 위해 등계를 마련한 일증의 안전장치였을 것이라는 짐작이 갔다. 이렇게 생각한 연왕은 즉시 그 조각가를 불렀다.

"그대가 조각하는 데 쓰는 연장은 두엇인가?"

"아주 정교한 칼이지요."

"그 칼을 과인에게 보여줄 수 있겠는가?"

"물론이지요. 공방에 가서 곧 가지고 오겠습니다."

조각가는 이렇게 대답하고는 자리를 떴다. 그러나 돌아올 시간이 지났는데도 그는 기다리고 있는 왕 앞에 나타나지 않았다. 신하를 시켜 알아보니 이미 줄행랑을 친 뒤였다.

〈외저설〉 편

◇ 해 설

군주가 신하의 말을 들을 때, 그 효능의 유무를 표준으로 삼아야 한다. 그러므로 가시 끝에 원숭이를 새기는 것은 쓸데없는 짓이다.

한비자는 실질적 가치나 쓰임이 있는가를 먼저 따져보라고 이야기하고 있다. 한 나라를 다스리는 군주가 실용적 가치가 없는 것에 몰두하면, 거기에 영합하는 아첨꾼이 모여들고 그들은 교묘하게 속여 사사로운 이익을 챙긴다. 이렇게 되면 국고는 바닥이 나고 나라가 혼란해질 것은 틀림없는 사실이다. 여기 등장하는 대장장이는 허황된 것을 바로잡으려는 합리적이고 실용적 인물이다. 어쩌면 법가의 분신이 아닐까.

한비자는 이 예화를 말하면서 비슷한 내용의 다른 예를 열거해놓았다. '일설에 의하면'이란 단서를 붙인 것으로 보아 역사적 사실이 아닌, 자신이 만들어낸 우화임이 분명하다. 법가사상의 실용주의를 강조하려는 의도였을 것이다.

벽마는 말이 아니다

아열兒說*은 송나라 사람으로 변설辨說에 뛰어났다. 변설은 일의 옳고 그름을 분명하게 가려서 논리적으로 설득하는 일인데, 입담은 물론이고 말재주까지 갖추고 있어야 했다.

그는 춘추전국시대 제자백가 중 명가에 속하는 논리학자로 공손룡公孫龍과 더불어 이름을 날리고 있었다. 춘추전국시대를 백가쟁명, 백화제방의 시대라고 한다. 말하자면 수많은 꽃들이 한꺼번에 일제히 피어 서로 요염함과 아름다운 빛깔을 뽐내고 경쟁한다는 의미인데, 갖가지 학문이나 사상이 개방적으로 다투어 발표됨을 비유하여 이르는 말이다.

인의예악을 최고의 가치로 선전하는 유가, 두위자연 속에서 유유히

---

* 명가의 학자로 송나라 사람이라고 알려져 있다. 본문에 등장하는 백마비마론은 흔히 공손룡의 주장이라고 하나, 그보다 앞서 아열이 먼저 주장했다는 설도 있다.

거닐며 은근슬쩍 무위지치를 주장하는 도가, 겸애와 만민평등, 평화, 절용節用의 기치旗幟를 높이 들고 행진하는 묵가, 신상필벌信賞必罰이 만병통치약인 듯 유세하는 법가 등등, 이들 학파는 하나같이 어지러운 세상, 곧 난세를 바로잡겠다고 옷소매를 걷어붙이고 나선 사람들이었다. 그들은 학자임과 동시에 정치사상가들이었다.

그러나 명가학파들은 이와는 달랐다. 주로 사물의 명실, 곧 이름과 실제의 모습이 어떻게 다른가 하는 것을 논리적으로 증명하려고 애썼다. 그들의 궁극적 목표는 명실합일名實合一이었는데, 그것을 논증하기는 쉽지 않았다. 그러다 보니 실제와 부합되지 않는 모순된 이론이 등장하게 되었다. 이른바 궤변이다.

그렇다 하더라도 세상 사람들은 이들에게 박수를 보냈다. 사물의 본질을 탐구하려는 학구적 열의, 다각도의 접근 방법, 또 인간사고의 논리성 같은 것에 흥미를 느꼈다. 이 흥미는 그들이 토해내는 변설, 궤변에 이르러 열광으로 변했다. 아마 모두들 성인군자인 척 거들먹거리는 여타 학파들에 대한 심리적 반감이 작용한 탓도 있었으리라.

아열은 이런 세상 사람들의 기대를 한몸에 받으며 제나라 직하稷下에서 개최된 학술 토론회에 참석했다. 천하의 내로라하는 수많은 학자들이 한 자리에 모여 열띤 토론을 주고받았다.

이런 학술회의는 직하에서 자주 열렸고, 여러 날 계속되기 일쑤였다. 아예 제나라 직하에 눌러사는 학자들도 많았다. 수개월 동안 계속된 이 모임에서 아열의 뛰어난 말솜씨를 당해낼 자는 아무도 없었다. 그는 여기서 '백마비마론白馬非馬論'을 주장했다. 곧 '흰 말은 말이 아니다'라는 명제인데, 이것을 논리적으로 증명했던 것이다.

구체적 개념은 그 포함하는 범주가 다르므로 복합개념으로 통합시킬 수 없다는 정의를 실제에 적용했다. 즉 백마白馬라는 말속에는 흰색이라는 구체적 개념이 있고, 또 말馬이라는 개념이 따로 존재한다. 이것은 성격을 달리하는 판이한 각각의 개념이다. 그러므로 통합시킬 수 없다. 따라서 '백마는 말이 아니다' 하는 논리가 성립된다. 이런 논증 앞에 직하에 모인 천하의 학자들은 모두들 기가 죽고 달았다.

아열은 기분이 한껏 고조되어 귀국길에 올랐다. 제나라 국경을 통과하는 관문에서의 일이었다. 출국 수속을 마친 후, 말에 올라 막 관문을 지나려는데, 창을 든 병사들이 앞을 가로막았다.

"이게 무슨 무례한 행동인가?"

아열은 이름난 학자답게 점잖게 말했다.

"말馬이 있는지 미쳐 몰랐습니다. 말이 관문을 지나려면 말에 따르는 세금을 따로 내야 합니다."

아열은 자신이 타고 있는 백마 위에서 일갈一喝했다.

"백마는 말이 아니다! 그런데 무슨 세금을 내라고 하는가?"

이 말을 듣고 병사들은 기가 막힌 듯 서로 마주 보았다. 무슨 뚱딴지 같은 엉뚱한 수작을 부리는가 하고 성난 얼굴이 되어 아열을 말에서 끌어내렸다. 그중에서 선임인 듯한 병사가 지시했다.

"선비는 보내고 말은 통과시키지 마라!"

이번에는 아열이 기가 막혔다. 말을 두고 가라니! 송나라까지 그 먼 길을 말없이 어떻게 걸어서 간단 말인가. 아열은 위세 당당하던 태도를 바꾸어 부드럽게 나왔다.

"나는 직하에서 토론을 마치고 귀국하는 길일세. 그 토론회에서 백마는 말이 아니라는 것을 증명했지. 백색과 말은 별개가 아닌가? 그러니 백마는 말이 아닐세. 내가 세금이 아까워서가 아니라 사실이 그렇단 말일세."

이렇게 옥신각신하며 말씨름을 하다가 그 선임 병사가 절충안을 들고 나왔다.

"저희들은 국경을 통과하는 말은 이유 여하를 막론하고 세금을 받으라는 상부의 명령을 어길 수는 없습니다. 선비님이 정 그렇게 우기신다면 말의 색깔, 곧 백색만 떼어가고 말은 남겨두십시오. 후일 세금을 내고 찾아가시면 됩니다."

이 말에 아열은 더 이상 국경을 수비하는 병사들을 굴복시킬 수 없음을 깨달았다. 그뿐만 아니라 이 무식한 병사들의 논리 정연함에 탄복하고 말았다. 백색만 떼어가라니! 직하에 모였던 천하의 학자들보다 훨씬 더 똑똑하구나.

아열은 결국 순순히 말에 대한 세금을 내고 국경을 통과했다. 구름 한 점 없이 맑은 하늘이었다. 아열은 백마 위에서 중얼거렸다.

"뛰는 놈 위에 나는 놈이 있군."

〈외저설〉 편

◬ 해 설

말하자면 공론으로는 능히 일국의 내로라하는 학자들을 이길 수 있었지만, 실물을 두고 논하기에 이르러서는 한 사람의 무지한 관문지기조차 속일 수가 없었다.

위의 일화에 대한 한비자의 평이다. 이론과 현실은 판이하게 다른 경우가 허다하다. 한비자가 주장하는 법가이론은 전국시대라는 냉엄한 현실에 바탕을 두고 있다. 그렇기 때문에 공론이 끼어들 여지가 없었다. 공리공론空理空論에 대몰된 우리의 역사. 조선시대의 민생을 되돌아보게 하는 좋은 일화다.

입던 바지가 편하다

정나라 시골에 변자卞子라는 가난한 선비가 살고 있었다. 따르는 제자도 몇 있고, 옛 성현의 도를 숭상하는 벗도 여러 명 있어 바깥출입이 잦았다. 그런데 외출할 때가 되면 '오늘은 무얼 입고 가야 하나' 하는 걱정이 앞섰다. 이것은 옷이 많아서 어느 것을 골라 입을까 하는 것과는 정반대였다. 외출복이라고 할 수 있는 것은 바지저고리 한 벌과 그 위에 걸치는 낡은 두루마기가 전부였다. 수년간 입고 또 입어 여기저기 구멍도 뚫리고, 군데군데 얼룩져 있어 남 보기가 민망할 정도였다. 그러나 그 헌옷을 입고 있으면, 마치 자기 몸의 일부인 것처럼 자연스럽고 편안했다. 다만 남들이 바라보는 시선이 부담스러웠을 뿐이었다. 이런 이유로 그저 막연히 '오늘은 무얼 입고 가야 하나' 하는 걱정을 하게 된 것이다.

그러던 중 변자는 큰마음을 먹고 저자에서 새 옷감을 마련해왔다. 바지 하나는 새로 만들 수 있을 정도였다.

새 옷감을 넘겨받은 아내는 몹시 반기는 모습이었다.

"새 바지는 어떤 모양으로 만들까요?"

"그걸 말이라고 하오? 나는 옛것이 편안하고 좋아요. 그 전에 입던 그대로 만드시오."

아내는 알았다는 듯이 고개를 끄덕이고는 헌 바지를 본떠 옛것 그대로 만들기 시작했다. 구멍도 몇 군데 뚫고, 여러 곳에 얼룩도 만들어 넣었다. 그러나 그것도 쉬운 일이 아니었다. 그래서 거친 바닥에다 깔아놓고 문질러 비비는 등 온갖 고생을 다했다. 그런대로 남편이 원하는 편안한 바지를 완성했는데, 어딘가 좀 미흡했다. 새로 만든 바지에는 세월의 흔적을 만들어 넣을 수는 없었다. 흘러간 그 수많은 나날들의 자국을 어찌 인위적으로 만들 수 있겠는가.

며칠 후 외출하려는 남편에게 아내가 새로 지은 바지를 내밀었다.

"오늘은 새 바지를 입고 가세요. 전의 것과 흡사하게 만들었으니 입기에 편안하실 겁니다."

변자는 아내가 내민 새 바지를 보고 깜짝 놀랐다. 구멍이 숭숭 뚫리고, 여러 군데 보기 흉한 얼룩이 져 있었다.

"아니, 이게 어찌 된 일이오?"

아내가 죄송하다는 듯이 고개를 떨어뜨리고 말했다.

"전에 입던 것과 똑같이 만들었는데, 세월의 흔적까지는 만들어 넣을 수가 없었지요."

〈외저설〉 편

해설

학자들이 실제로 통용되지 않는 이론을 선왕을 빙자하여 논하는 것은 시대에 맞지 않습니다.

한비자의 말이다. 여기서 '선왕을 빙자'한다는 말은 묵은 제도나 관습을 그대로 따르려는 수구, 보수의 태도를 의미한다. 개혁을 방해하는 걸림돌이다. 《조선왕조실록》을 보면 이런 모습을 확연히 볼 수 있다. 어떤 사건이 일어났을 때, 그 처리 과정의 대부분이 전례를 따르고 있다. 한비자는 이런 행태를 비판하기 위해 이 우화를 만들어내었다고 생각된다.

시대가 바뀌면, 제도나 법도 그 시대에 알맞게 변해야 한다. 옛 성현들의 법도를 금과옥조처럼 떠받드는 유가들에 대한 신랄한 비판이다.

과거 조선을 지배한 것은 유가사상이었고, 더욱 교조화敎條化*된 것이 주자학朱子學, 곧 성리학性理學이었다. 그렇기 때문에 실학사상이 끼어들 여지가 없었고 개혁, 개방 같은 것은 상상조차 할 수 없었다. 구멍이 숭숭 뚫린 헌 바지를 입고 있다가 그것마저 일본 제국주의에 의해 홀딱 벗겨지고 말았다.

---

*특정한 권위자의 가르침, 사상 따위를 절대적인 것으로 만드는 일을 말한다. 현실을 무시하고 이를 기계적으로 적용시킨다는 의미다.

촛불을 밝혀라

　초나라 영(郢) 땅에 사는 선비가 옛 친구에게 편지를 썼다. 어릴 적 동문수학한 그 친구는 먼 북쪽 땅, 연나라의 재상이 되어 있었다. 죽마고우이자 서로 마음이 잘 통하던 단짝이었는데, 학업을 마친 이후 서로 만나본 적이 없었다. 그저 막연히 풍문으로 들어 소식은 알고 있을 뿐이었다. 초나라와 연나라는 남북으로 수천 리 떨어져 있었고, 신분 또한 하늘과 땅 차이였다. 그는 한 국가의 재상이 되었고 자신은 초야에 묻혀 있는 선비니, 두 사람이 만나서 회포를 풀기는 거의 불가능한 일이었다. 그 옛날, 벌거숭이로 뛰놀던 어렸을 때를 회상하면 문득문득 친구가 그리워져 눈시울을 붉히곤 했다.
　얼마 후 가까이 알고 지내는 사람이 연나라로 가는 사신을 수행한다는 소식을 들었다. 꿈속에서 자주 만나던 그리운 옛 친구에게 소식을 전할 절호의 기회였다.

선비는 마음이 들떠 붓을 잡은 손까지 덜덜덜 떨렸다. 편지의 격식이나 내용을 차분히 생각하고 다듬을 겨를도 없이 그냥 생각나는 대로 써 내려갔다. 한동안 붓을 놀리고 있는데, 촛불이 가물가물하더니 주위가 갑자기 어두워졌다. 선비는 곧장 옆에 있던 하인에게 고함을 질렀다.

"촛불을 밝혀라!"

이렇게 말하고 나서 무심결에 자신이 한 말인 '촛불을 밝혀라'를 편지에 쓰고 말았다. 마음이 흥분 상태여서 앞뒤를 분간 못한 실수였다.

연나라 재상은 어릴 적 다정했던 친구의 편지를 받고 몹시 기뻤다. 눈망울이 초롱초롱 빛나던 천진난만한 모습을 떠올렸다. 재기 발랄하고 사리 판단이 분명한 친구였는데…… 이렇게 과거를 회상하며 먼 남쪽 나라 영 땅에서 온 편지를 읽어 내려갔다.

그러다가 편지 중간쯤에서 이해하기 어려운 문구를 발견했다. '촛불을 밝혀라'는 무슨 뜻일까. 편지의 앞뒤 내용과는 연관성도 없이 불쑥 튀어나온 이 엉뚱한 말을 곰곰이 되씹어보았다. 아마도 의미심장한 충정 어린 충고임이 분명했다. 이러쿵저러쿵 시시콜콜 늘어놓기보다 이 얼마나 간명한 표현인가. 정사를 보살핌에 어둡고 그늘진 곳은 없어야 한다. 하늘의 해와 달도 온누리를 훤하게 밝혀주기 때문에 우러르는 것이 아니겠는가. 그 해와 달처럼 세상을 밝게 비추라는 뜻이리라. 세상에는 겉으로 드러나지 않은 은사들이 많다. 어둠 속에 파묻힌 보석과도 같은 인재들, 그들을 찾아내어 중용하라는 것이 '촛불을 밝혀라'는 말의 숨은 의미리라. 어쩌면 그 친구는 자신이 이루지 못한 한을 이 한마디로 토해낸 것이구나!

연나라 재상은 자신을 뒤돌아보고 크게 깨달았다. 곧 왕을 찾아뵙고 자초지종을 들려주었다. 이 말을 듣고 왕도 기뻐하며 재상의 뜻을 받아들였다.

편지를 쓰다가 실수로 써 넣었던 이 한마디 말이 지지부진하던 연나라 정치에 큰 변혁을 가져왔다. 그 후 연나라는 수많은 숨은 인재를 발탁하여 나라를 잘 다스렸다.

〈외저설〉 편

🔺 해 설

그런데 나라가 잘 다스려졌다고는 하나 그것은 편지의 내용과는 아무 관계도 없는 일입니다. 오늘날에도 고서를 해석하되, 그 뜻을 왜곡하는 학자들이 많습니다.

이 말은 위의 이야기에 대한 한비자의 논평이다. 한비자는 성현의 말씀을 빙자하거나 그 의미를 자신의 의도에 맞도록 왜곡하여 아전인수격으로 해석하는 세태와 거짓 꾸밈, 그 위험성을 여러 곳에서 경고하고 있다.

다행히 '촛불을 밝혀라'라는 이 말의 왜곡된 해석은 긍정적인 결과를 초래했지만, 그 반대의 경우는 어떻겠는가. 사이비 학자들은 옛날에도 있었고, 또 오늘날에도 수없이 많다. 돈 몇 푼으로 박사학위를 거래하고, 정교한 기법으로 학위증을 위조하기도 한다. 이들이 횡행하는 세상이 두렵기만 하다. 아무것도 모르는 민초들은 과연 누구를 따라야 할 것인가. 냉철한 이성으로 수많은 언어를 쏟아낸 한비자의 출현을 기대할 수도 없는 이 세상에.

신발을 사지 못한 차치리

정나라에 차치리且置覆라는 별명을 가진 사람이 있었다. 그는 장날이 오기를 손꼽아 기다렸다. 돌아오는 장날에 꼭 사야 할 물건이 있었다. 오랫동안 신었던 신발이 밑창이 닳아 구멍이 뚫렸고 겉은 너덜너덜 해져 보기 흉했다. 그래서 신발을 새로 사기로 단단히 작정하고 있었다.

집에서 읍내 장터까지의 거리는 20여 리가 조금 넘었다. 산모퉁이를 몇 굽이돌아 냇물을 건너고 들판을 가로질러 한참을 가야 하는 꽤 먼 길이었다. 장날이 가까워 오자 그는 마음이 들떴다. 새 신발을 신고 동네를 휘젓고 다닐 생각을 하니 절로 신바람이 났다. 머릿속에 어떤 모양의 신발을 살까 하고 미리 정해두었음은 물론이고, 신발의 치수까지 적어놓고 기다렸다.

드디어 고대하던 장날 아침이었다. 가슴이 두근거리고 설레었다. 어린아이도 아닌데 왜 이렇게 마음이 들뜨고 기분이 술렁거리는가. 그는 그동안의 자신을 되돌아보고 피식 웃었다.

장마당은 각지에서 몰려든 사람들로 붐볐다. 장사치, 거간, 또 물물 교환을 하려고 올망졸망한 보따리를 손에 든 순수한 장꾼들로 온통 북새통을 이루고 있었다. 그는 장꾼들의 물결 속에 섞여 이리저리로 밀려 다니다가 신발을 펼쳐놓고 파는 신발전까지 왔다. 미리 사기로 작정해 두었던 모양의 새 신발이 무더기로 쌓여 있었다. 그중에서 이것저것을 살펴보는데 점방 주인이 다가왔다.

"발의 치수가 얼마나 됩니까?"

이 말을 듣고 치수를 재어 종이에 적어놓았던 것이 생각났다. 그것을 주인에게 보여주면 발에 꼭 들어맞는 신발을 골라 주겠지. 그 쪽지를 끄집어내려고 주머니에 손을 넣었는데, 이게 웬일인가. 주머니가 텅 비어 있었다. 아무리 찾아보아도 손에 잡히는 것은 동전 몇 푼뿐이고 쪽지는 없었다. 기억을 더듬어보니, 깜박 잊고 온 것이 분명했다. 들뜬 기분을 진정시키느라고 애를 썼으면서도 정작 소중한 것은 잊고 말았구나! 그는 당황해하며 어쩔 줄 모르고 허둥대다가 주인을 보고 말했다.

"치수를 적은 종이를 집에 두고 왔으니 도로 가서 가지고 오겠소."

주인은 의아한 듯 급히 돌아서는 차치리에게 물었다.

"도대체 누구의 신발을 사려는데요?"

"내가 신을 신발이지. 다른 사람의 것은 아니오!"

이렇게 소리를 지르고 뒤도 돌아보지 않고 뛰어나갔다.

차치리가 다시 돌아왔을 때는, 이미 파장하여 장사꾼들이 모두 떠난 뒤였다. 텅 빈 장마당엔 송아지만 한 개들만이 어슬렁거리고 있었다.

결국 차치리는 신발을 사지 못하고 말았다.

이 소문을 전해 듣고 어떤 사람이 비웃으며 물었다.
"당신은 발을 떼어 두고 장에 갔소?"
"무슨 말을 그렇게 하시오? 발 없이 어떻게 장에 간단 말이오?"
"그렇다면, 왜 신발을 직접 신어 보지 않았소?"
"그 무슨 당치 않은 말을 하시오? 치수를 잰 기록이 있는데, 다른 것이 무슨 소용이 있겠소?"
차치리는 당연하다는 듯이 분명히 대답해주었다.

〈외저설〉 편

◬ 해 설

    그러므로 국사國事에 대한 적합한 조치가 아닌데도 선왕의 말씀이라고 하여 무조건 그대로 따르려는 것은, 마치 신발을 사러 저자에 갔다가 발의 치수를 적어놓은 쪽지를 두고 왔다고 하여 신발을 사지 못한 경우와 같습니다.

    위의 이야기에 대한 한비자의 설명이다. 선왕의 말씀이나 옛 기록에 대한 맹목적인 믿음, 그것이 현실이나 이치에 전혀 맞지 않는다고 하더라도 고집스럽게 지키려고 하는 융통성 없음을 풍자하고 있다. 이 단편은 한비자가 만들어낸 창작임이 분명하다. 주인공 차치리라는 별명의 뜻이 신발의 치수를 적어놓은 종이를 집에 두고 온 사람이라고 해석되기 때문이다.
    차치리는 어느 특정한 인격을 소유한 개인이 아니다. 당시 옛 문헌, 선왕의 말씀, 기록 같은 것을 아무 비판 없이 그대로 따르고 고수하려는 많은 사람들을 대변하는 가공의 인물이다.

유행을 바꾼 환공

제나라 환공은 자주색을 특히 좋아했다. 자지紫芝*라고도 하는데, 짙은 남색 바탕에 은은한 붉은색이 감도는 색깔이다. 깊은 산속에서 피어나는 영지靈芝, 곧 신령스러운 버섯의 빛깔과 비슷하다. 그래서였던가. 자주색을 한참 들여다보고 있으면, 알 수 없는 향기가 피어오르는 것 같기도 하다. 오월이면 흐드러지게 피어나는 모란, 그 향기와 색깔이다.

환공은 춘추오패 중에서도 으뜸가는 걸출한 정치가였다. 관중을 재상으로 발탁하여 제나라를 큰 나라로 만들었을 뿐만 아니라 춘추시대 여러 제후국을 호령했다. 그 환공이 자줏빛을 좋아하여 입는 옷은 대부분 자주색 옷이었다. 현란하지도 않고 그렇다고 칙칙하거나 무겁지도 않은 색깔, 그것이 환공의 마음을 편안하게 해주었다.

*자줏빛을 의미하며 영지버섯, 혹은 지초芝草를 말한다.

사람들은 누구나 기호가 다를 수 있다. 아니, 다르다는 것이 지극히 정상일 것이다. 이 세상에 똑같이 생긴 사람이 없듯이 사람이 가지고 있는 성격도 각양각색이다. 어떤 사람은 백옥 같은 흰빛, 그 색깔을 좋아하고 또 다른 이는 가을 하늘 빛에 매료되기도 한다. 환공이 자주색을 좋아하는 것은 어떤 특별한 이유에서가 아니라 단순한 취향일 뿐이었다.

그런데 이상한 현상이 나타났다. 신하들의 옷 색깔이 하나 둘씩 자줏빛으로 변하더니 급기야 대부분의 관리들이 자주색 옷을 입었다. 이런 기이한 일은 그것으로 끝나지 않았다.

자주색은 대궐의 높은 담을 넘어 세상 속으로 줄달음쳤다. 저자에서는 자주색 옷감이 자취를 감추고 말았다. 상인들이 무슨 귀중품인 양 감추어 두고 비싼 값으로 몰래 거래하고 있었다. 그 값은 흰색 옷감의 다섯 배 이상이었고, 앞으로는 더 오를 것이라는 전망도 있었다.

이 소식을 들은 환공은 크게 걱정했다. 이러다가 세상이 온통 자주색으로 물들지 않을까. 생각만 해도 아찔한 기현상이었다. 꽃밭에는 다양한 색깔의 꽃이 피고 향기 또한 여러 가지가 어울려야 아름다운 정원이 될 것은 자명한 일이다. 환공의 걱정은 그것뿐이 아니었다. 시장질서의 문란으로 발생하는 백성들의 이해득실이 더 큰 문제였다. 그동안 심혈을 기울여 짜놓은 다른 색의 옷감은 아무도 거들떠보지 않아 값이 폭락하고 말았다.

이 일을 어떻게 바로잡아야 할 것인가. 환공은 생각다 못해 관중을 불렀다.

"과인이 자주색 옷을 좋아한다는 이유로 그 비단 값이 오르고 온 나라 사람들이 자줏빛 옷만 입으려 한다니 이를 어떻게 하면 좋겠소?"

관중은 가벼운 미소를 띠고 환공에게 대답했다.

"전하께서는 조금 미안한 말씀을 드리겠습니다. 자주색을 선호하시고 그 색깔의 옷을 즐겨 입으시는 것은 조금도 잘못된 일이 아닙니다. 그러나 전하의 자리는 만인지상萬人之上이지요. 모든 사람들이 우러러보고 있습니다. 곧 흠모하고 따르는 우상입니다. 대중의 마음은 냉철한 사리 판단이나 시시비비를 가리지 않습니다. 이쪽으로 쏠렸다가 또 저쪽으로 와르르 몰려가기도 합니다. 그것이 민심이고 그 민심의 일단一端이 유행이지요. 유행이 세상을 어지럽힌다면 마땅히 고쳐야 합니다. 그 방법은 아주 간단합니다. 전하의 마음먹기에 달려 있습니다."

관중은 여기서 말을 마치고 환공의 자줏빛 옷을 바라보았다. 썩 잘 어울리는 색깔이었다.

"그 간단한 방법을 말해보시오. 과인은 재상의 뜻에 따를 마음의 준비가 되어 있소."

관중은 조금 머뭇거리다가 직설적으로 자신의 의견을 말했다.

"전하께서는 앞으로 자주색 옷을 입지 않으셔야 합니다. 그리고 근시近侍들에게 지나가는 말로 슬쩍 귀띔해주십시오. '과인은 이제 자주색이 싫어졌다. 고약한 냄새가 나는 것 같기도 하거든.' 또 자주색 옷을 입은 신하가 가까이 오거든 '조금 물러나시오. 그 물감 냄새가 역겹다' 이렇게 몇 번만 말씀하시면 됩니다."

환공은 고개를 끄덕이고 관중에게 그대로 하겠다고 약속했다.

"잘 알았소. 그거야 쉬운 일이지."

그런 일이 있은 지 사흘이 지나지 않아 궁중에서 자줏빛은 거의 자취를 감추고 말았다. 그와 거의 때를 같이하여 저자에서, 도성이나 전국 방방곡곡에서 자주색 옷은 찾아보기 어렵게 되었다.

유행이란 바람처럼 왔다가 또 바람처럼 순식간에 사라지는 속성을 지닌 것이다. 이것은 예나 지금이나 매한가지다.

제나라는 관중의 지모智謀로 말미암아 시장의 유통질서가 단시간에 회복되었고, 세상은 다양한 무늬로 장식되어 조화롭고 풍요함이 가득한 살기 좋은 나라로 거듭났다.

〈외저설〉 편

◎ 해 설

　제 환공과 관중은 춘추시대를 대표하는 뛰어난 군주이고 재상이다. 그들은 민심의 소재를 알았고, 거기에 맞추어 나라를 다스렸다. 누구든지 자신의 기호를 바꾸는 것은 쉽지 않은 일이다. 더 절대 권력자인 군주에게 기호를 고쳐야 한다고 직언할 수 있는 신하도 드물다. 이런 점으로 보더라도 이들은 훌륭한 정치가라고 할 수 있다.
　훗날 전국시대의 한비자는 이것을 놓치지 않았다. 《시경詩經》에 '군주가 스스로 애쓰지 않으면 백성은 군주를 믿고 따르지 않는다'라는 말을 인용하여 군주의 몸가짐이 어떠해야 하는지를 설파하고 있다.

송나라 양공의 어짊

　송나라 양공은 초나라가 송나라를 치기 위해 대군을 일으켜 진격하고 있다는 정보를 입수했다. 초나라가 송나라로 쳐들어오려면 반드시 탁하涿河라는 큰 강을 건너야 한다는 사실은 누구나 알고 있었다. 탁하는 강폭이 넓을 뿐 아니라 수심 또한 깊어 대군이 건너기에는 부적합했다. 그렇다면 어디로 건너올 것인가. 양공은 급히 신하들을 불러 이 문제를 논의했다. 적을 맞이해 싸우려면, 그 길목을 지켜야 할 것은 두말할 필요도 없기 때문이었다. 회의 결과 초나라의 예상 침입로는 간단히 결론이 났다. 틀림없이 탁하의 상류, 곧 탁곡이라 부르는 그 부근이 될 것이다. 지형은 다소 험난하더라도 강폭이 좁고 수심이 낮은 계곡이니 대군이 일시에 건너기에 적합한 곳이었다.
　양공은 탁곡 근처에 방어진지를 구축했다. 송나라의 병사 수는 많지 않았지만, 시야가 확 트여 있어 방어하기에는 유리한 지리적 여건을 갖춘 지점이었다. 자신의 몸을 감추고 좁은 계곡을 건너오는 적군을 한눈에 내려다볼 수 있었다.

　진영을 정비한 장수 우사마右司馬 구강購強은 경계를 늦추지 않고 초나라 군사가 나타나기를 기다렸다. 장군의 머릿속에는 치밀한 작전이 짜여 있었다. 즉 초나라 대군이 계곡의 비탈길을 내려와 계곡물을 건너올 때, 그 순간이 적군을 무찌를 절호의 기회일 것이다. 초나라 군사가 전열을 가다듬어 정비하기 전이니 우왕좌왕 혼란에 빠질 것이 아니겠는가. 비록 계곡은 넓지 않고 수심이 얕다고 하더라도 물의 흐름은 빨랐다. 곳곳에 소용돌이가 치고 세찬 여울이 산재해 있어 그곳을 건너는 병사들은 힘을 쓰지 못하고 허우적거릴 것이 뻔했다. 병법兵法에도 최선의 방어는 적절한 틈을 이용한 공격이라고 나와 있다. 이때 송나라의 군사가 총공격을 가한다면, 초나라의 대군은 탁곡을 건너지 못하고 패주할 것이다. 우사마 구강은 전진 배치한 초병들을 격려하며 초조한 마음으로 초나라의 침략군을 기다렸다.

　송나라 양공이 탁곡에 방어진지를 구축한 지 사흘이 지났다. 아침 해가 산마루로 얼굴을 내밀었고, 계곡에 내려앉았던 자욱한 물안개가 스멀스멀 옅어질 때쯤, 전방 초병에게서 긴급 보고가 올라왔다. 드디어 초나라의 대군이 출현했다는 전갈이었다. 이 소식을 듣고 우사마 구강이 확 트인 전방을 바라보니, 수많은 초나라 병사들이 마치 개미떼처럼 산비탈을 타고 내려와 계곡물로 뛰어들고 있었다. 공격 명령을 내리기에는 아직 좀 일렀다. 선발대가 강을 다 건너 뭍에 닿을 때쯤이면, 초나라의 대군 대부분은 계곡물을 건너려고 허우적거릴 것이다. 이 순간이 공격할 절호의 기회가 아니겠는가. 이렇게 판단하고 양공에게 공격의 순간을 놓치지 말도록 진언했다.

"초나라 군사는 그 수도 많을뿐더러 훈련이 잘된 강군입니다. 그에 비하면 우리는 열세지요. 수적으로도 훨씬 못 미칩니다. 지금 적군이 강물을 건너고 있으니 그들이 다 건너 전열을 갖추기 전에 공격 명령을 내리게 해주십시오. 그렇게 한다면 적은 군사로 많고 강한 적을 물리칠 수 있습니다. 초나라는 대패하여 물러갈 것이 분명합니다."

우사마의 이 같은 절박한 건의를 듣고도 양공은 느긋하고 태연한 표정으로 전방을 바라보고 있었다. 계곡을 따라 구불구불 흐르는 강물이 온통 초나라 병사들로 가득 차서 넘칠 때쯤, 구강은 다급한 목소리로 부르짖었다.

"이때입니다. 공격 명령을 내려주십시오!"

양공은 전혀 급할 것이 없다는 듯이 구강을 돌아보고 말했다.

"장군은 왜 그리 성급하오? 적이 아직 강을 다 건너지 않고 진용을 정비하지도 않았는데······."

우사마 구강은 어이가 없어 발만 동동 구르고 있는데, 양공의 다음 말이 이어졌다.

"과인이 들은 바로는 적어도 군자라면 이미 부상당한 자를 거듭 치지 않으며, 노인을 포로로 잡지 않고, 적이 곤경에 처했을 때 공격하여 그들을 추격하지 않소. 지금 장군이 보다시피 적군은 아직 강을 건너는 중이오. 이런 어려운 환경에 처한 적을 공격하는 것은 도의에 어긋나는 일이오. 그러니 적이 강을 다 건너고 전열을 가다듬을 때까지 기다리시오!"

우사마는 다급한 나머지 임금이 듣기 거북한 막말을 토해냈다.

"임금님께서는 우리 송나라 백성을 아낀다고 볼 수 없습니다. 또한 임금님을 의지하고 따르는 병사들의 위급함은 돌보지 않고 어찌 도의만을 실행하려고 하십니까?"

이렇게 항의하는 우사마의 태도가 험악했다. 임금의 허락 없이 곧 명령을 내릴 것만 같았다. 양공은 화난 목소리로 버럭 고함을 질렀다.

"네가 끝까지 고집한다면 군법으로 처벌하리라. 썩 물러가라!"

이러는 사이 초나라의 대군은 강을 다 건넜고, 전열도 완전하게 갖추게 되었다. 병사들의 질서정연한 대열 앞에는 수많은 깃발이 휘날리고 있었다. 그것을 확인한 양공은 그제야 공격 명령을 내렸다.

"공격개시! 전 병사는 초나라 대군을 무찔러라!"

북소리 나발 소리는 요란했으나 정작 적진으로 달려나가는 병사들은 거의 없었다. 위풍당당한 초나라 대군 앞에 기가 질려 오금을 못 추고 있었기 때문이었다. 이런 낌새를 눈치챈 초나라 군사들은 벽력 같은 소리를 내지르며 송나라 진영으로 돌진해 들어왔다. 순식간에 벌어진 전투였다. 수적으로도 한참 열세인데다가 공격의 기회를 놓쳐 사기가 떨어진 송나라 병사들은 도망가기 시작했다. 양공이 앞장서 독려했지만 대세를 돌이킬 수는 없었다. 결국 이 싸움에서 송나라는 크게 패했다. 양공 자신도 다리에 화살을 맞고 후퇴하다가 3일 만에 죽고 말았다.

〈외저설〉 편

◬ 해 설

이 일은 군주가 스스로 인의를 실현하려다가, 그것 때문에 입은 재화災禍다.

이 말은 한비자의 짤막한 평이다. 유가에서는 어진 사람에게는 아무도 대적할 사람이 없다고들 말해왔다. 곧 '덕자德者 무적無敵'이란 말이다. 그런데 송나라 양공은 스스로 어짊을 실행했는데, 왜 이런 재난을 당했을까. 여기서 이상과 현실의 괴리가 얼마나 큰가 하는 것을 실감할 수 있다.

살벌한 전쟁터에서는 도덕군자道德君子가 통할 리 없다. 송나라 양공은 인의를 신봉한 어진 사람이라고 말할 수 있을지는 몰라도 한 나라를 다스리는 군주로서는 자격미달이었다.

이 이야기는 현실에 맞지 않는 유가의 교조주의敎條主義를 비판한 예다. 이 고사에서 송양지인宋襄之仁*이라는 말이 생겼다. 송나라 양공의 어짊이란 뜻인데, 현실을 외면한 도덕군자를 비판하거나 어리석은 행위를 비웃는 뜻으로 쓰인다.

---

* '송나라 양공의 어짊'이란 뜻으로 쓸데없는 인정을 베푸는 어리석음, 또는 이와 같은 행위를 비웃는 말로 쓰인다.

법도를 지키는 것의 어려움

어느 날 한나라 소후昭侯와 재상인 신자申子(소불해)가 마주 앉았다. 두 사람 사이에는 보이지 않는 어떤 껄끄러움, 불편한 감정이 있었다.

나라를 잘 다스려야겠다는 그 목적은 같았다. 그러나 어떻게 다스려야 하는가 하는 방법론에서는 약간 의견을 달리하고 있었다. 신불해는 법가사상을 신봉하는 정치가로서 엄격한 법 적용을 주장하고 있었는데, 소후는 아직 그것을 받아들일 마음의 준비가 되어 있지 않았다. 너무 가혹하게 법을 적용시킨다면, 오랫동안 누려왔던 왕족이나 귀족들의 특권이 모두 사라지고 말 것이 아니겠는가. 그것이 아쉽고 두려웠던 것이다. 그렇다고 무턱대고 옛날의 관행을 고수하기엔 주변 환경이 크게 달라져 있었다. 한나라를 둘러싸고 있는 강대국들은 모두 법치를 통한 개혁으로 치달리고 있었다. 만약 그들의 부국강병책이 성공하여 힘이 더욱 커진다면 한나라로서는 큰 위협이 아닐 수 없었다. 소후는 이런 복잡한 심경을 재상에게 털어놓았다.

"법도를 하루아침에 시행하기란 쉬운 일이 아니겠지요?"

이 말을 기다렸다는 듯이 신불해가 얼른 대답했다.

"무엇이 그렇게 어렵겠습니까? 법이란 상벌을 만인에게 공평하게 적용하는 것입니다. 공적이 있으면 상을 내리고 능력에 따라 관직을 주면 됩니다. 죄를 다스리는 것 역시 엄한 법령에 따라야겠지요."

"그게 그렇게 쉬운 일일까?"

신불해는 우유부단한 소후에게 따끔한 일침을 가할 좋은 기회라고 생각했다.

"법도란 임금님께서 만드신 것입니다. 그런데도 스스로 지키지 않으십니다. 정情에 이끌려 친인척이나 가까운 사람들의 청을 들어주시니 법도가 시행될 리가 있겠습니까. 법은 나라를 지탱하는 기강이고 근본입니다. 이것이 문란해지면 국기國基가 흔들리지요."

국기가 흔들린다는 말에 소후는 깜짝 놀랐다. 나라의 기초가 흔들려 허물어지면 임금이 어디로 가야 한다는 말인가. 소후는 그동안 미적거리면서 신불해의 주장을 받아들이지 않은 자신을 후회했다.

"재상의 말에 일리가 있소. 내가 크게 깨달았으니 앞으로는 매사를 법도에 따라 시행하겠소."

그 후 수개월이 지났다. 소후는 재상을 철석같이 믿었고, 신불해 역시 소후와 가까워져 밤낮을 가리지 않고 머리를 맞대고 국사를 논의했다. 그런데 신불해가 느닷없이 자신의 사촌형을 관직에 등용해주기를 청했다. 유능한 인재이니 국익에 도움이 될 것이라는 말도 빼놓지 않았다. '국익에 도움이 된다.' 이 말을 속으로 중얼거리던 소후의 안색이 갑자기 변했다.

"그것은 전날 그대가 과인에게 가르쳐준 바와 다르지 않은가? 만일 그 청탁을 들어주면 그대가 주장하는 법도가 허물어질 것인데, 이를 어찌하면 좋겠는가? 그렇다고 재상의 간청을 뿌리칠 수도 없는 노릇이고."

신불해는 소후의 말을 듣고 얼굴빛이 새파랗게 질렸다. 임금을 믿고 무심코 던진 말, 곧 '국익에 도움이 된다'는 이 말은 사사로운 청탁을 그럴듯하게 포장한 것이 아닌가. 신불해는 자신이 너무 부끄러워 고개를 들 수가 없었다. 즉시 무릎을 꿇고 엎드려 잘못을 뉘우치고 죄를 청했다.

"소신의 언행이 일치하지 않은 죄를 다스려주십시오."

〈외저설〉 편

◎ 해 설

　신불해는 전국시대 법가에 속하는 정치가로서 한나라에서 15년간 재상 자리에 있었다. 그동안 엄정하게 법도를 지키고 실행했으므로 기득권층(왕족이나 귀족 등 권세가)의 불만을 불러오기도 했다.
　실제로 한나라는 서쪽의 강대한 진나라, 조나라, 남쪽에는 초나라 사이에 끼어 있는 힘이 미약한 나라였다. 신불해라는 걸출한 정치인이 있었기에 그나마 명맥을 유지할 수 있었다. 그런 사람이 한때 사사로운 청탁을 했다는 이 일화가 시사하는 바는 매우 크다. 법을 지키고 시행한다는 것이 얼마나 어려운 것인가를 실례로 보여주고 있기 때문이다. 그 후 신불해가 어떤 벌을 받았는가는 기록되어 있지 않다.
　법을 만들고 그것을 집행하는 사람들의 범법 행위는 누가 다스려야 하는가. 예나 오늘이나 하늘은 항상 푸르고 높은데 아무 말이 없다.

증자가 돼지를 삶다

증자曾子*의 아내가 저자에 가려고 막 대문을 나서는데, 어린 아들이 따라가겠다고 울며 토챘다.

"어서 돌아가거라."

이렇게 부드럽게 달했지만 치맛자락을 붙잡고 놓아주지 않았다. 그 것을 매정하게 뿌리칠 수 없어 다시 달콤한 말로 달랬다.

"네가 따라오지 않으면, 돼지를 잡아 삶아줄게."

말은 그렇게 했으나 그것은 진심이 아니었다. 돼지는 돌아오는 명절에 쓰기 위해 기르고 있었다. 한사코 따라오겠다고 칭얼대던 아이가 그 말을 듣고 치마를 잡고 있던 손을 놓았다. 기분이 좋은 듯 씽하니 대문 안으로 뛰어 들어갔다.

* 본명은 증삼曾參으로 공자의 제자이다. 유교 경전의 하나인 《효경孝經》의 저자로 알려져 있다.

그날 오후였다. 증자의 아내가 저자에서 돌아와 보니, 증자가 뒤꼍에서 돼지를 묶어놓고 칼을 갈고 있었다. 아내는 장바구니를 팽개치고 증자에게 달려갔다.

"아이를 달래기 위해 그냥 해본 소린데 참말로 돼지를 잡으면 어떻게 해요?"

증자는 뒤도 돌아보지 않고 계속 칼을 갈면서 말했다.

"아이에게 거짓말을 하면 안 돼오. 아이들은 부모의 언행을 보고 배우기 마련인데, 당신이 한 약속을 실행하지 않는다면 그것은 아이를 속이는 것이고 결국엔 어린아이에게 속임수를 가르치게 된단 말이오."

이 말을 듣고 증자의 아내는 아무 대꾸할 말을 찾지 못했다. 단지 사소한 말이라도 함부로 입 밖에 내서는 안 되겠다고 다짐할 뿐이었다.

그날 저녁 밥상에 삶은 돼지고기가 올라왔다. 어린아이는 고기를 맛있게 먹으면서 오늘 저자에 따라가지 않기를 참 잘했다고 생각했다.

〈외저설〉 편

해 설

군주가 약속을 지킬 때 큰 신의가 확립됩니다. 명군은 신의를 지켜 스스로 모범을 보여야 합니다. 즉 증자가 돼지를 삶은 것과 같이 해야 합니다.

이것은 한비자의 글이다. 군주의 신의를 강조하면서 증자가 돼지를 삶은 옛일을 예로 들고 있다. 아주 사소한 말, 어린아이를 달래기 위해 임시방편으로 한 말일지라도 반드시 지켜야 한다는 뜻이다.

그런데 증자의 이 일화는 후세에 와서 그 의미가 약간 변했다. 즉 자녀교육에 있어서 부모가 모범을 보여야 한다는 뜻으로. 그러나 군주는 백성의 부모라는 당시의 인식을 감안한다면 달라진 것은 아무것도 없다. 정치에 뜻을 둔 사람들은 반드시 알아두어야 할 중요한 교훈일 것이다.

신의는 인간관계에 있어 가장 귀중한 덕목의 하나다. 옛날이나 오늘날이나 한결같이 변함없이 추구해야 할 가치일 것이다. 정치인이든 누구든 간에.

누구를 위한 정치인가

서문표西門豹가 업鄴 땅의 현령으로 부임했다. 현령이나 태수라는 직함은 임금 곁을 떠나 백성들을 직접 다스리는 지방관이다. 그러므로 조정과는 멀리 떨어져 있고 백성들과는 가까이 있다고 할 수 있는 자리다. 이런 이유로 대부분의 관리들은 지방관으로 나가는 것을 꺼린다. 호화로운 궁궐을 드나들며 임금 가까이 있어야 승진의 기회도 있고 임금의 측근이 될 수도 있었다. 또 수많은 지방관을 감독하게 되니 정해진 녹봉 이외의 부수입도 짭짤한 편이었다.

외직外職이라 부르는 지방관의 사정은 이와 정반대다. 우선 자신의 임지가 대궐이 있는 도읍지와는 동떨어져 있다. 간혹 기름진 평야를 끼고 있는 살기 좋은 고을도 있지만, 대부분은 산간벽지다. 그런 궁벽窮僻한 고을의 백성들을 다스리는 일은 쉽지 않았다. 허기진 백성들의 아우성을 매일같이 들어야 하는 괴로운 자리였다. 또한 중앙정부의 도움 없이 혼자서 그 난제를 풀어나가야 하는 외로운 직책이기도 했다. 그러니 누가 외직으로 나가기를 바라겠는가.

그러나 서문표는 그렇게 생각하지 않았다. 자신이 직접 곤궁한 백성들의 삶 속으로 뛰어들어 그들의 고달픔을 함께 나누고 싶었다. 백성들이 바라는 것이 무엇인지, 어디가 아프고 고통스러운지 그것을 알아야 올바른 정치를 펼 수 있지 않겠는가. 정치의 요체는 백성들이 근심 걱정 없이 편안하게 살아가는 것이다.

서문표는 이런 신념을 가지고 업 땅을 다스렸다. 청렴과 결백함을 지켜 손톱만큼도 사리사욕을 취한 일이 없었다. 반면에 백성들에게는 후한 인정을 베풀었다. 이러다 보니 조정 중신들, 임금의 측근들을 돌아볼 겨를이 없었다.

업 땅은 큰 고을인데도 대접이 소홀하다고 여긴 임금의 근신들이 하나같이 현령인 서문표를 헐뜯었다. 기회만 있으면 머리를 맞대고 사람을 잘못 천거했다고 쑥덕거렸다.

그렇게 1년이 지났다. 서문표가 그동안 업 당을 다스린 상계上計(보고서)를 올렸을 때, 임금인 문후는 그것을 거들떠보지도 않고 관인을 회수했다. 관인을 빼앗았다는 것은 관직에서 파면당함을 의미한다.

"그대가 업 땅을 다스린 고과考課는 하지하등下之下等이다. 근신들이 올린 고과표에 그렇게 나와 있다."

임금의 말을 듣고 서문표는 어이가 없었다. 하지하등이라면 하등에서도 제일 꼴찌인 셈이다. 1년 동안 백성들을 의해 헌신한 자신에게 이런 평가가 내려지다니! 이대로 물러난다면 그 치욕은 둘째치고 이 나라의 백성과 정치가 어떻게 될 것인가. 임금을 둘러싼 근신들의 농락임이 분명했다. 그래서 문후에게 엎드려 간청했다.

"소신은 지방행정에 익숙지 않아 실수가 많았습니다. 그러나 이제 많을 것을 알게 되었으니 시험 삼아 1년만 더 업 땅을 다스리게 해주십시오. 만약 또다시 잘못 다스렸다는 보고가 올라오면, 그때는 사형이라도 달게 받겠습니다."

문후는 신하의 간절한 청을 매정하게 뿌리칠 수가 없어 관인을 되돌려주었다. 서문표가 다시 업 땅으로 부임하자 이번에는 그전과는 전혀 다른 태도로 백성을 대했다. 세금을 가혹하게 거둬들이고 특산물을 긁어모아 임금의 측근들에게 선물로 보냈다. 그 선물들 속에는 국고로 들어갈 세금의 상당 부분이 포함되었음은 말할 필요도 없었다.

그 후 또 1년이 지났다. 이번에는 상계를 올리기 전인데도 문후가 반갑게 맞이하며 그간의 노고를 치하했다.

"아주 잘했어. 그대의 고과표가 상지상上之上으로 올라왔네."

임금의 환대와 칭찬을 받고도 서문표는 전혀 기뻐하는 표정이 아니었다. 오히려 근심 걱정이 가득한 목소리로 말했다.

"지난해에는 소신이 전하를 위해 정치를 했습니다. 전하는 백성들의 어버이시니 그런 심정으로 다스렸지요. 그런데도 관인을 회수당하고 파면되고 말았습니다. 그래서 이번에는 근신들, 즉 임금님의 측근들을 위해서 업 땅을 다스렸습니다. 그 결과가 상지상이라니 놀라울 뿐입니다. 이래서는 지방 수령들이 백성을 위한 정치를 할 수가 없습니다."

서문표는 스스로 관인을 내놓고 자리에서 일어났다. 문후는 처음에 무슨 영문인지 몰라 어리둥절해하다가 서문표의 말을 곰곰이 되씹어보았다. 임금의 신하가 임금을 위한 정치를 하지 않고 근신들을 위한 정치를 했다그? 이게 도대체 어찌 된 일인가. 내가 측근들에게 가려서 군주로서의 역할을 제대로 하지 못했다는 의미로구나! 문후는 크게 뉘우치고 자리에서 일어선 서문표의 손을 덥석 잡았다.

"과인이 잘못했소. 경의 인품을 헤아리지 못하고 홀대한 점을 사과하오. 그대는 과인을 위해 더 분발해 정치를 해줄 수 없겠소?"

서문표는 고개를 깊숙이 숙이고 말했다.

"그렇게는 할 수 없습니다. 이번에 소신은 업 땅을 다스리면서 많은 죄를 저질렀습니다. 비록 임금님을 깨우치기 위한 것이라고 할지라도 백성들은 그렇게 생각하지 않을 것입니다."

서문표는 말을 마치자 아무 미련 없이 임금 곁을 떠나고 말았다.

〈외저설〉 편

△ **해 설**

    위의 이야기는 측근에 가려진 통치자의 우둔함, 그것으로 인하여 발생할 수 있는 백성들의 고통에 대해 말하고 있다. 또 청렴결백한 인재를 가려 발탁하는 어려움을 은근히 내비치기도 한다.
    이런 경우는 옛날이나 오늘이 다르지 않다. 통치자는 측근이라는 인의 장막에 가려 진실을 보는 눈을 상실하는 경우가 허다하기 때문이다. 정치에 뜻을 둔 사람들이 반드시 교훈으로 삼아야 할 일이다. 누구를 위한 정치를 할 것인가.

사나운 개와 사당의 쥐

송나라에 술을 만들어 파는 장씨라는 사람이 있었다. 그는 사람됨이 근면하고 정직했다. 또 아주 친절하고 사근사근한 성품을 타고났다. 거기다가 그의 술 빚는 솜씨는 일품이어서 술맛이 좋기로 소문나 있었다.

처음 술장사를 시작할 때는 외진 좁은 골목의 조그마한 집이었다. 겨우 좌판 두서너 개를 깔아놓고 술을 팔았는데, 언제나 손님들로 들끓었다. 술병이나 주전자를 들고 줄을 서서 기다리는 여인네, 아이들, 종자로 북새통을 이루었다. 한마디로 표현하면 문전성시였다고 할 만하였다.

장씨가 이렇게 된 데에는 그럴만한 이유가 충분히 있었다. 우선 되가 정확하고 객물을 타지 않았다. 이것은 그의 정직한 품성을 반영하는 것인데, 술장사치고는 아주 찾아보기 드문 예에 속한다고 할 수 있다. 그의 친절함도 여기 한몫했다. 장유귀천長幼貴賤을 불문하고 자신의 몸을 낮추고 상대를 존중했다. 손님이 조금이라도 불편한 점이 있으면 즉시 그것을 바로잡아 편안하게 해주었다. 금상첨화라고 술맛 또한 기막히게 좋으니 손님이 모여들어 북적거리지 않을 까닭이 있겠는가.

장씨는 10여 년간 술을 팔아 큰돈을 손에 넣었다. 박리다매로 이익은 적었으나 그것이 해를 거듭하여 쌓였으니 당연한 결과였다. 그는 자신이 모아놓은 돈을 밑천으로 하여 번듯한 큰 술집을 차리기로 작정했다. 그래서 큰길가로 나와 제법 큰 집을 장만하고 간판도 높이 달았다. 먼 데서도 펄렁이는 깃발이 보이도록. 대문을 활짝 열면, 큰 마당이 있고 안채엔 잘 차린 술청이 마련되어 있는 것이 한눈에 드러나 보였다. 이만하면 손님이 어깨를 부딪치는 일도 없을 것이고 줄을 서서 오래 기다리지도 않겠지. 이렇게 생각하고 장씨는 미리 넉넉한 양의 술을 빚어 놓았다.

신장개업 첫날은 그런대로 술꾼이 여러 무리 다녀갔으나, 날이 갈수록 손님들의 발길이 뜸해졌다. 병이나 주전자를 들고 술을 사러 오는 사람은 아예 그림자조차 보이지 않았다. 이렇게 여러 날이 지나니 빚어 놓은 술이 쉬어서 맛이 변했다. 밤이면 남몰래 수챗구멍으로 그 시금털털한 술을 쏟아부었다.

장씨는 실망하지 않고 정성껏 술을 빚어 놓고 손님을 기다렸다. 그러나 결과는 매한가지였다. 아무리 생각해봐도 그 이유를 알 수가 없었다. 그는 우선 자신을 반성해보았다. 돈 푼깨나 모았다고 거들먹거리며 거만하게 행동하지 않았는가. 술집을 너무 크고 화려하게 장식하여 이웃들의 소외감을 부추기지는 않았는가. 술 담그는 손에 부정이 탄 것은 아닐까. 대문에 달아놓은 간판이 너무 높아 키 작은 사람들이 잘 보지 못한 것인가 등등의 여러 가지 이유를 상정하고 검토해보았으나 그 어느 것 하나 합당한 원인은 아닌 것 같았다.

　우선 자신은 돈 많은 부자라고 꿈에도 생각지 않았고, 그렇기 때문에 더더욱 고개를 숙이고 겸손함을 잃지 않았다. 넓은 집을 장만한 것은 손님들을 위한 배려였다. 찾아오는 손님들에게 좀 더 편안하게 앉을 자리를 제공하는 것은 마땅히 주인으로서 해야 할 도리였다. 술은 예나 지금이나 자신의 손으로 직접 빚었다. 누룩을 매만지고 술독의 온도를 조절하는 것도 남을 시키지 않았다. 일평생 해온 대로 한결같이 정성을 쏟아부었으니 술맛이 달라질 까닭도 없었다. 간판이 높아서? 이렇게 생각하고 그는 피식 웃었다. 처음 그는 간판 같은 것은 내걸지 않으려고 했었다. 그저 조그맣게 '주酒'자 하나만 등에 서서 걸어둘 요량이었다. 이미 소문난 집이니 거창한 간판이 무슨 소용이 있겠는가. 그러나 주위에서 모두들 술집 규모에 걸맞게 간판을 크고 높게 달아야 한다고 성화를 부렸다.

　새 술은 새 포대에 담아야 한다는 것이 그들의 지론이었다. 간판을 높게 달면 멀리서도 볼 수 있고 그만큼 선전效과도 기대할 수 있을 것 같아 못 이기는 척 그대로 따랐던 것이다. 너무 떠벌이는 것이 자신의 성격에는 맞지 않았지만, 그것을 굳이 뿌리치지 않았던 것이 실수였던가.

　장씨의 새로 꾸민 술집은 날이 갈수록 손님이 줄어들었다. 온종일 파리만 날리다가 맛이 간 술독을 통째로 시궁창에 콸콸 쏟아붓는 일이 잦아졌다. 머지않아 술집 문을 닫아야 할 지경에까지 이르렀다. 장씨는 생각다 못해 평소에 친분이 있는 양천楊倩이란 사람에게 자문을 구하기로 마음먹었다. 양천은 근동에서 박식한 장자長者*로 이름난 사람이었다.

　장씨의 자초지종을 듣고 양천은 슬며시 되물었다.

　"혹시 자네 집 개가 사나운가?"

　의외의 질문에 장씨는 찔끔했다. 실은 큰 집으로 이사를 하고 나서 개를 몇 마리 기르고 있었다. 마당도 넓고 또 술찌끼(재강)도 넉넉하여 개를 기르기에는 적합한 조건이 되어 있었다. 조금 문제가 있다면, 술찌끼를 먹은 개들이 술에 취하여 비실비실하거나 눈이 벌겋게 충혈되어 마당을 어슬렁거리고 다니는 것이었다. 그중에 성격이 사나운 놈도 몇 마리 있었다. 그러나 그것이 술이 팔리지 않는 것과 무슨 상관이 있단 말인가. 장씨는 양천에게 물었다.

　"개가 사나우면 술이 안 팔립니까?"

　"사람들이 무서워하기 때문이지. 비근한 예를 들면, 아이들에게 돈과 술병을 들려 술을 사러 보냈을 때, 개가 뛰어나와 으르렁거리면 그 아이들은 뺑소니를 치고 다른 집으로 갈 것이 아닌가? 그 후 다시는 개가 있는 집으로 가지 않을 것은 뻔한 이치야. 손님도 마찬가질세. 한잔 마시기 위해 대문 앞을 서성거리는데 마당에서 송아지만 한 개들이 어슬렁거린다면 누가 그 문을 열고 들어가겠는가?"

　술집 주인 장씨는 양천의 식견에 탄복했다. 아주 간단한 이치를 그동안 왜 몰랐던가. 높은 담, 큰 대문, 그 위에 올려놓은 거창한 간판도 일반 서민들이 보기엔 눈꼴사나웠을 것이다. 거기다가 사나운 개들이 우글거리니 손님의 발걸음이 끊겼구나. 장씨가 이렇게 속으로 뉘우치고 있는데, 양천이 낮은 목소리로 다시 말을 이어나갔다.

　"이와 마찬가지로 나라에도 역시 사나운 개가 있네. 즉 어진 선비가 자신의 의견이나 포부를 임금님께 말하려고 하면, 대궐에 있는 사나운 개들이 달려들어 물어뜯는단 말일세. 결국 언로가 막히고 임금은 백성들과 거리가 멀어지지. 어진 선비가 나라에 쓰이지 않음은 물론이고, 임금이 아무리 선정을 베풀려고 하더라도 그건 불가능한 일이 돼버리지. 임금은 눈뜬장님이고 귀머거리가 되는 걸세. 또 높은 담으로 둘러싸인 감옥에 갇힌 꼴이야. 그 대궐을 지키고 있는 개들은 바로 국록으로 배를 채운 대신들일세."

장씨는 양천의 비유가 너무 적절했고, 그 가운데 어지러운 정치 현실에 정곡을 찌르는 날카로움을 발견하고 귀를 바짝 기울였다. 자신이 한낱 보잘것없는 미천한 술장수라는 사실도 잊은 채. 양천은 한숨 돌리더니, 다시 다른 이야기를 끄집어냈다. 양천이 장씨에게 들려준 이야기는 다음과 같다.

일찍이 춘추시대 제나라 환공이 관중에게 물었다.

"나라를 다스리는 데 가장 방해되는 것은 무엇이오?"

관중은 거리낌없이 대답했다.

"사서社鼠**, 즉 사당이나 신전에 구멍을 뚫고 사는 쥐입니다."

"쥐란 놈은 어느 집에나 다 있는데 어째서 그것이 걱정인가?"

"전하께서는 사당을 짓는 것을 보신 적이 있으실 것입니다. 먼저 기둥이나 대들보, 서까래 등의 재목을 다 세우고 나서 흙으로 벽을 바르

---

* 덕망이 있고 노성老成한 사람을 말한다.
** 사람이 함부로 손댈 수 없는 사당이나 신전에 구멍을 뚫고 사는 쥐란 뜻으로 임금의 측근에 있는 간신을 비유한 말이다.

는데, 집이 거의 완성되면 쥐란 놈들이 그 속에 구멍을 뚫고 들어가서 살게 되지요. 이놈들을 몰아내기란 지극히 어렵습니다. 불이나 물이 제일 좋은 방법이지만, 불로 위협하다가는 사당을 태울 위험이 있고, 구멍에 물을 부으면 벽이 무너질 염려가 있습니다. 교활한 쥐들은 이 점을 간파하고 있습니다. 사당은 곧, 이놈들이 배불리 먹고 새끼를 치며 살아가는 안전지대입니다.

이와 같이 전하의 주변에는 많은 측근들이 있습니다. 이들은 전하의 권세를 등에 업고 백성들로부터 재물을 거둬들이고, 서로 결탁하여 못된 짓을 저지르지요. 이리저리 얽혀 당파를 만들어 그것을 보호막으로 삼기도 합니다.

설령 어진 신하와 대신들이 있다손 치더라도 그들을 엄한 법으로 다스릴 수가 없습니다. 이들을 처벌하자니 전하의 위엄을 건드리게 되니까 못 본 체하고 맙니다. 빈대 잡으려고 초가삼간에 불을 지를 수는 없지요. 그러니 법과 제도는 있으나 마나 하고 조정은 갈수록 혼란해지게 됩니다. 전하의 주변을 감싸고 있는 측근들, 이들이 바로 사당의 쥐입니다.

대궐 마당에는 사나운 개들이 어슬렁거리고 있고, 사당에는 쥐들이 새끼를 쳐서 쉴 새 없이 벽에 구멍을 뚫고 있다면, 그 나라가 과연 온전하게 지탱할 수 있겠습니까? 민심은 천심이라고 했습니다. 밖으로는 백성들의 아우성을 외면하고 안으로는 쥐구멍으로 만신창이가 된 나라가 망하지 않은 예는 역사상 찾아보기 드뭅니다."

술장수 장씨는 양천의 말을 다 듣고 나서 혼자 중얼거렸다.

"우선 높은 담을 허물고, 간판을 떼어 내고, 사나운 개들을 없애야지. 나는 그렇게 할 수 있지만, 대궐에 있는 개나 사당의 쥐는 나로서는 어쩔 도리가 없겠구나. 나라가 바로 서야 장사도 잘 될 텐데……."

〈외저설〉 편

해 설

　　신하가 상벌권을 쥐고 법률을 멋대로 위반하여 자기를 위하여 힘쓰는 자에게는 반드시 이익을 주고, 자기를 위하여 힘쓰지 않는 자에게는 틀림없이 해를 끼칩니다. 이리하여 또 무서운 개가 되는 것입니다. 좌우 측근은 사서가 되고 국사를 맡고 있는 관리는 무서운 개가 되기에 이른다면, 법률은 있으나 마나 하고 행해질 수 없을 것입니다.

　　위의 말은 한비자의 결론이다. 민의를 가로막는 사나운 개와 사직을 갉아먹는 쥐들은 비단 춘추전국시대에만 있었던 것은 아니다. 일찍이 한비자가 이 점을 경고했음에도 불구하고 역사상 여기에 귀를 기울인 통치자는 드물었다. 국가의 흥망성쇠가 무수히 되풀이되었음은 두말할 나위도 없다. 역사가 그것을 증명하고 있지 않은가.
　　시대가 크게 변하고 다변화된 사회, 언론이 발달하고 정보가 홍수처럼 쏟아져 나오는 오늘, 민주주의가 만발한 현대에도 조금 성격을 달리할지는 모르더라도 사나운 개와 사당의 쥐는 존재한다고 보아야 할 것이다.
　　이 대목에서 역사적 사실 하나를 상기할 필요가 있다. 한비자 자신이 진나라 왕(후일 진시황이 됨)을 설득하러 갔다가 오히려 죽임을 당했다는 비극적 사실이다. 순자 밑에서 동문수학한 이사의 시기와 모함 때문이었다. 결국 대궐을 지키는 사나운 개(당시 이사는 진나라 재상이었다)에게 물려 죽은 꼴이 되고 말았다. 후일 사마천은 이렇게 평했다.
　　"나는 한비자가 〈세난〉 편 등, 10여 만 자의 저술을 하고도 그 자신은 화를 벗어나지 못한 것이 끝내 슬플 따름이다."

창과 방패

초나라의 어느 저잣거리였다. 마침 장날이어서 장마당은 발 디딜 틈도 없이 사람들로 붐볐다. 물건을 팔거나 사러 나온 사람들, 거간꾼, 그냥 심심풀이로 구경 나온 건달 등등, 어른 아이 할 것 없이 어깨를 부딪치며 이리저리 몰려다녔다. 이런 와중에서도 유난히 큰 목소리로 손님을 불러 모으는 사람이 있었다. 벙거지를 뒤집어쓴 마치 우스꽝스러운 광대 모양의 옷차림을 한 사나이였다. 그는 손에 커다란 방패를 들고 모여든 장꾼들을 향해 입에 침이 마르도록 그것을 선전했다.

"여러분! 이 방패는 아주 튼튼하고 단단합니다. 이 세상 어느 것으로도 뚫을 수가 없지요. 아무리 창끝이 날카롭다고 하더라도!"

사나이는 방패를 들었다 놓았다 하면서 주위를 한 바퀴 빙 돌았다. 그러고는 창을 집어 들고 다시 자랑을 늘어놓았다.

"여러분, 보셨지요? 이 창은 끝이 아주 날카롭습니다. 그렇다고 부러지지도 않습니다. 날카롭고 강한 창입니다. 이 창으로 뚫지 못하는 물건은 이 세상에 아무것도 없습니다!"

사나이는 창을 높이 치켜들고 허공을 향해 찌르는 시늉을 하며 열을 올렸다. 겹겹으로 둘러싼 구경꾼들은 침을 꼴깍 삼키면서 물러설 줄을 몰랐다. 방패와 창을 번갈아 들고 자랑하는 그 모습이 흡사 전쟁터에서 막 돌아온 병사처럼 날렵하고 재치가 있었다. 창으로 찌르고 방패로 막는 연속 동작이 아주 그럴듯하고 익숙했다.

이것을 본 군중 속의 누군가가 "참 잘한다" 하는 고함을 치자, 그 말이 채 끝나기도 전에 박수갈채가 쏟아졌다. 창과 방패를 파는 사나이는 고깔 형태의 벙거지를 벗어들고 청중에게 정중히 인사를 했다. 그러고는 이마에 흐르는 땀을 닦았다. 이 틈을 타서 건장한 젊은이가 불쑥 뛰어나오면서 큰 소리로 외쳤다.

"거, 하나 물어봅시다."

젊은이는 장사꾼의 방패와 창을 집어 들었다. 한 손에는 방패, 다른 손에는 창을 들고 물었다.

"당신은 이 방패를 뚫을 수 있는 창은 이 세상에 없다고 했지요? 또 이 창으로는 이 세상 무엇이든지 다 뚫을 수 있다고 금방 말했어요. 그럼 이 창으로 이 방패를 찔러보면 결과가 어떻게 되겠소?"

난데없는 이 물음에 장사꾼은 대답을 못하고 쩔쩔매고 있었다. 이번에는 군중 속에서 박장대소가 터져나왔다.

"아주 훌륭한 질문이구먼!"

〈난일〉 편

해 설

우리가 흔히 쓰는 모순矛盾이란 말이 이 이야기에서 유래한다. 말하자면, 어느 것이나 뚫을 수 있는 창과 무엇이든 다 막아내는 방패가 있다는 말은 성립될 수 없다는 뜻이다. 앞뒤가 서로 어긋나 이치에 맞지 않기 때문이다.

원래 한비자는 요순堯舜을 다 함께 성인으로 추앙하는 유가들을 비판하기 위해 이 짤막한 이야기를 만들어냈다. 요임금이 천자의 자리에서 성덕을 베풀 때, 순은 백성들의 악습을 교화하려고 애썼다는 기록이 있다. 그래서 한비자는 다음과 같이 말했다.

"순이 백성들의 악습을 고쳐주었다면, 이는 곧 요임금에게 과실이 있었다는 말이 된다. 그러니 순이 현자라고 한다면 요임금의 성덕은 부인해야 되고, 또 요임금을 성인이라고 한다면 순의 덕화德化를 인정할 수 없다."

실은 태평성대라고 일컫는 요순시대에도 많은 범법자들이 있었고, 여러 가지 정치적 난제가 있었음은 부인할 수 없다. 이것을 요순과 같이 교화나 덕화로 다스리는 것은 어려운 일이다. 엄격한 법의 적용만이 나라를 안정시키는 지름길이라는 것을 말하려고 한 것이 한비자의 본래의 뜻일 것이다.

벽을 고치지 마라

진晉나라 평공平公은 제후의 자리에 오르고 나서 잔치를 자주 벌였다. 감미로운 음악을 듣고 현란한 춤을 감상하며, 산해진미를 맛보기 위해서가 아니었다. 왠지 허전하고 중요한 무언가를 잃어버린 것 같은 마음, 그것을 달래고 잠시라도 잊으려는 생각에서였다. 그러나 번번이 허사였다. 즐거워야 할 잔치는 오히려 거추장스럽고 우울해지기까지 했다. 내가 왜 이럴까. 제후가 되기 전 태자로 있을 때는 가슴속이 온통 장밋빛으로 가득 차 있었는데. 장차 임금이 되면, 그 장미꽃이 활짝 피어 온 세상이 향기로움으로 흘러넘치리라고 생각했었다. 또 신선이 되어 오색구름 속을 자유자재로 훨훨 날아다닐 수도 있다는 꿈에 부풀어 있었다.

그런데 그게 아니었다. 임금의 자리에 오른 그날부터 외롭고 쓸쓸했다. 대신들은 옷깃을 여미고 그의 곁에 가까이 오지 않았고, 근신들은 살살 눈치만 살피며 몸을 사렸다. 흡사 사당에 모신 신주와 같이 떠받들어졌지만, 그것이 무슨 즐거움이란 말인가. 자신은 멀쩡하게 살아 있는 사람이고 더구나 피가 펄펄 끓고 있는 젊은이인데.

평공은 오늘도 신하들을 모아놓고 주연을 베풀었다. 옆에서는 궁중 악사들이 각종 악기를 연주했고, 수많은 무희들이 거기 맞추어 날아갈 듯 가볍게 춤을 추고 있었다. 평공은 신하들이 올리는 잔을 연거푸 비우고 나니 술기운이 전신으로 퍼져 나가 온몸이 나른해졌다. 그는 한숨을 크게 쉬고 평소에 품고 있던 속마음을 신하들에게 털어놓았다.

"임금이 되고 나니 즐거움이란 하나도 없구나! 다만 과인이 무슨 소리를 하더라도 아무도 반대하지 않으니 그것이 유일한 낙일 뿐이다!"

의외의 말을 듣고 신하들은 모두 깜짝 놀랐다. 임금의 심기가 즐겁지 않고 불편했다면, 자신들이 보필을 잘못한 것이 아니겠는가. 신하들이 더욱 머리를 조아리고 전전긍긍하고 있는데, 갑자기 커다란 물체가 술좌석으로 날아들었다. 평공은 재빨리 몸을 피하는 바람에 무사했으나 그 물체는 벽에 부딪쳐 벽이 갈라지고 말았다. 거문고였다. 얼마나 세차게 날아왔는지 벽에 부딪친 거문고는 박살이 나서 여기저기 흩어져 있었다. 임금 근처에서 악사들을 지휘하며 거문고를 연주하던 맹인 악사 사광師曠*이 있는 힘을 다해 던졌던 것이다.

한참 무르익어 가던 연회는 엉망이 되었다. 평공은 몽롱하던 머리가 갑자기 맑아졌다. 머리 위를 살짝 스치고 지나간 그 흉기를 생각하니

---

*춘추시대 진나라의 도공悼公과 평공을 섬겼던 훌륭한 신하. 눈먼 장님으로서 음악을 담당했으며 길흉을 능히 판별하는 재주가 있었다고 한다. 평공 때 사부가 되어 군주에게 자문했다.

눈앞이 아찔하며 정신이 번쩍 들었다. 사광이 왜 그랬으며 도대체 누구를 치려고 했을까. 사광은 사람들의 마음을 순화하는 음악에 조예가 깊었고, 사리 판단이 명확했다. 또 성품이 후덕하여 여러 사람들의 존경을 받고 있었다. 그는 타고난 장님으로 길흉을 예측하고 판별하는 재주가 뛰어났다. 그래서 평공은 그를 사부의 예로 대하고 있었다. 그런 사람이 왜 엉뚱하고 무례한 짓을 저질렀을까. 평공은 마음을 안정시키고 사광에게 슬며시 물어보았다.

"태사太師는 누구를 치려고 했소?"

사광은 아직도 분이 풀리지 않은 듯 씩씩거렸다.

"방금 옆에서 못된 소리를 하는 자가 있었기에 그를 치려고 했습니다."

평공은 그 말을 곱씹어보았다. 좌중에서 입을 연 사람은 자신을 제외하곤 아무도 없었다. 자신이 한 말이 과연 '못된 소리'였던가. 그저 자신이 평소에 품고 있던 생각을 솔직히 토로했을 뿐이었다. 이리저리 한참을 생각하다가 평공은 크게 깨우쳤다. 자신의 생각이 근본부터 잘못된 것임을 발견했다. 우선 군주는 즐거움을 추구하는 자리가 아니라는 사실이었다. 또 반대하는 목소리가 있어야 정사의 시비곡직是非曲直을 분별할 것이 아니겠는가. 모두들 임금 말에 찬동한다면 세상은 한쪽으로 기울어져 급기야는 쓰러지고 말 것이다. 반대하는 목소리는 사직을 바로세우는 데 불가결한 요소다. 평공은 사광을 가까이 오게 하여 속삭이듯 말했다.

"태사가 치려 했던 사람은 바로 과인일세."

사광은 그 말을 듣고 자세를 바로했다. 그리고 태연히 덧붙였다.

"아, 그렇습니까? 그러나 그런 말씀은 임금님으로서 하실 말씀이 아닙니다."

얼마 후 신하들은 이 일에 대해서 머리를 맞대고 논의를 거듭했다. 임금을 치려고 했던 사광에게 벌을 주어야 마땅하다고 말하는 사람은 아무도 없었다. 그가 앞을 못 보는 장님이라서가 아니었다. 사광은 임금을 치려 한 것이 아니고 '못된 소리'를 향해 거문고를 던졌지 않은가. 또 그 즉시 평공은 사광에게 화를 내기는커녕 다정다감하게 속삭이기까지 했던 것이다. 신하들은 다만 갈라진 벽을 조속히 수리하자는 데 의견을 같이했다. 그것은 어찌 되었건 하극상의 흉측한 흔적이었다. 그래서 한목소리로 평공에게 진언했다.

"저 벽은 내일 아침이 되기 전에 말끔히 수리해놓겠습니다."

거문고에 맞아 갈라진 벽을, 그렇게 재빨리 아무 일도 없었던 것처럼 수리해놓겠다는 신하들의 진언에 평공은 손사래를 쳤다.

"아니야, 허물어진 벽을 그대로 두어라! 그것을 나를 일깨우는 계명誡命*으로 삼겠다."

그 후 궁중에서 자주 열리던 잔치는 자취를 감추었다. 평공은 정사에 골몰하여 쉴 틈이 없었다. 그것이 곧 평공이 바라던 즐거움이었다.

〈난일〉 편

---

*도덕상, 종교적으로 마땅히 지켜야 할 규율로 훈계나 경계의 명령을 의미한다.

◎ 해 설

위의 이야기를 내용만으로 살펴보면, 평공은 아주 현명하고 너그러운 군주라고 할 수 있다. 그러나 한비자의 평은 객관적이고 날카롭다. 그는 '어떤 이의 논평'이라고 가탁假託하여 다음과 같은 요지로 말하고 있다.

신하가 임금을 해치려고 한 것은 대역죄인데, 그것을 용서했다는 것은 군주의 도가 아니다. 군주가 잘못하면 극진히 간하고, 그래도 시정하지 않으면 조용히 물러나는 것이 신하 된 사람의 예의다. 그렇기 때문에 평공은 군주로서의 도를 잃었고, 사광의 처사는 신하로서의 예를 망각한 것이다.

한비자가 주장한 엄격한 법치는 공사나 예외를 인정하지 않는 것이 원칙이었다. 이 가혹한 원칙을 적용한 예가 후한이 망한 후 삼국시대 촉나라의 재상인 제갈량이었다. 제갈량은 군령을 무시한 채 진영을 바꾼 최측근 장군인 마속의 목을 베었다. 여기서 읍참마속泣斬馬謖이란 고사성어가 유래하는데, 울면서 마속의 목을 베었다는 뜻이다. 법을 집행하고 원칙을 바로세우는 데는 한 치의 사사로운 감정도 개입해서는 안 된다는 것을 보여주는 예화다.

하염없이 토끼를 기다리다

춘삼월 호시절이 다 지나간 늦은 봄이었다. 꽃잎이 비바람에 흩날려 간 자리엔 연초록 신록이 피어올랐다. 어느 산중턱에서 송나라의 한 농부가 힘들게 산전을 일구고 있었다. 돌무더기를 파헤치고 풀뿌리를 뽑아냈다. 전에는 수목이 무성한 산이었는데, 큰 산불이 나서 나무가 모두 불타버린 자리였다. 때문에 땅은 비옥하여 곡식이 잘 자라겠지만, 그것을 파헤쳐 밭이랑을 만드는 것은 여간 힘든 일이 아니었다. 하루 종일 땀 흘려 일했는데도 겨우 서너 이랑을 완성했을 뿐이었다.

하늘을 쳐다보니 해가 이미 서산마루에 걸려 있었다. 오늘 일은 이만 끝내자고 생각하고선 밭 모서리 그늘에서 땀을 닦았다. 그리고 자신이 개간한 밭이랑을 바라보았다. 밭 가운데는 큰 바윗돌이 몇 개 있었고, 파낼 수 없는 타다 남은 고목 등걸이 듬성듬성 서 있었다. 말하자면 돌무더기 등걸밭인데, 저기에 무얼 심을까. 밀보리를 심기엔 너무 박토薄土이니 그건 안 될 것 같고 콩이나 기장, 수수 같은 것이 적당하지 않을까. 이런 저런 궁리를 하고 있는데 갑자기 등 뒤에서 무슨 소리가 들렸다. 반사적으로 고개를 돌리자 인기척에 놀란 산토끼 한 마리가 후다닥하며 뛰어 달아났다. 얼마나 놀라고 다급했던지 농부의 머리 위를 뛰어넘어 데굴데굴 구르다가 그만 나무 그루터기에 부딪치고 말았다. 농부는 급히 달려가 산토끼를 집어 들었다. 그러나 목이 부러져 이미 죽어 있었다. 전혀 예상치 못한 일이었다. 밭에서 토끼를 줍다니! 농부는 흐뭇한 마음으로 집에 돌아와 토끼를 볶아서 맛있게 먹었다.

그다음 날부터 농부는 산전을 일구지 않았다. 땀 흘려 농사일을 하는 것보다 편안하게 앉아서 토끼가 그루터기에 부딪쳐 죽기를 기다리는 편이 훨씬 수월하지 않겠는가. 어쩌면 산토끼보다 더 큰 놈, 노루나 멧돼지 새끼가 나무 등걸에 부딪쳐 목이 부러질지도 모르는 일이다. 이것은 그야말로 횡재가 아닌가. 농부는 이렇게 상상하고는 매일 등걸밭 모서리에서 토끼를 기다렸다. 그러나 그런 행운은 다시 찾아오지 않았다. 농부가 애타게 기다리고 있는데도.

이 소문이 나라 안에 널리 퍼져 나갔다. 결국 농부는 송나라의 웃음거리가 되고 말았다.

〈오두〉 편*

*《한비자》에 나오는 편명으로 '오두五蠹'는 다섯 가지 '좀벌레'라는 뜻이다. 즉 나라를 해롭게 하는 다섯 유형의 무리들을 나무를 갉아먹는 좀벌레에 비유했다. 구체적 대상은 다음과 같다. ① 인의도덕 정치를 주장하는 유가들, ② 세객說客과 종횡가, ③ 사사로운 무력으로 나라의 질서를 문란하게 하는 유협, ④ 공권력에 의지해 병력이나 조세의 부담으로부터 벗어나려는 권문귀족, ⑤ 농민들의 이익을 빼앗는 상공인들.

해설

'수주대토守株待兎*'란 고사성어의 유래가 되는 이야기다. 직역하면 나무의 그루터기를 지키면서 토끼를 기다린다는 말인데, 노력은 하지 않고 요행을 바라는 어리석음을 비웃는 말이다. 한비자가 처음 이 우화를 창작한 의도는, 옛 성현들의 치국이념을 그대로 따르려는 고지식한 유가들을 비판하기 위함이었다.

> 지금 고대 제왕의 정치를 좇아 현재의 백성을 다스리려는 것은 마치 그루터기를 지키면서 토끼를 얻으려는 것과 유사하다.

한비자가 직접 한 말이다. 군주는 옛날 방식이나 규범만을 고집할 것이 아니라 그 시대, 그 상황에 맞는 방법으로 백성을 다스려야 한다. 수주대토와 같은 어리석은 행동을 해서는 안 된다는 교훈이다. 사마천은《한비자》의 대표적인 내용으로 사회적 모순을 지적한〈고분孤憤〉,〈오두〉두 편을 꼽았다.

이 우화의 의미는 후대에 와서 그 뜻이 약간 변질되었다. 그렇다 하더라도 2000년도 더 되는 긴 세월 동안 동양인의 가슴속에 자리 잡아왔다. 우연이나 요행을 바라는 인간의 헛된 욕심을 경계하는 경구로, 또 어리석은 자를 희롱하는 한바탕 웃음거리로.

---

*구습舊習을 고수하여 변통할 줄 모름을 이르며 융통성 없는 어리석음을 풍자한 말이다.

4

시대를 아우르는 책략의 기록

《전국책》

《전국책 戰國策》

△
□
◎
▷

《전국책》은 어떤 책인가

전한 말 유향劉向(기원전 77~6)이 편찬했다. 전국시대 여러 나라에서 활약한 유세객遊說客, 책사策士, 경세가經世家 등으로 불리는 활동가들이 난국타개와 위기극복의 비책을 지니고 제후들 사이를 왕래하며 유세한 권모술수의 기록이다.

처음 죽간竹簡에 쓰여 여러 곳에 흩어져 있던 것을 유향이 찾아내어 각 나라별로 정리, 편찬하여 그 이름을《전국책》이라고 지었다.《전국책》의 몇 구절을 살펴보면 이 책을 이해하는 데 도움이 될 것이다.

비부秘府(한나라 조정)의 책으로 본래 이름은 국책國策, 국사國事, 단장短長, 사어事語, 장서長書 등 여러 가지로 기록되어 있다. 이것은 유세객들이 채용되어 정사에 참여하고, 그 나라를 위해 입안한 책모策謀를 담았기 때문에《전국책》이란 이름이 어울릴 것 같다.

기록되어 있는 사건은 춘추에 바로 이어지는 시기에서부터 초한楚漢이 일어나기까지 245년간의 일이다. 병거兵車 만승萬乘의 나라가 7개국, 천승千乘의 나라가 5개국, 이 12개국의 세력이 균형하여 패권을 다투게 되자, 실로 전국지세戰國之勢가 되었다. 이익을 추구하는 일에 부끄러움을 잊고 도덕은 땅에 떨어졌다. 힘이 강한 자가 으위에 섰으므로 전쟁은 그칠 줄 모르고 기만과 허위가 온 천하에 만연했다.

위의 이야기에 따르면 결국 동주東周, 서주西周, 진秦, 제齊, 초楚, 연燕, 조趙, 위魏, 한韓, 송宋, 위衛, 중산中山의 12개국 역사를 33권으로 정리한 것으로 볼 수 있다. 주로 주나라 정정왕 57년부터 진시황 37년까지의 정치 사회와 책사언행策士言行을 기록한 역사책이다.

내용과 성격

대부분 전국시대 이야기로 되어 있다. 전국시대 국가군國家群의 흥망성쇠, 수많은 지략, 책략가들의 권모술수를 한데 모아놓았다. 그렇기 때문에《전국책》은 일종의 병법서이며, 통치술 내지 고차원적인 인간 심리학을 다루고 있다. 또한 역사 설화를 엮어놓은 기록문학이라고도 할 수 있을 것이다.

증삼이 살인을 하다

옛날 공자의 제자인 증삼(曾參)이 노나라 비(費)란 곳에서 살고 있을 때였다. 마침 그 지방에 동명이인, 즉 또 다른 증삼이란 사람이 있었는데 그가 살인을 저질렀다. 이 소문은 삽시간에 사방으로 퍼져 나갔다. 증삼의 이웃집 사람이 그것을 듣고 헐레벌떡 증삼의 집으로 뛰어들어와 숨을 헐떡이며 길에서 들은 대로 외쳤다.

"증삼이 사람을 죽였다고 합니다!"

베틀에 앉아 베를 짜고 있던 증삼의 어머니는 뒤도 돌아보지 않고 하던 일을 계속하며 말했다.

"내 아들은 아주 착합니다. 사람을 죽일 리가 없어요."

얼마 후 또 다른 이웃이 와서 알려주었다.

"증삼이 사람을 죽였답니다!"

그 말을 듣고 이번에는 뒤를 힐끗 돌아보았다.

"그런 터무니없는 말은 두 번 다시 하지도 마세요."

이렇게 말하면서 태연히 베 짜는 일을 계속했다. 그리고 또 한참 지나서였다. 여러 사람들이 와자지껄 떠들어대는 소리가 대문 밖에서 들려왔다. 그중 한 사람이 뛰어들어와서는 앞서와 같은 말을 반복했다.

"사람을 죽인 자는 틀림없이 증삼이라고 합니다."

같은 말을 세 번 들은 증삼의 어머니는 얼굴색이 새파랗게 질렸다. 이 무슨 청천벽력인가. 절대로 그런 일은 없으리라고 믿었지만, 세상 사람들이 한목소리로 말하고 있으니 그것을 어찌 믿지 않겠는가.

드디어 증삼의 어머니는 들고 있던 북을 내동댕이치고 이웃집 담을 넘어 달아났다. 살인자의 어미가 되다니! 대명천지 밝은 빛을 보기가 너무 부끄러워서였다. 쥐구멍에라도 들어가고 싶은 심정이었다.

〈진책〉 편

해설

증삼은 공자의 제자 중 한 사람이다. 자가 자여子輿이고 공자보다 46년 연하다. 공자는 그가 효성이 지극하다고 여겨 가르침을 베풀었다. 증삼은 공자와 나눈 효도에 대한 토론을 바탕으로《효경》을 지었다. 뒷날 세상 사람들은 그를 증자라고 높여 불렀다. 공자는 증삼을 노둔魯鈍(아둔함)하다고 평했지만, 성품이 어질고 특히 효성이 지극했다고 알려져 있다.

증삼의 어머니는 자신의 아들을 절대적으로 신임했다. 그러나 세 사람이 한결같이 말하고 있으니 더 이상 믿지 않을 수가 없었다. 이 이야기는 감무甘茂라는 진나라 장군이 진 무왕에게 누가 무어라 하더라도 자신을 믿어달라는 취지로 말한 예화다.《한비자》에 나오는 삼인성호三人成虎* 의 이야기와 그 의미가 비슷하다. 그러나 이 이야기엔 어머니의 아들에 대한 믿음이 깔려 있다.

이렇듯 뜬소문이나 확인되지 않은 일들이 얼마나 위험한가. 또 진실이 어떻게 왜곡되는지를 잘 보여주는 예라고 할 수 있다. 대명천지 밝고 훤한 현대에도 이와 비슷한 헛소문, 때로는 악의적으로 날조된 거짓말들이 생사람을 잡고 있다. 잡다한 정보의 홍수 속에서.

---

* 여러 사람이 거리에 범이 나왔다고 하면 그것이 진실이라고 믿게 되듯이 근거 없는 말도 여러 사람이 하면 이를 믿게 된다는 의미다.

긴 칼이여, 돌아가자

　제나라에 풍훤馮諼*이라는 선비가 있었다. 뜻은 호방하고 자존심은 어느 누구에게도 뒤지지 않았으나 집이 몹시 가난했다. 그가 가진 것이라고는 조상에게서 물려받은 긴 칼 한 자루뿐이었다. 그는 그 칼을 칼집에 잘 보관하여 항상 허리춤에 차고 다녔다. 마치 자신의 분신인 양 때때로 어루만지면서 애지중지했다. 그러면서 자신의 마지막 남은 자존심의 징표로 삼았다. 그렇다고 낡은 칼 한 자루가 밥을 먹여주는 것도 아니어서 늘 허기를 면할 수가 없었다. 생각다 못해 맹상군孟嘗君**의 식객으로 들어가기로 마음을 정했다.

　당시 맹상군의 인품은 제나라뿐만 아니라 여러 이웃 나라에까지 알

＊ 제나라의 책사로 《사기》에는 풍환馮驩으로 등장한다.
＊＊ 본명은 전문田文으로 제 위왕의 손자이자 정곽군 전영田嬰의 아들이다. 설薛의 영주가 된다.

려져 있었고 인자한 군자라는 것이 일반적인 평가였다. 뜬소문인지는 모르나도 그가 먹여주는 식객이 3,000여 명이었다고 하니 그의 세력이 어느 정도인지는 미루어 짐작할 수 있다.

풍훤이 중간에 사람을 넣어 맹상군의 식객으로 들어가기를 부탁했을 때, 맹상군이 측근에게 물었다.

"그 객인은 무엇을 좋아하는가?"

"특별히 좋아하는 것은 없는 듯합니다."

"그렇다면 무슨 특별한 재주라도 있는가?"

"잘은 모르겠으나 남다른 장기도 없는 모양입니다."

이 말을 듣고 맹상군은 다시 묻지 않았다. 그냥 빙그레 웃으면서 말했다.

"상관없네. 밥이나 넉넉히 먹여주게."

이렇게 하여 풍훤은 맹상군의 말단 식객이 되었다. 주린 배는 채울 수 있었지만, 맹상군의 시종들은 그에게 최하의 대접으로 일관했다. 끼니마다 반찬이라고는 야채가 전부였고 생선 한 토막 밥상에 오르지 않았다. 풍훤은 겉으로는 내색하지 않았으나 그 수많은 식객 중에 최하등의 대접을 받는 것이 못마땅했다. 그래서 기둥에 기대서서 혼자 중얼거렸다.

"긴 칼이여, 돌아가자! 고기 한 토막 주지 않으니……."

풍훤은 칼집을 어루만지면서 자신의 불만을 스스로 달래고 있었다. 이런 모습을 보고 시종이 맹상군에게 일러바쳤다.

"특출한 재주도 없는 시골 선비 나부랭이가 그런 헛소리를 내뱉고 있으니 어찌하면 좋겠습니까?"

맹상군은 그냥 허허 웃으면서 시종에게 일렀다.

"고기반찬이 먹고 싶은 게로구나. 그에게 고기를 주어라."

고기를 밥상에 올리는 것은 이등 식객으로 대접한다는 뜻이었다. 풍훤은 이제 말단은 면했지만 역시 거기에 만족하지 않았다. 며칠이 지나자 다시 칼집을 어루만지면서 가락을 붙여 노래를 불렀다.

"긴 칼이여, 돌아가자! 외출할 때에 수레도 태워주지 않는구나."

시종이 기가 막혀 또 고해바쳤다. 이번에도 맹상군은 빙그레 웃을 뿐, 다른 표정을 보이지 않았다. 그러고는 가볍게 명령을 내렸다.

"그에게 수레를 태워주는 식객으로 대접하라."

그 후 풍훤은 외출할 때마다 긴 칼을 차고 다니면서 수레에 올라타 거드름을 피웠다. 우연히 옛 친구를 만나면 한마디 하기를 잊지 않았다.

"맹상군이 어제 나에게 진정한 객인으로 대접해주었네."

그렇게 한 열흘쯤 지나갔다. 그런데 풍훤은 다시 칼집을 쓰다듬으면서 자주 불렀던 그 노랫가락을 흥얼거렸다.

"긴 칼이여, 돌아가자! 이래서는 집 한 칸 장만하여 가족을 돌볼 수도 없겠구나."

주위 사람들은 그 뻔뻔스러움을 미워하고, 만족할 줄 모르는 탐욕을 비방했다. 맹상군은 그 소문을 듣고 한참 동안 생각했다. 주위의 비방과는 달리 이 사람에게는 이상하게 마음이 끌렸다. 칼집을 어루만지면서 흥얼거리는 그 노랫가락은 무엇을 의미하는가. 아무리 생각해보아도 분명한 해답이 떠오르지 않았다. 다만, 의기로운 어떤 자존심을 스스로 다짐하는 뜻이 아닐까. 이런 생각을 하며 시종에게 물었다.

"풍훤이란 그 객인은 어버이가 있는가?"

"연로하신 모친이 있다고 들었습니다."

시종이 이렇게 대답하자, 맹상군은 고개를 끄덕였다. 그리고 사람을 보내 연로한 풍훤의 모친에게 식료품 등 일용품을 지급하여 안락하게 여생을 보낼 수 있도록 보살펴주었다. 그 후 풍훤의 알 수 없는 흥얼거리는 노랫가락은 다시 들을 수 없었다.

실은 맹상군이 식객들에게 이런 종류의 호의를 보인 것은, 풍훤 한 사람만이 아니었다. 평소 맹상군이 식객과 대화를 나눌 때면, 병풍 뒤에서 그 대화 내용을 몰래 기록하는 시종이 있었다. 식객의 개인적인 어려운 사정을 파악하여 남몰래 도와주기 위한 조처였다. 세상인심을 얻으려는 속셈이었겠지만, 도움을 받는 백성들로서는 감격스러운 일이었다.

대지를 달구던 뜨거운 여름이 지나가고 선선한 바람이 불어왔다. 오곡이 영그는 수확의 계절이다. 맹상군은 시종을 시켜 문하의 많은 식객들을 불러 모았다.

"누가 회계會計를 빈틈 없이 잘할 수 있는가? 나의 영지인 설薛 땅에 가서 그동안 빌려준 대부금을 징수해줄 사람은 스스로 나와보시오."

맹상군은 두툼한 대부금 문서를 앞에 놓고 물었다. 한자리에 모인 많은 식객들은 서로 마주 보며 눈치를 살폈다. 대부금을 차질 없이 받아오는 것은 쉬운 일이 아니었다. 우선 설 땅은 먼 곳에 위치해 있었고, 극심한 가뭄으로 그곳의 가을걷이가 신통치 않다고 소문으로 들어 알고 있었다. 세금을 내고 나면 입에 풀칠하기도 어려운 사람들에게 어떻게 빚 독촉을 하며 또 빈틈 없이 회계하여 받아 오겠는가. 좌중은 한참 침묵이 흘렀다.

맹상군이 고개를 들고 식객들을 둘러보고 있는데, 맨 끝자리에 앉아 있던 사나이가 앞으로 걸어 나왔다.

"제가 그 일을 감당해보겠습니다."

고개를 숙이고 있던 많은 식객들이 일제히 그 사나이를 쳐다보았다. 맹상군은 한 번도 가까이 대해보지 않은 사람이어서 이상하게 생각하고 시종에게 물었다.

"이 사람은 누군가?"

시종들이 한입으로 대답했다.

"'긴 칼이여, 돌아가자!'라고 노래 부르던 그 사람입니다."

맹상군은 말로만 들어 알고 있던 풍훤을 자세히 바라보았다. 늠름하고 당당한 자세가 마음에 들었다. 눈치를 살핀다든가 하는 비루한 표정이라고는 전혀 찾아볼 수 없었다. 맹상군은 풍훤의 손을 잡으며 반겼다.

"선생에게 정말 재능이 있었구려! 나는 그것도 모르고 아직 가까이 불러보지도 않았소."

이렇게 말하며 내실로 조용히 불러 사과 겸 부탁을 했다.

"나는 할 일이 많은데다가 여러 일에 마음을 쓰다보니 선생의 지혜로움을 미처 몰랐습니다. 그 어리석음을 우선 용서해주시오. 국사에 매인 몸이니, 내가 직접 영지에 가서 빌려준 돈을 받아올 수 없는 형편입니다. 어려운 백성들에게서 빌려준 금품을 이자와 함께 받는 일은 군자로서 떳떳한 일은 아니지요. 그래서 여러 해 동안 차일피일 미루고 있었던 것입니다. 그렇다고 막무가내로 내버려둘 수는 없는 노릇 아닙니까? 법질서나 신용의 문제도 있고…… 선생도 알다시피 식객이 3,000여 명이나 되고, 또 큰일을 도모하려면 적잖은 돈전이 필요하지요. 그래서 이번 기회에 빌려준 대부금을 다 회수할 작정입니다. 선생은 설 땅에 가서 그것을 차질 없이 징수해올 수 있습니까?"

풍훤은 망설이지 않고 흔쾌히 대답했다.

"그 일을 저에게 맡겨주십시오. 그동안 배려해주신 은혜를 조금이나마 갚을 기회로 삼겠습니다."

맹상군은 풍훤의 자신에 찬 당당함, 그 시원스러움에 다시 한 번 감탄하고 곧 여장을 차리도록 명령했다. 대부금을 싣고 올 많은 수레와 거기에 따른 인부들, 여행에 필요한 필수품과 도구들의 준비가 완료되었다. 설 땅으로 출발하는 아침에 맹상군은 한 보따리의 차용증서를 풍훤에게 건네주었다. 누구에게 얼마를 받아야 하는가를 적은 문서이기도 했다. 풍훤은 하직 인사를 마치고 물었다.

"대부금의 징수가 끝나면, 무엇을 사가지고 오면 좋겠습니까?"

맹상군은 무심코 대답했다.

"우리 집에 부족한 것을 골라 사가지고 오면 좋겠지요."

이렇게 하여 풍훤을 책임자로 한, 한 무리의 대부금 징수부대가 설 땅으로 출발했다. 여러 날이 걸리는 먼 길이었지만, 풍훤은 마음이 들떠 수레를 재촉했다. 이런 큰일을 맡아보기는 난생처음이었다. 드디어 마음속 깊은 곳에 감추어두었던 이상을 실현할 좋은 기회라고 생각하니 한시라도 바삐 설 땅에 도착하고 싶었다. 풍훤이 앞에서 인솔하는 마차 행렬은 먼지를 일으키면서 가을 들판을 달렸다.

풍훤은 설 땅에 도착하자, 곧 그곳 관리를 불러 부탁했다.

"맹상군에게 갚을 빚이 있는 사람을 모두 한곳에 불러 모아주시오."

설 땅은 맹상군의 선친인 정곽군에게서 물려받은 영지였다. 그곳에서 거두어들이는 세금도 엄청났지만, 맹상군은 백성들에게 돈이나 곡식을 빌려주고 이자를 얻어 받는 방법으로 일종의 사채놀이를 하고 있었다. 그러니 그곳 백성들 대부분은 맹상군에게 갚아야 할 크고 작은 빚이 있었다. 실은 그 빚이라는 것은, 매년 허리띠를 졸라매고 조금씩 갚아 나갔지만, 원금은 고사하고 이자가 눈덩이처럼 불어나 평생 갚아도 못 갚을 만큼 커져 있었다. 관리의 명으로 한자리에 모인 사람들은 한결같이 어두운 얼굴을 하고 있었다. 풍훤은 우선 차용증서와 백성들이 갚아야 할 것을 대조하며 확인을 시작했다. 아침 일찍 시작한 작업이 저녁 무렵이 되어 끝났는데, 한 치의 오차도 없이 정확히 일치했다.

"맹상군은 덕이 높은 군자라고 소문나 있지만 재산을 늘리는 재주 역시 뛰어나구나!"

풍훤은 이렇게 혼자 중얼거렸다. 그러고는 그곳 관리를 시켜 밥과 술, 그리고 푸짐한 안주를 장만하여 모인 사람들에게 먹이도록 했다. 하루 종일 물 한 모금 먹지 못하고 서류 대조하느라 고생한 사람들을 배려해서였다.

늦가을 해는 짧았다. 해가 서산으로 넘어가자, 곧 사방에 어둠이 깔렸다. 소리 없이 찬 이슬이 내리고 으스스한 한기가 몰려왔다. 군데군데 모닥불을 피워놓고, 끼리끼리 모여 밥과 술을 먹으면서도 맹상군의 빚쟁이들은 즐거운 기색이 없었다.

식사가 거의 끝나갈 무렵, 풍훤은 넓은 광장으로 빚쟁이들을 불러 모았다. 광장 한가운데는 모닥불이 훨훨 타오르고 하늘에는 별빛이 초롱초롱한 밤중이었다. 풍훤은 사람들이 다 모이자 모두들 들으라는 듯이 목청을 높여 한바탕 연설을 했다.

"오늘 나는 맹상군을 대신하여 여기에 왔습니다. 그리고 그분의 명령을 실행에 옮기겠습니다. 이곳은 맹상군의 영지입니다. 그러니 여러분은 맹상군의 백성이지요. 주군主君(맹상군)께서는 형편이 어려운 백성들에게 많은 금전과 곡식을 대부해주었습니다. 이것은 이자를 늘려 이익을 보겠다는 것이 아니었습니다. 여러분의 자활을 돕겠다는 자애로운 마음이었지요."

여기서 풍훤은 잠시 멈칫했다. 그리고 목소리를 가다듬고 아랫배에 힘을 주고 큰 소리로 선언했다.

"맹상군께서는 이자는 물론 원금까지도 모두 탕감하여 백성들의 근심 걱정을 덜어주고 열심히 생업에 매진하라는 명령을 내리셨습니다. 이제 그것을 실행에 옮기겠습니다."

연설을 마치자, 풍훤은 차용증서 보따리를 모닥불 속으로 던져넣었다. 사그라지던 불꽃이 다시 활활 타올랐다. 처음에는 무슨 뜻인지 몰라 어리둥절해 있던 사람들이 불타고 있는 차용증서 보따리를 바라보았다. 그 큰 보따리는 활활 타올라 불꽃이 되어 밤하늘로 치솟았고, 사방으로 불티가 날렸다. 그제야 그것이 무엇을 뜻하는지 알아차리고 모두들 모닥불로 뛰어들며 환호했다.

"맹상군 만세! 맹상군 만세! 맹상군 만세!"

이 소리가 하도 우렁차서 밤하늘을 밝히는 별빛에까지 닿을 듯 끝도 없이 울려 퍼졌다. 한동안 침울했던 맹상군의 영지, 설 땅은 이제 환희가 춤추는 밝은 세상으로 바뀌었다.

다음 날 새벽, 풍훤은 급히 말을 달려 제나라로 돌아와 맹상군을 뵈었다. 맹상군은 의외로 빠른 시일 내에 돌아온 것을 의아하게 생각하며 풍훤을 맞이했다.

"그래, 대부금의 징수는 완료했습니까?"

"대강 마무리 짓고 왔습니다."

"아니, 어쩌면 그렇게 이른 시일 내에 그 어려운 일을 마칠 수 있었습니까? 또 무엇을 사오셨는지요?"

풍훤은 고개를 푹 숙이고 있었으나 말소리에는 자신감과 생기가 넘쳐흘렀다.

"귀공께서 우리 집에 부족한 그 무엇을 사오라고 당부하셨기에 그것을 가지고 왔습니다."

"그것이 무엇인가요?"

"저는 가만히 생각해보았습니다. 귀공의 저택에는 진보眞寶가 쌓여 있고, 곳간마다 곡식과 음식, 온갖 피륙이 넘치고 있지요. 또 마구간에는 말과 번쩍이는 마차가 즐비합니다. 후궁에는 수많은 미인들이 비단 옷을 펄럭이며 아름다운 자태를 다투고 있습니다. 그런데 지금 부족한 것은 오직 의義가 아닐까 하고 생각했습니다. 그래서 '의'를 사가지고 왔습니다."

"의를 사오다니 도대체 그게 무슨 뜻입니까?"

풍훤은 고개를 바로 들고 맹상군을 쳐다보았다. 번쩍이는 눈빛, 늠름한 기상이 뚜렷했다.

"지금 귀공께서는 설 땅의 영주이시며 그곳 백성들의 어버이가 아니십니까? 그들은 매년 천재지변으로 농사를 망치고 고통스러워하고 있습니다. 그 불쌍한 사람들을 자식처럼 사랑할 줄 모르고 오히려 수입이 좋은 사채놀이의 대상으로 삼고 있습니다. 그래서 저는 차용증서를 불

태우고 모든 부채를 탕감해주었습니다. 맹상군의 명령이라고 말하면서. 그랬더니 백성들이 기뻐 날뛰며 맹상군을 칭송하며 만세를 부르더군요. 설 땅은 지금 명실공히 귀공의 땅이고, 주군의 백성들이 되었습니다. 이것이 귀공을 위하여 의를 사온 것입니다. 미천한 제가 귀공을 속였다고 생각하신다면, 어떤 벌이라도 달게 받겠습니다."

듣고 있던 맹상군은 불쾌한 낯빛으로 불쑥 말했다.

"좋습니다. 선생께서는 물러가 휴식이나 취하십시오."

그 후 1년쯤 지나서였다. 제나라 민왕이 맹상군을 시기하여 관직에서 쫓아냈다. 맹상군은 결국 자신의 영지인 설 땅으로 돌아가게 되었다. 3,000여 명에 달하던 식객들은 순식간에 슬그머니 사라져버렸다. 그러나 설 땅의 백성들은 맹상군을 열렬히 환영했다. 젊은이들은 물론이고 늙은이, 어린아이 할 것 없이 백 리 길을 멀다 하지 않고 마중을 나왔다. 맹상군은 자신을 묵묵히 따르던 풍훤을 돌아보고 말했다.

"선생이 나를 위해 사주신 그 의란 것을 오늘 잘 보았습니다."

맹상군은 출영出迎을 나온 어린아이를 껴안아 번쩍 들어 올리면서 환하게 웃고 있었다.

〈제책〉 편

해설

이 글 원문에는 후일담이 계속된다. 풍훤의 기지로 맹상군이 다시 제나라 재상으로 복귀한다는 내용이다. '그 후 맹상군이 재상으로 있기를 십수 년, 제나라에 티끌만 한 재난도 없었다는 것은 풍훤의 계획에 힘입은 바가 컸다'라고 끝맺고 있다. 이 후일담은 주제를 흐릴 것만 같아 위의 이야기에서는 생략했음을 밝혀둔다. 《사기》의 〈맹상군열전〉에도 이와 비슷한 내용이 실려 있는 것으로 보아 어느 정도 사실에 가깝다고 생각된다.

여기 주인공으로 등장하는 맹상군은 본명이 전문이고, 정곽군 전영의 아들이었다. 전국시대 조나라의 평원군, 초나라의 춘신군, 위나라의 신릉군과 더불어 이름을 떨치던 사군자의 한 사람이다. 이들은 모두 식객을 모으고 자신들의 독자적 세력을 형성했다. 협객, 책사, 선비, 천민 등을 가리지 않고 받아들여 백성들 가운데서 인기를 누렸으며 막강한 제후들의 비호 아래 넓은 영지를 소유한 또 다른 권력이었다.

사마천은 《사기》에서 이렇게 말하고 있다.

내가 일찍이 설 땅을 지난 적이 있는데, 그 마을은 대체로 흉포한 젊은이들이 많아 추나라 노나라와는 달랐다. 그 까닭을 물으니 맹상군이 천하의 협객과 무뢰배들을 불러 모으니 설 땅에 들어온 자가 대략 6만여 호가 되었다고 한다. 세상에 전하는 말에 의하면, 맹상군이 빈객을 좋아하여 스스로 즐거워했다고 하는데, 그 이름이 헛된 것은 아니었구나.

미남의 교훈

　제나라 위왕 때의 재상 추기鄒忌는 키가 훤칠하고 용모가 뛰어난 미남이었다. 거기다가 제나라 위왕의 신임이 두터웠다. 위왕은 정치개혁을 위해 인물을 물색하다가 추기를 발탁했다. 그러면서 이 위인이 적임자인가 그렇지 않은가를 은근히 살펴보고 있었다.

　추기는 언제나 그렇듯이 조복의관朝服衣冠을 차려입고 집을 나서기 전에 거울을 들여다보았다. 처음에는 혹시 차림새가 잘못된 것은 아닌가 하는 것을 살펴보기 위함이었는데, 그것이 습관화되고 나서는 처음 의도와는 다른 의미로 변질되었다.

　거울 속에는 관복을 잘 차려입은 늠름한 미남의 모습이 있었다. 싱긋 한 번 웃어보니, 거울 속의 사나이도 따라 웃고 있었다. 아무리 바라보아도 나무랄 데라고는 없는 잘생긴 얼굴이었다. 추기는 한껏 기분이 좋아져서 들떠 있다가 속으로 중얼거렸다. '나보다 더 잘생긴 미남이 있겠는가?' 생각이 여기에 미치자, 자신이 알고 있는 주변 인물들의 얼굴을 떠올렸다. 그러다가 화들짝 놀랐다. 성북城北에 살고 있는 서공徐公의 준수한 용모가 눈앞에 어른거렸다. 그는 제나라에서 제일가는 미남이라고 소문난 사람이었다. 알맞은 키에 뚜렷한 이목구비를 갖춘, 전형적인 미남형이었다. 특히 서글서글한 눈빛이며 보일 듯 말 듯한 엷은 미소는 뭇 사람들을 매혹시키고도 남음이었다. 그러나 당당한 체구와 의젓함은 나와 비교할 수 없지 않겠는가. 이렇게 달리 생각해보았으나 꺼림칙하기는 마찬가지였다. 그래서 아내를 불러 슬쩍 물어보았다.

"나와 성북의 서공 중 누가 더 미남일까?"

아내는 난데없는 질문에 빙그레 웃음을 짓고 얼른 대답했다.

"당신이 훨씬 미남이지요. 서공이 어떻게 당신만 하겠어요?"

이 말을 들은 추기는 다시 기분이 좋아져서 대궐로 향했다. 발걸음이 가볍고 자신감이 충만하여 온몸에 힘이 불끈 솟았다.

다음 날 아침, 다시 거울 앞에서 자신의 용모를 들여다보았다. 언제나 처럼 우람하고 당당한 모습이었다. 그러나 특별히 흠잡을 데는 없지만, 무언가 빠진 듯한 느낌이었다. 다른 사람의 마음을 사로잡는 그 무엇, 친화력이나 흡인력 같은 것이 보이지 않았다. 서공에게는 그런 것이 있었는데…….

이번에는 첩을 불러 물었다.

"나와 서공을 비교하면 누가 더 잘생겼는가?"

첩은 까르르 웃으며 말했다.

"우리 서방님이 훨씬 잘생겼지요. 키로 보나 뭐로 보나 서공 따위가 어떻게 낭군님을 따라오겠어요?"

그 이튿날 아침이었다. 손님이 한 분 찾아와 이런저런 이야기를 나누었다. 손님은 예의범절을 깍듯이 지키며 아주 겸손했다. 사리 판단도 명석해 보였다. 대강 용무를 마칠 즈음해서 지나가는 말투로 넌지시 물었다. 요 며칠 사이 찜찜하던 속마음을 털어놓았던 것이다.

"성북에 사는 서공이 미남이라고 소문이 자자한데, 나와 비교하면 어떻겠는가?"

손님은 자세를 바로 하고 진지한 얼굴이 되더니 조금도 머뭇거리지 않고 시원스럽게 대답했다.

"서공이 미남이라고는 하지만, 상공의 용모를 감히 능가할 수는 없습니다."

이 말을 듣고 추기는 기분이 더욱 우쭐해졌다. 아내와 첩의 말이 틀리지 않았다고 생각했다.

그런 일이 있은 후, 얼마 지나지 않아 서공이 직접 자신을 방문했다. 좋은 기회다 싶어 자신의 용모와 자세히 비교해보았다. 거울 속에 들어가 있던 우람한 자신의 얼굴과 서공의 빼어난 용모를 하나하나 짚어보았지만, 아무래도 서공이 훨씬 더 미남이라는 것을 확인할 수 있었. 서공에게는 밝고 환한 얼굴, 수정처럼 맑은 눈빛, 사람의 마음을 빨아들이는 신비한 마력 같은 것이 있었다. 덩치만 우람한 자신과는 비교할 수 없을 만큼 부드럽고 매력적인 미남이었다. 저런 사람과 자신을 비교하며 우쭐해하다니! 추기는 부끄러워 얼굴을 바로 들지 못했다.

잠자리에 들어서도 그 생각 때문에 도무지 잠이 오지 않았다. 인간의 생김생김이 뭐 그리 중요하다고 여기에 집착했던가. 그리고 그것보다 아내나 첩, 손님은 왜 내가 더 잘생겼다고 대답했을까. 거기에는 반드시 그럴만한 합당한 이유가 있었을 것이다. 추기는 밤을 새워가며 생각에 골몰했다.

거의 새벽녘이 될 즈음, 추기는 합당한 이유를 찾아낼 수 있었다. 우선 아내는 자신을 믿고 끔찍이 아끼는 마음에서였을 것이다. 그런데 첩실은? 첩이 까르르 웃으면서 아양 떠는 모습을 떠올렸다. 그렇지! 이 사람은 두려워서 그렇게 대답할 수밖에 없었으리라. 혹시 밉게 보여 쫓겨날지도 모르니까. 그 웃음과 아양은 두려움을 감추려고 일부러 꾸며낸 것이로구나!

그런데 손님은? 생각이 여기에 미치자, 추기는 모든 것이 훤히 들여다보이듯이 시야가 밝아졌다. 손님의 지나치게 공손한 태도와 진지한 대답은, 결국 나에게 잘 보여 무언가 이익이 될 만한 것을 바라고 있음에 틀림없었다. 이런 사람들 때문에 자신이 이 세상에서 제일 잘났다고 거들먹거리며 뽐낼 뻔했지. 뿐만 아니라 객관적으로 사물을 판단하는 능력을 상실한 쓸모없는 시건방진 인간으로 낙인찍혀 뭇사람들의 웃음거리가 될 수도 있었겠구나! 추기는 등골이 서늘해지며 식은땀을 흘렸다. 먼 데서 닭 울음소리가 요란하게 들려왔다.

이튿날, 추기는 대강 관복을 차려입고 대궐에 들어가 위왕을 뵈었다. 출근할 때 거울 같은 것은 들여다보지도 않았다. 추기는 자신이 경험한 것을 예로 들며 이렇게 진언했다.

"신은 자신의 용모가 저 성북에 사는 서공만큼 출중하지 못하다는 것을 잘 알고 있습니다. 그런데 마누라는 저를 아끼는 마음에서, 첩은 두려운 마음에서, 또 신을 찾아온 손님은 아첨하는 뜻으로 한결같이 신이 서공보다 미남이라고 추어올렸습니다.

이 점으로 미루어 생각해볼 때, 제나라는 사방이 천 리가 넘고 120개의 성을 가진 대국입니다. 그리고 궁녀나 측근들은 모두 전하에게 아첨하고 있습니다. 조정의 모든 신하들이나 관료들은 전하를 두려워하지요. 또 국내외에 있는 수많은 야심가들은 사리사욕을 채우려고 전하께 듣기 좋은 말만 합니다. 이런 것을 종합해 판단해보면, 전하의 총명은 주위 사람들에 의해 완전히 막혀 있는 형편입니다. 옳고 그름을 분간해야 하는 전하의 총명이 빛을 잃을 수도 있습니다."

추기의 장황한 말을 듣고 위왕은 마음이 흐뭇했다. 자신이 마음먹고 있던 정치개혁에 아주 합당한 인물임을 확인했기 때문이었다. 제후의 입장에서 슬며시 '왕'이라고 호칭을 바꾼 것은 바로 자신이었다. 제나라도 이제 큰 나라니 마땅한 일이겠지만 명실공히 대국이 되려면 개혁이 필요하고, 또 그것을 위해서는 백성들의 바른 소리를 들어야 하지 않겠는가. 추기의 말대로 측근들에게 둘러싸여 판단이 흐려질 수는 없는 일이었다. 추기의 냉철한 비판은 정곡을 찌르는 비수와 다름없구나! 위왕은 이렇게 생각하고 즉시 명령을 내렸다.

"신하나 백성을 불문하고 누구든지 과인의 잘못을 직간하는 자에게는 큰 상을 주겠다. 문서로 올리는 자는 그다음의 상, 또 시중에서 과인의 잘잘못을 논하여 그것이 과인의 귀에 들어오게 한 자에게도 상을 내리겠다."

이 포고령이 내려지자 간언하려는 신하들이 잇달아 줄을 서서 궁정이 마치 저잣거리와 같이 붐볐다. 온 나라 백성들은 다투어 임금의 흉허물을 입에 올리며 너털웃음을 터뜨렸다. 그야말로 언로가 활짝 열린

탕탕평평한 밝은 세상이 되었다.

　이렇게 몇 달이 지나자 간언하는 신하들이 줄어들었고, 1년쯤 후에는 무엇을 간언하려고 해도 임금의 잘못을 찾을 수가 없게 되었다. 백성들은 모두 희희낙락하며 억눌렸던 가슴을 풀어헤치고 즐거워했다.

　이 소문이 북서쪽 연나라, 조나라, 한나라, 위나라에까지 퍼져 나갔다. 이 가깝고 먼 나라 백성들은 제나라를 부러워하고 흠모하게 되었다. 이것을 일컬어 정책의 승리라고들 말했다.

〈제책〉 편

🔷 해 설

제나라는 산동에 위치한 바다에 인접한 나라였다. 처음 주 무왕이 여상呂尙 곧, 강태공姜太公에게 분봉해준 제후국이다. 춘추시대에는 환공과 관중이라는 출중한 인물로 하여 춘추오패의 강국으로 성장했고, 전국시대에 와서는 전국칠웅의 하나로 국위를 떨쳤다. 그동안 나라 주인이 강씨에서 전씨로 바뀌는 정변을 겪기도 했다.

권력자 주변에는 총애를 독차지하거나 환심을 사려고, 또 이익이나 자신의 야망을 이루기 위해 감언미사甘言美辭로 과대포장하는 무리들이 들끓는 법이다. 위의 이야기는 재상인 추기가 자신의 체험을 바탕으로 위왕을 각성시켰다는 내용이다.

실제 제 위왕은 현명한 군주로서 추기를 발탁하여 내정을 개혁했다. 또 학문을 좋아하여 학자들을 우대하였으므로 천하의 뛰어난 학자들이 제나라 수도인 임치臨淄로 모여들었다. 즉 임치의 서문 아래 집단으로 모여 살며 학문을 토론하였다고 역사는 기록하고 있다. 서문의 별명이 직문稷門이어서 이들을 직하학사稷下學士라고 부른다.

뱀의 발

초나라의 어느 집안에서 사당에 제사를 지냈다. 행사가 끝나고 난 후 제관들은 음복을 하고 헤어졌다. 집주인, 곧 종손이 뒤치다꺼리를 하려고 사당을 돌아보다가 음복하고 남은 술 한 잔을 발견했다. 그는 마당을 쓸고 있는 일꾼들에게 그 잔을 건네주며 말했다.

"이게 남아 있었군. 얼마 되지는 않지만 사이좋게 나누어 마시게."

술잔을 받아든 일꾼들은 한자리에 모여 앉았다. 좀 전에 음복주를 한 잔씩 얻어 마셨지만, 간에 기별도 채 가지 않는 양이었다. 일꾼 한 사람이 잔을 들고 말했다.

"사람은 여럿인데 술은 한 잔밖에 없네. 한 사람이 마시기에 딱 알맞은 양일세."

또 다른 일꾼이 여기에 맞장구를 쳤다.

"한 모금씩 나누어 마시면 입만 버리겠어. 느구든 한 사람이 다 마셔

버리면 되지 않겠나."

이렇게 하여 일꾼들은 의견의 일치를 보았다. 즉 땅바닥에 뱀을 먼저 그린 사람이 술잔을 독차지한다는 내용이었다. 그중 제일 연장자가 심판관이 되어 '시작'을 알렸다.

일꾼들은 저마다 뱀의 형상을 상상하며 땅바닥에 그림을 그려나갔다. 우선 길게 선을 그어 뱀의 몸통을 만들고 뱀의 치켜든 머리, 번들거리는 눈, 날름거리는 혓바닥을 그리기에 여념이 없었다. 살아 움직이는 것처럼 잘 그릴 필요는 없었다. 누가 먼저 그리느냐가 문제의 정답이었다.

재빨리 그림을 완성한 일꾼 한 사람이 왼손으로 술잔을 잡고 여유를 부렸다. 오른손으로는 완성된 뱀의 그림에 발을 덧붙이며 말했다.

"나는 뱀의 발까지 그렸네."

그러고는 잔을 들고 마시려 하는데 두 번째로 그림을 완성한 일꾼이 잔을 빼앗으며 말했다.

"뱀은 본래 발이 없는데, 자네는 그것을 그렸군. 자네의 그림은 뱀이 아닐세."

이렇게 말하고 술잔을 입에 대고 벌컥벌컥 마셔버렸다. 시간이 남아 뱀의 발을 덧붙인 사람은 아무 대꾸할 말을 찾지 못하고 멍하니 바라볼 수밖에 없었다. 심판관 이하 모여 있던 일꾼들이 손뼉을 치며 한바탕 크게 웃었다.

〈제책〉 편

◎ 해 설

　전국시대 초나라 대부 소양昭陽이 위나라를 쳐서 크게 승리했다. 소양은 그것으로 만족하지 않고, 그 여세를 몰아 제나라를 공격하려고 했다. 군사들의 사기는 하늘을 찌를 것만 같았다. 이 소식을 들은 제나라 왕은 몹시 두려워하여 소양에게 사신을 보내 설득하도록 했다. 당시 진나라의 뛰어난 외교관인 진진陳軫이 제나라에 머물고 있었는데, 제나라 왕은 진진을 소양에게 보냈다.

　이 일화는 진진이 소양을 설득하는 과정에서 등장한다. 즉 위나라를 쳐서 적장을 죽이고 8개 성을 얻었으니, 전공은 그것으로 충분하다. 다시 제나라를 공격하는 것은 마치 뱀의 그림에 발을 덧붙이는 것과 같은 쓸데없는 행위다. 혹시 이미 완성한 승리의 공을 잃어버릴지도 모른다. 뱀의 발을 그린 자가 술잔을 빼앗겼듯이. 이런 의미를 내포한 우화다.

　소양은 결국 진진의 뜻을 받아들여 제나라 공격을 포기하고 귀환했다. 훗날 소양은 전승의 공을 인정받아 초나라의 재상이 되었다. 요즘도 사람들이 많이 쓰는 사족蛇足*이란 말이 이 이야기에서 유래한다.

---

*화사첨족畵蛇添足의 줄인 말이다. 뱀 그림에 발을 첨가하는, 즉 쓸데없는 말이나 군더더기를 덧붙이는 것을 뜻한다.

흙 인형과 나무 인형

　제나라 설 땅의 영주 맹상군은 인품이 어질고 유능한 인재라고 천하에 이름을 날리고 있었다. 그렇기 때문에 어진 선비들, 재주꾼, 협객들이 각지에서 모여들었다. 당시는 이런 사람들을 식객이라고 불렀는데, 맹상군의 식객은 수천 명에 이르렀다.
　진秦나라 소왕昭王은 이 소식을 듣고 맹상군을 초빙했다. 말이 초빙이지 그 내막은 맹상군을 진나라로 보내라는 협박 비슷한 요구였다. 소왕은 주변 나라들 위, 초, 조나라 땅을 빼앗는 등 끊임없이 동남쪽으로 세력을 확장해왔다. 그러다 드디어 제일 동쪽에 위치한 강국인 제나라를 넘보게 된 것이다. 천하의 민심이 맹상군에게 쏠려 있으니 그를 불러다가 남몰래 없애거나, 그것도 여의찮으면 인질로라도 삼을 심산이었다. 제나라에서 맹상군을 호락호락 보내줄 것 같지 않아 먼저 자신의 동생인 경양군涇陽君을 제나라에 인질로 보내고 맹상군을 요구한 것이다.

이 소식을 접한 맹상군의 식객들은 한목소리로 반대하고 나섰다. 그동안의 진나라 행태를 보더라도 순수한 의도가 아님이 분명했다. 유능한 인재를 빼앗고, 천하의 민심을 돌려 제나라의 국력을 약화시키려는 간계가 숨어 있었다.

식객들의 한결같은 반대에도 불구하고 맹상군은 진나라로 가겠다는 뜻을 굽히지 않았다. 저희들이 감히 나를 어찌할 것인가. 진나라에서는 나를 설득해 이익을 챙기려 하겠지만, 거기에 말려들지 않을 자신이 있었다. 오히려 진나라 소왕을 설득해보거나 그 속셈을 염탐할 수 있는 좋은 기회일지도 모른다. 소왕이 나에게 어떤 위해를 가하지는 않을 것이다. 자신의 동생인 경양군을 이미 제나라로 보냈을 뿐더러 나라와 나라 사이에는 신의라는 것이 있지 않은가. 이렇게 생각했지만, 맹상군이 철석같이 믿고 있는 것은 천하의 민심이었다. 맹상군은 반대하는 식객들에게 말했다.

"세상 사람들의 일은 나도 알 만큼은 다 알고 있소. 다만 내가 모르는 것은 죽은 뒤의 일뿐이오."

그러고는 반대의견을 전혀 들으려고 하지 않았다. 이럴 즈음 유세가로 이름을 떨치고 있던 소대蘇代*가 찾아왔다. 그는 맹상군을 보고 정중하게 말했다.

"제가 찾아온 것은 세상 일이 아니라, 죽은 뒤의 일을 말씀드리기 위해서입니다."

---

*합종설을 주장했던 소진의 동생으로 《전국책》에는 소진이라고 되어 있으나, 오류라고 《사기》에서 밝히고 있다. 이때는 소진이 죽은 지 10년째 되는 해이기 때문이다. 이 이야기에서는 소대로 하였다.

소대가 이렇게 나오자 맹상군도 마음을 누그러뜨리고 그의 말을 들었다.

"이번에 제가 이리로 올 때, 치수淄水가를 지나왔습니다. 그런데 어디선가 도란도란 속삭이는 말소리가 들렸습니다. 사방을 살펴보았으나 사람은 아무도 보이지 않았지요. 이상하게 생각하고 이리저리 살펴보니 강기슭에서 흙 인형과 나무 인형이 서로 다투고 있었습니다. 이놈들이 무슨 이야기를 하고 있는가 하는 호기심이 일어 귀를 기울이고 들어보았습니다."

소대가 들려준 이야기는 대강 다음과 같다.

먼저 나무 인형이 흙 인형을 보고 놀렸다.

"너는 이 강 서쪽 기슭에 있던 흙이다. 지금은 반죽을 해서 사람 모양을 하고 있더라도 근본은 흔해 빠진 흙덩이일 뿐이야. 8월 장마철이 되면 강물이 불어서 녹아 없어지겠지."

흙 인형도 여기에 지지 않고 대들었다.

"그 무슨 이치에 맞지 않는 소리를 하는 거냐? 나는 본디 서쪽 기슭의 흙이므로 녹아 없어지더라도 고향인 서쪽 언덕으로 돌아갈 뿐이다. 그러나 너는 동쪽나라의 복숭아나무 인형 아니냐? 큰 홍수가 져서 강물이 세상을 뒤덮으면, 너는 대관절 어디로 떠내려가지? 정처 없이 떠도는 네 신세야말로 불쌍하기 그지없겠구나!"

소대는 이야기를 마치고 맹상군의 심기를 살폈다. 자신이 꾸며낸 이야기에 관심이 있다는 것을 확인하고 본론으로 들어갔다.

"지금 진나라는 사냥이 요새화되어 있습니다. 그들은 지리적 장점을 이용하여 물샐틈없이 경비를 강화하고 이웃 나라를 집어삼키려고 호시탐탐 노리고 있지요. 그 형상은 마치 호랑이가 입을 떡 벌리고 있는 꼴입니다. 귀공께서 그리로 들어가신다면 아마 다시 나오기는 어려울 것입니다."

소대의 말을 듣고 맹상군은 진나라로 가는 것을 단념했다. 세상에 두려울 것이 없는 호방한 맹상군이었지만, 정처 없이 떠돌아다니는 나무 인형과 같은 신세가 되기는 싫었기 때문이었다.

〈제책〉 편

해설

《사기》의 〈맹상군열전〉에도 이 이야기가 등장한다. 진나라 소왕이 먼저 인질로 보낸 경양군을 흙 인형으로, 맹상군을 나무 인형에 비유했다고 기록되어 있다. 즉 흙 인형의 고향은 서쪽 언덕(진나라)이고, 나무 인형은 동국(제나라)이라고 했으니 사리에 맞는 말이다. 또 흙은 어디나 있는 흔한 것이고 복숭아나무로 깎아 만든 인형은 귀한 물건이다. 맹상군은 제나라는 물론이거니와 당시 천하 사람들이 흠모하는 인재였다. 그러니 어찌 귀한 물건(신분)이 아니겠는가.

호랑이의 위세를 빌린 여우

깊은 산골이었다. 하늘을 찌를 듯한 우람한 나무들, 수풀이 무성한 골짜기와 험준한 산줄기가 끝도 없이 이어져 있었다. 올려다보면 나무 사이로 푸른 하늘이 보였고, 때때로 그 사이로 강렬한 햇빛이 눈부시게 쏟아져 내렸다. 여기는 너무 외지고 험한 곳이어서 사람들은 아예 발을 들여놓지 않았다. 그로 인해 가히 산짐승들의 천국이고 낙원이었다.

어느 날, 명실공히 뭇짐승들의 왕이라고 자처하는 호랑이가 굴속에서 나와 어슬렁거리며 숲 속을 거닐다가 여우 한 마리를 발견했다. 본능적으로 납작 엎드려 돋을 감추고 여우의 동작을 주시했다. 여우는 호랑이가 근처에 있는 것도 모르고 제멋대로 재주를 부리며 까불고 있었다. 호랑이는 이놈을 잡아먹을까 말까 하고 망설였다. 큰 들소나 멧돼지, 살이 오른 노루 같으면 비호처럼 달려들어 숨통을 끊어놓고 뜯어먹겠지만, 뼈다귀만 앙상한 여우였기 때문이었다. 그러나 심한 허기를 느끼고는 여우를 손쉽게 붙들었다. 막 목덜미를 물어뜯으려는데, 별안간 여우가 날카롭게 '꽥' 소리를 질렀다. 호랑이는 비명에 놀라 잠시 동작을 멈추었다. 호랑이 입에서 빠져나온 여우는 위엄을 갖추고 말했다.

"자네는 감히 나를 잡아먹을 수가 없다. 하느님께서 나를 백수百獸의 우두머리로 임명하셨다. 나를 잡아먹는다는 것은 하느님의 명령을 거역하는 것이다."

호랑이는 여우의 태연하고 늠름한 모습에 깜짝 놀랐다. 크고 작은 모든 동물들이 자기 앞에서 오줌을 찔끔거리면서 벌벌 떠는데 이 여우란 놈은 겁도 없이 입을 놀렸다.

"자네가 내 말을 못 믿겠거든, 내가 앞장설 테니 따라오너라. 이 산천에 있는 모든 짐승들은 다 나를 보면 머리를 숙이고 달아날 것이다."

호랑이는 좀 전에 느꼈던 시장기가 싹 가시었다. 하늘을 한번 쳐다보았다. 강렬한 햇빛이 눈부셨다. 자신은 늘 백수의 장이라고 생각해왔지만 하늘에서 쏟아져 내리는 햇빛, 그것은 두려웠다. 저 빛이 하느님인가. 이렇게 생각하고 여우의 제안을 받아들였다.

여우는 자신이 앞에 서고 호랑이를 뒤따르게 하여 골짜기와 산등성이를 쏘다녔다. 그런데 아니나 다를까 여우가 가는 곳에는 모든 산짐승들이 이리 뛰고 저리 뛰며 달아나기에 정신이 없었다. 이 광경을 직접 지켜본 호랑이는 여우의 말을 믿을 수밖에 없었다.

사실 뭇짐승들이 달아나는 것은 여우가 두려워서가 아니고 뒤에서 따르고 있는 호랑이 때문이었다. 그것을 호랑이가 어찌 알 수 있겠는가.

〈초책〉 편

해 설

이 우화는 〈초선왕〉 편에 실려 있다. 당시 초나라는 사방이 5,000리나 되고 군사가 백만이 넘는 큰 나라였다. 그런데 초나라 선왕은 모든 실권을 장군이며 재상인 소해휼昭奚恤에게 맡겨두고 있었다. 그때문에 소해휼은 국내뿐 아니라 이웃 나라에까지 그 위세가 막강하다고 알려져 있었다. 이 소문을 듣고 선왕이 신하들을 불러 물었다.

"서북쪽에 있는 여섯 강대국에서 모두 소해휼 장군을 두려워하고 있다는데, 그 까닭이 무엇이냐?"

신하들은 모두 입을 다물고 대답하지 않았다. 자칫 잘못 말했다가는 전권을 휘두르고 있는 소해휼의 미움을 살 수도 있는 민감한 사안이었다. 선왕이 재차 다그치자 강을江乙*이란 신하가 선왕이 알아듣도록 비유하여 이 이야기를 들려주었다. 즉 여우가 호랑이의 위세를 빌려 권력을 휘두른다는 것을 우의적으로 비판한 것이다. 여기서 여우는 소해휼이고 선왕이 호랑이임은 두말할 나위도 없다. 호가호위狐假虎威**라는 유명한 고사성어의 유래다.

잘 보이지는 않지만, 지금 이 순간에도 권력이 있는 곳곳에 호가호위하는 인간들이 수도 없이 많다. 권세를 등에 업고 날뛰는 교활한 여우들. 그동안 우리나라 산천의 여우들은 멸종이 되어 모두 사라졌는데도.

---

* 위나라 사람으로 초나라에 와서 벼슬을 지냈다. 소해휼의 전횡을 선왕에게 여러 번 진언한 바 있다.
** 남의 권세를 빌려 권격을 남용한다는 의미로 여기서 '가假'는 빌린다는 뜻이다.

우물에 오줌을 싼 개

어떤 집에서 개를 한 마리 기르고 있었다. 이놈은 덩치가 송아지만 하게 클 뿐만 아니라 검고 뻣뻣한 긴 털이 온몸을 뒤덮고 있어 보기만 해도 정나미가 떨어졌다. 게다가 성질 또한 사납고 고약했다. 그러나 집을 지키는 데는 어느 개보다 뛰어났고, 주인에게 절대적인 충성을 바치고 있었다. 그러니 주인은 이놈을 마치 친자식이나 다름없이 애지중지했다.

이 검둥이 녀석이 동네를 어슬렁어슬렁 돌아다니면, 다른 개들은 모두 꼬리를 내리고 비실비실 저희들 집으로 피해 달아났다. 짓궂은 동네 아이들도 이놈에게는 접근하기를 꺼렸다. 주인 이외의 다른 사람을 보면 으르렁거리면서 날카로운 이빨을 드러내고 금세 달려들 기세였기 때문이다.

그런데 이 녀석에게는 또 하나의 괴상망측한 버릇이 있었다. 똥이나 오줌이 마려우면, 즉시 동네 우물가로 달려갔다. 우물 주변에 심어놓은 나무 밑은 이놈의 변소와 다름없었고 볼일을 마치고 나면 으레 우물물에 찔끔찔끔 오줌을 뿌렸다. 이런 행위는 주로 사람들이 잠든 조용한 한밤중에 이루어졌기 때문에 동네에서는 아무도 아는 사람이 없었다.

그러던 어느 날, 새벽 자시子時를 조금 지났을 무렵이었다. 정화수를 뜨려고 한 아낙네가 우물로 갔다가 이 광경을 목격했다. 아낙네는 질겁하고 허겁지겁 집으로 뛰어 돌아왔다. 정화수를 담을 물동이를 내팽개친 채였으니, 얼마나 놀라고 당황했겠는가.

이튿날 이 소문이 동네에 쫙 퍼졌다. 동민들은 모두들 분노하고 화가 치밀었다. 온 동네 사람들이 먹는 우물에 오줌을 싸다니! 성질 급한 한 청년이 참나무 몽둥이를 들고 검둥이가 지키고 있는 집으로 달려갔다. 주인에게 그 사실을 알리고 이놈을 당장 박살낼 작정이었다. 청년이 대문을 밀고 들어서자 검둥이란 놈이 눈에 불을 켜고 무서운 기세로 뛰어나왔다. 흰 이빨을 드러내고 으르렁거리며 떡 버티고 있으니 어떻게 해 볼 도리가 없었다. 청년은 그 자리에서 옴짝달싹 못하고 서 있다가 슬금슬금 물러나고 말았다. 주인에게 고해바치기는커녕 들고 갔던 몽둥이도 내던지고 쫓겨나다시피 돌아오고 말았다.

〈초책〉 편

△ 해 설

이 이야기는 강을이란 신하가 초나라 선왕에게 들려준 이야기다. 당시 장군이며 재상인 소해휼의 권력 남용을 우의적으로 지적하고 있다. 즉 권력자를 등에 업고 호가호위하며 사리사욕을 채우고 그것이 들통날까 언로를 막으면서 통제하는 모양을 풍자하고 있다. 마지막 부분에서 강을은 이렇게 말한다.

지난번 한단전邯鄲戰* 때, 초나라가 진군했더라면 위나라 서울 대량은 쉽게 취할 수 있었습니다. 그러나 소해휼 장군은 위나라에서 보낸 보물을 뇌물로 받고 진군을 멈추었지요. 당시 저는 위나라에 있었기 때문에 이 비밀을 잘 알고 있습니다. 그런 까닭에 소해휼은 언제나 소신이 전하를 뵙는 것을 꺼리고 있습니다.

강을이 지어낸 이 우화의 뜻은 무엇일까. 이 세상에는 수많은 권력자들이 교묘한 수단으로 사사로운 이익을 취하고 있다. 그러니 국가는 날로 쇠약해지고 백성들의 삶은 팍팍해진다. 권력의 전횡을 막을 방법은 오직 여론뿐인데, 그 백성들의 성난 여론 자체가 권력자에 의해 봉쇄당하고 있다. 대강 이런 의미를 내포하고 있다. 아마도 동네 사람들은 개가 오줌을 뿌린 그 우물물을 계속 먹을 수밖에 없었을 것이다. 언로를 가로막고 있는 사나운 개가 대문 앞에 버티고 있는 한.

*본문에는 한단지난邯鄲之難이라고 되어 있으며, 기원전 354년 위나라가 초나라를 공격했던 일을 말한다.

숨겨진 질투

위나라의 왕이 초나라 왕에게 미녀를 선물로 보냈다. 이 미녀는 알맞은 키에 흰 살결, 뚜렷한 이목구비를 갖추었다. 거기다가 늘 생글생글 웃었다. 그 모습을 보면, 대부분의 남자들은 침을 꼴깍 삼킬 정도로 사랑스러웠다. 회왕懷王은 이 미녀를 얻자마자 정신없이 빠져들었다.

궁궐 내정內廷에는 회왕을 모시는 비빈들이 많았다. 이들도 모두 빼어난 용모를 자랑했고, 한때는 회왕의 사랑을 독차지하기도 했었다. 위나라에서 미녀를 선물하기 전에는 정수鄭袖라는 애첩이 회왕의 총애를 받았는데, 이제 그 손길이 위나라가 보내준 새사람에게로 옮겨간 것이다. 정수는 질투심이 불같이 타올랐지만, 전혀 내색하지 않았다.

정수는 용모도 아름다울 뿐만 아니라 집념이 강하고 수완도 또한 뛰어났다. 어떻게 하면 회왕의 사랑을 되돌리고 새로 온 미녀를 쫓아낼 수 있을까. 이 생각으로 여러 날 잠을 이루지 못했다. 그러나 아무리 생각해보아도 뾰족한 묘수가 떠오르지 않았다. 고심 끝에 자신의 사랑을 빼앗아간 이 미녀를 일단 만나보고 대책을 강구하기로 작정했다.

정수는 그녀를 가까이 불러 요모조모로 뜯어보았다. 어디 하나 흠잡을 데 없는 거의 완벽에 가까운 미인이었다. 이제 막 피어오르는 꽃봉오리 같은 청순함, 생기발랄하고 탄력이 넘치는 몸매를 가지고 있었다. 정수는 질투심으로 온몸이 달아올라 화끈거렸지만, 겉으로 절대 내색하지 않았다. 우선 그녀의 젊음과 미모를 한껏 추어주니, 곧 긴장을 풀고 스스럼없이 정수를 따랐다. 이 둘은 틈만 나면 오붓하게 만나서 서로의 정을 돈독히 다졌다.

정수는 수시로 귀한 옷이나 노리개, 값진 보석 같은 것을 새사람에게 안겨주었다. 이렇게 그녀가 원하는 것이면 무엇이든지 다 들어주려고 애썼으며 멀리 이국땅에 와서 느끼는 외로움을 따뜻한 마음으로 감싸주었다. 어찌 보면 회왕보다 더 귀여워해주는 것 같기도 했다.

이를 지켜보던 회왕은 기분이 좋아 측근에게 이렇게 말했다.

"부인이 남편을 섬기고 아끼는 것은 사랑 때문이지. 그렇기 때문에 질투는 자연스런 감정이네. 그런데 지금 정수는 내가 새사람을 좋아하는 줄 알면서도 나보다 더 아껴주고 있으니 가상한 일이야. 어버이를 섬기는 효성과 임금에 대한 충성심에서 우러나오는 마음일 걸세."

한편, 정수는 새사람에게 정성을 쏟으면서도 넌지시 충고하는 것을 잊지 않았다.

"전하는 자네의 아름다운 용모와 활달한 성품을 좋아하시네. 다만 자네의 코가 둥글납작하다고 불평한 적이 있었네. 그러니 전하를 뵈올 때는 코를 살짝 가리는 것이 좋을 거야."

그녀는 정수의 충고를 진심으로 고맙게 받아들였다. 그리고 회왕을 가까이 모실 때는 늘 손으로 자신의 코를 가렸다. 회왕은 이상하게 여겼으나 본인에게 물어보지는 않았다. 아마 여드름 같은 것이 돋아나 그것을 감추려는 것이겠지. 뽀얀 손으로 코를 살짝 가리고 생글생글 웃고 있으니 더욱 귀엽게 보였다.

어느 날 밤, 회왕이 정수의 침실에 들어왔다. 새사람을 그토록 귀여워해주니 한번쯤 보상하려는 뜻도 있었다. 다음 날 아침 회왕은 자리에서 일어나며 지나가는 말로 물었다.

"새사람이 늘 코를 가리면서 과인을 대하니 무슨 까닭이라도 있는가?"

정수는 얼른 대답을 하지 않고 살며시 웃었다. 속으로는 올 것이 드디어 왔구나 하는 생각에 가슴이 콩닥거렸다. 회왕은 정수가 알고 있으면서 말하기를 주저하고 있다고 여기고 재차 물었다.

"어려워할 것이 무엇인가? 다 한집안 식구인데. 어서 말해보아라."

정수는 회왕이 좀 더 관심을 갖도록 뜸을 들이다가 슬그머니 본색을 드러냈다. 들릴 듯 말 듯한 낮은 음성으로 조심스럽게 말했다.

"실은 전하의 몸에서 나는 냄새를 싫어하는 것 같습니다."

이 말을 듣고 회왕은 갑자기 얼굴이 험악해졌다.

"요망한 계집이구나! 겉으로는 살살 웃으면서 과인의 냄새를 싫어하고 있었다니! 당장 그년의 코를 베어라! 변명 따위 들을 필요도 없다."

〈초책〉 편

해설

　기원전 3~4세기경 전국시대는 전쟁과 권모술수가 난무하던 난세였다. 전쟁으로 날이 새고 또 전쟁 속에 날이 저물었다. 외교전도 치열하여 합종연횡이라는 국가 간 짝짓기가 유행하기도 했다. 《전국책》도 상당 부분이 합종연횡에 관한 내용이다.
　위의 이야기는 《전국책》에 실려 있으나 당시 상황이었던 침략과 전쟁, 부국강병책과는 조금 거리가 있다. 궁정 내 여인들의 단순한 사랑싸움일 뿐이다. 그런데 왜 이것이 《전국책》에 기록되어 있을까. 아마도 질투를 감추고, 자신의 사랑을 빼앗아간 여인을 제거하는 정수의 절묘한 술책이 돋보였기 때문일 것이다.
　초 회왕의 애첩인 정수라는 여인은 역사 기록에 몇 군데 더 등장한다. 이런 점을 참작해보면, 정수는 권모술수에 능한 여인임이 분명하다.

어부의 횡재

역수易水라는 강가였다. 강물은 더없이 맑고 잔잔했고, 양 언덕은 갈대가 무성하게 피어나 가볍게 바람에 흔들리고 있었다. 그 틈 사이로 크고 작은 온갖 물새들이 날아다니며 재잘거렸다. 정오의 강렬한 햇볕은 모래사장을 뜨겁게 달구고 있었다. 평화로운 한가한 강변, 한낮의 정경이다.

마침 이 무렵, 자갈밭에 살고 있는 큰 조개 한 마리가 슬금슬금 기어 나와 일광욕을 즐겼다. 온몸 구석구석에 햇빛을 쏘일 양으로 아가리를 떡 벌리고 속살을 드러낸 채 모래언덕에 누워 있었다. 하늘에는 흰 구름이 몇 점 떠 있을 뿐, 푸르기 그지없었다. 참 기분 좋은 날씨였다.

이때 갈대숲을 들락거리며 먹이를 찾던 도요새가 이 광경을 목격했다. 도요새는 이게 웬 떡이냐 싶어 재빨리 날아가서 긴 부리로 조개의 속살을 쪼았다. 깜짝 놀란 조개는 엉겁결에 입을 꽉 오므렸다. 도요새가 미처 부리를 빼내기도 전이었다. 이렇게 되니 도요새와 조개는 강변 모래밭에서 뒹굴 수밖에 없었다. 도요새가 날개를 퍼덕이며 날아오르려 했으나 조개는 점점 더 입을 굳게 다물고 조여와 빠져나갈 도리가 없었다.

놓아라! 놓지 못하겠다! 하며 승강이를 거듭하다가 도요새가 조개에게 위협을 가했다.

"오늘 내일 비가 오지 않으면, 너는 말라죽고 말거야."

조개도 지지 않고 대들었다.

"나는 오늘도 물고 있고, 내일도 물고 있은 터이니, 절대 빠져나가지 못하지. 그러면 결국 너는 죽기밖에 더하겠어?"

이 두 놈은 한 치의 양보도 없이 있는 힘을 다해 죽기 살기로 싸웠다.

황혼 무렵이었다. 해질녘 강변의 풍경은 마치 한 폭의 그림인 양 아름다웠다. 하루의 일과를 마치고 집으로 돌아가던 어부가 도요새와 조개를 보고는 동시에 고기 망태기에 집어넣었다. 힘 안 들이고 횡재를 한 셈이었다.

〈연책〉 편

해 설

'어부지리漁父之利'라고 잘 알려진 고사성어의 유래다. 쌍방이 죽기 살기로 맹렬히 싸우고 있는데, 뜻밖에 제3자가 큰 이익을 본다는 우화다. 간혹, 바닷가에서 대합과 황새의 싸움이라는 번역본이 있는데 원문과는 거리가 멀다. 강가나 호수, 못에도 민물조개가 살고 있고 어부들이 있다는 사실을 망각한 데서 비롯된 오해일 것이다.

원래는 조나라가 연나라를 치려고 했을 때, 합종가인 소대가 조나라 혜왕을 설득하려고 이 이야기를 만들어내었다. 즉 조나라와 연나라가 오랫동안 싸우면 두 나라 모두 국력이 쇠약해진다. 그 틈을 이용하여 서쪽의 강력한 진나라가 힘 안 들이고 이 두 나라를 집어먹을 것이다. 이것은 마치 어부의 횡재와도 같은 꼴이 아니겠는가. 결국 소대의 설득으로 조나라 왕은 연나라 공격을 중지하고 말았다.

5

격동의 시대를 평정한 사상의 완결판

《여씨춘추》

《여씨춘추 呂氏春秋》

△
□
◎
▷

《여씨춘추》는 어떤 책인가

　전국시대 말 진나라 승상인 여불위呂不韋(?~기원전 235)가 문하에 있는 3,000여 명의 학자들에게 의뢰하여 편찬한 저서로 '여람呂覽'이라고도 한다. 춘추전국시대에 전개된 제자백가의 사상과 학술을 망라한 일종의 백과사전, 잡가의 성격을 띠고 있다.
　여불위가 경세가로서의 자신의 위상을 온 천하에 떨치기 위해 저술한 것으로 알려져 있다. 그래서 책 이름을 '여씨춘추'라고 지었다. 자료의 수집, 정리는 여불위의 전성기인 기원전 240년경(시황제 초년)에 이루어진 것이 분명하다. 《여씨춘추》의 성립 유래를 요약하면 다음과 같다.

　여불위의 식객들은 많은 재능을 가지고 있었다. 그중에서도 상객, 곧 학문과 재식이 뛰어난 자를 가려 각자가 보고 듣고 아는 사실들을 기록하도록 명하였다. 그 기록은 20만 언에 이르렀다. 여불위는 이렇게 모아진 자료를 편찬하여 하나의 책으로 묶었다. 거기에는 천지만물, 고금의 일들이 다 갖추어져 있다고 하여 이것을 '여씨춘추'라고 이름 지었다.

여불위는 이 책을 함양 시장 성문에 걸어놓고, 누구든지 이 책에서 한 글자라도 잘못된 곳을 지적하여 바로잡아 주는 사람에게는 상으로 천금을 주겠다고 광고했다. 그만큼 자신만만해서였다. 기원전 240년의 일이다.

그러나 이 책이 완성되어 간행된 것은, 그 후대일 것이다. 여불위가 함양 시장에 걸어놓았던 것은 아마도 정리를 완료한 자료였을 것이다. 완벽한 책으로 간행하기 전, 오류를 바로잡겠다는 의도도 있었겠지만 자신의 위세를 과시하기 위한 일종의 전시효과의 성격이 짙다. 그 후 여불위의 실각 등 예기치 못한 정변政變*으로 인해 여불위 생전에는 이 책이 간행되지 않은 듯하다.

내용과 성격

전 26권, 160편으로 12기, 8람, 6론으로 구성되어 있다. 전체적으로 보면 어떤 독자적 사상이나 주장은 없다. 다만 다른 책과는 달리 '시령時令'을 도입했다. 그 시령을 통하여 자연계와 인간의 삶을 연관 짓고 있다. 1년을 춘하추동의 사계절로 분류하고 또 계절마다 맹孟, 중仲, 계季로 나누어 열두 달로 정했다. 그 달의 천문기상과 자연 상태를 살피고

---

* 시황제 9년에 일어난 노애의 난으로 여불위는 실각하고 촉으로 유배 도중 자살했다.

거기에 따른 인간의 일상생활을 규정하고 있다. 구성은 그렇다고 하더라도 그 내용의 독자성은 찾아볼 수가 없다.

　춘추전국시대의 전설이나 설화, 또는 다양한 학파의 학설을 취사정리한 책이다. 그렇기 때문에 여기 실린 우화적 자료는《장자》등 이미 세상에 나온 여러 책과 중복된 것이 많다. 자연과 인간과의 관계, 지배자와 피지배자의 도리 등이 직설적으로, 또는 은유적 예화로 광범위하게 펼쳐져 있는 백과사전이라고 봄이 타당하다.

잃어버린 활

어느 초나라 사람이 활을 잃어버렸다. 자신이 몹시 아끼던 물건이었다. 언제, 어디서, 어떻게 잃어버렸는지 분명치 않으나 활은 자신의 수중에 없었다. 처음 며칠간은 허전한 생각으로 갈팡질팡했다. 오랜 세월 자신의 손때가 묻은 그 소중한 것이 없어지다니!

아마 활을 어깨에 멘 후 말을 타고 산과 들을 내달리다가 떨어뜨린 것은 아닐까. 그것도 모르고 그냥 집으로 돌아와 여러 날이 지났을 것이다. 대강 이렇게 추측할 뿐이었다. 활을 찾으려고 자신이 지나쳤을 산야를 두루 돌아보았다. 그러나 그 어느 곳에서도 활은 보이지 않았다. 이렇게 몇 번을 시도하다가 이내 마음을 바꾸고 활 찾는 것을 포기했다. 그 활은 처음부터 내 것이 아니었다. 어쩌다가 내 손에 들어왔고, 이제 떠날 때가 되어 가버린 것이라고 생각했다.

따지고 보면, 이 세상 모든 만물은 임자가 따로 있는 것은 아니다. 전적으로 내 소유라고 말할 수 있는 것은 아무것도 없다. 내 육신도 때가 되면 자연으로 되돌려주어야 하는 것이 세상의 이치다. 그런데도 나는 활을 찾으려고 허둥지둥 여러 곳을 돌아다녔다. 이 얼마나 편협하고 옹졸한 행동인가. 생각이 여기에 이르니 마음이 편안해졌다. 허전했던 가슴 언저리에 어떤 커다란 너그러움, 그런 여유 같은 것이 새로 들어와 그 빈자리를 메웠다.

아끼던 활을 잃어버린 장본인이 이처럼 태평무사한 심정이 되었을 무렵, 이 소식을 전해 들은 친구가 찾아왔다. 활을 메고 함께 산야를 누비며 들짐승을 쫓던 친밀한 사이였다.

"자네는 왜 잃어버린 활을 찾으려고 하지 않는가?"

"허허, 이 사람아. 초나라 사람이 초나라 땅에서 잃어버렸으니, 초나라 사람이 주울 텐데 굳이 찾으려고 애쓸 것이 무엇인가?"

두 친구는 서로를 마주 보며, 한참 동안 너털웃음을 터뜨렸다.

이 이야기를 전해 듣고 공자가 훈수를 했다.

"말인즉 그럴듯한데, 거기서 초나라란 말을 떼어버렸으면 좋았을 것을……."

이 말의 뜻은, 왜 초나라 사람으로 한정시키느냐는 것이다. 천하 사람 누가 취하든 상관할 것이 무엇이란 말인가. 사람이 잃은 것을 또 다른 사람이 주워서 이익을 볼 텐데 초나라 사람에 국한한다면, 이 역시 좁은 마음이 아니겠는가. 천하를 이롭게 하기 위해 주유했던 공자의 인본사상이 엿보이는 대목이다.

노담은 여기에 한술 더 보탰다.

"아예 사람이란 말을 떼어버렸으면 더 좋지."

노장사상의 시원始原이라고 할 수 있는 노자다운 말이다. 즉 만물은 자연의 것이니 자연으로 돌려주는 것이 마땅하다는 의미다.

〈맹춘기〉 편

해 설

천지는 위대하다. 만물을 생성해내면서 자기 것으로 하지 않고, 만물을 만들어내면서 소유하지 않는다.

위의 말은 이 이야기 원문 말미에 나오는 논평이다. 즉 사사로운 작은 이익에 연연하지 말고 공공公共을 먼저 헤아리라는 교훈을 내포하고 있다. 극도의 자본주의로 치닫고 있는 물질만능의 현 시대에, 한 줄기 서기로운 빛을 보는 느낌이다. 세상에 군림하는 경세가, 또 정치 사상가들, 현실에 직접 뛰어든 정치 지도자들, 내로라하는 재벌들이 새겨두어야 할 경구가 아니겠는가.

단순한 소재에 공자와 노자의 평을 덧붙여 이 이야기는 생명력을 갖게 되었다고 할 수 있다. 초나라라는 울타리를 벗어나 전 인류로, 거기서 더 확대하여 대자연으로 옮겨가는 과정이 활력을 불어넣고 있기 때문이다. '과연 천지는 위대하다. 만물을 생성하고서도 그것을 자기 것으로 소유하지 않는다.' 이 말은 또 얼마나 참신한 표현인가. 소유욕에 눈먼 현대인에게는 더욱 그러하다.

공사의 구분

어느 날 진나라의 평공이 기황양祁黃羊에게 자문을 구했다.

"남양에 현령 자리가 공석인데 누구를 그 자리에 앉히면 좋겠소?"

기황양은 머뭇거리지 않고 곧바로 대답했다.

"해호解狐가 좋겠습니다. 남양현의 실정을 잘 알고 있고 또 유능한 인재이지요."

평공은 깜짝 놀랐다. 기황양과 해호는 사적인 관계가 원만하지 않아 적대적 감정으로 서로 외면하는 사이였다. 이런 사실은 온 세상이 다 알고 있었다. 그런데도 아무 거리낌 없이 해호를 추천하다니! 평공은 미심쩍어 다시 한 번 물었다.

"해호는 그대의 원수가 아니오?"

"임금님께서는 현령의 적임자를 물으셨지. 저의 원수를 물은 것은 아닙니다."

들고 보니 옳은 말이었다. 그래서 평공은 즉시 해호를 현령으로 임명했다. 백성들과 조정에서는 모두들 좋은 인사라고 칭찬이 자자했다. 그 후 해호는 남양 땅을 잘 다스려 살기 좋은 고장으로 만들었다.

한참 세월이 흐르고 난 후, 평공이 또 기황양에게 물었다.
"조정에 법관 자리가 비었는데 누가 적임자라고 생각하오?"
"기오祁午가 적당할 듯합니다."
평공은 의아해서 다시 확인했다.
"기오라면 그대의 아들이 아니오? 아비가 아들을 관직에 추천했다는 것이 세상에 알려지면 두고두고 남의 웃음거리가 되지 않겠소?"
"주군께서는 법관의 적임자를 물으셨지. 소신과 기오와의 관계를 물은 것은 아닙니다."
평공은 기황양의 공과 사의 공평함에 탄복했다. 그리고 기오를 법관으로 기용했다. 이것 역시 나라를 위해 참 잘된 일이라고 모두들 입을 모았다. 기오는 법관의 자리에서 공평하게 법을 집행하여 나라의 질서를 바로잡았다.

훗날, 공자가 이 이야기를 전해 듣고 이렇게 평가했다.
"참 훌륭한 일이다. 기황양의 천거는 원수를 피하지 않았고, 자신의 아들도 꺼리지 않았다. 인재를 적재적소에 기용하는 공평무사公平無私함의 본보기가 아니겠는가."

〈거사〉 편

해 설

하늘과 땅, 해와 달은 사사로움이 없다. 사계절 역시 한가지다. 그러므로 우주의 질서는 어느 한쪽으로 기울어지지 않고 운행을 거듭해왔다. 자연 속의 만물은 그 덕으로 인하여 생영生榮의 낙樂을 누리고 있다.

위의 내용은 이 이야기에 앞서 나오는 서론 부분을 요약한 것이다.
곧 천지자연은 누구에게나 차별을 두지 않고 그 혜택을 골고루 나누어 준다는 뜻이다. 그러나 인간은 그렇게 공평무사하기가 쉽지 않다. '팔은 안으로 굽는다'라는 속담과 같이 인간의 이기심은 원초적 본능이다.
여기 등장하는 기황양이란 사람은 공과 사를 뛰어넘어 인재를 천거했다. 그 결과 역시 좋았을 뿐만 아니라, 모두들 칭찬했다.
그렇다 하더라도 후세 사람들은 기황양을 따라 하지 않았다. 공사를 초월하기가 그만큼 어렵다는 의미일 것이다. 조선시대만 하더라도 상피相避*라는 제도가 있었다. 가까운 친족 사이는 연관된 관직을 서로 피하는 것이 원칙이었다. 그러니 아버지가 아들을 높은 관직에 추천한다는 것은 불가능할 뿐만 아니라 상상조차 할 수 없는 철면피한 행위로 지탄받아 마땅한 일이었다.
그런데 오늘의 현실은 어떤가. 혈연, 지연, 학연으로 얽힌 후안무치厚顔無恥**가 횡횡하고 있으니 개탄스러울 따름이다.

* 지난날 일가친척 등의 관계로 인해 같은 곳에서 벼슬하는 일이나 청송聽訟, 시관試官 따위를 피하던 일을 말한다.
** 뻔뻔스러워 부끄러움을 모른다는 의미다.

대의를 위해 사를 버리다

전국시대 묵가학파는 그 세력이 전성기였다. 겸애와 교리, 만민평등, 반전평화론, 절용의 묵자사상이 민중 속으로 급속히 파고들었다. 급기야 그들은 똘똘 뭉쳐 하나의 결사조직結社組織으로 발전했다. 엄격한 내부 규율이 있었고 또 거자鉅子라는 최고 지도자를 뽑아 조직의 단결을 공고히 함은 물론 공동의 목적을 위하여 물불을 가리지 않았다. 그들이 추구하는 목표를 한마디로 요약하면 공공선公共善이었다.

이런 묵가학파의 지도자인 복돈이 진나라에서 벼슬을 하고 있을 때였다. 어느 날 복돈의 아들이 살인죄로 체포되었다. 진나라 혜왕은 이 보고를 접하고 고심했다. 살인자가 자신이 총애하는 신하인 복돈의 아들이었기 때문이다. 당시 복돈은 나라 안팎에서 신망이 두터운 원로정치가였다. 혜왕은 정상을 참작하여 그의 아들을 사면해주기로 마음먹고 미리 복돈을 불러 일렀다.

"선생은 이제 고령이시고, 또 다른 자식도 없다고 알고 있소. 그래서 과인이 사면하도록 조처해놓았으니 그리 알고 이번에는 내 청을 따르시오."

왕의 말을 듣고 복돈은 기뻐하기는커녕 얼굴이 더욱 굳어졌다.

"우리 묵가의 법은, 살인자는 죽음이며 사람을 다치게 한 자는 형벌로 다스리게 되어 있습니다. 이것은 비단 묵가뿐 아니라 살상을 금하는 천하의 공법이며, 사람으로서 마땅히 지켜야 할 도리, 즉 대의입니다. 임금님께서는 저의 처지를 가련히 여겨 은전恩典을 베푸시려 하지만 저는 동의할 수 없습니다. 임금의 법 집행이 사사로운 정에 이끌린다면 천하의 공법은 유야무야가 될 것이고 대의는 장에 떨어져 무질서한 세상이 될 것입니다."

복돈의 단호한 태도에 기가 질려 혜왕은 아무 대꾸도 할 수 없었다. 결국 복돈은 자신의 하나뿐인 아들을 살인죄로 처형하고 말았다.

〈거사〉 편

해설

 부모가 자식을 아끼고 사랑하는 마음은 동서고금을 막론하고 오직 한 가지다. 이런 정서는 이성을 초월한 인간본능에 가까운 것이라고 할 수 있다. 그런데도 복돈은 자신의 아들을 법에 따라 처형했다. 절대 권력자인 임금이 사면령을 내렸는데도 불구하고.

 복돈은 당시 묵가조직의 거자였다. 묵가학파의 내부 규율은 이처럼 엄격했다. 묵가의 창시자는 묵적墨翟이란 사람인데, 성을 잘 지켜 초나라 군사를 물리친 바 있었다. 여기서 유래한 말이 묵수墨守다. 자기의 의견이나 주장을 굳게 지키거나 또는 전통, 습관을 고수한다는 뜻으로 오늘날까지 쓰이고 있다. 묵가학파의 거자인 복돈의 행위 역시 '묵수'에 기인한다고 할 수 있다. 대의를 실현하는 것은 사사로움을 버림으로써 가능한 일이 아니겠는가.

탕왕의 그물

은나라 탕왕湯王*은 어느 한가한 날, 지방 순시에 나섰다. 백성들의 삶을 직접 살펴보기 위해서였다. 황하 중류를 지나니 시야가 확 트이고 광활한 평야가 펼쳐졌다. 오곡이 무르익어가는 넓은 들, 그 한가운데로 강물이 유유히 흐르고 있었다. 강 연안의 수풀이 우거진 사이사이로 인가들이 즐비하고 사람들의 내왕도 빈번했다. 논과 밭이랑에서 부지런히 일하는 농부들의 모습도 보였다.

넓고 기름진 땅, 그것을 적셔주는 넘치는 물, 쏟아져 내리는 햇빛, 적당하게 일렁이는 시원한 바람 속에서 백성들은 열심히 살고 있었다. 탕왕은 그 백성들의 평화와 아늑한 삶을 생각하니 절로 즐거워져 가슴이

---

* 고대 중국 하왕조의 무도한 통치자 걸왕을 몰아내고, 황하 중하류의 강대한 통치자가 된 전설적 제왕으로 은나라의 시조다.

부풀어 올랐다. 그래서 그는 다짐했다.

"앞으로 내가 다스리는 세상은 말 그대로 태평성대로 만들어야지."

사실 그동안 잦은 전쟁으로 민생은 몹시 고달팠다. 포악한 하나라 걸왕桀王*을 몰아내기 전, 열한 번 싸워 모두 승리했지만 전쟁의 상처는 아직 곳곳에 남아 있었다. 그것을 쓰다듬어 치유해줄 책임과 의무가 자신에게 있다는 것을 탕임금은 절감했다.

탕왕 일행은 사람들이 모여 웅성거리는 마을 입구에 이르렀다. 마을 밖, 넓은 들에는 사방으로 그물을 쳐놓은 것이 보였다. 무슨 일인가 싶어 가까이 가보니 동민들이 제단을 만들어놓고 하늘에 치성을 드리고 있었다. 동네 대표격인 한 늙은이가 축문을 외웠다.

"하늘에서 내려오는 것, 땅에서 올라가는 것, 사방팔방에서 날아드는 것, 모두 우리 그물에 걸려라. 한 놈도 빠짐없이 몽땅 걸려라! 비나이다 비나이다. 이 우리의 소원을 신령님께 비나이다."

노인은 이 말을 되풀이하며 양손을 비비고 연신 절을 했다. 여기 모인 동네 사람들 모두가 노인을 따라 제단 앞에 엎드려 고개를 숙였다. 이 모습을 지켜보던 탕왕은 안색이 변했다. 즉시 행사를 중지시키고 축문을 외운 노인을 불렀다.

"아니, 이게 무슨 짓인가? 살아 있는 것을 몽땅 다 잡아버리겠다는 속셈인가. 씨도 남기지 않고? 걸왕과 같은 잔학한 자가 아니고서는 또 누가 이런 짓을 할 수 있단 말인가?"

이 호통을 듣고 노인과 동네 사람들은 땅에 납작 엎드렸다. 탕왕은 삼면의 그물을 걷게 하고 한쪽만 남기도록 지시했다. 그리고 축문을 고쳐주어 다시 치성을 드리도록 명령했다. 노인은 탕왕이 새로 써준 축문을 외웠다.

"옛날엔 거미가 그물을 쳤었다. 오늘날 사람들은 그것을 모방할 뿐이다. 왼쪽으로 가고 싶은 놈은 왼쪽으로 가고, 오른쪽으로 가고 싶은 놈은 오른쪽으로 가고, 위로 오르고 싶은 놈은 위로 오르고, 밑으로 가고 싶은 놈은 밑으로 내려가라! 나는 이 명령을 의반한 놈만 잡는다. 비나이다 비나이다 신령님께 비나이다. 그렇게만 되게 해주소서."

탕왕의 이 그물 이야기가 바람을 타고 사방으로 퍼져 나갔다. 저 아득히 먼 한수 남쪽까지. 그곳에 사는 미개한 부족들이 입을 모아 칭송했다.

"탕왕의 덕은 새와 짐승에게까지 미치는구나!"

이렇게 하여 크고 작은 40여 제후국**이 은나라에 귀순해왔다. 사면에 그물을 쳐놓더라도 새와 짐승이 잡힐까 말까 한데, 탕왕은 삼면을 걷고 한쪽 그물만으로도 40여 개 부족을 불러 모을 수가 있었다. 이것은 그물로 새나 짐승만을 잡는 것이 아니라는 사실을 잘 보여주고 있다. 덕망이란 그물은 눈에 보이지 않지만 사람들이 모여든다.

〈맹동기 이용〉 편

* 고대 중국의 전설적 왕조인 하나라의 마지막 임금이다. 말희妹喜라는 여인에 빠져 주색과 향락을 일삼아 주지육림酒池肉林이라는 고사성어의 주인공이 되었다.
** 당시에는 나라라고 하기보다 일종의 부족집단이라고 여겨진다.

◬ 해 설

　본문 원전의 작은 편명은 '이용'이다. 곧 '다르게 쓰다'라는 뜻인데, 그물로 새나 짐승을 잡지 않고, 천하의 민심을 잡았다는 내용이다. 탕임금의 덕과 지혜의 일면을 엿볼 수 있는 장면이다.
　또 탕임금이 고쳐주었다는 그 축문 내용이 의미심장하다. 세상의 모든 만물에게 자유를 구가할 수 있는 권리를 부여한다. 곧 '자기가 가고 싶은 데로 가라' 하는 말이 그것이다. 그러나 법을 위반하는 자는 예외로 한다는 구절이다. 태평성대, 요순우탕시대에도 법은 존재하고 있었다는 것을 보여주는 일화다.

백아가 거문고의 줄을 끊다

　백아는 춘추시대 초나라 사람으로 거문고의 명인이었다. 언제 누구에게서 거문고 연주를 배웠는지는 모른다. 다만 '호파瓠巴가 비파를 연주하면 물고기들이 물가로 나와 들었고, 백아가 거문고를 타면 여섯 필의 말이 꼴을 먹다가 고개를 들었다'라는 기록이 남아 있다. 이런 점으로 미루어볼 때, 백아의 거문고 솜씨는 사람뿐만 아니라 짐승이나 자연물을 감동시킬 정도로 달인의 경지에 이르렀다고 해도 지나친 말이 아닐 것이다.

　여기에서 언급한 여섯 필의 말은 임금의 마차를 끄는 말이다. 그 말들이 거문고 소리를 들었다면, 백아는 궁궐 내 임금님 앞에서도 거문고를 연주했다는 것을 알 수 있다.

　실제로 백아는 당대 최고의 거문고 연주자였으니 궁중이나 귀족들의 연회에 자주 불려갔다. 산해진미가 가득한 그 한 모서리에서 무희들이 현란한 춤을 추고 악공들이 각종 악기를 연주하여 흥을 돋우었음은 물론이다. 백아도 그 악공 중의 한 사람이었다. 그러나 고관대작들이 술을 마시며 즐기는 것을 도와주는 역할이 그는 늘 불만이었다. 자신의 혼을 담은 신비로운 음률은 왁자지껄 떠드는 주정꾼들의 소란 속에 섞여 흔적도 없이 사라지곤 했다.

봉건시대의 예술은 왕족이나 귀족들의 장식품, 혹은 노리개 정도의 부속품에 지나지 않았다. 예술가들 역시 그들이 부리는 하인일 뿐이었다. 백아는 이런 현실을 개탄하며 거문고를 부숴버리고 싶은 충동을 자주 느꼈다. 그러나 그렇게 하지 않았다. 자신의 음률을 깊이 이해해주는 단 한 사람의 절친한 친구, 곧 종자기鍾子期가 있었기 때문이었다. 백아가 외로움을 달래며 혼자 조용히 연주할 때면, 언제나 종자기가 옆에 있었다.

백아는 처음 팽팽한 거문고 줄을 부드럽게 어루만지면서 연주를 시작한다. 태고의 숨소리처럼 들릴 듯 말 듯하던 소리는 천지창조와 더불어 확실한 모습으로 떠오르고, 서서히 높고 빠르게 고조된다. 이때 백아의 머릿속에는 저도 모르게 기암절벽, 고산준령이 솟아오르고 손가락이 거문고 위에서 춤을 춘다. 눈을 감고 조용히 듣고 있던 종자기의 입에서 저절로 탄성이 터져나온다.

"아아, 높고 높은 산이여! 그 얼마나 훌륭한가. 그대의 음률이 태산준령을 만들어내었구나!"

백아의 연주는 다시 급변한다. 유유히 흐르는 장강長江, 드넓은 호수 위를 미끄러져 망망대해, 저 아득한 바다 위를 날고 있다. 종자기의 마음 역시 홀린 듯 백아의 음률을 따라간다.

"좋구나! 우유히 흐르는 장강이여! 출렁이는 물소리, 끝없이 펼쳐진 호호탕탕浩浩蕩蕩*한 바다, 그 아득한 그리움이여!"

백아와 종자기는 이런 사이였다. 그냥 단순한 친구가 아니었다. 서로의 영혼이 교감하는 가운데 백아가 만들어내는 신비한 음률, 그 순수함을 온몸으로 주고받는 유일한 벗이었다.

그런데 후일 종자기가 먼저 세상을 떠났다. 백아는 그 소식을 듣고 자신의 생명이 다한 듯한 절망 속으로 빠져들었다. 이제 자신이 창조해내는 오묘한 음률을 알아주는 사람은 이 세상에 아무도 없구나! 이렇게 생각하며 거문고의 줄을 미련 없이 끊어버렸다. 이것을 백아절현伯牙絶絃**이라고 한다. 그 후 백아는 죽을 때까지 다시는 거문고를 타지 않았다.

〈본미〉 편

* 아주 넓어서 끝이 없음을 의미한다.
** 절친한 벗인 종자기가 죽자 백아가 거문고의 줄을 끊은 것에서 유래된 고사다.

🔺 해 설

다만 거문고 타는 데에만 이와 같은 것은 아니다. 어진 선비도 또한 이와 같다. 비록 훌륭한 선비가 있다 하더라도 예로써 그를 대우하지 않는다면, 어찌 충성을 다할 것인가. 천리마도 주인을 잘 만나야 그 주인과 더불어 천 리를 단숨에 달릴 수 있을 것이다.

위의 이야기 끝에 나오는 논평이다. 아무리 뛰어난 재주가 있다고 하더라도 그것을 이해하고 격려해주어야만 그 재주가 빛을 발할 수 있다.
백아와 종자기의 이 고사는 또 다른 각도에서도 살펴볼 수 있다. 자질구레한 이해관계를 떠나 서로의 순수한 마음을 주고받는 관계, 진정한 우정이 어떤 것인가를 잘 보여주고 있다. 여기에서 유래한 고사성어로 '지음知音'이란 말이 있다. 소리를 알아주다, 곧 서로의 깊은 속마음을 알아주는 벗을 뜻하는 말이다. 어린 나이로 당나라에 유학을 갔던 최치원의 시구에 이 '지음'이란 말이 나온다.

가을바람에 괴로이 읊나니秋風唯苦吟
세상에 내 마음 알아주는 이 없어라世路少知音
창밖에는 한밤중 비가 내리는데窓外三更雨
등불 앞 마음, 만 리 고향으로 달리네燈前萬里心

《열자》에도 이 이야기가 실려 있다.

세상에서 가장 나쁜 옷

전찬田贊*은 누더기를 입고 초나라 왕을 알현했다. 왕은 번쩍이는 비단옷으로 온몸을 감싸고 높은 의자에 앉아 있었다. 전찬이 고개를 숙여 예를 표하자, 왕은 더강 답례를 마치고 전찬의 용모를 살폈다. 여러 군데를 누덕누덕 기운 남루한 옷차림이 눈에 거슬렸다. 전찬은 아는 것이 많고 지혜로운 사람이라고 알려져 있어 만나기를 허락했는데, 눈앞에 나타난 사람은 시중에 떠도는 거지나 다름없었다. 그래서 왕은 첫 반응부터가 좋게 나오지 않았다.

"선생의 옷이 어찌 그리 누추하오?"

전찬은 자신이 입고 있는 옷을 한 번 돌아보고 공손하고 침착한 태도로 물음에 대답했다. 마치 그 말을 기다렸다는 듯한 모습이었다.

---

*제나라 사람으로 변설가로 알려져 있다.

"옷 가운데는 이보다 더 나쁜 것이 있습니다."

"그게 도대체 무슨 옷이란 말이오?"

왕은 전찬의 공손하고 의젓한 태도에 조금씩 마음이 끌렸다.

"군사들이 입는 갑옷은 제가 입고 있는 이 누더기보다 더 나쁜 옷이지요."

"어째서 그렇단 말이오?"

왕이 흥미를 보이자 전찬은 속으로 회심의 미소를 지었다. 그러나 그것을 내색하지는 않았다. 그리고 성실히 답변했다.

"갑옷을 입으면 겨울에는 춥고 여름에는 덥습니다. 그렇기 때문에 제일 나쁜 옷이라고 말씀드렸습니다. 저는 집이 빈한하여 헌 옷을 기워 입었습니다만, 전하께서는 어느 누구보다 귀하신 몸입니다. 또 온 나라 사람들에게 은혜를 베푸시는 높은 자리에 앉아 계십니다. 그런데 많은 사람들에게 가장 나쁜 옷인 그 갑옷을 입히시려는 뜻을 저는 이해 할 수가 없습니다."

일단 말을 꺼내자 전찬의 언변은 큰 강물이 흘러가듯 아무 막힘이 없었고 또 유유하고 도도했다. 왕은 전찬의 말에 귀를 기울였다.

"미련한 저의 소견을 말씀드려보겠습니다. 혹시 임금님께서는 그것이 의를 위한 것이라고 생각하십니까? 갑옷이란 싸울 때 입는 옷입니다. 전쟁이 일어나면 사람의 목을 베고 배를 가르며, 이웃 나라 성을 무너뜨리고 남의 아비와 자식을 죽이게 됩니다. 설령 일시적으로 승리하여 이름을 드날릴지는 모르지만 그것은 영광스럽지 못할 뿐 아니라 의로운 행위가 아니지요.

이것이 아니라면 또 다른 의도, 곧 실리를 얻기 위함입니까? 그러나 백성들에게 갑옷을 즐겨 입힌다고 하더라도 크게 이로울 것은 없습니다. 이쪽에서 남을 헤치려고 하면 저쪽에서도 이쪽을 헤치려 할 것이고 또 이편에서 다른 나라를 위태롭게 한다면 다른 나라 또한 경비를 단단히 하고 경계를 늦추지 않을 것입니다. 이렇게 볼 때, 이로운 것은 아무 것도 없지요.

　저는 갑옷의 해악에 대한 것을 두 가지 관점에서 말씀드렸습니다. 남을 헤치는 것과 위태롭게 하는 것이지요. 이것은 의롭지도 않고 뚜렷한 실리도 없습니다. 이런 이유로 전하의 의견에 찬성할 수 없다고 말씀드릴 수 있습니다."

　초나라 왕은 논리 정연한 전찬의 말이 끝나자, 다시 대꾸할 말을 찾지 못했다. 그냥 혼자 소리로 중얼거렸다.

　"그렇게 보면 갑옷이 누더기보다 나쁘다고 할 수 있겠군."

〈신대람 순설〉 편

◈ 해 설

비록 설득하는 말이 크게 유행하기 전이라 할지라도 전찬은 그 설득의 요령을 터득했다고 할 만하다.

이 말은 본문 끝에 덧붙여져 있다. 이것으로 미루어보면, 수많은 유세객들이 전국시대의 제후나 왕을 찾아 동분서주하기 전인 듯하다.

전찬은 교묘한 방법으로 자신의 반전론을 펼쳐 보이고 있다. 우선 누더기를 걸치고 왕을 알현하여 관심을 끌게 하고 그것이 자연스럽게 갑옷으로 옮겨가 대화를 본론에 이르게 했다. 왕은 백성들에게 가장 나쁜 옷인 갑옷을 즐겨 입히려고 하고 있다. 갑옷은 곧 전쟁을 의미하며 다른 나라를 위협하는 수단이 된다. 전쟁의 폐해를 적나라하게 펼쳐 보여 불의를 강조하며 남의 나라를 위협하는 것 역시 아무런 실리가 없다고 설득했다.

본문의 소제목이 '순설順說'이다. 순설, 곧 '이치에 맞는 바른 말'이라고 해석한다면 이 내용과 일치한다.

2000년도 더 되는 저 아득한 세월, 그 너머에서 이미 전찬이 갑옷에 대한 폐해를 말했음에도 불구하고 세상은 변한 것이 아무것도 없다. 겨울에는 춥고 여름에는 더운, 그 갑옷을 입고 전쟁터에서 죽어간 젊은이들이 얼마나 많았겠는가? 옛날이나 오늘이 하등 다르지 않다.

옛것만 고집하는 어리석은 생각

초나라의 한 검객이 배를 타고 강을 건너다가 실수로 허리에 차고 있던 칼을 강물에 떨어뜨렸다. 아뿔싸! 이를 어쩌나. 당황한 그는 엉겁결에 뱃전을 그어 칼이 떨어진 지점을 표시해두고 말했다.

"여기가 내 칼이 튵어진 곳이다."

배가 건너편 나루에 도착하자, 칼을 잃어버린 검객이 자신이 뱃전에 표시해둔 곳으로 가서 물로 뛰어들었다. 칼을 찾겠다는 생각에서였다. 그는 물속을 헤매다가 아무 소득도 없이 물 밖으로 솟아올라 가쁜 숨을 몰아쉬었다.

이미 배는 움직여서 멀리 왔고 칼은 떨어질 때의 그 자리에 가라앉아 있을 것이다. 그런데도 뱃전에 표시하둔 곳을 따라 칼을 찾겠다는 것이 얼마나 어리석은 짓인가.

옛날 법으로 현재를 다스리려 하는 것도 이와 마찬가지다. 세월이 흘러서 세상은 많이 변했다. 그러나 법은 옛날 모습 그대로다. 옛 법으로 새 세상을 다스리는 것이 어찌 어려운 일이 아니겠는가. 초나라가 나라를 다스림에 있어서, 이와 같이 이치에 어긋나는 점이 있었다.

〈신대람 찰금〉 편

◬ 해 설

춘추전국시대 유가학자들은 선왕*의 법도를 따르라고 주장했다. 그러나 당시에도 냉철한 이성으로 그것을 비판하는 이론이 있었다. 그 예로 위의 우화를 만들어내었다고 여겨진다. 결말 부분에서 직설적으로 본뜻을 밝히고 있다. 각주구검刻舟求劍**이란 고사성어의 유래다.

* 소위 성인이라고 일컫는 요순우탕문무주공을 말한다.
** 사리에 맞지 않을 뿐만 아니라 어리석고 융통성이 없음을 비유하는 말이다.

사람을 알기는 어렵다

공자는 자신의 정치적 이념이 조국인 노나라에서는 실현하기 불가능하다고 판단했다. 그래서 크고 작은 나라의 제후들을 설득하기 위해 10여 년이 넘도록 여러 제후국을 전전했다. 그의 나이 50대에서 60대 후반까지의 일이었다.

공자의 명성은 이미 천하에 널리 알려져 있었으나, 그 어느 나라도 공자 일행을 반기지 않았다. 당시 제후국의 정치 현실이 공자의 덕치주의와는 거리가 한참 멀었기 때문이었다. 아무도 반겨주지 않는 여행길, 그것은 고행의 연속이었다. 이것을 두고 후대의 문장가들은 공자는 천하를 주유했다고 말했으나, 실제 그 내막은 온갖 박해를 받으며 이리저리 쫓겨다녔을 뿐이었다.

공자 일행이 진陳나라와 채나라 사이에서 오도 가도 못하고 고난을 겪고 있을 때의 일이다. 곡식이 바닥나 거의 굶다시피 했다. 명아주 국물로 연명했지만, 그것도 충분치 않았다. 이레 동안 곡식 한 톨 입에 넣지 못했으니 기진맥진할 수밖에 없었다. 공자는 벌렁 드러누워 푹 꺼진 눈만 껌벅거리고 있었다.

이때, 어디선가 구수한 밥 익는 냄새가 콧속으로 들어왔다. 공자는 그 냄새에 이끌려 몸을 일으켰다. 눈을 비비고 자세히 살펴보니, 뒷담 밑에서 안회가 밥을 짓고 있었다. 연기가 모락모락 피어오르고 불티가 날리는 그곳에서 안회가 솥뚜껑을 열고 무언가를 열심히 집어먹고 있었다. 어디서 곡식을 조금 구해온 모양이로구나. 공자는 이렇게 생각했으나 한편으로는 안회의 행동거지가 의심쩍었다. 아무리 배가 고프더라도 스승도다 먼저 자신의 배를 채운다는 것은 예의에도 맞지 않고 또 인간의 도리로서도 있을 수 없는 일이었다. 더구나 안회는 굶기를 밥 먹듯이 했어도 예의를 어긴 적이 단 한 번도 없었다.

공자가 마음이 심란해져서 배고픔도 잊고 덩하니 앉아 있는데, 안회가 밥상을 차려 들고 왔다.

"죄송합니다. 저희들이 불민不敏해서 선생님의 조석朝夕을 거르게 했습니다. 우선 이것으로 요기라도 하시지요."

공자는 안회의 말을 듣자 심기가 더욱 불편해졌다. 좀 전에 직접 목격한 일이 눈앞에 어른거렸다. 그래서 미심쩍었던 것을 확인하려고 짐짓 둘러대어 안회에게 말했다.

"네가 들고 온 이 밥상을 정성으로 마련했다는 것을 나는 안다. 방금 꿈속에서 돌아가신 아버님을 잠시 뵈었다. 이 정성어린 깨끗한 음식으로 우선 아버님께 제사를 올리고 싶구나."

공자의 말이 채 끝나기도 전에 안회가 깜짝 놀라 정색하며 말했다.

"안 됩니다. 아까 밥이 다 되어갈 무렵 솥 안에 재티가 날려 들어갔습니다. 그것을 걷어 버리기도 아깝고 해서 제가 먹었습니다. 그러니 제사를 올릴 만큼 깨끗한 음식이 아니지요."

아, 그랬었구나. 공자는 안회를 바로 쳐다볼 수가 없었다. 잠시 동안이지만 제자를 의심했던 자신이 너무 부끄럽고 한심하다는 생각에서였다. 탄식을 거듭하다가 제자들이 모두 모인 자리에서 자신의 속마음을 털어놓았다.

"눈은 믿을 수 있는 것이지만, 그렇다고 진실을 바로 본다고는 말할 수 없다. 마음속에 있는 믿음 또한 이와 같다. 사람을 안다는 것은 참으로 어려운 일이다. 너희들은 이 점을 명심하여라."

〈심분람 임수〉 편

◎ 해 설

'열 길 물속은 알 수 있어도 한 길 사람 속은 알기 어렵다'는 속담이 있다. 공자는 이 일화를 통해 진실에 도달하는 어려움을 토로하고 있다. 직접 눈으로 본 것, 마음속에 자리 잡고 있는 어떤 믿음 같은 것이 때로는 실체가 아닌 허상일 수도 있다는 내용이다. 어느 대가 공자는 안회를 이렇게 평가했다.

안회는 공부할 때 질문하는 것이 하나도 없어 어리석은 것같이 보였는데, 그가 나한테서 물러나 어떻게 생활하는가를 살펴보니, 내가 가르쳐준 바를 온전히 실천하고 있었다. 안회는 절대로 어리석지가 않았다.

진실은 우리 주변 어디엔가 숨어 있지만, 그것을 찾아낸다는 것은 실로 어려운 일이다. 오늘날 정보의 홍수 속에서 갈팡질팡하는 것이 현대인의 모습이다. 과연 진실은 어디에 숨어 있는가.

의를 실행한 선비

융이戎夷라는 선비가 제나라를 떠나 노나라로 향했다. 노나라는 제나라보다는 소국이지만 아직도 주공*의 유풍이 남아 있어 무언가 배울 것이 있으리라는 막연한 기대 때문이었다.

여장을 단출하게 꾸리고 젊은 제자 한 사람을 데리고 길을 나섰다. 때는 늦은 가을이어서 산과 들은 황량했다. 뜨거운 여름철의 싱싱하던 자연은 이미 말라비틀어지고, 텅 빈 들녘에는 북풍이 휘몰아쳤다.

북국의 가을은 짧았다. 길을 나선 지 불과 며칠 되지도 않았는데 찬바람이 폭설로 변했다. 매일같이 눈발이 어지럽게 날리고 강바닥은 꽁꽁 얼어붙었다. 그러나 융이는 이런 악조건에도 굴하지 않고 계속 노나라를 향해 발길을 재촉했다. 스스로 국사國士(나라의 선비)라 자부하며 큰 뜻을 품어온 지 오래되지 않았던가. 그러니 이런 고생쯤이야 참아야지.

융이는 천신만고 끝에 드디어 노나라 땅에 도착했다. 그러나 그 시각이 문제였다. 이미 밤이 깊어 성문이 굳게 닫혀 있었다. 사방을 둘러보아도 캄캄한 어둠뿐, 인적이라고는 찾아볼 수조차 없었다. 별빛이 말똥말똥한 밤하늘에서는 차가운 칼바람이 무섭게 휘몰아쳤다.

융이는 지친 몸을 겨우 움직여 성문 돌담 밑에 쪼그려 앉았다. 내일 아침, 성문이 열릴 때까지 기다리는 수밖에 달리 무슨 도리가 있겠는가. 여기서 이대로 한둔하자. 이렇게 마음속으로 다짐했다. 그러나 밤이 깊어질수록 추위는 더욱 심해졌다. 두꺼운 겨울옷을 미리 준비하지 않았던 것이 불찰이었다. 손과 발끝의 피가 얼어 감각이 마비되었다. 입언저리와 코끝에는 고드름이 달라붙었다. 춥다는 느낌보다는 스믈스믈 잠이 왔다. 아, 이러다가는 두 사람 모두 얼어 죽고 말겠구나 하는 생각이 들어 몸을 움직여 보았으나 마음대로 따라주지 않았다. 융이는 죽은 듯 웅크리고 덜덜 떨고 있는 제자를 흔들어 깨웠다.

"이러다가는 우리 두 사람 모두 얼어 죽을지도 모른다. 둘 중에 한 사람이라도 살아남아야 하지 않겠느냐?"

입이 얼어붙어 말하기도 불편했지만, 겨우 이렇게 뜻을 전달했다. 제자는 얼굴을 겨우 들고 스승을 쳐다보았다. 융이는 말을 계속했다.

"네가 입고 있는 옷을 나에게 주면 내가 살고, 내 옷을 벗어 너를 주면 네가 산다. 나는 명색이 나라의 선비다. 천하를 위해 앞으로 할 일이 많지. 그러니 내가 죽을 수야 없지 않겠느냐? 너는 그냥 평범한 사람이니 죽은들 무엇이 아깝겠느냐? 그러니 네 옷을 벗어 나에게 다오."

＊무왕의 동생인 주공 단으로 무왕이 죽자 조카인 성왕을 도와 주나라의 기틀을 확립했다. 성인의 반열에까지 올라 노나라를 분양받았다.

제자는 이 말을 듣자 안색이 험악하게 변했다. 이미 반쯤 얼어버린 얼굴이 흙빛이 되었다.

"저 같은 평범한 인간이 어찌 목숨이 아깝지 않겠습니까? 천하를 이롭게 하기보다는 제 한 몸이 더 소중합니다. 그렇게 할 수는 없지요."

융이는 제자의 말에 깜짝 놀랐다. 예상치 못한 답이어서가 아니었다. 소위 의로운 국사로 살겠다고 스스로 맹세한 자신이 남의 생명을 요구하다니! 무심결에 튀어나온 말이지만 너무 부끄러웠다. 또 아무리 생각해보아도 제자의 말이 백 번 옳았다. 주제넘게 천하의 이로움을 운운하며 남의 생명을 달라고 한 것을 깊이 후회했다. 한숨을 거듭 내쉬다가 혼자 중얼거렸다. 입이 얼어붙어 혼신의 힘을 다해 토해낸 말이었다.

"아아! 그렇다면 선비인 내가 도의를 저버릴 수야 있겠는가?"

융이는 결심한 듯 입고 있던 얇은 옷을 홀랑 벗어 제자에게 입혀주었다. 이미 꽁꽁 얼어버린 몸뚱이는 아무런 감각이 없었다. 제자의 등을 토닥거려주던 융이의 손길이 멈추었다. 그리고 깊은 잠 속으로 빠져드는 듯했다. 제자 역시 스승의 몸이 차갑게 식어가는 것을 의식하며 혼절하고 말았다. 다음 날 아침, 성문이 열렸을 때는 융이는 얼어 죽고 제자는 다시 깨어났다.

융이가 자신의 말대로 천하를 위해 큰일을 할 수 있었던 인물인지는 알 수 없다. 그러나 자신을 희생하여 남을 도우려는 그 의기는 아무도 따를 자가 없을 것이다. 융이는 죽고 사는 운명의 진리에 통달하여 자신을 버리고 의로움을 택했다고 할 수 있다.

〈시군람 장리〉 편

◎ 해 설

　죽느냐 사느냐의 갈림길에 섰을 때, 인간의 가치는 극명하게 드러나는 법이다. 위의 이야기는 이런 상황을 절묘하게 꾸며놓았다. 평범한 인물인 제자는 평범한 그것 때문에 죽을 수 없었고, 선비는 선비답게 의연하게 죽음을 택했다.
　생사의 갈림길에서 스스로 의로운 죽음을 선택한 경우는 역사상 그 예가 수도 없이 많다. 그 사람이 존귀한 신분일 수도 있고, 평범하거나 천한 사람일 수도 있다. 생명은 누구에게나 소중하기 때문에 융이의 선택이 더욱 감동을 준다.
　오늘날에도 이와 같은 의로운 행위와 그것을 실천한 인물은 존재한다. 가끔 언론을 화려하게 장식하기도 한다. 그러나 그것은 아무나 실행에 옮길 수 있는 일이 아니다. 의를 위해 스스로 죽음을 선택해야 한다는 것.

듣기 좋은 말

한나라는 전국칠웅에 속하기는 하나 비교적 힘이 약했다. 그렇기 때문에 주변 강대국으로부터 자주 침입을 받았다. 그중에서도 서쪽의 진秦나라가 더욱 심하게 괴롭혔다.

한나라의 도읍인 의양宜陽이 진나라에 의해 잠시 함락되었을 때의 일이다. 진나라의 병사들이 물러가고 난 후, 한나라 왕은 성을 고쳐 쌓으라는 명령을 내렸다. 언제 또 진나라의 군사들이 들이닥칠지 모르니 되도록 빠른 시일 내에 완성해야 하는 공사였다. 그 기한을 15일로 정하고 감독관으로는 대부인 단교段喬를 임명했다.

각 지방에서는 할당된 공사 인원을 신속하게 보내주었는데, 유독 한 고을에서는 이틀이나 늦게 도착했다. 화가 난 단교는 그곳 인솔 책임자인 하급관리를 옥에 가두어버렸다.

성을 고치고 또 새로 쌓는 공사는 밤낮을 가리지 않고 진행되어 처음

정한 기일 내에 거의 완성될 것 같았다. 수많은 백성들의 정성, 그들의 피와 땀으로 이루어졌지만, 단교의 통솔 능력도 크게 작용한 결과였다. 공사의 끝마무리를 독려하는 단교의 마음은 아주 흡족했다.

그런데 한쪽에서는 가슴이 바싹바싹 타들어가는 사람이 있었다. 감옥에 갇힌 그 하급관리의 아들이었다. 이제 공사가 마무리되면 자기 아버지가 처형될 것은 뻔한 사실이었다. 피치 못할 사정이 있어 기한 내에 당도하지 못했으나 그런 것이 통하지 않는 것이 군령이 아니던가. 성을 쌓고 보수하는 일은 군령에 의하여 이루어진다는 것은 누구나 잘 알고 있었다.

아들은 자신의 아버지를 살려내기 위해 백방으로 뛰어다녔으나 별다른 묘수가 없었다. 공사는 거의 완성되었다. 이제 이삼일 내에 성대한 준공식이 열리고, 그 자리에서 논공행상論功行賞이 있을 것이다. 그다음은 옥에 갇힌 사람들의 죄를 묻겠지. 아들은 다급한 나머지 국경 경비를 책임지고 있는 자고子高를 찾아갔다. 자고는 현인이라고 알려져 있으니 거기에 한번 매달려보고 싶었다.

"장군만이 아비를 살릴 수 있습니다. 부디 제 아비를 살려주십시오."

자초지종을 들은 자고는 한참 동안 말이 없더니, 낮은 소리로 짧게 말했다.

"잘 알았다."

이튿날 아침 자고는 단교를 찾아갔다. 두 사람이 자연스럽게 새로 쌓아올린 성을 둘러보았다. 안개가 막 걷히고 나니 성의 윤곽이 뚜렷해졌다. 산등성이를 따라 구불구불 이어진 성곽은 한 폭의 그림처럼 아름다웠다. 자고는 좌우를 둘러보며 감탄을 연발했다.

"참으로 훌륭한 성입니다. 대감의 공로가 이루 말할 수 없이 큽니다. 한정된 짧은 기한 내에 이처럼 큰 공사를 완성했다니! 아마 틀림없이 큰 상을 받게 되겠지요. 더구나 이런 큰일을 완성하면서도 크게 다치거나 죄를 받아 죽은 사람이 한 사람도 없다는 것은 예전에 일찍이 없었던 일입니다. 대감의 후덕한 인품에 감화된 것이 분명합니다."

자고가 이렇게 추어올리자, 단교는 기분이 더욱 좋아졌다. 그 후 단교는 준공식이 있기 전날 한밤중에 몰래 감옥에 갇혀 있던 죄인들을 모두 풀어주게 했다.

〈육론 개춘〉 편

◎ 해 설

자고는 남을 위해 말하되 자신의 숨은 뜻을 감추었으며, 단교는 일을 행함에 있어 은밀한 점이 있다. 자고는 말을 잘했다고 할 만하다.

이 말은 본문 뒷부분에 나온 평가다. 만약 자고가 죄인을 풀어주라는 부탁을 직설적으로 했다면, 단교가 어떻게 했을 것인가. 아마도 부정적인 결과를 초래했을 가능성이 크다. 관리가 법령을 어긴 것은 분명한 사실이니 그것을 덮어버리기는 어려웠을 것이다. 또 누구의 청탁으로 죄인을 풀어준다는 것은 더더구나 떳떳하지 못한 행위가 아니겠는가. 단교는 청탁이 없었기 때문에 죄인을 석방하는 데 자유로웠을 것이다. 자신의 권한에 속하는 일이겠지만, 그렇다고 하더라도 한밤중에 슬그머니 풀어주는 방법을 택했다.

자고는 인간의 심리를 교묘히 이용하여 자신의 목적을 달성했다고 여겨진다. 듣기 좋은 말은 귀신을 춤추게 할 수도 있다고 한다. 남을 칭찬하기보다는 비난하기를 즐기는 지도자들이 많은 세상이다. 특히 정치를 한다는 사람들은 귀담아 들어두어야 할 만한 교훈이 아니겠는가. 애써 남의 단점을 찾아 비난하기에 앞서 상대의 장점을 칭찬해주는 도량이 절실히 요구되는 현실이다.

귀신의 작난

노인이 장에 가서 얼큰히 취해 돌아오는 길이었다. 이미 날이 저물어 사방이 캄캄했다. 노인은 기분이 좋아 흥얼거렸다. 하늘에는 초롱초롱한 별빛이 쏟아져 내리고, 시원한 바람이 불어와 술기운을 더욱 북돋아 주었다.

한적한 밤길을 걷는 기분은 그것을 경험해본 사람만이 알 것이다. 어둠 속에서 으슴푸레 보이는 사물은 모두들 살아서 움직인다. 그것들은 도깨비도 되고 때로는 귀신으로 변하기도 한다. 머리끝이 곤두서고 공포가 엄습하여 등줄기에 식은땀이 흘러내릴 때도 있다. 그러나 노인은 그런 것들과는 전혀 상관이 없었다. 파장에 연거푸 들이켠 술기운이 온몸 구석구석으로 퍼져 기분이 썩 좋았기 때문이었다.

노인이 여구黎丘라는 후미진 골짜기를 막 돌아서는데, 누군가 앞을 가로막았다. 정신이 몽롱한 상태에서 어른거리는 사람은 자신의 아들이었다. 이 녀석이 아비 마중을 나왔구나. 이렇게 반기는데, 아들이 팔을 부축하며 끌어당겼다. 노인은 아들에게 몸을 맡기고 그가 이끄는 대로 따라갔다. 어찌나 빨리 내닫는지 도무지 갈피를 잡을 수가 없었다. 취중이지만 아들이 끌고가는 곳은 길이 아니라는 것을 어렴풋이 짐작할 수 있었다. 몇 번이나 꼬꾸라지면서 가시밭에서 한참 동안을 헤매었다.

이튿날 아침 술이 깨자, 온몸이 쑤시고 아팠다. 얼굴과 팔다리는 온통 상처투성이었다. 노인은 아들을 불러 심하게 꾸짖었다.
"나는 너의 아비다. 어째서 부모를 공경할 줄을 모르느냐? 아무리 술에 취했기로서니 왜 아비를 가시밭, 도랑, 산비탈로 끌고다녔느냐?"
노인의 말을 들은 아들은 무슨 영문인지 몰라 어리둥절했다.
"저는 아버님의 말씀을 잘 모르겠습니다."
노인은 가시에 찔려 핏기가 남아 있는 얼굴을 가리키며 버럭 고함을 질렀다.
"내 이 몰골을 한번 봐라! 어젯밤 네가 나를 마중 나와서 가시밭으로 끌고가지 않았느냐?"
그제야 아들은 아버지의 말뜻을 알아듣고, 울면서 머리를 땅에 대고 극구 해명했다.
"아닙니다. 무언가 오해하고 계십니다. 저는 어젯밤 아버지를 마중 나가지 않았습니다. 볼일이 있어 동쪽 마을에 가 있었습니다. 그 사람들에게 물어보시면 금방 아실 것입니다."
아들의 완강한 부인에 노인은 잠시 멈칫했다. 평소에도 효성이 지극했으며 거짓말을 할 아들이 아니었다. 상식적으로 생각하더라도 아들이 술 취한 아비를 마중 나왔다면, 이리저리 끌고다니면서 골탕 먹일 일은 없을 것이 아닌가. 그렇다면 내가 헛것을 본 것은 아닐까. 이런저런 생각을 하다가 노인은 무릎을 '탁' 쳤다. 그것이었구나! 소문만으로 떠돌던 이야기가 떠올랐다.

여구 근방에 밤이 되면 요사한 귀신이 자주 출몰한다. 이 귀신은 남의 아들이나 형제의 모습으로 둔갑하여 밤길 가는 사람을 해코지한다. 그러고 보니 분명히 그놈의 작난이었구나. 노인은 이렇게 결론을 내리고 어떻게든 보복할 심산이었다. 선량한 백성을 괴롭히는 요괴는 당장 없애버려야 한다고 다짐했다.

그 후 노인은 장에 갈 때면 언제나 품안에 칼을 숨겨 가지고 다녔다. 또다시 나타나면 당장 칼로 찔러 죽이고 말 테다. 노인은 칼을 갈아 시퍼렇게 날을 세웠다.

며칠 후 어느 장날이었다. 그날도 술이 거나하게 취해서 밤길을 가고 있었다. 그러다가 후미진 여구 입구에서 아들을 만났다. 아들은 지난번 일도 있고 해서 아버지가 걱정되어 마중을 나갔던 것이다. 노인은 아들을 보자 왈칵 분노가 치솟았다. 이놈이 그 요망스러운 귀신이로구나. 이렇게 생각하니 술기운이 확 달아올랐다. 노인은 품안에서 칼을 꺼내 아들을 향해 마구 휘둘렀다. 노인은 아들의 모습으로 둔갑한 요괴로 착각하고 진짜 아들을 찔러 죽이고 말았다.

〈신행론〉 편

해설

양나라에서 있었던 일이라고 기록되어 있다. 그러나 이것은 하나의 창작일 가능성이 크다.

대저 선비인 것 같은 자에게 미혹되어 진짜 선비를 잃는 것은, 이 여구의 노인과 같다고 한다.

원문에서 이렇게 평하고 있다. 그러나 어디 선비뿐이겠는가. 어느 세상이든 가짜와 진짜가 뒤섞여 있다. 가짜 때문에 피해를 보는 쪽은 항상 진짜다. 그렇기 때문에 신중히 살펴서 사이비를 가려내는 안목을 길러야 할 것이다. 사이비, 비슷하지만 진짜가 아닌 것들이 횡행하는 세상이니까.

6

공자의 언행이 담긴
유가의 성전
《논어》

《논어 論語》

△
□
◎
▷

공자의 생애와 사상

공자孔子(기원전 551~479)는 춘추시대 노나라에서 태어났다. 본명은 구丘, 자는 중니仲尼다. 유가학파의 조종祖宗으로서 많은 업적을 남겼고, 그것은 2500여 년이 지난 오늘날까지 동양사상의 중추적 역할을 담당하고 있다.

공자의 중심사상은 인의예지로 요약된다. 이 사상은 많은 제자들을 통하여 전승되어 왔고 맹자에 이르러 체계화되었다. 공자가 직접 저술, 편집한 책으로는《시경》,《예기禮記》,《춘추春秋》가 있다.《논어》는 공자 사후, 제자들이 엮은 언행록이다. 그 외 유교의 많은 경전들은 공자의 영향을 받은 유가 후학들의 저작이다. 공자의 내력은《사기》의〈공자세가〉에 자세히 기록되어 있다.

공자의 언행을 기록한《공자가어孔子家語》는 보통 '가어家語'라고 불린다. 언제, 누가 편집했는지는 확실하지 않다. 내용은《좌전》,《맹자》,

《예기》,《여씨춘추》,《한비자》 등에서 공자에 관한 부분만을 골라 채록했다.

《논어》는 어떤 책인가

공자와 그의 제자 및 당대의 인물, 제자들 상호간의 대담을 엮은 언행록이다. 공자의 제자들이 서로 의논하여 편찬했으므로《논어》라고 이름 지었다. 편찬 연대는 확실하지 않다. 다만 공자 사후에 편집된 것은 분명하고 오늘날 우리가 볼 수 있는《논어》는 대략 전국시대 말에 완성되었을 것으로 추정할 뿐이다.

전 7권, 20편, 490장으로 이루어져 있다.《논어》가 만들어진 이후 이에 관한 해설서가 수없이 등장했다. 대표적인 것이《논어집해論語集解》,《논어정의論語正義》라고 할 수 있다.

조선시대에도《논어》는 학자들의 필독서였다. 선조 때 우리말로 번역한《논어언해論語諺解》가 출판되었고, 그 후 다산 정약용은《논어고금주論語古今註》라는 자세한 주석서를 쓴 바 있다. 현재에도《논어》에 대한 출판물이 쏟아져 나오고 있으니 고전의 백미임에 틀림없다.

같은 질문에 다른 답

어느 날 자로子路*가 공자에게 물었다.

"선생님, 좋은 가르침을 들었다면 그것을 곧 실천해야 합니까?"

공자는 입가에 미소를 머금고 자로를 바라보았다. 부리부리한 눈을 껌벅거리면서 스승의 대답을 기다리고 있었다.

"아버지와 형이 있는데, 들었다고 해서 어떻게 곧바로 행동으로 옮길 수 있겠느냐?"

며칠 후, 염유冉有**가 한참을 머뭇거리다가 같은 내용을 질문했다.

"듣고 배운 것은 곧 실천해야 합니까?"

"그걸 말이라고 하느냐? 듣고 배운 것이 옳다면 바로 행동으로 옮겨야 할 것이다."

염유가 자리를 뜨고 난 후, 공서화公西華***가 조심스럽게 스승에게 물었다.

"지난번 자로가 물었을 때는 부형父兄이 있다고 하시고, 오늘 염유가 같은 내용을 물었는데 곧 시행하라고 하셨습니다. 선생님의 가르침이 이처럼 앞뒤가 다른 이유를 알 수가 없습니다. 그 까닭이 무엇인지요?"

젊은 제자의 당돌한 물음에 공자는 흡족했다. 모르는 것, 또는 의혹됨이 있다면 즉시 물어 알려는 태도야말로 배우는 사람의 기본이 아니겠는가.

"참 좋은 질문이다. 사람은 누구나 조금씩 다른 성품을 가지고 태어난다. 이것이 곧 천품, 혹은 천성이라는 것이다. 염유는 지나치게 소극적이기 때문에 앞서 가도록 격려했고, 자로는 용맹이 넘치는 품성을 타고났다. 그래서 한 발 물러나도록 말한 것이다."

〈선진〉 편

* 본명은 중유仲由이며 공자의 제자다.
** 본명은 염구冉求로 자가 자유子有여서 염유라고도 한다.
*** 본명은 공서적公西赤, 자는 자화子華다.

◬ 해 설

　교육자로서 공자의 참모습을 엿볼 수 있는 대목이다. 제자들의 자질과 성품을 파악하고 거기에 알맞게 가르쳐야만 온전한 인격체로 성장할 수 있다. 요즘 말로 하면 맞춤식 교육 방법이다. 모자라는 것은 보태고 북돋으며, 넘치고 지나친 것은 덜어내고 억누르는 것이 중용이다. 이 이야기는 《사기》〈중니제자열전〉에도 자세히 소개되어 있다. 이로 미루어보면, 당시에도 널리 알려진 공자의 교육 방법이었다.

공자가 나루를 묻다

　장저長沮와 걸익桀溺이 함께 밭을 갈고 있었다. 바야흐로 봄이 무르녹아 흙은 부드럽고, 살갗에 와닿는 바람은 달콤했다. 장저는 쟁기를 잡고 걸익은 그것을 끌었다. 그들은 무엇이 즐거운지 노랫가락을 흥얼거리며 밭이랑을 타고 씨앗을 뿌렸다.
　마침 이때, 공자가 그 곁을 지나다가 마차를 멈추었다. 그러고는 한동안 두 노인이 일하는 모습을 지켜보았다. 아무리 뜯어보아도 그냥 범상한 농사꾼으로는 보이지 않았다. 흙을 뒤집고 씨를 뿌리며 흥겨워하는 모습은 태평성대가 가득한 한 폭의 그림이었다. 공자는 그 곁을 떠나지 않고 머뭇거리다가 제자인 자로에게 말했다.
　"자로야, 저 노인에게 가서 나루터가 어딘지 물어보고 오너라."
　자로는 쟁기를 잡고 있는 장저에게 다가가서 나루터를 물었다. 장저는 쟁기를 놓고 자르를 돌아보았다. 흰 머리칼로 뒤덮인 얼굴에 눈빛이 유난히 영롱했다. 노인은 자로의 물음을 못 들은 척하고 딴청을 부렸다.

"저기 길 가운데서 말고삐를 잡고 있는 사람이 누군가?"

"공구라는 사람입니다."

"그렇다면 노나라의 공구, 곧 공자라고 떠받드는 그 사람인가?"

"예, 그렇습니다."

"아마, 그 사람이라면 나루터가 어디인지 알 거야."

이 말을 듣자 자로는 화가 치밀었다. 평소의 성질 같으면 당장 노인에게 달려들어 따졌겠지만, 꾹꾹 눌러 참았다. 가까운 곳에서 지켜보고 있을 스승을 의식하고 더욱 공손한 자세가 되었다.

자로는 다시 고개를 돌려 걸익에게 나루터가 어딘지를 물었다. 걸익 역시 그 물음에 대답하지 않았다. 어깨에 메고 있는 삼태기에서 씨앗을 꺼내 뿌리면서 상대를 돌아보지도 않고 말했다.

"자네는 누군가?"

"중유라고 합니다."

"노나라 공자의 제자인가?"

"그렇습니다."

"그렇다면, 내가 자네에게 충고 한마디 하지. 온 천하가 지금 홍수처럼 떠내려가고 있는데, 누가 이것을 막을 수 있겠나? 또 이런 판국에 세상을 구하겠다고 우왕좌왕하는 공구를 따라다니는 자네 같은 사람은 한심한 인간일세. 차라리 험한 세상을 피해 숨어 사는 사람을 따르는 편이 좋을 거야."

걸익은 이렇게 말하면서 뿌린 씨앗 위에 흙덩이를 부수어 덮고 있었다. 자로는 다시 물어볼 엄두를 내지 못하고 공자에게 돌아와서 들은 대로 전했다. 공자는 그 말을 듣고 넋을 잃은 듯 무연憮然*한 표정이 되어 서 있었다. 그러다가 혼잣말로 중얼거렸다.

"새와 짐승을 벗하면서 살 수는 없지 않은가. 이 세상 사람과 어울려 살지 않고 내가 누구와 함께 살겠는가. 천하에 도가 있다면 내가 굳이 이러고 다니지 않아도 좋았을 텐데……."

〈미자〉 편

*몹시 놀라거나 크게 낙담하는 모양을 말한다.

해 설

공자는 자신이 살았던 춘추시대를 난세라고 규정했다. 인간이 살아가는 도덕이나 기본 질서가 허물어진 세상, 그 난세를 바로잡겠다고 동분서주했다. 그 과정에서 유가의 치국이념도 만들어졌다. 그러나 당시의 혼탁한 세태에서는 그것이 전혀 받아들여지지 않았다. 오히려 공자의 무리들을 은근히 비꼬고, 명예를 낚으려 한다고 비판하는 사상이 더욱 기승을 부렸다. 노자와 장자, 묵자 혹은 수많은 은사들이 여기에 해당된다.

공자가 밭을 가는 은사들에게 나루터를 물었다는 것은 상징적 의미다. 풀이하자면, 어느 길로 강을 건너야 하는가. 즉 어지러운 세상을 어떻게 구해야 하는가를 묻고 있다. 이 물음에 대한 은사들의 대답은 한결같이 부정적이다. 오히려 현실도피를 부추기고 있다. 여기에 대해 공자의 탄식이 절실하게 와닿는다.

"내가 이 세상 사람들과 함께 살지 않고 누구와 더불어 살겠는가!"

유가들의 적극적 현실 참여 의지를 단적으로 보여주는 구절이다.

실제 공자는 민생 속에 직접 뛰어든 철학자며 학자였고 또 자신의 이상을 실현하기 위해 넓은 중국 대륙을 종횡으로 주유한 정치가였다. 50세 후반에서 13년간, 10여 제후국을 전전하며 인정, 곧 '어짊의 정치'를 설파했다. 그러나 당시의 제후들은 아무도 여기에 귀 기울이지 않았다. 이 이야기도 그중 하나일 것이다. 은자인 장저와 걸익이라는 늙은이를 통해 공자의 행위를 풍자하고 있다.

"아마도 그는 나루터가 어디인지 알거야."

장저의 이 말이 그것을 대변하고 있다.

월자의 말

　계고季羔*는 일찍이 위나라 옥관獄官으로 있을 때, 어떤 죄인에게 월형을 언도하고 그의 발을 자른 적이 있었다. 그리고 나서 세월이 얼마쯤 흘렀고 계고는 궁궐 내에 들어와 벼슬을 하고 있었다.
　이럴 즈음, 궁정 쿠데타라고 할 수 있는 소위 '괴외의 난**'이 일어났다. 당시 위나라 군주였던 출공出公을 모시던 현직 관리들은 저마다 살 길을 찾아 달아났다. 계고 역시 일단 위급한 상황을 피하기 위해 성을 탈출하려고 곽문郭門으로 뛰었다. 그러나 곽문은 이미 굳게 닫혀 있었고 여기저기에서 문지기들이 삼엄하게 지키고 있었다. 계고가 발을 동

---

* 공자의 제자로 본명은 고시高柴이며 위나라 사람이다. 자는 자고 혹은 계고라고도 하며 신장이 5척에도 미치지 못하는 단신이었다고 한다.
** 위나라 태자였던 괴외가 망명에서 돌아와 일으킨 궁정 쿠데타를 말한다. 당시 위나라 제후였던 출공은 괴외의 아들이었다.

동 구르며 어찌할 줄 모르고 있는데, 긴 창을 든 문지기 한 사람이 다가왔다. 가까이 온 문지기를 보고 계고는 깜짝 놀랐다. 오래전, 자신이 옥관으로 있을 때 발목을 자른 그 죄인이었다. 원수를 외나무다리에서 맞닥뜨린 꼴이 되었다. 계고가 너무 놀라서 정신을 차리지 못하고 있는데 의외로 낮고 부드러운 음성이 들려왔다.

"저기 성이 무너진 데가 있습니다. 그리로 빠져나가십시오."

계고는 정신이 번쩍 들었다. 움츠러들었던 조그마한 몸을 곧추세웠다. 그리고 조금 전 내성內城을 뛰어나올 때 잠시 만난 자로를 떠올렸다. 당시 자로는 위나라 조정의 대부로서 출공을 모시고 있었다. 다 같이 공자의 제자였으나 자로는 어버이뻘이어서 가까이 지낼 기회는 없었다. 그러나 그가 용맹하고 강직하다는 것은 들어서 알고 있었다.

자로는 난리 한복판인 내성으로 뛰어들려고 했다. 모두들 도망친 그 불덩이 속으로. 창졸간倉卒間이지만, 이때 짤막한 대화를 주고받았다. 계고가 궁중 소식을 전했다.

"출공은 이미 도망갔고 성문은 굳게 닫혀 있으니, 몸을 피하셔야지 성안으로 들어갔다가는 공연히 화를 당합니다."

"출공의 녹을 먹었다면 그가 어려움에 처했을 때, 회피해서는 안 되는 것이오."

자로는 이렇게 당당하게 말하며 틈을 타서 성안으로 뛰어들었다. 그렇게 자로를 뒤로하고 허둥지둥 도망쳐 나오다가 외성인 마지막 곽문에서 발이 잡히고 말았다. 그런데 문지기가 넌지시 허물어진 성을 넘어 도망가라고 일러주고 있는 것이다. 5척에도 미치지 못하는 작은 몸뚱이였으나 자신은 항상 군자가 되기를 갈망해왔다. 자로는 불구덩이 속으로 뛰어드는데, 자신은 무너진 담을 넘어 도망가는 것이 얼마나 부끄러운 일인가. 비록 추격해오는 반란군에게 붙잡히는 신세가 되더라도 그런 비열한 소인배가 될 수는 없었다.

"군자가 담을 넘어 도망갈 수야 없지 않겠나?"

"그렇다면, 저쪽 모퉁이에 조그마한 구멍이 있습니다. 제가 안내해 드리지요."

문지기는 기어코 계고가 무사히 빠져나가기를 바라는 말투였다.

"이 사람아, 갓을 쓴 선비의 체통으로 어찌 개구멍으로 빠져나간단 말인가?"

"그럼 이쪽으로 오십시오. 아무도 모르는 조그마한 방이 하나 있습니다. 그 방에 들어가시어 우선 위급한 상황을 모면하십시오."

계고는 그 절름발이 문지기가 안내한 방으로 들어가서 괴외의 난을 피했고, 무사히 살아남을 수 있었다. 반면에 강직했던 자로는 성안으로 들어가서 끝내 불귀의 객이 되고 말았다. 스승인 공자가 늘 걱정했던 일이 현실로 나타나고 말았던 것이다.

그 후 괴외의 난이 일단락되어 궁중은 안정을 되찾았고, 계고도 옛날의 제자리로 되돌아왔다.

어느 한가한 날, 계고는 자기를 숨겨준 문지기를 찾아가서 고마움을 표하고 품고 있던 의문을 털어놓았다.

"지난날 내가 옥관으로 있을 때, 임금의 법을 어길 수가 없어 손수 그대의 발을 자르지 않았던가. 그런데 내가 궁지에 몰려 죽게 되었을 때, 그대는 무엇 때문에 세 번씩이나 도망갈 길을 열어주고 나를 살려주었는가? 원수를 갚을 절호의 기회인데, 어째서 그것을 외면했는가?"

이 물음에 문지기는 고개를 푹 숙이고 대답했다.

"발을 자른 것은 제 죄 때문이니 어쩔 도리가 없는 것 아니겠습니까? 앞서 나리께서 저를 법으로 다스릴 때 사심이 없었다는 것을 저는 알고 있었습니다. 죄가 결정되어 형을 선고할 때 나리께서 몹시 우울한 표정을 지으셨습니다. 공과 사의 갈림길에서 고뇌가 크셨던 것입니다. 군자는 마땅히 사를 버리고 공을 앞세워야 하지 않겠습니까? 비록 제 발은 잘렸지만, 저는 나리를 원수로 생각하지 않았습니다. 오히려 존경하게 되었지요."

후일 공자는 이 이야기를 전해 듣고 이렇게 평했다.

"훌륭한 일이다. 관리가 되어 법을 집행하는 일은 피할 수 없을뿐더러 당연한 일이다. 그러나 어진 마음과 용서하는 정을 가지면 덕을 심게 되지만, 엄격과 강포強暴를 더하면 원한을 사게 된다. 공정함과 어진 마음으로 행한 예가 바로 계고라고 하겠다."

《공자가어》*

---

*《공자가어》는 공자의 유문과 일화를 기록한 책으로, 여기서는 공자의 철학과 사상을 다각도로 보여줄 수 있도록《논어》외에《공자가어》의 내용도 함께 수록하였음을 밝힌다.

◎ 해 설

    이 이야기는 법을 집행하는 관리가 지녀야 할 마음가짐, 곧 그 덕성을 말하고 있다. 법을 집행하는 자는 어쩔 수 없이 많은 사람들의 원한을 사게 마련이다. 비록 공정한 판결이라도 당하는 쪽에서는 그것을 쉽게 인정하지 않으려 한다. 이것을 완화시키고 나아가서 범법자들을 감동하게 만드는 것은 쉬운 일이 아니다. 그러나 어진 마음, 용서하는 감정으로 대한다면 가능한 일일 수도 있다.
    현재 우리 사회에서 법을 집행하는 공무원들은 어떤가. 죄의 유무가 가려지기도 전에 국민 위에 군림하며 폭언과 막말을 일삼는 일은 없는가. 설혹 크고 작은 잘못이 있었다 하더라도 그들을 용서하는 어진 마음으로 대한다면, 훨씬 더 밝은 세상이 될 것이다. 법을 집행하는 공무원들이 반드시 알아두어야 할 교훈이 이 이야기 속에 들어 있다. 법관을 지망하는 젊은이들, 특히 사법연수원에서 교육받는 예비 법관의 교육 과정에서 빠져서는 안 될 내용일 것이다.

범보다 무서운 정치

공자가 제나라로 갈 때 태산을 지나게 되었다. 태산은 광활한 평원 한가운데 우뚝 솟아 동과 서를 가르는 큰 산이다. 중국 대륙 넓은 땅의 오악 중 하나로 옛날 천자가 이 산에 올라가 하늘에 제사를 지냈는데, 그것을 봉선封禪*이라고 했다. 그만큼 신령스러운 산이다.

공자 일행이 산길로 마차를 몰아 들어가니 길이 몹시 험난했다. 마차 바퀴가 돌부리에 걸려 잘 굴러가지 않았고, 더구나 높은 언덕과 골짜기의 연속이었다. 우람한 나무가 빽빽이 들어선 곳도 있었다. 그냥 펑퍼짐한 돌무더기 땅도 간혹 나타났다. 그 돌무더기에는 화전을 일구어 곡식이 드문드문 자라고 있었다. 이렇게 험한 산중에서도 사람이 살고 있구나! 공자는 새삼 감탄하며 산속으로 더 깊이 들어갔다. 인가라고는 찾아볼 수 없었지만 숯 굽는 사람들의 움막이나 약초 캐는 사람들의 흔적은 여기저기에 흩어져 있었다. 백성들이 살아가는 곤궁함을 엿본 것 같아 마음이 쓰렸다.

 마차가 깊은 산중에서 막 빠져나와 조그마한 밭 언저리를 돌아가는데, 어디선가 여인의 구슬픈 울음소리가 들려왔다. 자세히 살펴보니 길에서 그리 멀지 않은 산기슭에 어떤 여자가 엎드려 울고 있었다. 공자는 마차를 멈추게 하고 그 소리에 귀를 기울였다. 한참 동안 듣고 난 후 옆에서 따르던 변설에 뛰어난 자공子貢**을 돌아보았다.

 "아주 슬픈 목소리다. 또 무엇인가 큰 걱정이 있는 것 같다. 네가 가서 그 사연을 알아보고 오너라."

 스승의 말을 듣고 자공은 울고 있는 여인에게로 다가갔다. 엎드려 흐느끼던 여인이 인기척을 느끼고 고개를 들었다. 얼굴은 온통 눈물로 범벅이 되었고 아무렇게나 걸쳐 입은 삼베 치마는 허리끈이 풀어져 있었다. 한눈으로 보아 글무더기 화전을 일구어 살아가는 화전민임이 분명했다. 자공은 간단히 예를 표하고 슬피 우는 사연을 물었다.

 "무엇 때문에 이 깊은 산중에서 울고 있습니까?"

 여인은 허탈한 표정으로 더듬거리면서 겨우 입을 열었다.

 "오래전에 시아버지가 범에게 물려 돌아가셨고, 그 후 호랑이는 남편도 물고 갔지요. 그런데 이번에는 또 제 아들을 물어 죽였습니다. 그러니 이제 나는 누구를 의지하고 살아야 합니까?"

 여인은 비통하기 이루 말할 수 없는 사연을 털어놓고 대성통곡했다.

---

* 중국 고대에 임금이 태산에서 흙으로 단을 만들어 하늘에 제사를 지낸 것을 말한다.
** 공자의 제자로 본명은 단목사端木賜, 자는 자공이다. 변설에 능하였다고 알려져 있으며 강국 제나라가 약소국인 노나라를 치려고 할 때, 여러 나라를 왕래하며 능란한 변설로써 그것을 막았다고 《사기》에 기록되어 있다.

자공은 이 말을 듣고 몹시 우울해졌다. 무슨 말로 위로해줄 것인가. 볼품없는 여린 여인네에 불과하지만 이 땅의 백성임에는 틀림없다. 자공은 하늘을 올려다보고 깊은 한숨을 토해냈다. 3대가 범에게 물려죽다니! 저 푸른 하늘은 이것을 보고만 있었단 말인가. 여인의 통곡은 기력이 다한 듯, 가느다란 흐느낌으로 변했다. 자공은 재차 물었다.

"그렇다면 호랑이들이 우글거리는 이 산속을 왜 진작 떠나지 않았습니까?"

여인네는 손등으로 눈물을 대강 닦아내고 자공을 올려다보았다.

"그래도 여기는 가혹한 정치가 없지요."

자공은 공자에게 돌아와 보고 들은 것을 그대로 말했다. 공자는 심각한 얼굴이 되어 깊은 생각에 빠져 있는 듯했다. 제자들 역시 아무도 입을 열지 않았다. 이런 참혹한 상황에서 무슨 말을 할 수 있겠는가. 얼마 동안 침묵이 계속되다가 비로소 공자가 입을 열었다.

"모두 잘 알아두어라. 가혹한 정치는 호랑이보다 더 무섭다는 것을."

공자 일행은 슬피 우는 여인네를 뒤로 하고 태산 기슭을 떠날 수밖에 없었다. 그들이 그 여인을 도울 수 있는 방법은 아무것도 없었다. 다만, 한 가지 큰 교훈을 얻었다는 것으로 스스로를 위로하고 있었다. 가정맹어호苛政猛於虎, 즉 가혹한 정치는 호랑이보다 무섭다는 것.

《공자가어》

해 설

 이 세상에서 정치라는 것이 생기고 나서 수천 년 동안 포악한 정치는 끊임없이, 곳곳에서 계속되어 왔다. 태평성대를 만나 격양가擊壤歌*를 높이 부르던 때는 잠시였고 대부분의 역사는 가혹한 정치의 연속이었다. 여기서 가혹한 정치란 무엇을 의미할까. 여러 가지 형태로 백성을 못살게 구는 것들인데, 그중 가렴주구苛斂誅求가 그 대표적 예가 될 수 있을 것이다. 세금을 가혹하게 거두어들이고 각종 노역으로 백성들을 못살게 달달 볶아대는 정치다.

 문명이 극도로 발달한 현대에도 가혹한 정치는 지구촌 구석구석에 존재하고 있는 것이 현실이다. 대명천지 밝은 이 세상, 어딘가엔 빛이 들어가지 못하는 암흑천지도 있다. 그 어둠 속에서 들려오는 신음소리는 매일같이 매스컴을 타고 전 세계로 퍼져 나간다. 그렇다 해도 달라지는 것은 아무것도 없다. 지배자와 피지배자가 있는 한, 이것은 피할 수 없는 숙명일지도 모른다.

 2000년도 훨씬 전에 공자는 덕치를 외쳤고 노자는 무위의 다스림, 묵자는 겸애교리, 맹자는 왕도정치, 한비자는 법치를 주장했다. 그러나 그 어느 것 하나 밑바닥을 살아가는 민초들을 만족스럽게 하지는 못했다. 정치에 뜻을 둔 사람들은 위의 한 토막 이야기를 마음 깊이 새겨두어야 할 것이다.

*중국 상고시대 요임금 때 늙은 농부가 땅을 두드리면서 천하가 태평하기를 바라며 불렀다는 노래다.

상갓집 개

 공자 일행이 정나라로 들어가다가 길이 서로 엇갈렸다. 그래서 공자는 제자들과 헤어져 홀로 동문 밖에 우두커니 서 있었다. 아무도 자신을 알아주지 않는 낯선 땅이고, 또 남의 나라였다. 성문을 드나드는 사람들은 힐끗힐끗 쳐다보며 그냥 지나쳤다. 제자들은 모두 어디로 갔는가. 오랫동안 두리번거리면서 제자들이 나타나기를 기다렸으나 허사였다. 해가 지고 어스름해질 때까지 제자들의 모습은 보이지 않았다. 배에서는 꼬르륵하는 소리가 들려왔다. 그 소리를 듣고 하루 종일 굶었다는 사실을 깨달았다. 동시에 심한 시장기를 느꼈다.
 한편 제자들은 공자보다 먼저 성안으로 들어와 스승을 기다리고 있었다. 어째서 선생님이 이렇게 늦는가 하며 큰 걱정을 하고 있는데 어떤 사람이 자공에게 다가왔다.
 "보아하니 누구를 기다리고 있는 모양인데, 내가 동문으로 들어오다가 어떤 낯선 사람을 보았습니다. 아마 그가 당신들이 기다리는 그 사람이 아닐까요?"

이 말을 듣고 제자들이 다투어 물었다.

"어떻게 생긴 사람입디까?"

그는 낯선 사람의 행색을 아주 자상하게 설명해주었다.

"우선 키가 몹시 큰 사람이었습니다. 눈빛은 냇물처럼 맑았고 이마가 툭 튀어나와 높았지요. 그의 머리통은 요임금처럼 컸고, 목은 고요皐繇*와 닮았고 어깨는 자산子産**과 같이 넓었습니다. 그리고 허리 아래는 우임금보다 세 치쯤 짧았을까……. 그런데 어찌할 바를 모르고 두리번거리는 모습은 흡사 초상난 집 개와 비슷했습니다."

이 말을 듣고 제자들은 곧 동문 밖으로 우르르 달려가 공자를 찾아 모셔왔다. 낯선 이 땅에서 잠시 헤어졌다가 다시 만난 기쁨으로 모두 한자리에 모여 앉아 이야기꽃을 피웠다. 이런저런 이야기 끝에, 자공이 남이 본 공자의 모습을 들은 대로 알려주니 좌중은 한바탕 웃음바다가 되었다. 공자도 즐겁게 따라 웃고 나서 한마디 덧붙였다.

"생긴 모양은 앞서 살았던 그 훌륭한 사람들에는 못 미치겠지만 '초상집 개' 같았다는 말은 아주 꼭 맞는 표현이야. 사실이 그랬으니까."

《공자가어》

---

* 고대 중국의 성인이라고 일컫는 순임금과 요임금을 보좌한 재상이다.
** 본명은 공손교公孫僑로 춘추시대 공자보다 앞서 살았던 정나라의 어진 재상이다. 공자가 존경하는 사람 중 하나였다.

◇ 해 설

공자의 생김새에 대한 기록은 여러 군데 나와 있지만, 여기서는 아주 자세하게 묘사되어 있다. '키와 머리통이 크며 이마가 툭 튀어나왔는데, 눈빛이 맑았고 어깨는 넓었다'라는 표현이 그것이다. 공자의 본명은 '구丘'다. 이 글자는 '언덕'을 뜻한다. 아마 덩치가 큰 언덕과 비슷했다고 여겨진다.

수많은 제자들에게 둘러싸여 존경을 받았고, 천하에 그 명성을 떨치고 있었으나 낯선 땅, 남의 나라에서 겪는 고통은 컸을 것이다. 흔히들 말하는 '상가지구喪家之狗', 곧 초상집 개란 고사성어가 여기에서 유래한다. 초라한 모습으로 얻어먹을 것만 찾아다니는 이를 빈정거리는 말이다. 공자는 자신을 평한 이 말을 흔쾌히 받아들이고 있다. 너그럽고 인자한 공자 성품의 한 단면을 보는 느낌이다.

순종만이 효는 아니다

　책을 읽고 있던 증삼은 잠시 쉴 겸 아버지의 농사일을 돕겠다고 밖으로 나왔다. 그동안 아버지는 허리가 휘도록 농사일에 골몰했고, 어머니는 밤늦게까지 베를 짜느라 베틀에 매달려 있었다. 그것이 증삼에게는 마음의 큰 부담이였다. 이제는 훌쩍 자라 부모님의 일손을 도울 수 있는 나이가 되었지만, 증삼은 그렇게 할 수가 없었다. 아주 어릴 적부터 책만 옆구리에 끼고 살아왔으니 농사일 같은 것을 알 도리도 없었고, 부모님도 그것을 원하지 않았다. 부모님은 오직 증삼이 공부에 전념하여 이름난 학자가 되기를 바랐다. 공자 문하에 들어가게 된 것도 그 이유 때문이었다. 이련 부모님의 속마음을 증삼 자신도 잘 알고 있어 자나 깨나 열심히 공부했다. 그러나 한편으로는 부모님에 대한 걱정이 떠나지를 않았다.
　오랜만에 들판에 나오니 기분이 상쾌했다. 하늘은 맑고 푸르렀으며 바람은 부드러웠다. 이리저리 둘러보아도 아버지가 보이지 않았다. 무르익은 봄, 아버지가 애써 가꾼 오이밭에는 잡초가 무성했다. 그것을 보자 증삼은 바짓가랑이를 걷어 올리고 밭이랑으로 들어갔다. 아직 어린 오이싹이 잡초에 짓눌려 고개도 들지 못하고 있었다. 증삼은 서툰 솜씨로 풀을 뽑고 오이싹을 일으켜 세웠다. 해가 서산으로 기울어져서야 일을 다 마치고 집으로 돌아올 수 있었다. 몸은 몹시 지쳤으나 마음은 한결 가볍고 즐거웠다.

그런데 이튿날 아침, 증삼의 아버지 증석이 몹시 화가 나서 아들을 불렀다.

"너는 하라는 공부는 하지 않고 왜 오이밭을 망쳐놓았느냐? 오이 뿌리가 전부 끊어져서 말라 비틀어졌다!"

증석은 굵은 몽둥이를 들고 사정없이 아들의 등줄기를 내리쳤다. 증삼은 그제야 자신이 큰 실수를 저지른 것을 깨달았다. 잡초를 뽑는다는 것이 오히려 오이의 뿌리를 건드리고 말았구나! 아버지가 저처럼 화가 났으니 얼마나 마음이 아팠겠는가. 증삼은 무방비 상태로 몽둥이세례를 달게 받았다. 결국 증삼은 계속되는 몽둥이를 견디지 못하고 정신을 잃고 말았다.

얼마 후, 증삼은 본정신으로 돌아왔다. 온몸이 몽둥이 자국으로 부풀어 올랐고 시퍼렇게 멍이 들어 있었다. 그러나 거기에 대해서는 아무런 생각도 없었다. 오직 아버지를 실망시킨 것에 대한 자신의 행위가 너무 후회스러웠다. 어떻게든 아버지의 마음을 풀어드려야겠다고 다짐했다. 그는 곧 아버지 앞에 엎드려 용서를 빌었다.

"모든 것이 저의 불찰이었습니다. 못난 자식을 훈계하시느라 오히려 아버지께서 큰 병환을 얻지 않을까 걱정됩니다."

증석은 아무 말도 하지 않았다. 조금 전, 불같이 화난 모습은 사라지고 몹시 우울한 표정이 되어 있었다. 일순간의 분노를 참지 못하고 아들을 무지막지하게 때린 데 대한 회한의 빛이 역력했다. 증석은 아들의 매 맞은 상처를 어루만지면서 울먹이듯 말했다.

"가서 찬물로 씻고 약이나 발라라."

증삼은 아버지의 이 말을 듣고 눈물을 삼켰다. 사랑하는 자식을 때린 아버지의 심정이 어떠했을까. 아마도 아버지는 소리 없이 울고 있을 것이다. 또 잠시였지만, 자신이 혼절했을 때, 얼마나 놀라셨을까. 증삼은 고개를 푹 숙이고 자신의 방으로 건너왔다. 그리고 이내 거문고를 타며 즐거운 가락으로 노래를 불렀다. 자신의 건재를 넌지시 알리기 위해서였다.

한 가정에서 있었던 이 조그마한 사건은 곧 이웃에 알려졌다. 그리고 사람들의 입에서 입으로 전해져 공자의 귀에까지 들어가게 되었다. 공자는 이 소문을 듣자 성난 목소리로 제자들에게 일렀다.

"앞으로 증삼이 으거든 들어오지 못하게 해라!"

증삼은 그것을 알 도리가 없었다. 여느 때처럼 책을 짊어지고 공자의 문하를 찾았다. 그러나 대문 앞에서 제지당하고 말았다. 전혀 예상하지 못한 일이었다. 증삼은 그 연유를 몰라 자신을 막고 있는 선배에게 부탁하여 그 까닭이나 알려달라고 통사정을 했다. 그러나 합당한 대답을 들을 수 없었다.

시간이 얼마나 흘렀을까. 중천에 떠 있던 해가 지고 사방에 어둠이 내려앉고 있었다. 증삼이 문 앞에서 서성거리고 있는데, 갑자기 대문이 벌컥 열렸다. 곧이어 노기 띤 스승의 목소리가 들려왔다.

"너는 그 말을 듣지도 못했느냐? 옛날 순임금이 그 아비 고수瞽瞍*를 모실 때 가는 회초리를 들면 기다렸다가 순순히 맞고, 큰 몽둥이를 들면 도망쳐 달아났다고 한다. 왜 그랬겠느냐? 그것은 아비가 아비답지 않은 죄를 범하지 않게 하기 위해서였다. 결국 미욱한 그 아비는 큰 죄를 짓지 않았고, 순임금은 순종하는 효를 잃지 않았던 것이다. 그런데 지금 너는 아비를 섬기는 데 무턱대고 몸을 맡겨 폭노를 기다리며 죽어도 피할 생각을 하지 않았으니, 만일 네 몸이 죽었더라면 아비를 불의에 빠뜨림은 물론, 그 통한을 어찌 감당할 수 있었겠느냐? 네 몸도 하늘이 내려준 생명이다. 그 고귀한 생명을 죽인 죄가 얼마나 큰지 너는 알고 있느냐!"

증삼은 스승의 이 호통을 듣고 자신이 크게 잘못했다는 것을 깨우쳤다. 정신이 번쩍 들었다. 하마터면 돌이킬 수 없는 불효를 범했을 수도 있었다는 사실에 몸을 부르르 떨었다. 단순히 순종하는 것만이 효도는 아니구나! 증삼은 스승의 가르침에 탄복하여 고개를 들지 못하고 엎드려 흐느꼈다. 대문을 나온 공자가 등을 어루만지며 일으켜세웠다. 어느 사이 밤이슬이 내려 촉촉이 젖어 있었다. 사방은 이미 어둠으로 둘러싸인 캄캄한 밤중이었다.

《공자가어》

*중국 고대 전설적 성인인 순임금의 아버지를 말한다. '고수'란 말은 원래 장님을 뜻하거나 분별력이 없는 사람이란 의미로 쓰인다. 순임금의 아버지는 장님은 아니었으나 선악을 분별하지 못했다. 그래서 당시 사람들이 '고수'라고 불렀다는 기록이 있다.

해 설

증삼은 공자 후기의 제자다. 공자보다 46년 아래였다. 공자는 그가 효성스럽다고 여겨 가르침을 베풀었다. 증삼은 유가 경전의 하나인 《효경》을 지었다고 《사기》에 기록되어 있다. 또 《한서漢書》〈예문지藝文志〉에 《효경》은 '공자가 증자를 위하여 효도에 관한 것을 진술한 것이다'라고 쓰여 있다.

충효를 최고의 가치로 받들던 유가들은 후일 증삼을 증자라고 높여 부르고 효의 조종으로 우러러 오늘에 이르고 있다. 이 일화는 효의 방법에 대해서 새삼 깨닫게 한다. 막무가내로 순종하고 따르는 것만이 효의 근본은 아닐 것이다.

풍수지탄

공자가 제나라로 가는 도중이었다. 어디선가 슬픈 울음소리가 들려왔다. 애절한 슬픈 가락은 끊어졌다가 곧 이어지곤 했다. 응어리져 맺힌 한을 풀어헤치는 듯한 슬픔이 배어 있었다. 공자는 소리가 들려오는 곳으로 마차를 몰도록 일렀다. 그러면서 제자에게 짧게 이야기했다.

"이 소리는 몹시 슬픈 울음이기는 하나, 초상당한 사람의 울음소리는 아니다."

마차가 덜커덕거리면서 앞으로 나아가니, 길가에서 이상한 몰골을 한 사람이 황급히 몸을 피했다. 손에는 낫을 들고 머리에는 흰 띠를 둘렀는데, 흡사 실성한 사람처럼 보였다. 그는 하늘을 쳐다보고 꺼억꺼억 흐느꼈다. 공자는 마차에서 내려 그의 뒤를 쫓아가며 물었다.

"당신은 누구요?"

그 사람은 뒤를 힐끗 돌아보며 말했다.

"저는 구오자丘吾子라는 사람입니다."

"당신은 지금 초상당한 것도 아닌데, 어째서 그렇게 슬피 우시오?"

공자가 다그치자 그는 한숨을 내쉬고 그 자리에 털썩 주저앉았다.

"나는 세 가지를 잃었습니다. 그것을 늦게야 깨달았으니 후회한들 무슨 소용이 있겠소? 그래서 이렇게 울고 있습니다."

공자는 흥미가 더해져 재차 물었다.

"그 잃어버린 세 가지가 무엇인지 솔직히 말해줄 수 있겠소?"

구오자는 허탈한 표정이 되어 넋두리하듯 속마음을 털어놓았다.

"저는 젊은 시절 배우기를 좋아하여 세상을 두루 돌아다녔습니다. 또 배운 것을 실현하기 위해 여기저기를 기웃거렸지요. 그러다가 늦게야 돌아와 보니, 부모님은 이미 이 세상에 계시지 않았습니다. 이보다 더 큰 불효가 어디 있겠습니까. 이것이 제일 큰 잃음이지요. 다음으로는 나이가 좀 들어서 제나라 임금을 섬겼는데, 임금이 교만하고 사치를 즐겨 쓸 만한 인재는 다 떠나고 말았지요. 제가 임금을 옳은 길로 이끌지 못했으니 신하로서의 도리를 다하지 못한 결과입니다. 이것이 두 번째 잃음입니다. 그리고 세 번째는……."

구오자는 다시금 콕받친 슬픔에 잠시 말을 잇지 못했다. 공자는 진지한 모습으로 다음 이야기를 기다렸다. 한참을 울먹이다가 구오자의 말이 이어졌다.

"저는 평생 남과 사귀기를 즐겨해 많은 친구들이 있었습니다. 그들에게 내 마음을 송두리째 주어버렸는데, 지금은 다 떠나가고 없지요. 이것이 세 번째 잃음입니다. 저는 이 세 가지를 잃고 나서야 비로소 한 가지 깨달음을 얻었습니다."

"그 깨달음은 무엇이오?"

공자의 물음에 구오자는 시를 읊조리듯 나직이 말했다.

"나무는 조용히 있고 싶지만 바람이 그치지를 않고, 자식이 부모를 봉양하려고 하나 어버이는 기다려주지 않는다는 것*이지요. 이것은 만고의 진리가 아닐까요. 흘러간 세월은 다시 돌아오지 않고, 돌아가신 부모님도 영영 볼 수가 없습니다. 그럼 이만 가보겠습니다."

말을 마치자 구오자는 인사도 없이 그냥 떠나가고 말았다. 공자는 그에게 무슨 말인가 해주고 싶었으나 적당한 생각이 떠오르지 않았다. 멀어지는 구오자의 뒷모습을 넋이 빠진 듯 멍하니 바라볼 뿐이었다. 해가 서산마루로 넘어가고 있었다.

이튿날 공자는 바람결을 타고 오는 소문을 들었다. 간밤에 흰 띠를 두른 사람이 스스로 강물에 뛰어들어 목숨을 끊었다는 내용이었다. 공자는 그 소문을 접하고 마음이 쓰리고 아팠다. 길 가다가 잠시 만나 몇 마디 대화를 나누었을 뿐인데, 그 구오자란 사람이 오랫동안 잊히지 않았다. 그래서 적당한 기회에 제자들을 모아놓고 이 체험담을 들려주었다.

"잘 새겨두어라. 충분히 교훈으로 삼을 만한 일이다."

그 후 제자들 중에서 공자를 하직하고 고향으로 돌아가 부모를 봉양하게 된 사람이 13명이나 되었다.

《공자가어》

---

* 이 말의 원문은 다음과 같다. '수욕정이풍부지樹欲靜而風不止 자욕양이친부대子欲養而親不待'로 칠언 시구다.

해설

풍수지탄風樹之嘆*이라는 고사성어의 유래다. 즉 자식이 어버이를 봉양하려고 하나 어버이는 기다려주지 않는다는 것을 한탄한다는 의미다. 세월은 소리 없이 흘러간다. 눈망울 초롱초롱하던 어린 소년이 어느덧 백발이 되는 것이 세상 이치다. 나무가 조용히 있으려 해도 바람이 그치지 않고 가지를 흔들어댄다. 나뭇가지를 흔드는 바람, 옷깃을 스치는 미풍, 그것은 끊임없이 변하며 흘러가는 세상의 모습이다. 인간이 존재하는 동안 무엇을 해야 할 것인가를 새삼 깨닫게 해주는 교훈이기도 하다.

"어버이 살아 계실 때 섬기기를 다하여라"고 갈한 정철의 시조 구절이 떠오르는 대목이다.

---

* 어버이가 돌아가셔서 효도하고 싶어도 할 수 없는 슬픔을 이르는 말이다.

7

사랑과 평화를 향한 인간 본성의 탐구

《묵자》

《묵자墨子》

△
□
◎
▷

묵자의 생애와 사상

묵자墨子(기원전 479~381)의 본명은 적翟이다. 전국시대 초기에 활약한 묵가학파의 비조로, 송나라 사람이라고 알려져 있으나 이 역시 확실하지 않다.

주된 사상은 겸애교리兼愛交利*, 반전론, 박애와 만민평등, 절용 등 민생과 직결된 것이었다. 묵가는 일반 서민들의 호응을 받아 유가학파를 능가할 정도로 그 세력이 번성했다고 한다. 맹자와 동시대 사람인데, 그 사상의 기저가 서로 상이하여 대립관계를 형성했다고 여겨진다. 묵자의 사상 전반에는 반전, 민생과 평등이 주류를 이루고 있다. 그러나 진한 이후 그 세력이 급속히 약화되었다.

《묵자》는 어떤 책인가

　묵자 및 그의 후학들, 즉 묵가학파들의 저술을 모아 엮은 책이다. 전 15권, 53편이다. 주된 내용은 겸애비공론兼愛非攻論이며 묵가학파의 사상을 담고 있다. 이 책은 그 후 널리 읽히지 못했다. 담고 있는 사상이 봉건시대 위정자들의 입맛에 맞지 않았기 때문이었다.
　성리학이 주류를 이루었던 조선시대에는 금서로 낙인 찍혀 그 자취를 찾아볼 수조차 없었다. 근래에 와서 뜻있는 학자들에 의하여《묵자》는 다시 되살아나고 있다. 평등, 인본사상, 나눔의 철학 등 보편적 인류가치를 포함하고 있어 현대 사상과 맥을 같이하기 때문일 것이다. 크게 발전하지는 못했지만 공자, 맹자를 뛰어넘는 인본주의 사상의 싹이 움트고 있었음을 보여주는 내용이다.

* 모든 사람을 차별 없이 두루 사랑하고 서로 이롭게 함을 의미 한다.

전쟁과 도벽

　묵자는 고심을 거듭하다 드디어 길을 떠났다. 남쪽의 강국인 초나라로 가기 위해서였다. 초나라가 약소국인 송나라를 치려고 만반의 준비를 해놓았다는 소문이 오래전부터 들려와 송나라 사람들은 겁에 질려 있었다. 특히 성을 공격하기 쉽게 '운제雲梯'라는 신무기까지 만들었다니 더욱 두려웠다. 운제는 곧 구름사다리라는 것인데, 성 위로 불쑥 솟아올라 성을 내려다보고 공격할 수 있고, 또 그 사다리를 타고 수많은 초나라 군사가 개미떼처럼 성을 넘어올 수도 있는 비밀병기였다. 공수반空輸盤이라는 노나라 기술자를 초빙해 제작한 것이다.
　묵자도 여기 대비하여 성을 지킬 수 있는 여러 가지 방성기구防城機具를 만들어놓게 했지만 그것으로는 안심할 수 없었다. 전쟁이 일어나면 무수한 사상자가 생겨날 것이다. 군주나 몇몇 야심가의 탐욕 때문에 왜 죄 없는 백성이 죽어야 하는가. 묵자는 초나라에 직접 가서 그것을 따지고 싶었다.

당시 묵자는 제나라에 있었는데, 초나라의 공격이 임박했다는 정보를 입수하고 서둘러 여행길에 올랐다. 평소에 즐겨 입던 노동자 차림이었고 따르는 제자도 없었다. 한 세대 전쯤, 공자가 천하를 두루 돌아다닐 때와는 판이했다. 공자는 거창한 수레를 타고 수많은 제자들을 거느리며 위세를 과시했으나 묵자는 그렇게 하지 않았다. 말 한 필이 고작이었다. 말의 발이 터져 피가 나면 자신의 옷소매를 찢어서 동여매었다. 이렇게 밤낮으로 달려 열흘 만에 초나라 서울인 영에 도착했다.

묵자는 먼저 공수반을 찾아갔다. 공수반과는 일면식도 없었지만, 그가 천하의 뛰어난 기술자라는 것은 익히 알고 있었다. 묵자 자신도 젊은 시절 이름을 떨치던 큰 목수였고 기술자였다. 그렇기 때문에 어쩌면 이 사람과 마음이 통하지 않을까 하는 기대가 있었다.

공수반은 묵자가 찾아왔을 때 내심 당황했다. 공자 이후 이름난 학자며 따르는 제자들도 많다는 사실을 알고 있었다. 소위 묵가라고 알려진 이들은 겸애고리를 주장하고 침략전쟁을 반대하고 있었다. 민중의 호응을 얻은 그 세력이 공자를 조종으로 받드는 유가보다 더 크다고도 했다. 이 반전사상의 우두머리가 공격무기를 만든 자신을 찾아왔으니 달가울 리가 없었다. 그러나 겉으로는 공손히 묵자를 모셨다.

"선생께서는 무슨 일로 저를 찾아오셨습니까?"

묵자는 이 말을 듣자, 기다렸다는 듯이 시원시원하게 털어놓았다.

"그대에게 한 가지 부탁이 있어, 이렇게 천 리 길도 마다하지 않고 찾아왔습니다."

"그 부탁이란 것이 무엇인지요?"

묵자는 의아해하는 공수반을 바라보았다. 무언가 경계하는 빛이 얼굴에 그대로 나타나 있었다. 일단 이 사람을 안심시켜야겠다고 마음먹고 웃는 낯으로 말했다.

"북쪽에 사는 어떤 놈이 나를 심히 모욕했기에 당신의 힘을 빌려 그놈을 죽였으면 합니다. 그놈을 죽여주십시오."

의외의 말에 공수반은 어안이 벙벙했다. 남을 내 몸같이 사랑하라고 주장하는 사람이 할 소리가 아니었다. 그래서 언짢은 기색을 하며 찡그리고 있는데, 묵자가 공수반의 두 손을 덥석 잡으면서 사정했다.

"내 10금을 드리겠습니다."

공수반은 손을 슬그머니 빼면서 말했다.

"사람을 죽이는 일은 의리상 할 수 없습니다."

이 말이 끝나자, 묵자는 몸을 단정히 가다듬고 조용히 일어났다. 그리고 공수반에게 공손히 두 번 절을 올렸다. 공수반이 당황하여 어찌할 바를 몰라, 자신도 엎드려 엉거주춤 맞절을 하는 시늉을 하면서 말했다.

"고매하신 선생께서 무엇 때문에 이러시는지요?"

묵자는 옷깃을 가다듬고 똑바로 앉아서 공수반을 쏘아보았다.

"그렇다면, 제가 찾아뵙게 된 참뜻을 말씀드리겠습니다. 당신이 구름사다리를 만들어서 송나라를 공격하려고 한다는 말을 들었습니다. 도대체 송나라에 무슨 죄가 있단 말입니까? 아주 오래전 주무왕께서 패망한 은나라의 유민들을 위로하기 위하여 분봉해준 나라가 송나라입니다. 순박한 백성들이 오순도순 의좋게 살아가는 약소국이지요. 반면에 초나라는 땅은 남아돌고 사람은 모자라는 큰 나라 아닙니까? 모자라는 백성을 죽여 가며 필요 이상의 땅을 얻으려고 싸움을 일삼는 것은 의롭지 않습니다. 지혜로운 일도 아니고요. 더구나 죄가 없는 송나라를 침략하는 것은 인간의 도리나 명분에도 맞지 않습니다. 당신은 '의리상 사람을 죽일 수는 없다'고 말했습니다. 전쟁이 일어나면 많은 사람이 죽게 된다는 것은 정한 이치 아닙니까? 그것을 뻔히 알면서도 임금을 말리지 않고 거기에 동조하여 신병기를 만들어 전쟁을 충동하는 행위는 충성된 신하의 도리가 아닙니다. 당신이 좀 전에 말한 바와 같이 의리상 사람을 죽일 수 없다면, 즉시 전쟁 준비를 그만두도록 하십시오!"

묵자의 위협에 가까운 말을 듣고 공수반은 뒤통수를 얻어맞은 듯 정신이 얼얼했다. 이 유명한 반전론자의 교묘한 술수에 넘어간 자신을 돌이킬 수는 없었다. 또 조목조목 따지그 드는 그 어느 하나도 틀린 말이 없었다. 그래서 순순히 말했다.

"선생의 말씀은 구구절절 옳습니다."

"옳은 줄 알면서 외 중지하지 않습니까?"

"임금님께서 그렇게 결정했기 때문에 이제 와서 어쩔 수 없지요."

"그렇다면 임금님을 만나게 해주시오."

"그러지요."

공수반은 난처한 입장을 벗어나고 싶어 이 요구에 순순히 응했다. 이렇게 해서 묵자는 츠나라 왕을 만날 수 있었다. 묵자는 왕에게 여러 가지 비유를 들어 말했다.

"만약에 이런 사람이 있다고 가정해보겠습니다. 그는 좋은 수레를 타고 다니면서 이웃집의 낡은 수레를 훔치려고 하고 있지요. 또 비단옷을 여러 벌 가지고 있지만, 남의 헌 무명옷을 탐냅니다. 창고에는 많은 곡식을 쌓아두고, 날마다 고기반찬으로 포식합니다. 그러나 거기에 만족하지 않고 옆집의 조강糟糠* 같은 보잘것없는 먹거리를 훔쳐다가 자신의 창고에 쌓아두고 싶어 합니다. 왜 그럴까요. 전하께서는 이런 사람을 어떻게 평가하시겠습니까?"

초나라 왕은 잠시 생각하다가 적절한 해답을 찾았다는 듯이 웃으며 대답했다.

"아마도 그런 사람은 도벽, 즉 도적질하는 버릇이 있는 사람이겠지요. 그것은 곧 병입니다."

"전하께서는 옳게 지적해주셨습니다. 그런데 지금 초나라의 영토는 사방이 수천 리에 이르는 대국입니다. 거기 비하면 송나라는 5백 리도 채 되지 않은 약소국이지요. 초나라의 넓은 들에는 외뿔소와 사슴이 가득히 뛰놀고, 장강과 한수에는 물고기들이 그득합니다. 하온데 송나라에는 꿩, 토끼, 붕어, 미꾸라지 같은 하찮은 짐승도 넉넉하지 않습니다. 또 초나라에는 큰 소나무와 가래나무 같은 재목감이 산천에 널려 있습니다. 그러나 송나라는 잡초가 무성한 돌무더기 땅이지요. 이런 두 나라의 살림살이 형편은 온 천하가 다 알고 있는 사실입니다. 그런데도 불구하고 전하의 신하들은 송나라를 치려고 하고 있습니다. 이것은 앞서 전하께서 말씀하신 도벽이 있는 사람과 무엇이 다르겠습니까? 살림이 넉넉한 사람이 가난한 집의 하찮은 물건을 탐내는 꼴입니다. 전하께서는 정의를 손상시킬 뿐, 얻는 것은 아무것도 없을 것입니다."

묵자의 장황한 이야기에 귀를 기울이고 있던 초나라 왕은 달리 대꾸할 말을 찾지 못했다. 그래서 슬쩍 말머리를 돌렸다.

"과연 선생의 말이 옳습니다. 그러나 공수반이 오래전부터 심혈을 기울여 구름사다리를 만들어놓고 기어이 송나라를 치겠다고 하니 난들 그것을 어쩌겠소?"

"아, 그렇습니까? 공수반이 만들었다는 그 구름사다리가 어떤 것인지 저도 대강 압니다. 그래서 거기에 대비할 수 있는 각종 방성기구를 이미 준비시켜놓았지요. 성 밑에서 싸움이 벌어지면 많은 사람들이 죽거나 다치겠지만, 초나라 군사가 송나라 성을 넘어 들어오는 일은 아마 없을 것입니다. 제 말을 믿지 못하신다면 신병기인 운제와 제가 고안해 만든 방성기구의 모의전模擬戰을 한번 해보는 것이 어떻겠습니까?"

초나라 왕은 흥미를 가지고 묵자의 제의에 흔쾌히 승낙했다. 공수반이 만든 구름사다리를 실험해볼 수 있는 좋은 기회라고 여겼다.

묵자와 초나라 왕, 공수반, 세 사람이 자리를 함께하게 되었다. 이 자리에서 묵자는 자신의 허리띠를 풀어놓고, 이것이 성이라고 가정하고 공격해보라고 했다. 공수반은 자신이 만든 신병기인 구름사다리를 이용하여 실제로 성을 공격하는 것과 똑같은 시범을 보였다. 묵자는 신무기를 상대로 방성기구를 늘어놓고 혼자 싸웠다. 그러나 공수반의 아홉 가지 공격을 거뜬히 막아내고도 여유를 보였다. 그러면서 한마디 덧붙였다.

"나는 그대가 구름 위로 솟아오르는 사다리를 만든다는 소문을 듣고 만반의 대비책을 세워두었지요. 이제 또 다른 공격 방법은 없습니까?"

공수반은 묵자의 실력, 성을 굳게 지킬 수 있는 그 방어술에 감탄했

---

* 술지게미와 살겨 등의 보잘것없는 거친 음식을 말한다.

다. 그러면서 구름사다리로는 송나라 성을 넘을 수 없다는 것을 솔직히 시인하고 이렇게 말했다.

"하지만 나는 당신을 이길 수 있는 또 다른 방법을 알고 있소. 그러나 이것만은 말해줄 수 없소."

공수반의 말이 끝나자 묵자도 이에 지지 않고 맞받았다.

"나도 당신의 그 말 못하는 방법이 무엇인지 알고 있지요. 하지만 말하기 싫소."

초나라 왕은 이 두 사람의 공수攻守 모의전을 참관하면서 공수반의 참패를 직접 목격했다. 그리고 구름사다리의 쓸모없음도 대강 짐작했다. 그런데 두 사람의 감정 섞인 입씨름의 내용은 도무지 무슨 뜻인지 이해할 수가 없었다. 초나라 왕은 어리둥절해하며 묵자에게 물었다.

"무슨 이야기인지 통 알 수가 없구려. 자세히 말해줄 수 없겠소?"

묵자는 굳은 표정으로 단호히 말했다.

"공수반의 말해줄 수 없다는 그 속마음은 저를 죽이면 된다는 것입니다. 그러나 사태는 그렇게 간단하지가 않습니다. 저를 따르는 세상 사람들은 수도 없이 많습니다. 더구나 금활리禽滑釐*를 비롯해 300명도 넘는 저의 제자들이, 제가 만든 방성기구를 준비해놓고 송나라 성 위에서 초나라 군사를 기다리고 있지요. 그러니 저를 죽인다 하더라도 아무 소용이 없습니다. 오히려 성난 천하의 민심에 불을 붙이는 결과를 초래할 것이 분명합니다."

초나라 왕은 깊은 생각에 잠겨 있다가 불쑥 말했다.

"과인이 잘못 생각했소. 이제 송나라를 치는 일은 그만두겠소."

묵자는 외교적 담판을 통해 이 전쟁을 막았다. 수많은 사람들의 생명을 구했음은 물론이고 송나라의 큰 걱정거리를 없애버리는 데 성공했다. 묵자는 돌아오는 길에 송나라를 지나게 되었다. 마침 서녘 하늘에서 먹구름이 몰려오더니 소나기를 퍼부었다. 비나 피하고 가려고 가까운 마을로 들어섰다. 그런데 마을 문을 지키고 있던 청년들이 들어오지 못하게 길을 막았다. 행색이 흡사 비렁뱅이 꼴이었으니 당연한 일이었다. 묵자는 오도 가도 못하고 엉거주춤 서서 쏟아지는 장대비를 그대로 뒤집어썼다. 처량하기 짝이 없는 모습이었다. 그러나 마을 문을 막은 그 사람들을 원망하고 싶은 생각은 추호도 없었다. 또 자신이 묵자라는 것을 알리고 싶지도 않았다. 그냥 혼잣말로 중얼거렸다.

"아무도 모르게 우리나라를 위기에서 구하고 젊은이들의 생명도 살려주었는데 그것을 몰라주는군. 남보란 듯이 나발을 불어댄다면 그 공적을 알아주겠지만."

장대비는 계속 퍼붓고 하늘에는 어둠이 내려앉고 있었다.

〈비공〉 편

* 묵자의 제자도 방어전술가다.

해설

공자 이후 전국시대 초기, 묵적이라는 사상가가 홀연히 나타났다. 노동자나 목수 등, 그의 전력이 미천한 신분이라고들 하지만 확실한 것은 아무것도 없다. 세상 사람들은 이 사상가를 열렬히 지지하고 환호했다. 가난한 사람과 약자들, 미천한 사람들 편에 서서 그들의 권익을 옹호했다. 또 만인은 모두 하느님의 창조물이므로 고귀한 존재이기 때문에 신분을 초월한 겸애를 주장했다. 유가학파들의 인仁 사상을 별애別愛, 즉 신분의 차별을 전제로 한 사랑이라고 평가 절하했다. 유가들이 주장하는 별애야말로 천하에 해를 끼치는 근원이라고까지 말했으니 맹자가 묵가학파를 맹렬하게 비난한 것도 무리가 아닐 것이다.

이런 묵가의 만민평등과 박애주의 사상은 당시 사회에 큰 충격을 불러왔다. 수많은 제자들이 모여들어 묵가라는 강력한 학파를 형성하게 되었다. 한때 이들은 유가를 능가하는 세력으로 성장하기도 했다.

위의 이야기는 묵자가 자신의 신념인 비공非攻, 반전론을 몸소 실천에 옮긴 구체적 사례라고 할 수 있다. 역사적 진위는 확실하지 않으나 사마천은 《사기》에서 이렇게 논평했다.

> 묵자는 송나라 대부로서 성을 방위하는 기술이 뛰어났으며, 절용을 주장했다.

또 묵자는 실제로 방어에 필요한 군사적 지식과 신무기 개발에 힘썼다고 알려져 있다. 입으로만 반전론을 외친 것이 아니고 실제 전쟁이 일어났을 때, 그것을 어떻게 막고 피해를 최소화하느냐 하는 적극적 비공론, 반전론이라고 여겨진다. 묵가학파는 공성전攻城戰에 대비하여 방성전防城戰을 체계적으로 익히고 훈련하여 그 분야의 전문가들이 되었다는 기록도 있다.

《묵자》에는 성문을 지키는 방법인 비성備城, 높은 곳의 적을 대비하는 방법인 비고備高, 사다리 공격을 대비하는 방법인 비제備梯, 수공을 막는 방법인 비수備水 등 방어 중심의 전술과 준비 상황이 아주 구체적으로 기술되어 있다.

이런 점을 참고한다면, 위의 묵자 이야기는 전혀 근거가 없는 것은 아닌 듯하다.

공자는 위선자

묵자는 공자가 말한 인仁이란 것이 어떤 것인가를 살펴보았다.

임금은 임금다워야 하고, 신하는 신하다워야 하고, 백성은 백성답고, 아비는 아비답고, 자식은 자식다워야 한다.

이 말은 무엇을 뜻하는가. 높은 계층의 사람들은 아랫사람을 아끼고 보살펴주고, 낮은 계층 사람들은 웃어른을 공경하고 복종하는 것이 인의 근본이다. 아마도 이런 의미일 것이다. 유가학파들이 입만 열면 나오는 말은 충과 효다. 이 말이 여기에 근거를 두고 있다는 것은 두말할 여지도 없다.

묵자는 공자의 언행록을 읽다가 책장을 탁 덮어버렸다. 무언가 형언할 수 없는 울화가 치밀었다. 매스껍고 아니꼬웠다. 하늘이 인간을 이 세상에 내려보낼 때는 모두들 비슷한 모습이었다. 달랑 벌거숭이 알몸 뚱이 하나. 그런데 여기에 왜 신분의 차이를 나타내는 옷을 입혔단 말인가? 천자, 제후, 공경대부, 선비, 백성, 천민이나 노예로 이어지는 상하의 계급은 과연 누가 만들어냈는가.

공자가 주장한 인이나 충, 효는 결국 상하질서를 아무런 불평 없이 순순히 따르라는 것에 불과할 뿐이다. 지배계층이 하층민을 부려먹기 좋게 길들이려는 사상임에 틀림없다. 결국 공자는 겉으로는 '어짊'이란 그럴듯한 사탕발림을 하고 통치자, 지배자에게 빌붙어 그들과 한통속이 되어 백성들을 기만하고 있었다. 인의와 예악이라는 깃발을 흔들고 다녔던 위선자인 것이다. 이런 행위는 만백성을 사랑하고 서로 도우며 사는 세상을 만드는 데 방해가 될 뿐이다. 올바른 선비가 취할 태도는 더더욱 아니다.

공자가 입만 열면 떠벌였던 인, 즉 상하질서를 전제로 한 사랑은 좋게 받아들인다면 별애라고 말할 수 있을 것이다. 그러나 천하 백성을 골고루 사랑하고 이롭게 하는 겸애교리와는 전혀 다른 것이다. 왜 그런가. 공자의 인은 제한적이다. 상하계급의 울타리를 벗어나는 것은 고사하고 오히려 그것을 공고히 하고 있다. 인간이면 누구나 누려야 하는 보편적 가치가 그 속에서는 찾아볼 수가 없다. 노예는 노예답게, 여종은 여종답게 행동하라는 것이 말이나 되는가. 그들이 이 세상에 태어날 때, 처음부터 노예나 여종으로 태어났단 말인가.

이런 결론에 도달한 묵자는 과거 공자의 언행을 더듬어보았다. 공자는 나이 50이 넘어 인의예악의 깃발을 휘날리며 천하를 두루 돌아다녔다. 10여 개 이상의 나라를 기웃거리면서 벼슬자리를 찾아 헤맸다는 말이 정확한 표현일 것이다. 그것이 자신이 말한 천명이란 말인가.

묵자는 공자가 곤궁한 지경에 빠졌을 때의 기록을 읽었다. 진陣과 채나라 사이에서 오도 가도 못하고 굶고 있을 때의 일이었다. 공자 일행은 양식이 떨어져 열흘 동안이나 명아주 국물만 마시고 겨우 연명했다. 공자 역시 곡식 한 톨 입에 넣을 수가 없었는데, 뜻밖에 자로가 돼지고기를 삶아 올렸다. 공자는 그것을 아무 말도 없이 달게 받아 먹었다. 또 자로가 남을 위협하여 빼앗은 돈으로 사온 술도 그 출처를 묻지 않고 단숨에 마셔버렸다. 제자들은 열흘 동안이나 굶어 거의 죽게 되었는데, 같이 먹자는 말도 하지 않았고, 또 그 귀한 음식을 어떻게 구해왔는지도 물어보지 않았다.

그 후 형편이 풀려 노나라 애공이 공자를 정중히 맞이했다. 애공이 자리를 권했으나 공자는 그 자리에 앉지 않았다. 각종 맛있는 음식을 차려 내왔지만, 이것 역시 사양했다. 자리가 법도에 맞지 않고 음식의 요리 방법이 잘못 되었다는 것이 그 이유였다. 성품이 직선적이고 용맹스러웠던 자로가 스승에게 불평을 토로했다.

"전날, 진채陣蔡 사이에서 고생할 때는 이런 말씀을 하시지 않았는데요……."

공자는 이 말을 듣고 정색을 하고 말했다.

"이리 가까이 오너라. 내가 너에게 말해줄 게 있다. 그때는 너희들과 함께 구차하게 살아야 했고, 지금은 사정이 다르지 않느냐? 의로움을 찾아 의젓하게 행동해야 하느니라."

이 일화가 시사하는 바는 무엇인가. 먹을 것이 없을 때는 그것이 어떻게 얻게 되었는지조차 상관하지 않고 막무가내로 그냥 정신없이 먹었으면서도 형편이 나아지니 의로움을 내세우고 있다. 의라는 것이 형편따라 제멋대로 왔다 갔다 하는 물건이란 말인가. 이것은 자신을 돋보이게 하려는 얄팍한 잔꾀에 불과할 뿐이다.

 이 세상 어디에 이보다 더 크고 거짓된 간사함이 있단 말인가. 묵자의 배 속에서 울렁거리던 그 매스꺼움, 역겨움이 왈칵 입 밖으로 올라왔다. 공자의 위선 덩어리를 말끔히 토해내니, 배 속이 한결 시원해졌다.

〈비유〉 편

해설

 이 이야기는 유가의 거짓됨을 비판하는 내용이다. 묵자는 이 외에도 공자와 유가들에 대한 비판과 질책을 서슴지 않았다. 유가들의 천명론에는 비공非攻(전쟁반대), 후장론厚葬論에는 절장節葬(검소한 장례식) 등의 글인데, 흡사 작심하고 공자에 대들고 있는 듯한 느낌을 준다.

 공자와 묵자는 그 출생부터가 판이했다. 공자는 몰락한 선비 집안의 후예였고, 묵자는 노동자, 목수 혹은 천민계급이었을 것으로 추정하고 있다. 또 공자는 주공이 분봉받은 노나라 사람으로 주공을 하늘같이 떠받들었으나 묵자는 망국인 은나라의 후예였다.

 그 후 공자의 유가사상은 지배계층의 정치이념으로 오랜 세월 전해 내려왔고 묵가의 만인평등사상, 겸애교리는 흔적도 없이 사라지고 말았다. 권력을 휘두르는 지배계층이 평등사상을 좋아할 리가 있었겠는가. 묵가사상은 오늘날의 민주국가의 자유, 평등, 박애, 복지, 이념과 흡사한 것이었다. 2400여 년 전, 중국대륙, 크게는 동양 사회에 그런 사상가들이 있었다는 것이 놀라울 따름이다.

염색의 참뜻

청명한 가을이었다. 들판은 온갖 곡식이 익어 황금물결로 출렁였다. 가까이 있는 나지막한 산은 노랗고 붉은 단풍으로 물들어 있었다. 묵자는 시원한 바람이 불어오는 그 화폭 속으로 걸어 들어갔다. 오랜만에 인간 세상을 떠나 자연의 일부가 되고 싶었기 때문이었다. 머릿속에 복잡하게 얽혀 있던 온갖 상념을 가을바람에 모두 훌훌 날려버렸다. 기분이 한결 상쾌하고 맑아졌다. 무심코 콧노래를 흥얼거렸다.

"반드시 가려서 조시고 또 삼가서 적셔야지.'

옛사람들이 즐겨 부르던 민요였다. 묵자는 자신이 늘 숭상하며 우러르던 하늘을 올려다보았다. 하늘은 과연 무슨 빛을 띠고 있을까. 그것이 궁금했다. 텅 빈 허공은 온통 짙푸른색으로 칠해져 있었다. 간혹 흰 구름 몇 점이 둥둥 떠서 어디론가 흘러갔다. 어디를 돌아보아도 자연은 총천연색이었다.

한동안 가을 화폭 속에 풍덩 빠져 넋을 잃고 있던 묵자는 화들짝 놀랐다. 내가 이러다가 영영 세상으로 복귀할 수 없지 않을까. 또 화사한 가을빛, 그 색깔에 물들어 그림의 일부분이 되지나 않을까. 옛사람들은 반드시 가려서 적시고 또 삼가서 적시라고 했는데…….

묵자는 천천히 가을 화폭 속에서 걸어 나왔다. 온몸에 물든 황홀한 계절의 색깔을 훌훌 털어버렸다. 신기하게도 그 물감은 흔적도 없이 사라져버렸다. 수수한 노동자 차림의 평소 자신의 모습으로 되돌아왔다.

따지고 보면 이상할 것도 없었다. 자연은 본래의 정해진 색깔이 없지 않은가. 하늘하늘 피어오르는 분홍색과 연초록 봄의 색이 있고, 이글이글 타오르는 폭염, 그 강렬한 불꽃같은 여름의 빛깔, 그리고 금방 빠져 나온 가을 화폭 같은 화려함도 있다. 어디 그뿐인가. 북풍이 휘몰아치는 메마른 하늘빛, 눈 덮인 대지의 꽁꽁 언 차가운 백색이 온 누리를 뒤덮을 때도 있다. 이와 같이 자연은 계절따라 그 빛을 달리하니, 거기 물들지는 않겠구나. 흙먼지 바람으로 묻은 때는 맑은 바람에 씻겨나갈 것이고, 세월의 앙금은 뒤따라오는 또 다른 세월에 닳아 없어지겠지. 아마도 이것은 자연의 정화 능력이리라. 온몸에 달라붙어 있던 가을빛을 말끔히 털어버린 묵자는 안도의 숨을 길게 내쉬었다. 자연은 가리고 삼가서 적실 대상이 아니었다.

그로부터 여러 날이 지났다. 묵자는 어느 마을 앞을 지나다가 물감 들이는 현장을 목격했다. 빨랫줄에는 흰 실이 다발다발 걸려 있고, 그 옆에는 물이 펄펄 끓고 있는 여러 개의 솥이 준비되어 있었다. 머리에 수건을 두른 아낙네가 흰 실 한 다발을 솥에 넣었다가 끄집어내니 금방 푸른 실이 되어 나왔다. 또 다른 솥에는 노란색, 붉은색, 자주색, 검정색 물이 부글부글 끓으며 흰 실이 들어오기를 기다리고 있었다. 아낙네들은 분주히 흰 실을 솥에 넣고 끄집어내기를 반복했다. 흰 실이 걸렸던 빨랫줄에는 오색실이 바람에 펄럭였다. 이 작업 과정을 꼼꼼히 살펴보던 묵자가 아낙네에게 다가가 물었다.

"금방 흰 실을 넣었는데 어째서 푸른 것이 되어 나옵니까?"

아낙네는 어리둥절하여 묵자를 쳐다보았다. 이런 바보천치 같은 사람도 있나 하는 기색이 역력했다. 그러나 그 여인네는 묵자의 진지한 태도에 그 생각을 꿀꺽 삼켰다.

"푸른 물감 속에 넣으니 푸른 실이 되지요."

"그런데, 한 가지 더 물어봅시다. 푸른색으로 변한 이 실은 원래의 흰색으로 되돌릴 수는 없습니까?"

"그건 어렵겠지요. 한 번 물들이면 그것으로 그만입니다. 아무리 빨고 햇빛에 바랜들 흰색이 되지는 않을 겁니다."

묵자는 오색실이 펄럭이는 그 물감 들이는 현장을 나오면서 깊은 상념에 빠져들었다. 《시경》에 나오는 그 옛 노랫가락이 예사롭지 않구나! 반드시 가려서 적시고 또 삼가서 적시라는 그 한 구절. 그러니 물들이는 것을 신중하게 하지 않을 수가 없겠구나.

이런 이치가 어찌 실을 물들이는 데만 국한되겠는가. 인간도 물들고, 나라도 물든다. 요순 이래 지나온 역사를 되돌아보았다. 악에 물들어 포악한 행동을 일삼던 군주도 많았고, 선에 물들어 선정을 베푼 임금도 있었다. 그렇다면 인간을 물들이는 그 바탕색은 어디서 나오는 것일까. 철따라 변하는 자연의 빛깔? 그것은 아니다. 자연이 아니라면 결국 인간이 만들어낸 것이 아니겠는가.

　인간은 저마다 보이지 않는 색깔을 지니고 있다. 자신의 삶을 적셔주는 심성 같은 것, 그것이 선이든 악이든 그 색깔에 따라 일생을 살아간다. 태어날 때는 모두들 결국 아무 색깔도 지니지 않았는데도.

　묵자는 머리를 어지럽히는 잡다한 생각을 떨쳐버리려고 안간힘을 썼다. 그러나 좀처럼 정신이 맑아지지 않았다. 다만 혼란스럽고 흐릿한 그 속에 뚜렷한 의식이 서서히 자리 잡기 시작했다.

　"도리道理를 행할 수 있었던 것은 도리로 물들여졌기 때문이다."

〈소염〉 편

해설

천자문에 '묵비사염墨悲絲染'이란 구절이 있는데 풀이하면 묵자가 실에 물들이는 것을 보고 슬퍼했다는 뜻이다. 이 말의 근원이 되는 《묵자》에는 탄식했다고 되어 있다. 슬픔과 탄식은 약간의 차이가 있다. 《묵자》 원문의 문맥으로 보면, 어떤 이치를 깨달았다는 감탄의 의미로 쓰인 것이 아닌가 생각된다. 그렇다면 세상이 악에 물드는 것을 탄식했을 수도 있다. 다섯 가지 물감 속에 넣으면 다섯 가지 색으로 변하니 물들이는 것은 신중히 해야 한다고 부연하고 있다.

이런 점으로 미루어보면 교육이란 것이 얼마나 어렵고 중요한지 알 수 있다. 아직 세상을 잘 모르는 학생들의 영혼은 백지장처럼 흰빛이다. 그 흰 바탕에 어떤 색깔로 물들이느냐에 따라 한 생명의 일생이 좌우된다. 물감 들이는 그 여인네의 말처럼 한 번 물들면 원쾌로 돌아올 수 없다.

학생들을 가르치는 모든 교육자들은 이 점을 깊이 인식해야 한다. 어설픈 이념이나 편향된 사상을 의도적으로 주입시킨다는 것은, 돌이킬 수 없는 큰 실수나 죄악이 될 수 있다. 자라나는 이이들, 순수한 심성을 간직하고 있는 유소년들에게 스스로의 색깔을 선택할 수 있도록 돕는 것이 교육자의 올바른 자세가 아니겠는가. 홍수처럼 밀려오는 정보의 범람, 각종 사상이 난무하더라도 어린 영혼들은 자신의 이성을 조금씩 성장시켜 그것을 바탕으로 온전한 인격체로 완성될 것이다. 그들은 수만 년 인류 역사를 간직한 인간의 후손들이기 때문이다.

묵자는 2400여 년 전 이미 환경과 교육의 관계 그 중요성을 인식한 선각자였다.

공수반과 묵자

공수반은 노나라 사람으로 전국시대 초기 뛰어난 기술자며, 발명가였다. 항상 새로운 것을 고안해내고 스스로 그것을 만들어 세상을 놀라게 했다. 초나라에 초빙되어 주로 전쟁에 필요한 신무기를 개발했다.

이 신무기 가운데는 구양鉤鑲이란 것이 있었다. 풀이하면 쇠갈고리라고 할 수 있다. 긴 대나무 끝 양쪽에 쇠갈고리가 붙어 있고 그 가운데는 뾰족한 창이 있는 무기다.

초나라는 동남쪽 월나라와 싸움이 잦았는데 늘 패했다. 강대국인 초나라가 월나라에 패한 원인은 강에서 배를 타고 싸웠기 때문이었다. 월나라는 거미줄처럼 수많은 강으로 둘러싸인 나라다. 월나라 사람들은 모두 강변에서 태어나고 물속에서 자랐다. 그러니 수전水戰에는 아무도 당해낼 자가 없었다. 물의 흐름을 따라 전진과 후퇴가 자유자재로 이루어졌고 또 신속하고 날렵했다. 그러나 초나라 군사는 이와는 정반대였다. 진격할 때는 물을 따라 떠내려갔지만, 정지해야 할 때 적당한 순간 멈출 수가 없었고 퇴각할 때는 물을 거스르게 되니 여간 힘든 일이 아니었다.

그런데 초나라 군사는 공수반이 만든 이 갈고리 무기로 일거(一擧)에 전세를 뒤집었다. 물결따라 움직이는 월나라 배를 갈고리로 끌어당기고, 다가오는 적군을 갈고리 끝의 창으로 찌르고 밀어냈다. 예상치 못한 이 신무기 때문에 월나라 군사들은 자유로웠던 진퇴가 막히고 배는 뒤집어졌다. 이렇게 하여 초나라는 번번이 승리했다.

공수반은 그 무기의 우수함을 묵자에게 자랑했다.

"나는 갈고리 무기를 만들어 배 싸움에서 이길 수 있었다. 그대에게도 이 같은 이로운 무기가 있는가?"

묵자는 가소롭다는 듯이 말했다.

"나에게는 정의라는 갈고리가 있지. 사랑으로 끌어당기고 공경으로 서로 밀어주지. 그대가 만든 그 구양이라는 쇠갈고리는 월나라도 곧 따라서 만들 거야. 이 쇠갈고리들이 부딪치면 많은 사람이 죽거나 다치고 말걸세. 그러나 나의 이 정의의 갈고리는 많으면 많을수록 유익하단 말이야. 모든 사람들이 사랑으로 넘치고 공경으로 서로 떠받들거든."

공수반은 묵자의 말에 그만 기가 죽고 말았다. 언젠가 송나라를 치려고 신무기를 만든 적이 있었다. 돌을 쌓아올린 성보다 더 높이 불쑥 솟아오르는 구름사다리 곧, 운제였는데 그것도 묵자와의 가상 대결에서 패하여 실전에서 써먹을 기회조차 없었다. 공수반의 이런 뛰어난 기술과 솜씨는 묵자의 말 한마디에 아무 쓸모없는 것으로 전락하고 말았다.

공수반은 그 원인을 꼼꼼히 되짚어보았다. 오랫동안 생각을 거듭한

끝에 이런 결론에 도달했다. 묵자는 반전 평화론자이고 나는 거기에 반하는 전쟁무기를 만들었기 때문일 것이다. 평화는 모든 사람이 갈망하는 것이고 전쟁은 소수의 제후들, 곧 임금들이 즐기는 놀이가 아니겠는가. 내 기술과 솜씨를 천부적이라고들 칭찬하는데, 하늘이 내게 준 이 능력을 어찌 몇몇 임금들을 만족시키는 데 한정시킬 수 있겠는가. 이렇게 생각한 공수반은 고국인 노나라로 돌아왔다. 그 후 다시는 전쟁무기를 고안하여 만들지 않았다. 그러나 여러 번 묵자에게 당한 수모는 쉽게 사그라지지 않았다. 묵자의 주장이나 그의 사상을 어느 정도 이해하고 존경하는 경지에까지 이르렀다 하더라도 그것은 당대 최고의 기술자인 자신의 자존심에 관한 문제였다. 어떻게 하면 묵자의 코를 납작하게 누르고 입이 떡 벌어지게 만들 수 있을까. 공수반은 고심 끝에 좋은 생각을 떠올렸다.

묵자는 입에 하느님을 달고 다니는 사람이다. 텅 빈 허공, 그 어디에 하느님이 존재하는가. 아득한 하늘은 해와 달, 별들의 세상이다. 그 아래 구름과 바람, 안개가 있고 때로는 황홀한 무지개나 아늑한 저녁노을이 있다. 생명체라면 어지럽게 날아다니는 새들이 있을 뿐이다. 그런데도 묵자는 하느님이 있다고 믿고 있다. 인간의 시비선악의 표준이 되는 하느님은 모든 사람을 한결같이 사랑한다고 말하고 있다. 아무도 본 적이 없고 그 말씀을 듣지도 못했는데. 묵자 혼자서만 보고 들었단 말인가. 공수반은 어떤 비행물체를 만들어 하느님의 실체를 확인해보고 싶었다.

새들이 하늘을 나는 것은 날개가 있기 때문이다. 바람을 마음대로 타고 부릴 수 있는 날개. 그것만 만들 수 있다면 누구든지 하늘을 날 수 있고, 어쩌면 묵자가 입에 달고 다니는 하느님을 만나볼 수도 있을 것이 아니겠는가. 오란 옛날부터 인간은 연을 만들어 하늘로 날렸지만, 그것은 아니다. 연은 실에 매달려 있는 장난감일 뿐, 높고 멀리 자유자재로 하늘을 날 수는 없다.

공수반은 연과는 전혀 다른 비행물체를 설계하여 만들기 시작했다. 우선 대나무를 얇게 깎아 날개를 만들었다. 하늘하늘한 그 날개가 바람을 타고, 그것을 또 부릴 수 있도록 고안했다. 오동나무 속을 파내어 몸통을 만들고, 공들여 수많은 부품을 깎고 다듬었다. 옷깃을 스치는 미풍에도 민감하게 반응하여 바람을 타고 하늘을 날 수 있도록 여러 날 동안 심혈을 기울인 결과 드디어 나무까치가 완성되었다. 금방이라도 하늘로 날아오를 것 같은 그 까치는 날개를 퍼덕이며 공수반의 손에 쥐여 있었다. 적당하게 바람이 불고 청명한 날이면 하늘로 날려 보낼 작정이었다.

이 소문을 듣고 온 나라 사람들이 구름처럼 모여들었다. 공수반은 이들이 지켜보는 가운데 마침내 자신이 만든 나무까치를 하늘로 날려 보냈다. 하늘 높이 솟아오른 까치는 공중을 선회하면서 3일 동안이나 지상에 내려오지 않았다. 과연 신기에 가까운 기술이었다. 세상 사람들은 입에 침이 마르도록 칭찬을 아끼지 않았고, 공수반 자신도 자랑스럽기가 이루 말할 수 없었다. 좀 더 발전시키면 그것을 타고 사람이 날 수도 있을 것이다. 이것은 전쟁무기가 아니었다. 하늘을 날아보고 싶은 인간의 욕망, 그 이상을 실현시킬지도 모르는 최초의 실험이었다. 이 성공으로 공수반은 기쁨에 들떠 있었다. 이제는 더 이상 묵자에게 꿀릴 것이 아무것도 없었다. 이렇게 흐뭇한 나날을 보내고 있는데, 묵자가 어느 날 불쑥 찾아왔다.

"그대가 만들었다는 나무까치 이야기는 들었네. 그런데 그것을 무엇에 쓰겠단 말인가? 평범한 목수가 수레의 굴대 빗장을 만든 것보다 못한 짓이 아닌가? 세 치 나무를 깎아 굴대에 끼워 넣으면 50석의 무거운 곡식도 능히 운반할 수 있는 튼튼한 마차가 되네. 인간 생활에 이로운 것이 훌륭한 기술이지, 이롭지 않다면 쓸데없는 잡기에 불과하네. 그것을 졸렬하다고 말하지."

〈노문〉 편

해설

원문은 공수반이 나무까치를 만들었는데, 3일 동안 지상에 내려오지 않았다. 이 사실을 묵자가 실용적 가치가 없다고 비판한 내용이다. 아주 짤막한 이야기인데, 여기에 공수반과 묵자에 얽힌 또 다른 내용을 포함시켜 재구성해보았다.

묵자의 사상은 겸애교리로 대표된다. 거기에 비공, 반전, 절용사상이 포함되어 있다. 위의 이야기는 묵자의 실용주의, 곧 민생을 이롭게 하는 것이 어떤 것인가를 구체적으로 보여준 예라고 할 수 있다. 마차의 굴대 빗장 하나를 잘 만들어도 50석의 무거운 짐을 운반할 수 있는 튼튼한 마차가 된다는 것이 그것이다.

묵자의 눈으로 볼 때, 공수반의 나무까치는 아무 실용적 가치가 없는 졸렬한 것인지도 모른다. 그러나 인간사를 공리적 실리로만 가치 판단할 수는 없지 않겠는가. 인간이 하늘을 날고 싶다는 것은 오랜 염원이고 꿈이었을 것이다. 2400년 전, 그것을 최초로 실현한 사람이 공수반이다. 비록 논증할 만한 근거는 없다 하더라도. 이 이야기 속에서는 나무까치가 하늘을 날고 있다. 이것은 신화나 전설과는 또 다른 인간의 이야기다. 공수반과 묵자는 실존 인물이었다.

후일담이지만 공수반은 그 후 묵자를 존중하게 되었다. 〈노문〉 편에 다음과 같은 공수반의 말이 실려 있다.

"제가 선생을 만나지 않았을 때는 오로지 송나라를 차지할 생각뿐이었습니다. 그러나 선생님을 만나뵌 후로는 설사 송나라를 준다고 해도 의롭지 않다면, 받지 않으려고 합니다."

8

위민과 왕도를 주창한
정치철학서의 백미
《맹자》

《맹자 孟子》

△
□
◎
▷

맹자의 생애와 사상

맹자 孟子(기원전 372~289)는 전국시대 때의 대유학자이자 정치사상가였다. 본명은 맹가 孟軻, 자는 자여 子與 또는 자거 子車, 작은 제후국인 추나라에서 태어났다고 기록되어 있다. 그러나 그의 가계나 성장 배경은 확실하지 않다. 다만 맹자의 어린 시절을 말하는 맹모 삼천지교 三遷之敎나 단기지계 斷機之戒*를 통하여 어렴풋이 짐작할 뿐이다.

맹자는 증자, 자사로 이어지는 유가의 전통을 계승 발전시켰다. 맹자는 공자의 사상을 어느 정도 성취한 후, 제세구민 齊世救民**의 뜻을 품고 여러 나라를 순방하며 제후들을 설득하기 위해 유세했다. 맹자의 정치사상은 인정, 곧 왕도정치였는데 그 가운데는 여민동락 與民同樂, 위민 爲民, 보민 保民, 교민 敎民 등 민생을 정치의 근본으로 삼는 것이었다.

그러나 맹자가 살았던 시대는 열국이 무력으로 자웅을 겨루던 전국시대 한복판이었다. 맹자를 존중하고 그 고매한 뜻은 이해했지만, 위정자들은 그것을 받아들이지 않았다. 대표적인 예가 제나라 선왕과 양나라 혜왕인데, 그들은 맹자의 사상이 시대에 맞지 않는다고 직설적으로 말하고 있다.

자신의 정치이상이 실현 불가능함을 인식한 맹자는 고향에 돌아와 만장萬章 등의 제자와《시경》,《서경》을 순서에 따라 편집하고 중니(공자)의 뜻을 논술하여《맹자》7편을 썼다. 후세 사람들은 공자를 성인으로 받들고, 맹자를 성인에 버금간다고 하여 아성亞聖이라고 부른다.

《맹자》는 어떤 책인가

전 14권, 7책으로 되어 있다. 유가의 경전 가운데 하나로 맹자와 그의 제자들이 함께 편찬했다. 그 속에는 맹자의 정치활동, 정치학설, 철학, 윤리, 교육사상 등이 포함되어 있다.

7책은〈양혜왕〉,〈공손축公孫丑〉,〈등문공藤文公〉,〈이루離婁〉,〈만장萬章〉,〈고자告子〉,〈진심盡心〉 편이다. 남송南宋 때 주희朱熹가《맹자》,《논어》,《대학》,《중용》을 합하여 '사서四書'라고 이름 지었다.

* 맹모단기孟母斷機라고도 한다. 맹자가 학업을 중도에 포기하고 돌아왔을 때, 그의 어머니가 짜고 있던 베를 끊어 훈계한 일을 말한다.
** 어려운 세상을 구하고 백성들을 구제한다는 의미다.

오십보백보

　세상은 바야흐로 춘추시대를 지나 전국시대로 접어들었다. 이 시대는 말 그대로 반역과 반란, 침략이 다반사로 일어나는 험악한 전쟁터나 다름없었다. 당시 열국의 제후들은 한 뼘의 땅과 한 사람의 인구라도 더 늘리려고 혈안이 되어 있었다. 이 무렵 맹자는 제세구민의 큰 뜻을 품고 여러 나라 제후들을 만나 설득하려고 했다. 그러나 현실의 벽에 부딪쳐 어려움을 겪고 있었다.

　맹자가 양나라 혜왕을 찾아갔을 때의 일이다. 당시 위나라 혜왕은 수도를 대량大梁으로 옮기고 자신을 스스로 양나라의 혜왕이라고 부르고 있었다. 양나라는 위나라를 달리 부르는 명칭이었다. 부국강병에 골몰하던 혜왕이 맹자를 반기면서 말했다.

　"선생께서 천 리 길을 마다하지 않고 이렇게 찾아오셨으니 장차 우리 나라에 큰 이익이 되겠습니다. 어서 오십시오."

혜왕의 이 첫마디 말에 맹자는 이맛살을 찌푸렸다.

"임금님께서는 왜 하필 이익을 말씀하십니까? 오직 인의가 있을 뿐입니다."

"허허, 그런가요?"

두 사람의 첫만남은 이렇게 어색하게 끝났지만, 맹자는 혜왕을 설득하여 왕도정치를 실현해보겠다는 뜻을 포기하지 않았다. 혜왕 역시 이 고명한 학자를 통하여 무엇인가 국익에 보탬이 되는 것을 얻으려고 눈치를 보고 있었다.

그러던 어느 날, 혜왕이 맹자에게 슬그머니 물었다.

"과인은 이 나라 백성들을 위해 정성을 다하고 있습니다. 가령 하내 河內 지방에 흉년이 들면 그곳 백성들을 하동으로 옮기거나 하동 지방에 남아도는 곡식을 흉년이 든 하내로 보내 굶주린 사람이 없게 하지요. 또 하동에 흉년이 들면 같은 방법으로 이재민들을 구휼합니다. 이웃 나라의 정치하는 것을 보건, 과인과 같이 백성을 위해 마음 쓰는 임금은 아무도 없는 듯합니다. 그런데도 이웃 나라의 땅덩어리가 작아지지 않고 백성의 수가 줄지 않지요. 또한 우리나라도 크게 번성하지 않는 까닭은 무엇 때문입니까?"

맹자는 그런 질문을 기다렸다는 듯이 머뭇거리지 않고 말했다.

"전하께서 전쟁을 좋아하시니, 전쟁에 비유하여 말씀드리지요. 북소리가 둥둥둥 요란하게 울리고 이제 막 싸움이 시작되었습니다. 대치하고 있던 양쪽 군사들의 칼과 창이 막 부딪치고 한동안 엉겨 붙어 싸우지요. 그러다가 어느 한쪽이 힘이 부치어 갑옷을 벗어던지고 무기를 끌면서 도망가게 됩니다. 어떤 병사는 오십 보쯤 물러났고, 또 다른 병사는 백 보를 도망가다가 정지했습니다. 이때 오십 보를 물러난 병사가 백 보를 도망간 사람을 비겁한 겁쟁이라고 비웃었다면, 그것을 어떻게 생각하십니까?"

혜왕은 이 말을 듣고 잠시 전쟁터의 그 치열한 광경을 머릿속에 그려 보았다. 번쩍이는 칼날 아래 목이 잘려나가 피가 솟구치고 함성과 비명이 진동하는 그 아수라장, 순식간에 피바다가 되고 시체가 겹겹으로 쌓이기도 한다. 이런 와중에서 갑옷과 투구를 팽개치고 도망가는 병사들을 간혹 본 적이 있었다. 동료 병사들이 죽어가는 그 현장을 피해 도망가다니. 이 얼마나 수치스럽고 비겁한 행동인가. 혜왕은 머리를 가로저으며 단호히 대답했다.

"그런 건 말도 되지 않습니다. 오십 보 물러난 놈이 백 보 도망간 사람을 욕하다니. 도망간 그 비겁한 행동은 매한가지 아닐까요?"

"옳은 말씀입니다. 그 이치를 아신다면, 전하께서도 내 나라가 번성하고, 내 나라 백성이 이웃 나라보다 많아지기를 바라지 말아야 할 것입니다."

〈양혜왕〉 편

🔺 해 설

오십보백보五十步百步라고 잘 알려진 고사성어의 유래가 되는 이야기다. 원문은 전쟁터에서 오십 보 도망친 사람이 백 보 도망간 사람을 비웃는다는 뜻인데, 이 경우 양적 차이는 조금 있지만 근본적으로 도망친 행위는 같다는 의미다.

우리 속담에 '똥 묻은 개가 겨 묻은 개를 나무란다'는 말이 있다. 거의 비슷한 의미다. 맹자는 이 비유를 통하여 혜왕을 깨우치려고 했다. 혜왕은 이웃 나라의 군주와 마찬가지로 백성을 착취하여 괴롭히고 젊은이들을 전쟁터로 내몰았다. 흉년이 들었을 때 약간의 선정을 베풀었다고 하나, 그것이 무슨 큰 차이가 있단 말인가. 결국 오십보백보인 셈이다.

선량한 백성 위에 군림하면서 밤낮으로 전쟁만을 생각하는 당시 군주들에 대한 신랄한 비판이 담겨 있다. 이에 대해 혜왕이 어떤 반응을 보였는가는 기록에 나타나 있지 않다. 다만, 후일 사마천이 《맹자》를 읽다가 이 대목에 이르러 크게 탄식했다는 기록이 《사기》〈맹자순경열전〉편에 실려 있다.

아! 이롭다고 하는 것은 진실로 어지러움의 시작이로구나. 공자가 이로운 것을 말하기 꺼려 했던 것은 그 어지러움의 근원을 막기 위함이었다. 그래서 이로운 것을 추구하면 원망이 많다고 말했던 것이다. 위로는 천자에서부터 서민에 이르기까지 이로움을 좋아해서 생긴 병폐가 어찌 다를 것인가.

원유지의 크기

　제나라 선왕은 왕궁 근처에 원유지*를 만들어놓고 거기다가 각종 짐승과 물고기들을 풀어놓았다. 그리고 틈만 나면 시종들을 거느리고 행차하여 사냥과 천렵을 즐겼다. 말이 사냥이지 실제로는 자신이 기르고 있는 짐승과 물고기를 잡는 것에 지나지 않았다.
　저 북방민족, 그들이 오랑캐라고 부르는 사람들의 사냥과는 전혀 달랐다. 유목민의 사냥은 있는 그대로의 험준한 산천을 누비며 야생동물들을 쫓아다닌다. 그것은 놀이가 아니었다. 먹고살기 위한 생활의 방편이었고 부족을 단련시키는 일종의 군사훈련이었다. 그렇기 때문에 여러 날 동안, 수백 리의 산과 들을 종횡무진 말을 타고 달릴 때도 있었다.
　그러나 선왕이 만든 원유지, 울타리를 쳐놓은 임금님의 동산은 오직 선왕만을 위한 개인의 사유지였다. 그곳을 지키고 관리하는 사람만도 수백 명에 달했다. 그러니 백성들이 그것을 못마땅해하는 것도 당연한 일이었다. 선왕도 소리 없는 백성들의 불만을 피부로 느끼고 있었다. 사방 40리밖에 되지 않는데, 왜 그것을 크다고 야단들인가. 선왕은 심기가 불편했다.

그러던 어느 날, 마침 제나라에 와 있던 맹자에게 지나가는 말처럼 슬쩍 물었다.

"옛날 천자인 주나라 문왕은 사방 70리나 되는 원유지를 가지고 있었다는데, 그게 사실입니까?"

맹자는 짧게 대답했다.

"기록에 그렇게 적혀 있습니다."

선왕은 부러움과 감탄이 섞인 어조로 되물었다.

"그렇게 컸습니까?"

"그래도 백성들은 작다고 불평했다고 합니다."

맹자는 선왕의 진의를 간파하고 짐짓 이렇게 덧붙였다.

"허허, 과인의 원유지는 사방이 40리밖에 안 되는데도 백성들은 너무 크다고 불평하는 모양인데, 도무지 무슨 이유인지 모르겠습니다."

맹자는 선왕을 깨우칠 좋은 기회라고 생각하고 그 이유를 자세히 설명해주었다.

"문왕의 원유지는 사방 70리라고 하지만, 그곳은 있는 그대로의 자연이었습니다. 산에는 무성하게 나무와 풀이 자라고 강과 냇물은 햇빛을 받아 반짝이며 유유히 흐르고 있었지요. 그곳에서 짐승과 물고기들

---

*일정한 지역을 정하여 울타리를 치고 그 속에 새와 물고기, 짐승 등을 기르는 곳이다. 군왕이나 귀족들의 사유지로 오늘날 말하는 유원지와는 성격이 전혀 다르다.

은 자유를 만끽하며 뛰놀았습니다. 못을 파거나 꽃나무를 다른 곳에서 옮겨와 심지도 않았고, 짐승과 물고기들을 잡아와 풀어놓지도 않았지요. 울타리는커녕 그곳을 지키거나 가꾸는 사람도 없었습니다. 말하자면, 인공이 가해지지 않은 원시 상태 그대로였습니다. 문왕의 원유지에는 백성들이 자유롭게 드나들며 풀을 베고 약초를 캐고 땔감을 장만할 수 있었지요. 또 토끼나 꿩을 마음대로 잡아가기도 했습니다. 그러니 작다고 말하는 것은 당연하지요."

선왕은 맹자의 설명에 기가 막혀 아무 말도 할 수가 없었다. 사실이 그렇다면, 그것이 무슨 군왕의 원유지란 말인가. 이렇게 생각하고 있는데 맹자의 다음 말이 이어졌다.

"신이 처음 제나라 국경을 넘어올 때, 제나라 국법에서 크게 금지하고 있는 것이 무엇인지 알아보았습니다. 신이 듣기로 군왕의 원유지에서 사슴이나 작은 동물 따위를 잡으면 살인죄로 다스린다는 것이었습니다. 아무나 그 울타리 속으로 들어갈 수 없는 것은 물론이고요. 사실이 그렇다면 이것은 백성을 잡으려고 파놓은 함정이나 다름없습니다. 그러니 크다고 불평하는 것은 당연합니다. 대저 하늘 아래 있는 산과 들, 그 속에 존재하는 만물은 하늘의 것입니다. 하늘이 인간에게 내려준 은혜입니다. 군주라고 하여 그것을 독점할 수는 없지요. 그 하늘의 혜택을 백성들과 함께 누리셔야 합니다. 한 마디로 표현하면 여민동락 與民同樂이지요. 옛날 성인들은 그렇게 했습니다."

〈양혜왕〉 편

해설

〈양혜왕〉편에는 주로 위나라 혜왕과 제나라 선왕과의 정치 담론이 실려 있다. 왕도정치를 주장하는 맹자와 패도정치霸道政治를 염두에 두고 있는 군주와의 대화이니 원만하게 풀릴 리가 없었다. 춘추시대 패업을 달성한 제 환공이나 진 문공에 대해 물었으나 맹자는 대답하지 않았다. 다만 공자 문하에는 그런 것이 전해오지 않는다고 말했을 뿐이다. '패도'를 기피한 것이다.

후일 사마천은 《사기》〈맹자순경열전〉에서 이렇게 기록해놓았다.

맹자는 도가 이미 통달하게 되어 제나라 선왕에게 유세하여 섬기고자 하였으나 선왕이 그를 등용하지 않았다.

이 기록대로라면 맹자가 제나라에서 등용되어 벼슬하기를 바랐다는 의미인데, 여러 정황으로 보아 이것은 타당하지 않은 듯하다. 등용되기를 바라면서 어떻게 사사건건 군왕의 의도에 반하는 논리를 전개했겠는가. 맹자는 오로지 왕도정치의 실현을 위해 동분서주했을 뿐이었다. 사마천의 이어지는 기록이 그것을 짐작케 한다.

맹가(맹자)가 양나라에 갔으나 혜왕은 그가 말하는 것을 믿지 않았다. 현실과 거리가 멀어 당시 상황에 맞지 않는다고 생각했다. 맹가는 요순, 하은주 3대의 덕정德政을 논술하였지만 가는 곳마다 그 내용과 부합되지 않았다.

분업의 의미

맹자를 존경하며 정신적 스승으로 모시던 전국시대의 작은 제후국이었던 등藤나라 태자가 임금이 되었다. 바로 문공文公이다. 문공은 왕위에 오르자 맹자가 주장한 정전법井田法*을 실제 정치에 적용했다.

문공은 정전법에 따라 농토를 농민에게 골고루 나누어주었다. 당시로는 획기적인 중농정책이자 과감한 개혁이었다. 주변의 다른 강대국들은 부국강병책으로 일관하여 백성을 착취하고 무력을 증강시켰다. 그러나 등나라 문공은 그렇게 하지 않았다. 정치의 근본은 백성들을 배불리 먹이는 데 있다는 신념으로 농업에 주안점을 두었다.

이 소문은 이웃 나라에까지 퍼졌다. 초나라에 살고 있던 농가학파의 대표격인 허행許行이 이 소문을 듣고 제자들을 거느리고 등나라에 왔다. 농가학파들은 고대 전설적인 황제, 신농씨神農氏**를 숭상하고 농업생산을 최고의 가치로 여겼다. 임금도 백성과 함께 농사를 짓고 스스로 밥을 끓여 먹는 사회, 즉 자급자족하는 농경사회를 이상향으로 동경하고 있었다. 허행은 등나라에 오자, 문공에게 부탁했다.

"먼 남쪽 초나라 사람이 임금님께서 어진 정치를 한다는 말을 듣고 찾아왔습니다. 초가집 한 채 얻어서 임금님의 백성이 되기를 청합니다."

등나라 문공은 허행 일행을 반겼다. 그들에게 우선 거처할 집과 농토를 배분해주었다. 허행과 그 제자들, 순박한 능가학파들은 그 땅에 농사를 지으며 베옷을 입고 짚신을 신고 자리를 짜 자급자족하면서 살았다. 이것은 흡사 원시 농경사회의 풍경이었다.

침략과 전쟁으로 날이 밝고 해가 지던 전국시대, 피바람이 몰아치던 당시에 전쟁을 피해 농사를 지으며 오순도순 살아가는 나라가 있었다는 것은 기이한 현상이다. 아마도 맹자의 반전사상과 중농정책을 흠모한 등나라 문공의 치적 덕분이었을 것이다.

초나라 허행 일행이 등나라로 거처를 옮기고 나서, 또 한 사람이 문공을 찾아왔다. 초나라의 이름난 유학자인 진량陳良의 제자 진상陳相이었다. 그는 송나라에서 농기구를 짊어지고 등나라에 왔다.

"임금님께서 옛 성인의 정치를 구현한다고 들었습니다. 사실이 그렇다면, 역시 성인이십니다. 저는 성인의 백성이 되고 싶습니다."

이렇게 하여 진상은 등나라 백성이 되었고 신농씨의 이론과 사상에 빠져들었다. 그가 한때 배웠던 유가의 학설은 모두 잊고 말았다.

---

* 중국 고대 국가인 하은주夏殷周시대의 토지 제도다. 일정한 토지를 '정井'자 모양으로 9등분하여 여덟 농가가 나누어 경작하고, 가운데 땅은 공동 경작하여 조세로 충당하는 방식이다.
** 중국 옛 전설에 나오는 삼황三皇의 한 사람으로 백성들에게 농사짓는 법을 최초로 가르쳤다고 한다. 중국의 경제, 의약, 음악, 점서 등의 조상신으로 염제炎帝라고도 불린다.

어느 날, 진상이 맹자를 찾아왔다. 맹자 역시 등나라에 잠시 머물고 있을 때였다. 진상은 허행의 농본주의 사상을 잔뜩 추켜세우고 나서 좀 엉뚱한 말을 했다.

"등나라 임금은 참으로 훌륭한 군주라고 말할 수 있습니다. 그러나 아직 도를 터득하지는 못한 듯합니다. 어진 임금이라면 백성과 같이 밭을 갈고 함께 밥을 지어 먹는 법인데, 지금 등나라에는 곡물을 쌓아둔 나라의 창고들이 여기저기 널려 있습니다. 이는 곧 백성들을 착취하여 자기만 배부르고 편하게 지내려는 의도가 아니겠습니까? 이것을 어찌 어진 행동이라고 할 수 있겠습니까?"

맹자는 진상의 이야기에 한동안 말이 없었다. 이 순박한 물음에 어떻게 대답해야 할까. 수천 년 전, 신농씨의 이론을 곧이곧대로 믿고 따르는 순진무구한 사람들이었다. 이들에게 번잡한 설명은 통하지 않을 것만 같았다. 그래서 차근차근 깨우쳐주기로 마음먹었다.

"자네가 신봉하는 그 허자許子(허행을 높여 부름)는 스스로 곡식을 심고 가꾸어 그것을 먹는가?"

"그렇습니다."

"허자는 손수 베를 짜서 그것으로 옷을 지어 입는가?"

"아닙니다. 꼭 그렇지는 않습니다. 털옷을 입기도 합니다."

"허자는 갓을 쓰는가?"

"씁니다."

"무슨 갓을 쓰는가?"

"명주로 만든 갓을 씁니다."

"자기가 직접 명주를 짜고 만들었는가?"

"아니지요. 장인이 만든 것을 곡식과 바꿉니다."

"그렇다면 허자는 왜 손수 베를 짜고, 갓을 만들지 않는가?"

"밭갈이에 여념이 없으니 그것을 할 여가가 없습니다."

"허자는 무쇠솥에 밥을 짓고, 쇠로 만든 연장으로 밭을 가는가?"

"그렇습니다."

"그 무쇠솥과 연장을 직접 만드는가?"

"아닙니다. 그것도 곡식과 바꾸지요."

"허자는 어째서 집 안에다 대장간을 차리고 솥이나 농기구를 직접 만들지 않고 백공百工(기술자)들과 분주히 교역을 하는가?"

"백공들은 농사를 지으며 온갖 기술을 연마할 수 없지요."

"바로 그걸세. 이 세상 사람들은 모두 각자 자신이 맡아서 하는 일이 다르네. 대장장이는 농기구를 만들어 농부의 일을 돕고, 농부는 대장장이를 먹여 살리지. 이와 같이 상부상조하는 걸세. 농사가 근본이긴 하지만, 그것만으로는 부족한 것이 인생살이야. 먹는 것 이외에도 인간이 필요로 하는 것은 수천 가지가 더 있네."

진상은 맹자를 쳐다보며 침만 꼴깍 삼켰다. 맹자가 말을 이었다.

"이런 이치로 본다면, 나라를 다스리는 일도 밭갈이와 동시에 직접할 수는 없지 않겠나? 세상에는 큰 사람이 할 일이 있고 작은 사람이 할 일이 따로 있네. 옛말에 이런 것이 있지. 마음(정신)을 쓰고 힘(노동)을 쓴다고 했어. 마음을 쓰는 자는 사람을 다스리고, 힘을 쓰는 자는 다스림을 받는다勞心者治人, 勞力者治於人. 즉 남의 지도를 받는 사람은 그 사람을 먹여 주고, 남을 지도하는 사람은 그 대가로 얻어먹게 되는 것이 천하의 공통된 원리라고 할 수 있네. 문공이 곳집이나 부고府庫에 곡식을 저장하는 것은 흉년을 위한 대비책이 아니겠는가? 지도하고 다스리는 사람의 마음씀이라고 할 만하지. 비난받을 일이 아닐세."

맹자의 자상한 설명에 진상은 달리 대꾸할 말이 없었다. 논리 정연할 뿐만 아니라 현실에 바탕을 두고 있었기 때문이었다. 이것이 이상과 현실의 차이란 말인가. 진상은 혼란에 빠져 허우적거리다가 화제를 바꾸었다.

"허 선생님은 저자의 물건 값이 똑같아야 온 세상에 거짓됨이 없어진다고 말씀하셨습니다. 그렇게 된다면, 어린아이를 장터에 내보내도 속일 사람이 없겠지요. 옷감의 길이가 같으면 값이 같고, 곡식의 분량이 같으면 역시 값도 같아야 하고, 신도 크기가 같으면 같은 값이어야 한다는 것이지요. 여기에 대해서는 어떻게 생각하시는지요?"

"허허, 그것은 허자의 아주 단순한 생각일 뿐이야. 대개 물건이란 서로가 같지 않아서 값도 차이가 생길 수밖에 없네. 좋은 재료로 곱게 짠 베와 거친 베가 같을 수야 없지 않겠나? 또 정성들여 만든 가죽신과 아무렇게나 얼기설기 엮은 짚신이 그 크기가 같다고 해서 같은 값으로 정할 수는 없지. 만약에 허자의 주장대로 된다면, 천하는 큰 혼란 속으로 빠질 것이네. 아무도 공들여 좋은 물건을 만들려 하지 않을 테니 그러고서야 어찌 나라가 다스려지겠는가. 거짓을 없애려다가 또 다른 거짓이 범람하는 세상이 되겠지."

〈등문공〉 편

해 설

천자문에 이런 구절이 있다. '치본어농 무자가색治本於農 務玆稼穡', 즉 다스림의 근본은 농업에 있으니 심고 가꾸기에 힘써야 한다는 의미다. 흔히 말하는 '농자천하지대본農者天下之大本'이란 말과 비슷한 의미다.

농경사회인 춘추전국시대 제자백가들의 철학사상 역시 여기에 뿌리를 두고 있다. 그렇다 하더라도 각 학파의 농업을 대하는 시각이 다 같지는 않았다. 전국시대 중기, 유가를 대표하는 맹자는 경지를 정리하고 배분을 공평하게 하는 정전법을 주장했다. 그리고 수확물에 합당한 세금을 징수하는 세제개혁, 인의와 덕성 교육이 왕도정치를 완성한다고 보았다. 또 백성들은 부모와 처자식을 먹여살릴 수 있는 안정된 생업이 있어야 함을 강조하면서 정전법을 아주 구체화시켜 나열해놓고 있다. 이런 점으로 볼 때, 농업이 정치의 근본임을 확인시켜주는 예라고 여겨진다.

소위 구류백가라는 학파 가운데 먼 옛날 신농씨를 비조로 받드는 농가 학파들이 포함되어 있다. 이들은 귀천을 불문하고 스스로 농사를 지어 먹고살며 생필품을 자급자족해야 한다고 주장했다. 그 내막은 만민평등을 바탕으로 한 농업지상주의라고 여겨진다. 유가의 신분차별을 근간으로 하는 덕치와는 그 이념이 근본적으로 다르다.

위의 이야기는 유가를 대표하는 맹자와 농가학파의 이론을 실천에 옮긴 허행의 제자인 진상과의 대화다. 두 학파의 농업관 내지 정치이념을 엿볼 수 있는 대목이다. 또 초보적인 수준일지라도 맹자의 말속에는 오늘날 자본주의의 시장경제 원리가 포함되어 있어 흥미롭다.

닭 도둑의 변명

교외의 농지에서는 수확량의 9분의 1을, 성내의 땅은 10분의 1을 세금으로 징수하는 제도를 실시해 농민들 스스로 납부하게 하십시오.

위의 내용은 맹자가 제후들에게 권한 정전법의 조세규정이다. 농민들에게 세금을 가볍게 거두어들여 그들의 부담을 덜어주자는 취지였다. 당시 대부분의 임금이나 공경대부, 부패한 관리들은 토지를 사유화하여 농민들을 착취하고 있었다. 이런저런 명목으로 세금을 과중하게 매겨 강제로 거두어들였으니, 대부분의 백성들은 거의 아사 직전이었다. 소위 말하는 가렴주구가 일상화된 때였다.

맹자는 이것을 개혁하고자 옛 문헌들에만 전해오던 정전법을 구체적으로 정리했다. 토지의 경계를 분명히 하여 농민들에게 나누어주고 대략 10분의 1 정도를 세금으로 받는다면 농민과 국가가 다 함께 번영할 수 있다고 생각했다.

부국강병에만 혈안이 되어 있던 제후들은 맹자의 주장을 외면했으나, 약소국인 등나라 문공은 이 제도를 실천에 옮겼다. 이 소식이 바람을 타고 삽시간에 이웃 나라로 퍼져갔다. 많은 영지를 소유하고 있던 공경대부들은 심기가 편치 않았다. 자신들이 누리고 있는 기득권이 손상됨은 물론이거니와 현실적으로 수입이 크게 줄어들기 때문이었다. 마음을 졸이고 있던 송나라 대부 대영지戴盈之가 맹자를 만나서 그 심경을 토로했다.

"선생님의 주장은 나무랄 데 없이 타당합니다. 또 온 세상이 다 그렇게 되어야 하지 않겠습니까? 그러나 지금 당장 현물세를 10분의 1로 줄여 받고, 관문이나 저자에서 세금을 받지 않기는 어렵습니다. 오랫동안 그렇게 해왔던 것인데, 갑자기 제도를 바꾼다면 오히려 혼란을 초래할 염려가 있습니다. 그래서 저의 소견을 말씀드리겠습니다."

맹자는 내심 불쾌했으나 대영지의 다음 말을 기다렸다.

"단번에 시행하기보다는 때를 봐가며 조금씩 세금을 줄여갈까 생각하고 있습니다. 금년에 조금 가볍게 해주고, 내년, 또 그다음 해에도 그렇게 한다면 머지않아 결국 선생의 뜻대로 되지 않겠습니까?"

맹자는 울화가 치밀었다. 대영지의 말을 듣고 보니 그 심보가 너무나 얄밉고 가증스럽기 짝이 없었다. 말은 그럴듯히 보이지만 그것 역시 속임수임에는 틀림없었다. 해마다 무엇을 얼마나 줄여주겠다는 말인가. 마음 내키는 대로 백성을 농락하던 사람들이 아니었던가. 맹자는 여기서 물러서지 않았다. 자신이 생각하는 바가 옳다면 계속 주장할 뿐이다. 이렇게 마음을 다잡았다. 그리고 대영지를 은근히 비꼬면서 나무랐다.

"한 가지 예를 들어보겠습니다. 어떤 심술궂은 사람이 이웃집의 닭을 훔쳐서 잡아먹었습니다. 하루에 한 마리씩. 매일 그렇게 했지요. 그 내막을 알고 있던 친구가 충고를 했습니다.

'그런 야비한 행위는 군자의 도리가 아닐세.'

이 말을 들은 닭 도둑은 부끄러운 생각이 들어 고개를 들지 못하고 잠시 머뭇거리다가, 좋은 생각이 떠오른 듯 대안을 내어놓았지요.

'그건 자네 말이 옳아. 하지만 수년간 해온 일을 하루아침에 그만둘 수야 없지 않겠나? 앞으로는 수량을 조금씩 줄여 나가겠네. 열흘에 한 마리, 또 한 달에 한 마리씩 잡아먹겠네. 그러다 보면 내년쯤에는 그 버릇이 고쳐지겠지.'

대부의 생각은 이 닭 도둑과 조금도 다를 것이 없습니다. 옳은 일인 줄 알았으면 당장 그만둘 일이지 어찌하여 때를 기다린다거나 후년, 내후년을 기약하면서 머뭇거리는지요?"

맹자의 직설적인 화법은 강경하고 단호했다. 농민을 착취하는 정치인들, 지배계층을 한꺼번에 닭 도둑으로 몰아버린 신랄한 풍자가 아닐 수 없다.

〈등문공〉 편

해 설

맹자의 개혁의지가 기득권 세력에 의해 좌절되는 현장을 목격하는 모습이다. 그러나 맹자는 거기에 굴하지 않고, 자신의 뜻을 굽히지도 않았다. 예나 지금이나 개혁에는 언제나 저항이 따르기 마련이다. 그 저항을 아랑곳하지 않고 맹자는 자신의 주장을 분명히 밝힌 정치사상가였다. 그것의 중심에는 민생이 정치의 요체라는 맹자의 민본사상이 자리 잡고 있었다.

한심한 인간

제나라에 처와 첩을 거느리고 아무 하는 일 없이 빈둥빈둥 놀며 지내는 한 선비가 있었다. 그가 조상에게서 물려받은 것이라고는, 집 한 채와 알량한 선비의 후예라는 것밖에 없었다. 말이 선비지 그는 글공부를 거의 하지 않았다. 겨우 이름자 정도 끼적거릴 정도지만 대단한 선비인 양 으스대고 다녔다. 명주 바지저고리에 도포를 걸치고 갓을 쓰면 누가 보더라도 의젓한 선비의 모습이었다.

이 사람의 처와 첩은 신수가 훤한 낭군님을 신주 모시듯 알뜰살뜰히 보살폈다. 명주 바지에 한 점 얼룩이라도 지면 다투어 빨아서 새 옷으로 갈아입게 했다. 처와 첩은 한집에서 거처했지만, 마치 다정한 친자매인 양 사이가 좋았다. 그들은 형님, 아우라고 서로를 부르면서 다정다감했으며 질투 같은 감정은 전혀 찾아볼 수 없었다. 오히려 선비의 처첩이 된 것을 자랑스럽게 여겼다. 솜씨가 좋은 이 여인네들은 이웃,

부유한 양반집의 삯바느질을 도맡아 해주고 그럭저럭 생계를 꾸려갔다. 그러나 아무런 불평불만이 없었다. 낭군님이 선비니까 그것은 당연한 도리라고 생각했다.

그 선비라는 사내는 집 안에서 빈둥거리다가도 가끔 외출을 했다. 그리고 외출에서 돌아올 때는 늘 얼큰히 취해 있었으며, 술과 고기를 푸짐히 대접받고 왔노라고 떠벌리며 자랑을 늘어놓았다. 얼굴은 알맞게 익어 홍조를 띠었고 번드레 기름기가 흘렀다. 아내는 남편이 자랑스럽다는 듯이 의관을 받아들고 다정하게 물었다.

"오늘은 뉘 댁에서 이렇게 융숭한 대접을 받으셨나요?"

사나이는 거드름을 피우면서 큰 소리로 떠들었다. 그가 초청받아 간 집은 대부분 이름난 부자거나 유명인사들의 집이었다. 아내는 남편이 사귀는 사람들이 한결같이 훌륭한 집안 사람들이어서 마음이 흡족했다. 그러나 한편으로는 희미한 한 가닥 의심을 지울 수가 없었다. 남편을 그토록 대우할 정도로 친밀하다면, 아낙네들도 간혹 내왕이 있어야 할 것이 아닌가. 기껏해야 그네들의 하인들을 통하여 바느질감을 주고받았을 뿐이었다. 남편은 한 달에도 여러 차례, 어떤 때는 사흘에 한 번 꼴로 반드시 외출을 했다. 의관을 잘 차려입고 도포자락을 펄럭이며 신바람을 냈다.

그날도 아침 일찍부터 몸치장을 하느라 부산을 떨더니만, 씽하니 대문을 열고 나가버렸다. 남편이 외출하는 것을 지켜본 아내가 조용히 첩을 불렀다.

"서방님께서는 나가시기만 하면 반드시 좋은 음식을 대접받고 돌아오시는데 슬그머니 물어보면 한결같이 대갓집이 아니겠는가. 그런데 그쪽에서는 한 번도 우리 집을 찾은 일이 없으니 아무래도 수상해. 오늘은 내가 마음먹고 서방님 뒤를 밟아 보겠네."

아내는 말을 마치자 곧바로 대문을 나섰다. 먼발치에서 남편의 뒤를 따라갔다. 그런 줄도 모르고 사내는 시내 거리를 이리저리 헤매고 돌아다녔다. 많은 사람을 지나쳤으나 어느 누구도 아는 체하지 않았다. 인사를 주고받거나 만나서 대화를 나누는 사람은 더더구나 없었다.

해가 높이 솟아올라 중천에 가까워질 때쯤, 사나이는 동문 밖으로 발길을 옮겼다. 머리에 수건을 감아 두른 아내는 숨을 죽이고 성 밖으로 따라나왔다. 동문 밖은 허허벌판, 넓은 들이었다. 농부들이 추수하느라 분주히 오가는 모습이 드문드문 보였다. 하늘은 더없이 높고 푸르렀다. 시원한 바람이 술렁이는 들녘엔 가을이 익어가고 있었다. 어느새 천고마비의 계절이 되었구나! 밤낮으로 바느질 바구니를 끼고 살았으니 시절이 바뀌는 줄도 몰랐던가. 아내는 가을바람에 취해 비틀거렸다. 그러면서 남편의 뒷자락을 놓칠세라 논틀밭틀로 내달렸다.

넓은 들녘, 저 끝은 나지막한 야산이었다. 나무도 거의 없는 민둥산에는 무덤이 즐비했다. 오래전부터 성안 사람들의 공동묘지로 자리 잡고 있었다. 간혹 귀신이 출몰하고 도깨비불이 번쩍인다는 소문이 돌고 있어 밤에는 근처에 접근하는 사람이 드물었다. 먼 데서 바라보니, 산중턱 여기저기에 사람들이 무리지어 모여 있었다. 아마도 성안의 누군가가 죽어 장사葬事를 지내거나 아니면 시향時享*에 참여하기 위해 모인 사람들이리라.

남편은 도포자락을 펄럭이며 들판을 가로지르더니 마침내 사람들이 모여 있는 공동묘지로 올라가고 있었다. 아내는 바싹 따라붙어 산 아래 언덕 밑에 몸을 숨기고 남편의 동정을 살폈다. 자세히 보니 남편은 남들이 제사 지내고 남은 음식을 얻어먹고 있었다. 그리고 한곳에서 배가 차지 않은 듯, 또 다른 곳으로 옮겨갔다. 몸을 연신 굽실거리면서 게걸스럽게 술과 고기를 얻어먹는 모양을 바라보던 아내는 주먹으로 가슴을 '쾅쾅' 내리쳤다. 남편이 사흘들이로 술과 고기를 포식하고 돌아와서 큰소리치는 방법이 바로 저것이었구나! 아내는 정신이 아찔하고 눈앞이 캄캄해졌다. 하늘같이 떠받들던 남편, 선비라고 자랑스럽게 생각했던 그 낭군님이 비루한 거지 행세를 하다니!

아내는 더 이상 그 광경을 바라볼 수가 없었다. 너무 부끄러워 고개도 들지 못하고 집을 향해 내달렸다. 대문을 들어섰을 때는 이미 머리에 두른 수건은 벗겨져 나갔고 눈물과 땀이 범벅이 되어 자신도 거지나 진배없는 몰골이 되어 있었다. 혼자서 집을 지키고 있던 첩이 놀라 마당으로 뛰어나왔다.

"형님, 어떻게 된 일이에요?"

아내는 헐떡이던 가슴을 진정시키고 자초지종을 자세히 알려주었다.

"남편이란 평생을 의지하고 우러러보며 살아가는 귀한 존재인데, 그런 꼴을 하고 다니니 이를 어쩌면 좋단 말인가!"

말을 마치자, 아내와 첩은 부둥켜안고 땅바닥에 털썩 주저앉았다. 그러고는 엉엉 소리 내어 울기 시작했다. 울다가 마주 보고 또 더욱 큰 소

---

* 해마다 2월, 5월, 8월, 동짓날에 가묘家廟에 지내는 제사와 해마다 음력 10월에 5대 이상 조상 산소에 가서 지내는 제사라는 두 가지 뜻이 있는데, 여기서는 두 번째의 의미로 쓰였다.

리로 울었다.

　해가 서산으로 넘어가 어둠이 소리 없이 깔릴 때쯤, 남편은 대문을 힘차게 밀고 호기롭게 들어왔다. 그러고는 여느 때와 다름없이 큰 소리로 떠들었다.

　"오늘은 생일잔치에 초대받아 잘 먹고 유쾌하게 놀다가 왔지."

　사내는 말을 마치고, 붉게 충혈된 눈을 비비며 마당에서 벌어지고 있는 광경을 바라보았다. 아내와 첩이 서로 끌어안고 엉엉 울고 있는 모습이 눈에 들어왔다. 전에 없던 일이었다. 사내는 부아가 치밀어 올랐다. 왜 울고 있는지, 그 영문 같은 것은 따질 것도 없었다. 남편이 출타했다가 돌아왔는데 반기기는커녕 집 안에 울음소리가 진동하다니! 도저히 있을 수 없는 일이었다. 부글부글 끓어오르는 분노를 토해냈다.

　"아녀자가 초저녁에 재수 없이 대성통곡이 웬 말인가. 초상난 것도 아닌데!"

　사내는 몽둥이라도 찾으려는 듯이 마당을 빙빙 돌면서 펄떡펄떡 뛰어다녔다. 아내와 첩은 잠시 울음을 그치고 서로를 마주 보았다. '그래, 맞는 말이야. 하늘같이 의지하던 남편이 죽었어. 초상난 거나 마찬가지지.' 서로의 눈빛으로 이런 뜻이 오고 갔다. 아내와 첩은 부둥켜안고 다시 목 놓아 울기 시작했다.

〈이루〉편

해 설

군자의 입장에서 본다면, 세상의 부귀와 영화를 좇아 동분서주하는 사람들은 모두 비루한 이 선비와 마찬가지다. 만약 그들의 처나 첩이 그 내막을 안다면 울지 않을 사람이 없을 것이다.

위의 언급은 이 이야기 뒤편에 붙어 있는 맹자의 평이다. 옛날이나 현재도 빈둥빈둥 놀고먹으면서 이익을 찾아 비루한 행동을 하는 사람들은 수도 없이 많다. 그런 사람일수록 겉으로는 큰소리치며 잘난 체 으스대기 마련이다. 맹자는 이런 부류의 인간을 소인배로 낙인찍어 풍자하고 있다. 군자가 본 소인의 구체적인 모습이다.

맹자는 누구나 생업을 가지고 있어야 하며, 그것으로 부모나 처자식을 부양해야 한다고 주장했다. 이런 점으로 미루어보면, 놀고먹는 건달들을 비판하려는 의도도 엿보인다. "나물 먹고 물 마시고 팔을 베고 누웠어도 즐거움이 그 속에 있다"라고 말한 공자의 이상론과는 상당한 차이가 있다. 맹자는 민생문제에 있어서 상당히 현실적이고 적극적으로 접근한 정치철학자며 사상가였다.

인간의 본성

하늘이 온 백성을 낳으시니, 반드시 합당한 법칙이 있네. 백성은 착한 본성을 지녀 아름다운 덕을 좋아라 하네.

맹자는 《시경》에 있는 이 구절을 누구보다 좋아하여 반복해서 읊조렸다. 일찍이 공자도 감탄을 아끼지 않던 노래였다. 인간은 본래 착한 성품을 가지고 태어났는데, 이 시대는 왜 이렇게 암울한가.

맹자는 세상 돌아가는 형편을 한탄하며 다시금 지난날을 되돌아보았다. 춘추 이래 전국시대에 이르는 시기는 전쟁의 연속이었다. 침략과 반역, 시해가 잇달았고, 그 가운데서 이익과 욕망을 추구하는 무리들로 인해 도덕이나 예의는 마구 짓밟혀 만신창이가 되었다. 마치 세상에 있는 모든 악이 모여 서로 경쟁하는 악의 경연장 같은 시대였다.

이것을 어떻게 바로잡을 수 있을까. 맹자는 현실 속에 뛰어들어 여러 제후들을 만나고 정치가인 공경대부들을 설득했다. 유가사상의 근본인 덕치, 곧 왕도정치를 부르짖었으나 돌아오는 것은 공허한 메아리뿐이었다. 그렇다고 한 발짝 물러나 못 본 척하며 외면할 수는 없었다. 난세를 살아가는 지식인이라면, 치열한 현실 참여를 위해 무엇인가 보여주어야만 했다. 그것이 맹자의 타고난 뜨거운 피였고 천성이었다. 그러나 정작 그가 할 수 있는 일은 아무것도 없었다. 고작 세상에서 이름난 학자이자 여러 사람들의 존경을 받는 것이 전부였다. 죽기 살기로 뒤엉켜 싸우는 현실과는 한참 거리가 멀었다.

이런 것을 간파한 맹자는 방법을 바꾸기로 마음먹었다. 인간의 본성이 착한 것이니 그것을 되찾아주자. 이익이나 욕망을 좇는 것은 시대적 환경 탓이 아니겠는가.

인간의 본성이 착하다는 것은 공자 이래 유가학파들이 한결같이 주장해온 이론이었다. 맹자 자신도 한 점 의혹 없이 이것을 믿어왔다. 그러나 너무 막연했다. 왜, 무슨 근거로 인간의 본성이 착하단 말인가. 맹자는 이 점을 분명히 밝히고 싶었다. 다시 말하면 논리적 정당성을 확보한다는 의미였지만, 그게 그렇게 간단하지가 않았다.

맹자는 한동안 이 문제로 고심을 거듭했다. 진리를 찾아 떠나는 여행, 그 여정은 아득한 어둠 속이었다. 그렇지만 가슴이 두근거리고 즐거웠다. 어딘가 황홀한 한 줄기 빛이 있다는 것을 확신했기 때문이었다. 맹자는 먼저 생명의 근원을 생각해보았다. 하늘과 땅, 음양의 조화 같은 것, 보이지 않는 자연의 질서, 그 속에 악의 씨앗은 어디에도 없었다. 갓 태어난 아이의 천진무구함, 바로 그것이었다. 방긋방긋 웃는 그 모습을 바라보고 있노라면 누구든 악한 감정은 눈 녹듯 스러져버릴 것이다. 이런 점으로 본다면, 인간의 본성이 착하다는 것은 분명하다. 그러나 논리적 근거로는 합당하지 않았다. 그렇게 느끼는 감성일 뿐이다. 강아지 새끼나 갓 태어난 송아지에게도 그와 똑같은 귀여움, 천진함이 있다. 그렇다면 인성人性과 수성獸性이 같다는 말인가. 맹자는 고개를 가로저었다.

곧이어 생명의 근원이라고 여겨지는 물을 떠올렸다. 심산유곡에서 솟아오르는 샘물, 그것은 불순물이라고는 전혀 섞여 있지 않은 순수함이다. 샘물이 모여 시내를 이루고 시내는 또 큰 강물이 된다. 강물은 흘러가는 과정에서 온갖 잡동사니가 섞여 혼탁해진다. 진흙을 만나면 진흙빛으로, 또 황토를 만나면 누런색이 되어 흐른다. 때로는 스스로 정화되어 맑음을 되찾기도 하지만.

이런 상념 속에서 맹자는 한 줄기 희미한 빛을 보았다. 그렇다! 인간의 본성은 티 없이 맑은 샘물과 같은 것이다. 주위 환경에 의해 오염된다 하더라도 그 본래의 모습은 수정처럼 맑았다. 또 물의 성질 속에는 변함없는 절대진리가 있다. 높은 데서 낮은 곳으로만 흐른다. 거슬러 흐르는 강은 이 세상 어디에도 없다. 티 없이 맑고 거스르지 않는 온순함은 선과 상통하지 않겠는가. 오래전 공자께서 용을 만났다고 칭송했던 그 노자의 말이 문득 떠올랐다. 상선약수上善若水*. 최고의 선은 물과 같다는 그 말. 맹자는 어둠 속에서 헤매다가 커다란 한 줄기 빛을 발견하고 희열에 몸을 떨었다. 물의 본성이 맑고 깨끗하고 온순하여 거스르지 않는 것이라면, 인간의 본바탕 역시 선할 수밖에 없구나! 태초에 하늘은 물을 만들었고 인간은 그 물을 바탕으로 생겼을 테니까. 이렇게 맹자는 성선설의 논리를 확립했다.

그러던 어느 날이었다. 사상가인 고불해告不害가 맹자를 찾아왔다. 그는 당시 세력을 떨치던 묵가학파도 아니고 그렇다고 유가 쪽 학자도 아니었다. 나름대로 독특한 이론을 내세우는 유명한 학자였다. 따르는 제자들도 상당수 있어 고자告子라고 높여 불렀다.

고자는 다짜고짜 맹자의 성선설을 비판했다.

"선생님은 사람의 본성을 물에 비유하셨습니다. 그래서 저도 물을 가지고 이야기해보겠습니다. 사람의 본성은 소용돌이치는 물과 같습니다. 동쪽으로 물길을 터놓으면 동쪽으로 흐르고, 서쪽으로 터놓으면 서쪽으로 흐르지요. 사람의 본성에 선과 악의 구분이 없는 것은, 물에 동서가 따로 없는 것과 마찬가지입니다."

맹자는 고자의 말을 듣고 한심하다는 표정으로 설명했다.

"그대는 하나만 알고 둘은 모르는군요. 물의 성질에 동서가 따로 없지만, 위아래는 있지 않습니까? 사람의 타고난 본래 성품이 착한 것은, 물이 아래로만 흐르는 것과 같은 이치지요. 사람은 천성이 착하지 않은 사람이 없고, 물이 아래로 흐르지 않는 경우는 없습니다. 물을 쳐서 튀기면 사람의 이마 위를 넘게도 할 수 있고, 물길을 막으면 산 위에도 모아놓을 수는 있습니다. 그러나 그것이 어찌 물의 본성이겠습니까? 그 형세가 그렇게 만든 것이지요. 마찬가지로 사람을 선하지 않게 만드는 이유 역시 외부의 영향 때문입니다."

맹자의 설명을 듣고 고불해는 아무 말 없이 그대로 가버렸다. 물은 그냥 물이고 그 성질이 아래로 흐르는 것은 자연법칙일 뿐이다. 밤이

---

* 최고의 선은 물과 같다는 《노자》의 8장 첫 구절이다.

가면 낮이 오고 또 밤이 찾아온다. 달은 차면 기울고 또 밝은 둥근달이 떠오른다. 과일이 익으면 저절로 땅에 떨어지는 이치와 같은 것이다. 사계절의 순환 역시 한가지다. 봄이 가면 여름이 오고, 가을, 겨울이 뒤따른다. 태고 이래 한 치의 오차도 없이 진행되어온 우주의 질서다. 이 자연법칙, 우주의 질서를 어떻게 인간 본성에 비유할 수 있단 말인가. 고자는 이렇게 항변하고 싶었지만 아무 말도 하지 않았다.

맹자의 제자 공도자가 고불해의 견해를 듣고 와서 맹자에게 물었다.

"고자는 인간의 본성이 선하지도 악하지도 않다고 말합니다. 그 예로 역사상 여러 인물들을 나열하고 있습니다. 세상에 그 이름이 널리 알려진 인물 중에는 극악무도한 자도 있었고, 반면 요순과 같은 어진 이도 있었지요. 그러나 대부분 악을 행한 사람들이고 선을 행한 사람은 극소수입니다. 사람의 본성이 선하다면 세상 분위기 역시 선한 쪽일 것입니다. 그런데도 왜 선행을 실천한 사람이 적었을까요? 이런 이치로 본다면 성선설을 모든 인간에게 일률적으로 적용시키는 것은 무리가 아니겠습니까?"

맹자는 제자의 이 말을 듣고 자신의 이론을 확실히 정리해둘 필요를 느꼈다. 그렇지 않아도 묵가학파들은 겸애교리를 주장하며 사회질서를 어지럽히고 있다. 임금과 신하, 아비와 아들, 순박한 백성과 천민의 구별을 허물고 서로 사랑을 주고받으며 이익을 골고루 나누어 갖자고 선동하고 있다. 전쟁을 반대하는 것은 옳지만, 그것도 근본적 차이가 있다. 도덕적 뒷받침이 없는 단순한 평화 애호론일 뿐이다. 이래서 나라와 사회의 질서를 어떻게 바로잡겠다는 것인가. 고자와 같은 인물은 이것도 저것도 아닌 어정쩡한 태도를 취하고 있다. 선한 인간의 본성을 회복시키는 것이 난세를 극복하는 급선무라고 생각되었다. 그래서 공도자에게 일일이 정리하여 차근차근 말해주었다.

"인간에게는 선한 본성을 따라 움직이는 정이 있다. 이것이 내가 주장하는 성선이다. 물에 빠진 사람을 구해주려는 본능, 불쌍한 사람에게 갖게 되는 측은한 마음, 이것이 측은지심惻隱之心이고 남의 그릇된 행동을 미워하는 마음은 수오지심羞惡之心, 또 윗사람을 받들고 존경하는 마음이 사양지심辭讓之心, 옳고 그름을 구별하는 마음은 시비지심是非之心이라고 한다. 이것을 사단四端이라고 하는데, 사람의 본성에서 우러나오는 정이다. 인의예치가 여기에서 나왔다.

이 네 가지는 인간이 태어날 때부터 가지고 있는 본성이다. 사람들이 이익과 욕망에 빠져들어 악을 행하게 되는 것은 주위 형세가 그렇게 만들었기 때문이다. 이것을 바로잡는 것은 오로지 교육을 통해서만이 가능하다. 인간이 태어나서 죽을 때까지 끊임없이 배워야 하는 이유가 여기에 있다."

공도자는 스승의 가르침을 조용히 듣고만 있었다.

〈고자〉 편

해 설

 춘추전국시대 제자백가 중에는 인간의 본성이 선한가 악한가 하는 명제를 중요하게 다룬 학파나 사상가들이 있었다. 때문에 이들이 신봉하고 주장하는 인간 본성(선악)에 따라 정치철학이나 행동, 주장이 크게 달랐다.
 성선설은 정통 유가들의 주장이었는데, 전국시대 중기 맹자가 그 논리적 체계를 확립했다. 즉 이익과 욕망으로 인해 발생하는 모든 악은 외물의 자극을 받아 생긴 것이므로, 인간의 선한 본성을 되찾기 위해서는 이익이나 욕망을 추구하는 마음을 통제하고 억눌러야 한다고 생각했다. 그 한 방편으로 교육의 중요성을 강조했다.
 반면 성악설性惡說은 순자가 확립했다. 순자는 맹자보다 60여 년 후, 전국시대 말기의 인물이다. 순자는 욕망과 이익을 좇는 행동이 외부의 자극으로 인해 형성된 것이 아니고 인간이 본래부터 타고난 본성이라고 주장하며 맹자의 성선설을 맹렬히 비난했다. 순자는 유가에 속하는 학자였으나 성악설을 주장하여 정통 유가들로부터 이단이라고 배척당하기도 했다.
 순자는 인간의 본성이 악하지만, 예의 교육과 실천을 통해 교화할 수 있다고 믿었다. 이 점은 유가와 맥을 같이하고 있다. 순자의 제자이며 법가의 중심인물인 한비자도 성악설의 신봉자였다. 그러나 그 처방은 사뭇 달랐다. 법을 통한 상벌의 기준과 법의 엄격한 적용을 통해 인간의 악을 다스려야 한다고 주장했다.
 맹자가 성선설을 내세우고 교육의 중요성을 강조하던 그 시대, 거기에 반하는 또 다른 사상가들, 철학자가 있었다는 사실은 기억해둘 가치가 있다. 예를 들면, 이 이야기에 등장하는 고불해 같은 사상가다. 그는 인간의 본성은 선한 것도 악한 것도 아니라는 견해를 밝혔다. 또 다른 인물 공도자 역시 고자를 언급하면서 성선설에 대한 의문을 제기하고 있다.

《맹자》에 언급된 내용으로 볼 때, 고불해나 공도자의 의견은 성선설의 당위성을 강조하는 방편으로 끌어들인 이론이 아닌가 하는 의혹이 짙다. 그 의도야 어떻든 당시의 다양한 인간탐구의 생생한 현장을 엿볼 수 있는 기록이라고 여겨진다. 흔히들 춘추전국시대를 난세라고 말한다. 그러나 그 어지러운 세상, 500년도 더 되는 세월 속에서 인간의 정신 영역은 상상을 초월할 만큼 위대한 발전을 거듭해왔다. 그야말로 온갖 사상이 한꺼번에 활짝 핀 백화제방의 시대였다.

9

대자연의 법칙과 인간 행위의 합일

《회남자》

《회남자 淮南子》

△
▫
◎
▷

《회남자》는 어떤 책인가

한나라의 시조인 한고조 유방의 손자 중에 유안劉安(기원전 179~122)이라는 사람이 있었다. 그는 한나라 초기 학문을 좋아하는 학자로 회남왕에 봉해졌다. 세상에서는 그를 '회남자'로 불렀다. 자는 남자의 존칭으로 '선생님'이라는 뜻이다. 유안은 남쪽 지방 회남에 봉해진 후 많은 학자들을 불러 모아 학술토론을 즐겼다. 그 결과물이《회남자》다. 그러니 전국 각지에서 모여든 여러 학자들과 함께 저술했다고 봄이 타당할 것이다.

내용과 성격

책의 내용은 노자에 가까워 담백무위淡白無爲를 요체로 하고 마음을 허정虛靜*에 둘 것을 설파했다. 고금의 치란治亂, 존망存亡, 화복의 발자취를 설명하고 세간의 괴이怪異, 진기珍奇한 일 등을 기록했다. 그 설명하는 뜻은 밝으며 열거하는 내용은 풍성하여 백사百事를 싣지 않은 것이 없다고 평하고 있다.

이 책은 원래 제목이 '홍렬'이었기 때문에 '회남홍렬淮南鴻烈'이라고도 하는데 '큰 도를 밝힌다'는 의미를 담고 있다. 이른바 잡가의 책으로 백과사전적 성격은 《여씨춘추》와 비슷하다. 본래 내외편이 있었으나 현전하는 것은 내편 21권뿐이다.

*아무것도 생각하지 않고 사물에 마음이 움직이지 않는 상태, 혹은 정신을 이른다.

근심은 번영의 근본

조양자趙襄子의 군사가 조그마한 제후국인 적나라를 쳐서 이겼다. 이에 따라 적나라의 우尤와 종終 땅은 함락되었고 거기 살던 사람들은 조양자의 백성이 되었다. 장차 조씨가 크게 번창할 조짐으로 여겨 모두들 마음이 들떠 있었다. 이 기쁜 소식을 사신이 달려와 조양자에게 알렸다.

"적나라의 두 성을 함락하고 영토를 넓혔습니다."

조양자는 막 밥상을 받아 수저를 들려고 할 때, 이런 전갈을 받았다. 그는 급히 밥상을 물리고 멍하니 깊은 생각에 골몰했다. 근심 걱정이 얼굴 전체에 가득한 모습이었다. 옆에서 모시던 시종들은 도무지 이해할 수가 없었다. 승전 소식을 듣고 저처럼 우울해하다니! 상하上下가 한데 어울려 덩실덩실 춤이라도 추며 기뻐할 일이었다. 이 모습을 유심히 살펴보던 측근 한 사람이 조심스럽게 물었다.

"하루아침에 두 성을 항복받았습니다. 모두들 이 일을 기뻐하고 있는데, 주군께서는 어찌하여 근심하는 모습을 보이십니까?"

조양자는 그제야 본정신이 돌아온 듯, 옷깃을 여몄다. 그러고는 주변의 신하들에게 차근차근 말했다.

"큰 강물이 흘러넘치다가도 사흘이 못 되어 줄어들고, 아무리 거센 바람이나 폭우도 하루 종일 계속되지는 않는다. 또 해가 하늘 가운데 머물고 있는 시간은 잠시뿐이다. 그런데 지금 우리 조씨 가문이 남달리 덕행을 쌓은 적도 없는데, 하루아침에 두 성이 굴러 들어왔으니, 이것을 어떻게 해석해야 할 것인가. 기뻐하기보다는 걱정이 앞서는 것이 당연하지 않겠느냐? 우리가 망하는 날이 언젠가는 닥쳐올 것 같아서 내가 걱정했던 것이다. 차면 기우는 것이 세상 이치가 아니겠느냐. 너무 들뜨지 말고 매사에 신중히 대처하길 바란다."

후일 공자가 이 이야기를 전해 듣고 짤막하게 평했다.
"조씨는 반드시 번창하리라."

〈도응훈〉 편*

---

* 도응훈道應訓은 《회남자》의 편명으로 도에 따른 교훈이란 의미다. 여기서 '도응'이란 도에 나타나다, 도에 응하다라는 뜻이다.

🔺 해 설

대저 걱정은 번영의 근본이 되고, 기뻐하는 것은 멸망의 요인이 된다. 이기는 것보다 그 승리를 계속 발전시켜 나가는 것이 더 어려운 일이다. 현명한 군주는 이것을 알고 몸소 근검절약하며 백성들을 위한 노력을 게을리 하지 않았다. 그래서 그 복이 후세에까지 미치게 되었다. 제, 초, 오, 월나라는 모두 한때 크게 승리한 적이 있었다. 그러나 끝내 멸망한 것은 승리에 도취되어 장래를 걱정하지 않았기 때문이다.

도에 통달한 군주만이 승리를 오랫동안 유지할 수 있다. 공자는 우람한 체격을 가지고 있어 성문을 들어 올릴 힘이 있었으나 아무도 장사라 하지 않았고, 묵자는 구름사다리를 만들어 성을 공격하려는 공수반을 언변과 지모로 굴복시켰지만 병술가로 이름을 떨친 적이 없었다. 강強을 속에 감추고 겉으로 약弱한 체하는 것이 승리의 비결이다. 이것을 노자는 다음과 같이 말했다.

도는 텅 비어 있고, 그 속이 언제 가득 찰지 알 수 없으며 또한 무한하다.

위의 말은 본문 말미에 덧붙여져 있는 논평이다. 일시적 승리를 기뻐하고 자축하기보다는 그 후를 더 염려해야 한다는 교훈을 담고 있다.

〈도응훈〉편은 노자의 도가사상으로 매듭짓고 있다. 과거의 사적史蹟, 고사를 노자가 말한 도와 결부시켜 교훈으로 삼고자 하는 의도를 분명히 밝히고 있다. 《회남자》를 집대성한 회남왕 유안 밑에 모여든 빈객들 중에 도가사상가들이 많았다고 하니 당연한 결과일 것이다.

재주도 쓰기 나름

초나라 장군 자발子發*은 무언가 남다른 재주를 가진 사람을 무척 좋아했다. 그 재주가 도덕적 기준으로 어떤 가치를 가진 것이 아니어도 상관하지 않았다. 이 소문을 들은 온갖 잡기를 자랑하는 천하의 재주꾼들이 장군 밑으로 모여들었다.

그러던 어느 날이었다. 행색이 볼품없는 꾀죄죄한 사내가 장군의 거처를 찾아왔다.

"저는 장군께서 특출한 재주를 가진 사람을 찾는다고 해서 왔습니다. 사람들은 저를 '시투市偸'라고 부르지요."

대문을 지키는 병사에게서 이 말을 전해 들은 자발은 허리띠도 제대로 매지 않고, 갓도 바로 쓰지 못한 채 뛰어나갔다. 언젠가 그 '시투'란

---

* 초나라의 장군으로 후일 영윤令尹이 된다. 영윤은 초나라의 관직명인데 재상을 뜻한다.

별명을 가진 사람에 대해서 들은 바가 있어서였다. 시장에서 감쪽같이 남의 물건을 훔치는 재주꾼이 있는데, 그놈이 누군지 얼굴을 아는 사람은 아무도 없다. 그래서 그냥 '시투'라는 별명을 붙여 부르고 있다는 이야기였다.

시투란 '저자의 도둑놈'이란 뜻이다. 한마디로 표현하면 얼굴 없는 인간이었다. 그 투명인간이 실체를 드러냈으니, 자발이 흥분하여 뛰어나갔음은 당연한 일이었다. 자발은 시투의 초라한 행색은 거들떠보지도 않고 그의 두 손을 덥석 잡았다.

"그대가 나를 찾아올 줄은 꿈에도 생각 못했소."

자발은 얼굴 가득히 웃음을 띠고 시투를 반갑게 맞이했다.

"보잘것없는 재주지만 장군께서 저를 받아주신다면 신명을 다하겠습니다."

시투는 이렇게 하여 자발의 부하가 되었다. 자발이 이 좀도둑을 반길 때, 측근들은 볼멘 투로 말했다.

"좀도둑도 도둑놈이 아닙니까? 그것이 무슨 큰 재주나 되는 듯 찾아온 녀석을 그처럼 반기는 영문을 알 수가 없습니다."

부하 장수들의 이런 불만 섞인 말을 듣고 자발은 조용히 일렀다.

"그대들이 상관할 일이 아니야."

그 후 얼마 되지 않아서 제나라가 대군을 일으켜 초나라로 쳐들어왔다. 자발은 군사를 이끌고 나가 싸웠는데, 세 번 싸워 모두 이기지 못하고 물러났다. 제나라의 막강한 병력을 도저히 당해낼 수가 없었다. 초나라 진영에서는 비상이 걸렸다. 자발의 휘하 장수들이 모여 머리를 맞대고 전술을 논의했으나 뾰족한 묘수가 없었다. 초나라 진영이 어찌할 줄 모르고 이렇게 갈팡질팡하는 사이 제나라 군사들의 사기는 더욱 드높아져 초나라 진영을 압박했다. 이때 초나라 진영의 제일 말단에서 뒤따르던 시투가 장군 앞에 나타났다.

"제가 가진 변변치 못한 재주를 초나라를 위해 한번 시험해볼까 합니다."

자발은 그를 반기면서 그 내막을 묻지도 않고 흔쾌히 허락했다.

"그렇다면 네 뜻대로 해보아라."

장군의 승낙을 받은 날 밤이었다. 마침 그믐께여서 주위는 앞뒤를 분간할 수 없이 캄캄했다. 두 나라 군사가 대치하고 있는 그 사이는 어둠의 장막으로 드리워져 있었으나, 팽팽한 긴장감이 감돌았다. 은하수가 서쪽으로 기울고 이슬이 소리 없이 내리는 한밤중이 되었다. 군막軍幕 사이사이에 피워놓은 불꽃도 사그라졌고 전투에 지친 병사들은 깊은 잠에 곯아떨어졌다. 시투는 이 틈을 이용하여 몰래 적진으로 잠입해 들어갔다. 그리고는 아무도 모르게 제나라 장군의 군막을 벗겨 가지고 돌아왔다. 이튿날 아침, 그것을 자발에게 올리면서 의미 있는 눈짓을 보냈다. 자발은 잘 알았다는 듯이 시투의 등을 두드리며 격려해주었다.

자발은 시투가 벗겨온 제나라 장군의 군막을 부하를 시켜 돌려보내면서 자신의 뜻을 전하게 했다.

'땔감을 구하러 갔던 병사가 멋모르고 장군이 거처하는 군막을 뜯어왔으므로 도리상 돌려드립니다.'

다음 날 밤에는 시투가 제나라 장군의 베개를 훔쳐 가지고 왔다. 자발은 두말하지 않고 예의를 갖추어 그것을 돌려보냈다.

그다음 날이었다. 이번에는 제나라 장군의 머리털을 감아올린 비녀를 뽑아왔다. 자발은 회심의 미소를 머금고, 사신을 보내 돌려주면서 정중히 사과하는 것을 잊지 않았다.

제나라 진영에서는 비상이 걸렸다. 제나라 장군은 휘하 장수들을 모두 불러놓고 대책을 논의했다. 이 자리에서 장군은 화가 나서 고함을 질렀다.

"어찌하여 이런 일이 있을 수 있는가! 초병은 그동안 무엇을 하고 있었단 말이냐? 적군이 우리 안방을 제멋대로 휘젓고 다니도록 내버려두었다니! 오늘밤에는 초나라에서 내 머리를 훔쳐갈지도 모르는 일이다."

제나라 장군은 얼굴이 벌겋게 달아올라 고래고래 고함을 질렀다. 제정신이 아니었다. 온몸을 부들부들 떨고 있었다. 자신의 머리가 댕강 잘려 나가는 것을 상상만 해도 소름이 끼쳤다. 더더구나 그것을 싸들고 와서 예의상 돌려준다고 하면 어쩔 것인가. 제나라 장군은 눈앞이 캄캄해졌다. 그런 엄청난 모욕과 수치는 상상하기조차 싫었다. 곧이어 더 큰 공포가 엄습하여 몸을 가누지 못하고 비틀거리면서 간신히 명령을 내렸다.

"대군을 즉시 철수시켜라!"

〈도응훈〉 편

해 설

나뭇가지가 가늘다고 해서 쓸모없는 것은 아니다. 또 하잘것없는 능력이나 재주도 소중히 쓰일 때가 있다. 요는 지도자가 그것을 어떻게 활용하는가에 달려 있다고 할 수 있다. 이와 유사한 뜻으로 노자는 이렇게 말했다. "착한 사람은 착하지 못한 사람의 스승이 되지만, 그 착하지 못한 사람도 착한 사람을 돕는다."

위의 말은 이 이야기에 대한 논평이다. 인간은 누구나 독특한 개성을 가지고 있다. 능력이나 재주 또한 다양하다. 그러므로 인간은 무한한 가능성을 가진 존재라고 생각된다. 그러나 보통의 경우 그 잠재적 가능성은 소리 없이 소멸되고 만다. 이유는 여러 가지가 있겠지만, 특히 선악이라는 가치 기준이 커다란 장애요인이 될 수 있다.

도둑질이나 거짓말을 잘하는 것도 하나의 재주다. 그러나 그것은 도덕적 규범을 벗어나는 나쁜 행위, 곧 악에 해당된다. 현명한 지도자는 악을 선으로 활용하는 지혜와 도량이 있어야 한다. 위의 이야기에 등장하는 초나라 자발이란 장군이 바로 그런 지혜로운 지도자일 것이다. 하잘것없는 좀도둑의 재능을 활용하여 큰 전쟁을 막아 많은 생명을 구했다.

민주주의와 언론이 만발한 현대사회에도 '시투'와 비슷한 좀도둑이 도처에 숨어 있다는 사실을 잊어서는 안 된다. 또 그들을 그대로 내버려두지 않고 따뜻하게 받아주어 긍정적인 방향으로 이끌어주는 지도자가 절실히 요구되는 세상이기도 하다.

새옹지마

대륙의 북쪽 끝, 국경의 변방이었다. 언덕 하나 넘고 얕은 개울을 건너면 바로 남의 나라였다. 유목 민족인 그 오랑캐의 땅은 아득하고도 드넓은 초원이었다. 오랑캐들은 한곳에 정착하지 않고 가축을 몰고 이리 저리로 옮겨 다니며 살았다. 그렇기 때문에 가까운 곳에 살고 있었으나, 서로 마음을 주고받는 이웃은 아니었다. 언어나 풍속이 다를 뿐 아니라 생김새나 성질 또한 판이했다. 그들은 바람처럼 홀연히 나타났다가 또 모래바람 속으로 흔적도 없이 사라졌다.

이런 국경 근처 마을에 농사를 짓고 사는 늙은이가 있었다. 그는 일자무식이었으나 세상 돌아가는 이치나 자연의 변화를 통하여 미래를 예견하는 지혜가 남달랐다. 거친 변경의 모진 환경과 함께 살아온 수많은 나날들, 그 세월의 두께로 스스로 터득한 능력이었다. 그래서 이웃에서는 복술卜術에 능한 노인으로 소문나 있었다. 복술이란 단순히 점치는 일에 그치지 않고 음양의 조화나 자연의 순환 원리, 그 질서 같은 것을 모두 포함하는 것을 의미한다고 할 수 있다.
 그런데 어느 날, 그 노인이 기르고 있던 말이 아무 까닭 없이 집을 나가 돌아오지 않았다. 아마도 국경을 넘어 오랑캐 땅으로 깊숙이 들어간 것이 아닌가 하고 추측할 뿐이었다. 가난한 농사꾼 집에서 말은 무시할 수 없는 재산이었다. 마차를 끌고 짐을 실어 나르며 농사일을 돕는, 없어서는 안 될 소중한 가축이었다. 그것을 하루아침에 잃게 되었으니 안타까운 노릇이었다. 동네 사람들이 동정 어린 위로의 말을 건네자 노인은 태연하게 말했다.
 "이것이 다행스러운 일이 될지 누가 알겠는가?"
 그로부터 몇 달이 지난 뒤였다. 북국北國의 짧은 가을이 순식간에 지나가고 눈보라가 휘돌아칠 때였다. 달아났던 노인의 말이 오랑캐의 좋은 말과 함께 돌아왔다. 오랑캐의 말은 덩치가 크고 유순했다. 또 훈련을 받은 듯 사람의 말귀를 잘 알아들었다. 노인의 집에는 본래 한 마리의 말이 있었는데, 수개 월 사이에 두 마리가 된 셈이다. 이 일을 두고 동네 사람들이 수군거렸다.
 "역시 앞일을 내다보는 식견이 뛰어난 노인이야. 달아난 말이 친구를 데리고 올 줄을 미리 알고 있었던 것은 아닐까. 여하간 좋은 말을 한 마리 더 얻었으니 얼마나 다행인가?"
 동네 사람들은 다시 찾아와 이 일을 축하해주었다. 모두들 벙글벙글하며 참 잘된 일이라고 한결같이 입을 모았다. 그러나 노인은 평소와 다름없이 담담한 표정이었다. 오히려 걱정스러운 기색이 역력했다.
 "이것이 불행한 일이 될지 어떻게 알겠소?"

가을걷이가 끝나고 산과 들은 눈으로 뒤덮였다. 이맘때쯤 농사꾼들은 별로 할 일이 없었다. 한가한 틈을 타서 들짐승을 잡으러 나가는 것이 큰 즐거움이었다. 노인의 젊은 아들은 평소에도 말타기를 좋아했는데, 절호의 기회를 만난 것이다. 그는 잘 훈련된 오랑캐의 말을 타고 들짐승을 쫓아 산야를 누비고 다녔다. 그러다가 말의 앞발이 빙판길에 미끄러지는 바람에 눈구덩이에 처박혔다. 이 사고로 노인의 아들은 넓적다리가 부러져 결국 불구자가 되고 말았다. 오랑캐의 말 때문에 당한 액운이었다.

동네 사람들이 다시 노인의 집으로 몰려와 위로의 말을 늘어놓았다. 노인은 역시 아무렇지도 않은 듯 덤덤한 표정으로 말했다.

"이 일이 꼭 불행하다고는 할 수 없지요. 혹 다행한 일이 될지 누가 알겠소?"

그 후 1년쯤 지나서였다. 북쪽 오랑캐들이 크게 군사를 일으켜 변방 요새를 공격해왔다. 때문에 국경 근처의 젊은이들은 모두 징집되어 싸움터로 나갔다. 격렬한 싸움이 한동안 계속되었고 오랑캐들은 물러갔다. 치열한 전쟁터가 되었던 국경 마을들은 순식간에 폐허로 변했다. 거의 모든 민가는 불타고 양쪽 병사들의 시신이 산야에 쌓였다. 징집되었던 젊은이들은 열에 아홉은 전사하고 말았다. 그러나 노인의 아들은 불구였기 때문에 징집을 면할 수 있었다. 그리고 살아남았다.

〈인간훈〉 편

해 설

잘 알려진 새옹지마塞翁之馬란 말의 유래가 되는 이야기다. 인간의 길흉화복은 예측하기 어렵다. 한때의 복이 화가 되고, 또 불행이 복으로 변하기도 한다. 이런 전변轉變*의 상황을 어떻게 설명해야 할 것인가. 이것 또한 불가해不可解한 일이다. 그렇다고 무턱대고 운명의 장난이라고 치부해버리기에는 충분치 않은 것 같다. 그 속에는 보이지 않는 어떤 인과관계가 작용하고 존재하는 것은 아닐까.

이 이야기는 파란중첩波瀾重疊하고 변화무쌍한 이 세상을 어떻게 살아가고 처신해야 하는가를 일깨워주고 있다. 한때의 손해나 이익에 들뜨거나 상심하지 않고 초연히 살아가고 있는 국경 지방 노인에게서 그것을 엿볼 수 있다. 흔히들 말하는 인간만사 새옹지마**란 말은 인간의 모든 일을 운명에 맡기라는 일종의 체념, 패배주의적사고는 아니다. 인간의 길흉화복은 변화무쌍하여 항상 뒤바뀌는 것이니, 거기에 따른 일희일비를 경계하라는 교훈을 내포하고 있다.

* 사물이나 형세가 바뀌어 변한다는 의미다.
** 인생에 있어서의 길흉화복은 항상 바뀌어 미리 예측할 수 없다는 말로 새옹득실塞翁得失이라고도 한다.

10

춘추시대 명재상의 인간 경영 지침서 《안자춘추》

《안자춘추晏子春秋》

△
□
◎
▷

안자의 생애와 사상

안자晏子(?~기원전 500)의 본명은 안영晏嬰이며 시호는 평平, 자는 중仲이다. 그래서 안평중晏平仲이라고도 부른다. 안영은 관중과 더불어 춘추시대 제나라의 명재상이었다. 관중은 춘추시대 초기 환공을 도와 제나라를 최초의 패권국가로 만들었고, 안영은 춘추 후기 기울어져가는 제나라의 국력을 바로잡기 위해 애쓴 인물이다. 그래서 사마천은 이 두 사람을 한데 묶어《사기》〈관안열전〉을 지었고, 안영에 대해 다음과 같이 평했다.

안평중은 제나라 영공, 장공, 경공을 섬겼으며 근검절약하며 나라와 백성을 위하여 온갖 노력을 다하였다. 간언을 할 때는 조금도 임금의 얼굴빛에 상관하지 않았다. 만일 안자(안영을 높여 부름)가 살아 있다면, 그를 위해 채찍을 든 마부가 되어도 좋을 만큼 나는 그를 흠모한다.

안영의 생몰연대는 분명하지 않으나 여러 기록으로 보아 공자와 동시대인임이 분명하다. 키가 작고 용모가 볼품없었다고 기록되어 있다. 그러나 세 임금을 모시면서 자신의 이익은 돌보지 않고 오직 나라와 백성만을 생각했고, 재치와 덕으로써 어리석은 임금을 보필한 재상이었다.

안영은 사상가라기보다 정치 행정이나 외교에 뛰어났다. 그래서 당시 제자백가 중 여느 유파에 속한다고 단정 지을 수는 없다. 예를 높이고, 귀신이나 무당 따위를 믿지 않았다고 해서 유가 쪽 인물이라고 분류하기도 한다. 그러나 당시 유가의 대표격인 공자와는 소원한 관계였다. 유가들을 비판했을 뿐더러 아니라, 공자의 제나라 출사를 한사코 반대했기 때문이다. 후대 학자들은 백성을 사랑하고 근검절약을 실천했던 그를 묵가에 편입시키기도 했다. 그러나 안영의 사상은 나름대로 독특한 개성이 있어 어느 유파에 한정시킬 수 없다는 것이 일반적 견해다.

《안자춘추》는 어떤 책인가

안영의 일화를 한데 모아 수록한 책이다. 언제 누가 편찬했는지는 확실하지 않으나 전국시대 여러 저술에 실려 있던 이야기를 수집하여 엮은 것으로 추정된다. 현전하는 것은 전 8편, 215가지의 일화로 구성되어 있다. 사마천이 '《안자춘추》를 읽어보니 그 내용이 상세하고 세상에 많이 알려졌다'라고 기록한 것으로 보아 전한前漢 초기에 이미 완성되어 있었음을 짐작할 뿐이다.

사람을 대하는 방법

춘추시대 안영은 제나라의 명재상으로 이름을 날리고 있었다. 그의 인품이 후덕하고 온화하여 이웃 제후국에까지 널리 알려져 있어 자주 외교 사절로 가곤 했다.

안영이 중원의 진나라로 갈 때였다. 마침 중모中牟란 곳에 이르렀을 때, 마차를 피해 비틀비틀 물러나는 사람을 보았다. 낡아서 너덜너덜한 갓을 쓰고 다 헤진 가죽옷을 뒤집어 입은 그 사람은 꼴芻을 한 짐 짊어 지고 있었다. 행색은 남루하고 짐을 진 일꾼 차림이었으나 어딘가 범상 하지 않은 인물이란 느낌이 들었다. 짐을 지고서도 머리에 갓을 쓰고 있다니! 그것도 구멍이 숭숭 뚫려 테두리만 남은 낡은 갓을. 또 가죽옷 을 뒤집어 입은 까닭은 무엇인가. 안영은 마차를 멈추게 하고, 그에게 다가갔다.

"당신은 어떤 사람입니까?"

"저는 월석보越石父라는 사람입니다."

"무슨 일을 하십니까?"

"이 중모 땅에서 어떤 사람의 종노릇을 합니다."

"보아하니, 처음부터 종노릇할 분은 아닌 것 같은데, 어쩌다가 이 지경이 되었습니까?"

"제 능력으로는 가족의 추위와 배고픔을 해결할 수가 없었소. 그래서 몸을 팔았지요."

"종이 된 지 얼마나 되었소?"

"3년 가까이 되었습니다."

안영은 가련한 생각이 들었다. 가난한 선비가 가족이 굶어죽는 것을 면하기 위해 스스로 몸을 팔아 종의 신분으로 전락하다니! 안영은 다시 물었다.

"어떻게 하면 풀려날 수 있습니까?"

"제 몸값을 갚아주면 되겠지요."

이 말을 듣고 안영은 자신의 수레를 끌던 왼쪽 말 한 필을 풀어 빚을 갚아주고 월석보를 종의 신분에서 해방시켜주었다. 자유의 몸이 되었으나 딱히 갈 데도 없는 듯하여 함께 마차를 타고 자신이 묵을 객관으로 향했다. 사신 일행이 객관에 이르자, 안영은 아무 말 없이 그냥 안채로 들어갔다. 먼 길을 오느라 몸이 몹시 피곤하여 쉬고 싶은 생각뿐이었다. 이런 안영의 태도에 월석보는 부아가 치밀었다. 급기야 안영을 불러내어 절교를 선언했다.

"이것은 사람을 대하는 태도가 아니요!"

안영은 어리둥절하여 온화한 목소리로 차근차근 따지고 들었다.

"선생과 저는 이전부터 교제하던 사이가 아니었지요. 선생이 3년 동안이나 종살이하는 것이 안쓰러워 풀어준 것에 불과합니다. 저의 성의가 큰 은혜라고 할 것까지는 없다 하더라도 절교하시겠다는 말은 너무 심하지 않습니까? 저의 어떤 점이 잘못되었습니까?"

안영의 낮은 자세, 부드러운 목소리에도 월석보의 화난 기색은 여전했다.

"나는 그대의 높은 지위, 군자라는 세상의 평판을 전부터 들어서 알고 있었소. 그러나 그것이 단지 허명虛名에 불과하다는 것을 오늘에야 알았소."

"그 말씀은 무슨 뜻입니까?"

"대개 올바른 선비는 자기를 모르는 사람에게는 몸을 굽힐 수 있지만, 자신을 알아주는 사람에게는 당당히 뜻을 펴서 말할 수 있는 법이오. 그래서 하는 말이지만, 군자는 공이 있다고 해서 남을 함부로 깔보지 않고 또 조그마한 은혜에 굽실거리지 않습니다. 제가 3년 동안 남의 종살이를 했지만, 그는 나를 모르는 사람이었지요. 그런데 당신은 나를 종살이에서 풀어주었습니다. 나는 속으로 나를 알아주는 사람을 이제야 만났구나 하며 반겼는데, 그대의 행동은 영 딴판이었소. 마차를 함께 타고 올 때는 인사를 잠깐 잊으신줄 알았습니다. 그러나 객관에 도착해서도 아무 말 없이 들어가시니, 나를 종이나 다름없이 여기는 것이 분명합니다. 차라리 나는 모르는 사람의 종이 되는 것이 더 낫겠기에 절교를 하고 떠나겠소."

장황하게 화풀이를 하고 나서 월석보는 자리에서 일어났다. 자신을 알아주는 사람에게서 받은 수모受侮를 더 이상 못 참겠다는 듯 서두르는 모습이었다. 안영은 깜짝 놀라 월석보를 붙들어 앉히고 정중히 사과했다.

"저의 불찰이었습니다. 처음엔 선생의 겉모습만 보았으나 이제는 선생의 참모습을 알게 되었습니다. 자신을 반성하는 자에게는 그 잘못을 따지지 않고, 진심으로 대하는 자를 박대하지 않는다고 들었소. 제가 인사는 늦었지만 버리지는 말아주십시오."

안영은 곧 방을 청소하고 자리를 새로 깔도록 지시했다. 그리고 월석보를 예로써 맞아들였다. 그제야 굳어 있던 월석보의 얼굴이 환하게 밝아졌다.

"지극한 공손함은 길을 닦지 않고, 높은 예의는 물리치기가 어렵다고 했습니다. 선생이 이렇듯 우대하시니, 저는 어찌할 줄을 모르겠습니다."

말을 끝낸 월석보는 두 손을 공손히 모았다.

〈안자춘추〉 편

🔺 해 설

대개 사람은 자신이 공을 세우면, 이를 자랑스럽게 여기고 교만해지는 법이다. 그러나 안자는 남을 곤경에서 구해주었는데도 자신을 지극히 낮추었으니 비범한 인물이다. 이것이 자신의 공을 더 온전하게 하는 한 방법일 수도 있다.

위의 말은 이 일화에 대한 평이다. 여기 등장하는 월석보에 대한 기록은 분명하지 않다. 다만 진나라 중모 사람으로 현인이라고만 알려져 있다. 실존 인물일 수도 있겠으나 아마도 안영의 인품을 돋보이게 하기 위해 등장시킨 가공의 인물일 가능성이 크다.

현명한 마부의 아내

어느 날 아침, 안영은 외출 준비를 하고 있었다. 제나라 재상이라는 높은 신분이었지만 그의 행차는 단출하기 이를 데 없었다. 앞뒤를 따르는 수행원도 없었고 단지 네 마리의 말이 끄는 수레 하나로 만족했다. 이런 검소함은 안영의 생활 신조였다. 밥상에 오르는 육류는 한 가지로 제한했고, 첩들에게는 비단옷을 입지 못하게 엄하게 단속했다. 조정에서는 온화하고 겸손하여 큰소리 한 번 치지 않았다. 그리고 늘 백성들 편에 서서 그들의 고충을 걱정했다. 임금이 환락에 빠지거나 사치스러운 건축물을 축조하려그 하면, 그것을 슬기롭게 간하여 중지시킨 일도 한두 번이 아니었다. 그렇기 때문에 제나라 사람들은 모두들 안영을 존중했고, 이웃 제후국에서도 그 인품을 높이 평가하고 있었다.

안채에서 안영이 조용히 외출 준비를 하고 있는 사이, 밖에서는 그의 마부가 부산을 떨고 있었다. 수레에 큰 덮개를 씌우고, 네 마리의 말을 몰아 채찍을 휘두르며 의기양양했다. 크고 우람한 덩치에 번쩍번쩍 빛나는 옷을 입고, 머리에는 꿩의 깃털로 장식한 모자를 쓰고 있었다. 마부는 재상의 외출을 돕는 하인들을 제멋대로 부리면서 목청을 높였다.

밖이 하도 소란스러워 마부의 아내가 문틈으로 그 광경을 살짝 내다보았다. 그러다가 아내는 이내 고개를 돌려 외면했다. 말몰이꾼 주제에 마치 자신이 재상이나 된 듯 날뛰는 모습이 역겹고 아니꼬웠다. 저 사람이 큰길가에 나가 말을 몰면서 뽐낼 것을 상상하니 눈앞이 캄캄해졌다. 저런 쓸개 빠진 멍청이 같은 인간을 천생배필로 받들며 살아야 하는 자신의 신세가 한심하다고 여겨졌다.

그날 저녁 무렵이었다. 마부인 남편이 귀가하여 한바탕 자랑을 늘어놓았다.

"내가 큰길가에 나가 채찍을 휘둘러 말을 모니 지나가던 사람들이 모두 고개를 숙이더란 말씀이야!"

남편은 아직도 흥분이 가시지 않은 듯 싱글벙글하며 득의만면得意滿面한 표정이었다. 아내는 더 이상 참지 못하고 속에 품고 있던 생각을 쏟아냈다.

"나는 당신 같은 사람과는 더 이상 살 수 없으니, 이혼하고 친정으로 가겠어요."

마부는 아내의 말에 깜짝 놀랐다. 이 무슨 청천벽력이란 말인가. 한껏 고조된 기분에 재를 뿌리다니. 또 그동안 금슬이 좋았던 아내가 어째서 갑자기 이혼하겠다고 선언한단 말인가. 마부는 마음을 가라앉히고 그 이유를 따졌다.

"내가 무슨 큰 잘못이라도 저질렀단 말이오?"

아내는 지체하지 않고 속 시원히 털어놓았다

"안영 재상님은 키가 5척도 되지 않는 작은 몸이지만, 항상 겸손하고 자신을 낮춥니다. 그러면서도 재상으로서의 할 도리를 다하고 있지요. 그런데 당신은 키가 6척도 더 되는 당당한 대장부로서 한낱 말몰이꾼에 지나지 않아요. 그건 그렇다 치고, 왜 그렇게 뽐내고 으스대는 겁니까? 이것은 검소하고 겸손한 재상을 모시는 태도가 아닙니다. 이것이 내가 당신과 살 수 없다는 까닭입니다."

아내의 자세한 설득을 듣고 보니 말끝마다 옳았다. 마부는 부끄러워 얼굴이 화끈 달아올랐다. 쥐구멍에라도 들어가고 싶은 심정이었다. 큰 키와 우람한 덩치를 움츠리고, 토라져 돌아앉은 아내에게 진심으로 용서를 빌었다.

"내가 그동안 너무 철이 없었나 보구려. 높은 신분을 모시게 되니까 덩달아 우쭐한 기분에 들떴던 모양이요. 잘 알았으니 앞으로는 절대 그런 일은 없을 것이오."

이렇게 하여 마부 부부는 파국에까지 이르지 않았고, 그 후 마부의 태도 역시 돌변했다. 수수한 옷차림으로 바꾸어 입었음은 물론이고 누구에게나 상냥하고 겸손하게 대했다. 또 틈틈이 책을 가까이 하여 학식도 조금씩 늘어났다.

재상인 안영은 마부의 이런 변화를 유심히 관찰하고 있었다. 도대체 무슨 일이 있었기에 사람이 저렇게 변할 수 있단 말인가. 그것이 궁금하여 넌지시 물었다.

"자네의 처신이 전과는 딴판인데, 그동안 무슨 일이 있었는가?"

마부는 몹시 부끄러워하며 자초지종을 이야기했다. 안영은 입가에 빙그레 웃음을 머금고 말했다.

"자네는 현처賢妻를 두었군."

그 후 수년이 흘렀다. 모든 사람들은 안영의 수레를 몰던 마부가 학식과 덕행을 겸비한 사람이라고 칭찬을 아끼지 않았다. 안영은 그의 인간 됨을 잘 알고 있었기에 대부로 추천해주었다. 미천한 한낱 말몰이꾼이 대부의 반열에 오르다니!

〈안자춘추〉 편

해 설

　인간의 귀천은 타고나는 것이 아니다. 또 외모가 그 사람의 품격을 나타내는 것은 더더욱 아니다. 그 사람의 품행이나 노력 여하가 인간 됨을 결정하는 중요한 요인으로 작용한다는 것은 두말할 필요도 없다.
　안영은 키가 작고 외모가 볼품없었다고 역사는 기록하고 있다. 그러나 제나라의 명재상일 뿐만 아니라 춘추시대를 대표할 만한 인격의 소유자였다. 안영의 마부는 천한 신분이었지만, 현명한 처로 인하여 자신을 뉘우치고 열심히 노력했다. 그 결과 마부라는 미천한 신분에서 대부의 자리까지 올랐다고 하니 놀라울 따름이다. 과연 안영의 말처럼 현처를 두었다고 할 만하다. 그러나 마부 본인의 뉘우침과 피나는 노력 없이 신분 상승이 가능했을까. 인간은 스스로 개척하는 존재임은 분명한 사실이다. 옛날이나 오늘에도.

안영의 기지

어느 날 안영이 초나라에 사신으로 갔다. 제나라는 한때 제후국을 호령하던 산동의 강국이었고, 초나라 역시 큰 영토를 자랑하는 남방의 대국이었다. 그동안 이 두 나라가 죽기 살기로 싸운 적은 없었다. 그러나 국지적인 분쟁이 잦았고 보이지 않는 알력이 존재하고 있었다. 제나라 사람들은 문화적 전통을 긍지로 여기면서 초나라를 남쪽의 미개국이라고 은근히 멸시했다. 반면에 초나라는 물산이 풍부하고 광대한 영토를 가진 경제대국이었다.

안영이 전권대사의 자격으로 초나라를 방문한다는 연락을 받고 초나라 왕은 긴장했다. 안영은 인품이 온화하고 부드럽지만, 말재주가 뛰어나고 주장이 뚜렷한 정치인이라고 여러 제후국에 소문나 있었다. 수많은 제자를 앞세우고 천하를 주유했던 공자도 안영 앞에서는 큰소리치지 못했다고 한다. 어떻게 하면 안영의 기를 꺾어 제나라의 코를 납작하게 만들 수 있을까. 초나라 왕은 안영에 대한 모든 정보를 입수했다. 우선 적을 알아야 거기에 대처할 수 있는 방법을 마련할 수 있다는 생각에서였다. 안영의 신상정보를 살펴보던 초나라 왕은 무릎을 탁 쳤다. 그러면 그렇지! 털어서 먼지 안 나는 놈은 어디 있으며, 이 세상에 한 가지라도 약점 없는 완벽한 인간은 없지 않겠는가.

안영의 키가 보통 사람보다 훨씬 작다는 사실을 확인하고 나서 초나라 왕은 안도했다. 제아무리 뛰어난 재주를 가졌더라도 그런 왜소한 몸으로 어떻게 나라의 체통이나 위신을 뽐낼 수가 있겠는가.

초나라 왕은 성문 옆에 아주 작은 문을 새로 만들도록 지시했다. 그리고 제나라 사신을 영접할 때, 그 작은 문으로 안내하도록 명령을 내렸다. 안영의 기를 꺾을 수 있는 묘수라고 생각하면서 흐뭇해했다.

드디어 제나라 사신 일행이 성문 앞에 이르렀다. 좌우 연도沿道에는 많은 구경꾼들이 나와 지켜보고 있었다. 사신을 영접하는 초나라 관리가 허리를 굽실거리며 안영을 새로 만든 작은 문으로 안내했다. 그곳은 실제로 사람이 드나드는 문이라기보다는 조그맣게 뚫어놓은 구멍이었다. 구경꾼들은 입을 틀어막고 킥킥거리며 웃고 있었다. 안영은 성문 앞에 버티고 서서 자신을 안내하는 관리에게 물었다.

"나 보고 저 작은 구멍으로 들어가란 말인가?"

관리는 엉겁결에 대답했다.

"네, 그리로 안내하라는 윗분들의 지시를 받았습니다."

안영은 구경꾼들이 들으라는 듯이 큰 소리로 말했다.

"아하! 내가 길을 잘못 들었구나! 나는 초나라에 사신으로 왔는데, 여기는 초나라가 아니고 개나라로군. 개구멍으로 사람을 안내하니 저 성안에는 개들이 우굴거리겠지."

이 말을 듣고 사신을 영접하던 관리는 얼굴이 새파랗게 질렸다. 입을 틀어막고 킥킥거리던 구경꾼들도 망연자실했다. 초나라가 개나라로 전락하는 순간이었다. 관리들은 어쩔 줄 모르고 우왕좌왕하다가 결국 대문을 활짝 열었다. 안영은 일행을 인솔하고 당당하게 성안으로 들어가 영빈관에 여장을 풀었다.

며칠 후, 안영은 초나라 왕과 마주 앉았다. 왕은 황금으로 장식한 화려한 복장에 높고 큰 의자에 앉아 있었고, 안영은 수수한 관복 차림으로 낮은 의자에 앉았다. 신분으로 따지면 왕과 신하이기 때문에 당연한 일이겠지만, 안영은 제나라를 대표하는 전권대사였다. 그 전권대사의 자리가 초나라 신하들 틈에 끼어 있었다. 흡사 초나라의 신하처럼 대접하려는 의도가 분명했다. 그러나 안영은 그런 불편한 마음을 내색하지 않았다. 오히려 초나라 왕과 직접 대화를 나눌 수 있도록 배려한 것에 만족했다.

제나라와 초나라 사이에는 풀어야 할 얽히고설킨 복잡한 외교적 난제가 많았다. 그것을 해결하는 것이 사신으로 온 목적이었고 맡은 임무였다. 그런데도 초나라 왕은 그런 문제에 대해서는 전혀 관심을 두지 않았다. 오히려 으리으리한 궁전과 자신의 권위를 과시하듯, 좌우에 수많은 고관대작들을 배석시켜놓고 있었다. 왕은 겉으로는 내색하지 않았으나 불쾌한 감정이 부글부글 끓어올랐다. 성안에 개들이 우굴거린다니! 이 얼마나 모욕적인 언사인가. 개구멍이나 다름없는 낮은 문으로 사신을 안내하도록 시켰으니 변명할 여지도 없었다. 그렇다고 일방적으로 당할 수만은 없었다. 초나라 왕은 높은 자리에서 안영을 내려다보고 물었다.

"당신네 제나라에는 그렇게도 사람이 없습니까?"

안영은 차분히 대답했다.

"무슨 말씀을 그렇게 하십니까? 우리 제나라 서울 임치에는 큰 행정 구역이 300개나 되고 넓은 도로에는 사람들로 넘쳐 납니다. 그들이 옷소매를 들어 올리면 시원한 그늘이 되고 한꺼번에 땀을 뿌리면 마치 소나기가 퍼붓는 것 같습니다. 어깨와 어깨가 부딪치고 발꿈치가 서로 맞닿을 정도로 붐비지요. 그런 형편인데, 어째서 사람이 없다고 할 수 있겠습니까?"

"그렇게 사람이 많다면 제나라는 무엇 때문에 당신 같은 사람을 사신으로 보냈소?"

초나라 왕의 말투는 키가 작고 볼품없는 안영의 외모를 경멸하는 뜻이 분명했다. 안영은 킹그레 웃으면서 대답했다.

"어찌 저보다 훌륭한 사람이 없겠습니까? 저희 제나라는 옛날부터 외교사절을 보내는데 큰 원칙이 있습니다. 재능 있고 현명한 사람은 덕망 높은 임금에게 보내고 무능하고 덕이 없는 사람은 그에 걸맞은 임금의 상대로 보내지요. 저는 제나라에서 제일 못나고 무능한 관리입니다. 아마 그런 이유로 하여 사신으로 오게 되었을 겁니다."

〈안자춘추〉편

해 설

　'말 한마디로 천 냥 빚을 갚는다'라는 속담이 있다. 말의 위력이 얼마나 큰지를 단적으로 보여주는 말이다. 안영의 외모를 깔보고 무시하려던 초나라 왕은 안영의 말 한마디에 나라의 위신은 물론이고 자신의 권위마저 만신창이가 되었다. 그것도 백성들과 신하들이 지켜보는 가운데. 초나라는 개나라가 되었고 자신은 가장 무능하고 덕이 없는 임금으로 전락했으니, 얼마나 무안하고 심기가 불편했을지 미루어 짐작할 수 있을 것이다.

　이 일화는 난처한 상황을 극복하는 안영의 재치와 번쩍이는 기지를 잘 보여주고 있다. 뿐만 아니라 상대의 하잘것없는 약점을 잡아 자신의 우월성을 과시하려는 경박한 사람들이 명심해야 할 교훈이기도 하다.

　외모가 인간의 품격을 대표하는 것이 아니라는 사실을 극명하게 보여주는 일화다.

신하의 도리, 임금의 은혜

　안영은 제나라 재상으로 세 임금을 섬겼다. 임금이야 어떻든 백성들을 위한 한결같은 마음은 변함이 없었다. 안영이 마지막으로 모셨던 경공은 술과 여자를 좋아하여 늘 궁중에서 잔치를 베풀며 환락을 즐겼다. 또한 사치스런 토목공사를 벌여 백성들의 원망을 사는 일이 잦았다. 안영은 그럴 때마다 완곡하게 간하여 중지시킨 적이 여러 번 있었다. 경공은 놀이와 사치스런 생활을 좋아한 반면 성품이 단순하고 순박한 편이었다. 그렇기 때문에 선대를 모신 안영을 존경하면서도 두려워했다.
　한번은 안영이 노나라에 사신으로 갔을 때의 일이었다. 경공은 이를 좋은 기회라고 생각하고, 크고 화려한 누대를 짓는 공사를 벌였다. 늦가을에 시작한 공사가 한겨울이 되어서도 끝나지가 않았다. 매서운 북풍이 몰아치는 가운데 허기진 인부들이 여기저기서 쓰러졌다. 백성들은 안영이 돌아오기를 손꼽아 기다렸다. 재상인 안영이 있었다면 이런 일은 없었을 텐데…….

그런데 무슨 영문인지 몰라도 안영의 귀국이 늦어졌다. 많은 사람들이 공사로 인하여 얼어 죽고 굶어 죽은 후에야 안영이 돌아왔다. 다 죽어가던 백성들은 이제야 살았구나 하고 안도했다.

안영은 궁궐에 들어가 경공을 뵙고 귀국 인사 겸 경과보고를 했다. 경공은 먼 길을 다녀온 노대신을 위로하기 위해 술자리를 베풀었다. 연회가 한창 무르익자, 안영이 은근히 경공에게 말했다.

"임금님을 위해 소신이 노래 한 곡 불러도 되겠습니까?"

경공은 취중에 이를 쾌히 승낙했다.

"신이 노나라에 갔다가 우리나라 국경으로 들어서자, 이런 노래가 들려왔습니다. 그것을 한번 불러보겠습니다."

안영은 목청을 가다듬고 눈을 지그시 감았다. 그리고 조용히 노래했다.

올해도 다 저물었는데
곳간은 텅 비었구나!
빠르고 빠른 세월
어서 지나가기나 하지
어찌하면 좋을고, 어찌하면 좋을고

날은 점점 추워지는데
노역은 끝나지 않네
언 물이 내 살을 도려내는구나!
그래도 임금님은 모르시는가

어찌하면 좋을고, 어찌하면 좋을고

노래를 마치자, 안영의 양 볼에 눈물이 주르르 흘러내렸다. 이것을 바라보던 경공은 깜짝 놀랐다. 달아오르던 술기운이 싹 가시었다.

"선생께서 어찌 이런 모습까지 보이십니까? 아마 과인이 누대 짓는 것을 나무라는 것이겠지요. 속히 그만두도록 하지요."

안영은 두 번 절하고 나가면서 아무 말도 하지 않았다.

이튿날이었다. 누대 짓는 현장에 안영이 나타났다. 공사 인부들은 모두들 반기었으나 안영은 벌컥 고함을 질렀다.

"우리는 미천한 백성에 불과한데도 모두들 눈과 비를 피할 움막은 다 가지고 있다. 그런데 지금 만백성의 어버이신 임금님께서 누대 하나 짓겠다고 하시는데, 어찌 그리 불평불만이 많은가."

안영은 공사 감독에게 명하여 조속히 누대를 완성하도록 독려했다. 한껏 기대에 부풀어 있던 백성들은 절망 속으로 빠져들었다. 이제 살아날 구멍은 아무 데도 없겠구나. 믿었던 도끼에 발등을 찍힌 꼴이었다. 인자한 안영 재상이 돌아오기를 간절히 기다렸는데, 이 무슨 날벼락이란 말인가.

그 얼마 후, 경공은 누대 짓는 공사를 중지하라는 명령을 내렸다. 나라의 창고를 열어 굶주린 백성들을 구휼하라는 지시가 뒤를 따랐다. 백성들은 서로 부둥켜안고 덩실덩실 춤을 추며 임금의 은혜를 칭송했다.

〈안자춘추〉 편

◎ 해 설

옛날에 훌륭한 신하는 큰 공은 임금에게, 잘못은 자신의 탓으로 돌렸다. 조정 안에서는 임금의 잘못을 고칠 수 있도록 애쓰면서 밖에서는 임금의 덕과 위엄을 보살폈다. 그러므로 비록 못난 임금이라도 나라를 잘 다스릴 수가 있었다. 이런 신하가 바로 안영이 아니겠는가.

위의 일화를 듣고 난 후, 공자가 한 말이다. 공자와 안영은 춘추시대를 함께 산 동시대인이었다. 서로 명성은 잘 알고 있었지만 원만한 관계는 아니었다. 공자가 제나라에 와서 벼슬길을 모색했을 때, 안영은 공자의 제나라 출사를 극구 반대했다.

지극히 겸손하고 검소했으며 또 실용주의자였던 안영의 눈으로 볼 때, 유가들의 주장은 실천 불가능한 이상에 불과했을 것이다. 그렇다 하더라도 이 두 사람은 서로를 존경했다. 아마도 정치의 근본을 민생에 두었기 때문일 것이다.

가뭄을 극복하는 방법

어느 해 봄, 제나라에 심한 가뭄이 들었다. 파종할 시기가 지났는데도 비 한 방울 내리지 않았다. 논밭은 메말라 먼지만 풀풀 날렸고, 고개를 내밀고 올라오던 길가의 잡초들도 시들시들 말라 타버렸다. 물이 고여 넘쳐흘러야 할 사방의 저수지가 바닥을 드러내고 쩍쩍 갈라졌다. 사람들은 먹을 물 한 동이를 구하려고 동분서주했다.

이렇게 되자, 궁중에서 느긋하게 비를 기다리던 경공도 몸이 달았다. 그래서 신하들을 불러 모아 물었다.

"하늘이 비를 내려주지 않으니 어떻게 하면 좋겠소?"

신하들인들 뾰족한 묘수가 있겠는가. 얼굴을 서로 마주 보고 근심스러운 표정을 지을 뿐, 시원한 해결책을 내놓지 못했다. 침묵이 계속되자 경공이 다시 입을 열었다.

"점쟁이에게 물어보았는데, 높은 산이나 넓은 강가에 나가 산신령과

물의 신 하백河伯에게 기우제祈雨祭를 지내라고 했소. 우선 백성들에게 세금을 약간 거두어 과인이 신령스러운 산에 가서 빌려고 하는데 경들의 생각은 어떻소?"

모여 있던 신하들은 고개를 끄덕이며 경공의 제의를 긍정적으로 받아들였다. 옛날 역사를 살펴보더라도 군주가 기우제를 지냈다는 기록은 여러 군데 나와 있다. 신하들의 반응을 보고 경공이 기우제 지내는 것을 결정하려는 순간이었다. 아무 말 없이 근심스러운 표정으로 일관하던 안영이 조용히 입을 열었다.

"소신은 백성들에게 세금을 거두어 산신령에게 기우제를 지내는 것은 옳지 않다고 생각합니다."

노재상인 안영의 이 말에 좌중은 찬물을 끼얹은 듯 갑자기 조용해졌다. 그 틈을 이용하여 안영이 말을 이었다.

"무릇 산의 바위와 흙은 산신령의 뼈와 살이고, 산을 덮고 있는 초목은 산신령의 머리카락과 피부에 해당합니다. 지금 오랫동안 비가 내리지 않아 그것들이 타들어가고 있는데 산신령이라고 해서 왜 비를 바라지 않겠습니까? 산신령이 비를 부를 수 있는 능력이 있다면 벌써 오래전에 비가 내렸을 것입니다. 그러니 산신령께 빌어본들 무슨 도움이 되겠습니까?"

안영의 논리 정연한 설명에 모든 신하들은 아무 말도 하지 못했다.

"그것이 합당치 않다면 과인은 큰 강가에 나가 하백에게 기우제를 올리고 싶소."

경공은 이렇게 말하며 안영을 바라보았다. 재상의 동의를 간절히 바라는 눈빛이었다. 그러나 안영은 경공의 소망을 외면하듯 고개를 돌리고 그 불가함을 다시 설파했다.

"하백이 다스리는 나라는 강입니다. 곧 하백은 수국水國의 왕이지요. 강 속에 살고 있는 각종 물고기들, 자라나 거북 등은 모두 하백의 신하이고 백성입니다. 가뭄이 계속되어 강이 마르고 개울은 바닥을 들어낸 지 오래되었습니다. 하백의 백성들 역시 인간과 마찬가지로 목말라하고 있습니다. 그런 절박한 형편인데, 하백이 어찌 비를 바라지 않겠습니까? 이런 점을 미루어보면 하백 역시 비를 내리게 할 재능은 없는 듯합니다."

"그럼 어떻게 하면 좋겠소?"

경공이 답답한 심정을 토로했다. 안영은 한참 생각하다가 자신의 속마음을 털어놓았다.

"천지개벽, 즉 하늘과 땅이 처음으로 생겨난 이래 우주의 운행은 한 치의 오차도 없이 질서정연하게 계속되어 왔습니다. 간혹 큰 바람이 불고 지진이 일어나고, 가뭄과 홍수가 있었다고는 하나 그것은 대자연이나 우주 질서 속의 아주 경미한 사건에 불과합니다. 겨울이 지나면 반드시 봄이 찾아오듯이 가뭄 끝에는 단비가 내리는 것이 자연의 정해진 이치입니다."

이렇게 서두를 장황하게 늘어놓고 나서 안영은 잠시 말을 멈추었다. 경공과 신하들은 노재상의 말에 실망했다. 그렇다고 무한정 하늘만 바라보고 있으란 말인가. 온 세상이 바싹바싹 타들어가는 이 급박한 때에. 속이 부글부글 끓고 있는데 안영의 다음 말이 이어졌다.

"백성들에게 세금을 거두어 산천에 기우제를 지내는 대신에 우리 조정은 백성들과 고락을 같이 해야 합니다. 하천의 바닥을 긁어내고, 우물을 더 깊게 파서 지하수를 개발하는 것이 최선책입니다. 인간이 할 수 있는 모든 노력을 다하고 나서 하늘의 뜻을 기다려야지요."

경공은 안영의 말이 옳다고 생각했다. 옛날 역사에도 천재지변이 있을 때, 임금이 궁궐을 나와 거적을 깔고 기거했다고 하지 않던가.

다음 날 아침 일찍, 경공은 조정의 모든 신하들을 이끌고 궁궐을 나왔다. 모두들 삽과 곡괭이를 들고 백성들과 함께 하천 바닥을 긁어내고 우물을 깊게 팠다. 한 방울의 지하수를 찾아 땀을 흘렸다. 이렇게 관민이 한마음이 되어 노력한 지 3일이 지났을 때, 큰 비가 내렸다. 지하 수맥을 찾아 밤낮으로 애쓰던 경공과 신하, 백성들이 들판 한가운데서 서로 부둥켜안고 덩실덩실 춤을 췄다. 온몸에 쏟아져 내리는 장대비를 뒤집어쓰고 웃고 또 웃었다.

조금 늦었지만, 백성들은 서둘러 논밭을 갈고 씨를 뿌렸다. 기우제를 지내지 않았는데도 강물이 넘실대고 산천은 더 없이 푸르렀고 윤기가 흘렀다. 그해 가을은 예년에 보기 드문 풍년이었다.

〈안자춘추〉 편

△ 해 설

훌륭하도다, 안자(안영)의 말이여! 어찌 귀담아듣지 않을 수 있겠는가. 그는 오직 덕으로써 백성을 다스린 분이다.

후일 이 일을 두고 경공이 안영을 칭찬한 말이다. 2500여 년 전, 그때에도 안영은 귀신이나 신을 믿지 않았다. 산신령이나 하백을 대하는 태도에서 그것을 감지할 수 있다. 오직 난관을 극복하는 주체는 인간이라는 것을 행동으로 보여준 좋은 본보기라고 여겨진다. '진인사대천명盡人事待天命*'이란 옛말이 다시금 새롭게 떠오르는 이야기다.

* 사람이 할 수 있는 일을 다하고 나서 하늘의 뜻을 기다린다는 의미다.

회수를 건넌 귤

초나라 왕은 제나라 재상 안영이 사신으로 온다는 연락을 받았다. 당시 안영은 제나라뿐 아니라 중원의 여러 제후국에까지 그 명성이 알려진 인물이었다. 100여 년 전, 관중이 40여 년간 재상으로 있으면서 제나라를 패권국가로 만들었고, 이어서 안영과 같은 걸출한 인물이 등장하였으니 제나라 사람들의 자존심은 그 어느 때보다 높았다.

초나라 왕은 그것이 늘 못마땅했다. 험준한 산골에서 쇠를 파내고 바닷물로 소금을 만들어 경제가 부흥했다고는 하지만 초나라의 광대한 땅, 뜨거운 기후에서 생산되는 풍부한 물산과는 비교조차 할 수 없는 미미한 것이었다. 왕은 안영이 사신으로 오는 이번 기회에 제나라 사람들의 자긍심을 꺾어 버릴 좋은 방도가 없을까 하고 고심했다. 그는 신하들에게 물었다.

"안영은 말 잘하기로 소문난 사람이오. 이제 며칠 후면 안영이 도착할 텐데 어떤 대비책을 세워야 할 것이 아니오? 우선 제나라 사람들의 높은 콧대를 꺾는 것이 급선무요. 무슨 묘책이 있으면 말해보시오."

신하들은 서로 머리를 맞대고 묘안을 짜내느라 수군댔다. 그러더니 잔꾀가 많은 신하 한 사람이 겸연쩍은 빛을 띠면서 조심스럽게 말했다.

"소신에게 방법이 있습니다만, 그게 그리 떳떳하지가 않아서……."

초나라 왕은 반색을 하며 다그쳤다.

"국익을 위해서라면 조그마한 속임수는 필수적으로 따르게 마련이오. 제나라와 우리 초나라는 겉으로는 우호관계를 유지하고 있으나 언제 적국으로 돌변할지 모르는 이웃 나라가 아니오?"

처음 말을 꺼낸 신하는 주저하지 않고 자신의 묘책을 설명했다.

"안영이 와서 임금님과 자리를 함께할 때, 제가 죄수 한 사람을 묶어서 끌고 오겠습니다. 그러면 임금님께서는 죄인의 출신 성분과 무엇 때문에 잡혀 왔는가를 물어보십시오. 이때 소신은 '이놈은 제나라 사람인데, 도둑질을 하다가 잡혀 왔습니다'라고 답하겠습니다. 그다음 일은 임금님께 맡기겠습니다."

왕은 흡족한 기색이 얼굴에 가득하여 희희낙락했다. 제나라 사람들의 자긍심을 꺾어버릴 묘안임에 틀림없었다. 이렇게 왕과 신하는 의기투합하여 한 편의 단막극을 준비해놓고 안영을 기다렸다.

며칠 후, 드디어 안영이 사신 일행을 대동하고 초나라에 도착했다. 왕은 제나라의 사신들을 극진히 대접하라고 명하고 안영을 불러 술자리를 마련했다. 술잔을 주고받으며 세상 돌아가는 이야기가 한창 무르익어갈 무렵, 관리 두 사람이 밧줄로 꽁꽁 묶은 죄수 한 명을 끌고 왔다. 초나라 왕은 짐짓 깜짝 놀라는 시늉을 하며 고함을 질렀다.

"저놈이 무슨 잘못을 저질렀기에 여기로 끌고 왔느냐! 귀한 손님을 대접하고 있는 것을 몰랐단 말이냐?"

죄수를 데리고 온 관리가 머리를 조아리며 민망한 표정으로 대답했다.

"저놈은 원래 제나라 사람인데, 방금 강도질을 하다가 붙잡혔습니다. 죄질이 흉포하여 임금님께 먼저 알리고 감옥으로 데려가려고 합니다."

초나라 왕은 잘 알았으니 어서 데리고 가 감옥에 처넣으라고 일렀다. 그러고는 아무 일도 없었다는 듯이 안영에게 술잔을 건네며 말했다.

"귀빈 앞에서 흉한 모습을 보여드려 민망합니다. 그런데 제나라 사람들은 본디부터 도둑질을 잘합니까?"

이 말을 듣고 안영은 심기가 몹시 불편했다. 그러나 그것을 겉으로 내색하지 않고 태연히 대답했다.

"귤나무가 강남에서 자라면 귤이 열리지만, 회수淮水를 건너 북쪽으로 옮겨 심으면 탱자가 열립니다. 귤과 탱자는 모양은 비슷하나 그 맛은 전혀 다르지요. 왜 그럴까요? 그것은 아마도 자라는 풍토와 물이 다르기 때문일 것입니다. 방금 그 죄인은 비록 제나라에서 태어났지만 초나라에서 성장한 사람입니다. 어린 시절부터 초나라에서 자랐으므로 그 풍토와 물에 영향을 받은 것이 아닐까요?"

말을 마치자, 안영은 자리에서 일어났다. 의기양양하던 초나라 왕은 당황했다. 자리를 뜨려는 안영을 붙들어 앉히면서 정중히 사과했다.

"과인의 말이 너무 심했구려. 성인을 희롱해서는 안 된다는 것을 몰랐으니 내 잘못이오."

〈안자춘추〉 편

❖ 해 설

　남귤북지南橘北枳란 고사성어가 있다. 즉 남쪽의 귤나무를 회수 건너 북쪽에 심으면 탱자나무가 된다는 의미다. 비록 종자가 같다 하더라도 기후나 풍토에 따라 그 기질이 판이하게 달라짐을 상징하는 말이다.

　안영은 이와 같은 이치를 일깨워주어 초나라 왕을 궁지에 몰아넣었다. 남을 욕보이려다가 오히려 자신이 그 욕을 뒤집어쓴 꼴이 되었으니 초나라 왕은 얼마나 부끄러웠겠는가. 춘추시대를 난세라고들 하지만 임금도 부끄러워할 줄 알았다. 초나라 왕이 안영에게 정중히 사과한 것이 그 예증이라고 할 수 있다.

　그러나 요즘 정치인들은 부끄러움을 모르는 사람들이 많은 것 같다. 흉측한 연극의 실상이 들통 났는데도 오히려 뻔뻔스럽게 큰소리 치고 있는 경우가 대부분이다. 이런 사람들을 철면피鐵面皮라고 하는데 '낯가죽이 무쇠처럼 두껍다'라는 의미다.

용의 값이 비싸다

제나라 경공은 원로 재상인 안영에게 집을 옮기도록 권했다.

"선생의 집은 너무 낡았고 초라하여 재상이 머물러 살 곳이 못 됩니다. 또 시장이 가까워 소란스럽고, 지대가 낮아 습기와 먼지가 심하여 건강에도 해롭습니다. 살기 좋은 쾌적한 곳에 새로 집을 짓고 옮기시지요. 그 비용은 국고에서 지출하도록 하겠습니다."

안영은 이 제의를 사양했다.

"소신의 거처는 선친께서 사시던 곳입니다. 더구나 선대 임금님의 은혜로 마련한 집이지요. 소신의 업적이 돌아가신 아버님을 따를 수 없다는 것을 감안한다면, 지금의 집도 저에게는 과분합니다. 또 시장도 가까워 필요한 물품을 바로 살 수 있으니 편리합니다. 더구나 국고를 축내면서까지 집을 지을 필요가 없습니다."

그러나 경공은 미련을 버리지 못하고 웃으면서 재차 권했다.

"선생이 번잡한 시장 가까이에서 미천한 사람들 속에 살고 있으니 어느 누가 귀천을 알아주겠습니까?"

"내 자신이 올곧고 부끄러움이 없으면 그만이지. 어찌 남이 알아주는 것을 염두에 두겠습니까?"

이 말을 듣고 경공은 안영의 뜻을 굽힐 수 없음을 깨달았다. 워낙 검소한 삶을 실천하는 사람이니 임금으로서도 어쩔 수 없었다. 보기 좋게 거절을 당한 경공은 무안한 표정을 바꾸려고 화제를 돌렸다.

"그건 그렇고, 선생이 시장 근처에 사시니 요즘 백성들이 사는 형편을 잘 아시겠군요. 어떤 물건이 비싸고, 헐값으로 팔리는 물건은 무엇입니까?"

그 무렵 경공은 형벌을 남용하여 가볍게 처벌해도 무방한 죄인들에게 걸핏하면 발 뒤꿈치를 자르는 월형을 자주 집행했다. 그 때문에 절름발이들이 많았고 그들이 신는 용踊*이라는 신발값이 치솟고 있었다. 안영은 잠시 생각하다가 경공의 질문에 답했다.

"용은 비싸고 구履**는 쌉니다. 요즘 형벌을 자주 집행한 덕분이지요."

이 말을 들은 경공은 크게 뉘우치고 다시는 백성들의 발을 함부로 자르지 않았다.

〈안자춘추〉 편

* 원래 글자는 '뛰다', '춤추다'의 뜻이지만 여기서는 월형을 당한 사람들이 신는 신발을 의미한다. 일종의 의족義足이다.
** 일반 백성이 신는 짚신이나 가죽신을 말한다.

해설

　'구천용귀履賤踊貴'라는 조금은 어려운 한자말이 있다. 보통 사람들이 신는 신발인 '구'는 싸고, 월형을 당한 죄수들이 신는 신발인 '용'은 비싸다는 뜻이다. 이 말은 이 이야기에서 유래했는데, 형벌의 남용을 비판하는 뜻으로 쓰인다.

　봉건시대 때의 군주들은 형벌을 마구 집행하여 백성들을 괴롭힌 예가 허다했다. 안영은 이런 현실을 군주인 경공에게 알려 개선하도록 했다. 직언을 피하고 은유적 표현으로 깨우치도록 하는 것이 더욱 효과적일 때가 있다. 안영은 이런 인간의 심리를 잘 알고 있었던 현명한 재상이었다.

안영이 남긴 것

안영이 죽은 지 17년의 세월이 흘렀다. 안영이 경공을 보필하고 있던 당시, 제나라 조정은 그런대로 안정되어 있었다. 그러나 안영이 죽고 나자 경공의 지위가 흔들렸고, 세상의 인심이 전씨田氏에게로 옮겨가고 있었다. 계급 모순이 첨예화하여 노예주 계급은 궁지에 몰렸고 이틈을 타서 대부 전환자田桓子가 정치 전면에 부상했다.

경공 자신도 이런 분위기를 감지하고 있었지만 변하는 세상인심을 어떻게 되돌릴 수 있겠는가. 그에게는 그럴 능력도 없었고 몸을 던져 국정을 쇄신하려는 충신도 없었다. 대부분의 신하들은 군주의 눈치만 보면서 이익을 탐하고 아첨으로 일관할 뿐이었다.

이럴 즈음, 경공은 공경대부公卿大夫들을 한자리에 모아놓고 술을 마셨다. 술자리가 파하자 활쏘기 시합을 했는데, 경공이 쏜 화살이 과녁을 뚫었다. 모여 있던 신하들은 '와' 하는 함성을 지르며 감탄했다. 그 소리는 마치 한입에서 나오는 듯했다. 껑충껑충 뛰면서 경공을 에워싸고 칭찬하기에 여념이 없었다. 그런데도 경공은 전혀 기쁜 기색이 아니었다. 이 순간, 불현듯 안영이 떠올랐다. 그가 살아 있었다면 칭찬은커녕 어떤 방법으로든지 나무랐을 것이 틀림없었으리라! 모두들 임금을 깔보고 있는 이 시기에 아첨으로 일관하는 신하들에 둘러싸여 덩달아 춤을 추고 있는 자신이 얼마나 한심한 모습일까. 경공은 활을 내던지고 한숨을 길게 내쉬었다.

마침 이때 현장弦長*이 들어왔다. 경공은 현장을 붙들고 하소연을 늘어놓았다.

"현장, 내가 안영을 잃은 지 17년이 되었소. 그 후 내 잘못을 간하는 말은 한 마디도 들은 적이 없었소. 오늘 내가 우연히 과녁을 맞혔더니 칭찬하는 소리가 마치 한입에서 나오는 것 같았소."

현장은 잠시 머뭇거리다가 대답했다.

"이는 여러 신하들이 못난 탓입니다. 임금의 잘못을 아는 지혜가 부족하고, 설혹 알고 있다 하더라도 임금의 안색이 두려워 직접 말할 수 있는 용기가 없기 때문이지요. 그러나 이 신하들에게 한 가지 지혜는 분명히 있습니다. 임금님이 좋아하는 것이 무엇인지를 잘 알고 있다는 것입니다. 신하들은 임금이 좋아하는 것을 따르고, 임금이 즐겨 먹는 것을 따라 먹습니다. 저 채소를 갉아 먹는 자벌레는 누런 잎을 먹으면 색깔이 누렇게 되고 파란 잎을 먹으면 몸이 파랗게 됩니다. 혹시 임금님께서 아첨하는 사람들의 말을 좋아하신 것은 아닙니까?"

현장의 말을 듣고 경공은 깜짝 놀랐다. 마치 안영이 살아 돌아온 듯한 기쁜 표정이 되었다.

"그대의 말이 참 훌륭하오. 오늘 그 말을 들으니 그대가 임금이고 내가 신하가 된 것 같소."

현장은 과분한 칭찬을 더 듣고 있기가 민망하여 얼른 예를 표하고 자리를 떴다. 대궐 문을 나서는데, 수십 대의 짐마차가 뒤를 따랐다. 경공이 마침 어부가 진상한 물고기 50수레를 현장에게 상으로 내렸던 것이다. 현장을 따르는 마차가 거리를 가득 메웠다. 현장은 뒤를 돌아보고 수레를 멈추게 했다. 그리고 마부의 손을 잡고 낮은 목소리로 말했다.

"좀 전에 임금에게 한목소리로 칭찬한 신하들은 모두들 저 물고기를 얻고자 함이었네. 옛날 안영 선생님은 상을 사양하고 임금의 잘못을 바로잡았지. 그래서 임금의 허물도 감출 수가 없었다네. 오늘날 모든 신하들은 아첨으로 일관하여 이익을 탐하고 있을 뿐이야. 이제 임금의 잘못을 바로잡을 신하는 아무도 없네. 만약 내가 저 물고기를 상으로 받는다면, 이는 안영 선생의 의로운 행동을 저버리는 것이며 상을 바라고 아첨하는 무리들과 무엇이 다르겠는가?"

말을 마치자, 현장은 뒤따르던 물고기를 실은 마차를 되돌려 보냈다. 임금이 내린 상을 사양하고 받지 않은 것이다.

〈안자춘추〉 편

＊상대부上大夫에 버금가는 인물이다.

해 설

후일 뜻있는 군자는 이렇게 평했다고 한다.

현장의 청렴은 안자(안영)가 남긴 덕이로구나!

예나 지금이나 청렴한 관리는 드물다. 그 관리의 지위가 높으면 높을수록, 또 낮으면 낮은 대로 교묘한 방법으로 부정을 저지른다. 그렇기 때문에 조선시대 때도 청백리清白吏를 찾아 표창했던 것이다.

오늘날 우리 사회는 극도의 황금만능 분위기로 치닫고 있다. 이런 때일수록 안영과 같은 인물이 절실히 요구되는 시대에 우리는 살고 있다. 눈 씻고 찾아보아도 청백리가 보이지 않은 이 암울한 세상에.

끝맺는 글

고전古典이란 무엇인가? 이 물음에 대한 명쾌한 해답을 내리기란 쉽지 않다. 그만큼 함축하고 있는 범위가 넓고 그 의미가 심장深長해서일 것이다. 국어사전에서는 이렇게 풀이하고 있다. '고대의 전적典籍. 시대를 대표하는 것으로서 후세 사람들의 모범이 될 만한 가치 있는 작품, 특히 문예작품을 이름.' 이 말을 요약하면, 옛날에 쓰인 책으로 후세에도 가치 있는 문예작품이란 의미가 된다. 그러나 어딘가 미흡하다는 느낌은 여전히 남아 있다.

나는 30여 년간 고등학교에서 주로 고전문학을 가르쳐왔다. 처음 '고전'의 의미를 설명할 때 부딪히는 한계와 어려움이 있었다. 그래서 나름대로의 해석을 만들어보았다. 즉 고전이란 옛날에 쓰인 책이다. 그리고 그것은 시대를 초월하여 수많은 사람들이 읽어왔고, 현재도 읽고 있고, 또 앞으로도 읽힐 가치 있는 작품을 뜻한다. 다시 말해 생명력이 영원한 전적이다. 그렇다면 이 생명력은 어디서 오는 것일까. 그것은 보편적 진리나 가치를 포함하고 있기 때문일 것이다. 유사 이래 헤아릴 수 없을 만큼 많은 책과 작품들이 존재했지만 오늘날까지 살아남은 것은 극소수에 불과하다. 이것이 바로 고전이 아니겠는가.

고전은 누구나 읽어야 한다고 생각하지만, 실제로는 제일 읽지 않는 책이다. 왜 그럴까? 우선 시대 배경이 생소하고 언어 역시 현재와 큰 차이가 있다. 또한 포함하고 있는 내용이 현재와는 동떨어진 먼 옛날의 일들이기 때문이다. 날마다 새로워지는 현실에 적응하기도 여념이 없는데, 과연 옛것을 돌아볼 여유가 있겠는가. 나 역시 그렇게 살아왔다. 그냥 수박 겉핥기식으로 얼렁뚱땅 넘어간 것을 부인할 생각은 없다.

그 후 일선에서 물러나고 17년의 세월이 흘렀다. 그동안 시간적, 혹은 마음의 여유가 생겨 많은 고전들을 접할 수 있었다. 그러면서 차츰 고전의 늪으로 빠져들었다. 전에는 가보지 못한 경이로운 신천지였고, 시공을 초월한 또 다른 세상의 모습이었다. 100년도 살지 못하는 짧은 인생이고 또 직접 경험해볼 수 있는 공간 역시 지극히 제한적이다. 이것을 극복할 묘수는 없을까? 좁은 방 안에 벌렁 드러누워 하룻밤 사이 천 리, 만 리를 다녀오고 수천 년을 거슬러 올라가 옛 사람들과 대화를 나누며 즐기는 방법은 오직 책을 통해서만이 가능하다. 나는 이런 결론에 도달하고 독서에 열중했다. 미지의 세계를 탐색하는 것은 가슴 설레는 즐거움이었다. 역사, 경서經書, 전기 등 손에 잡히는 대로 읽었다. 그러다가 어떤 희미한 깨우침 같은 것을 느꼈다. 아, 이것을 나 혼자 감상하기에는 너무 아깝지 않은가! 이런 주제넘은 생각이 이 책을 쓴 동기다.

이 책의 내용은 모두 2000~3000년 전 중국 춘추전국 시대 제자백가의 이야기다. 그렇다고 해서 중국에 한정된 것은 아니다. 한자로 기록된 전력은 그 모두가 동양사상의 원류라고 여겨진다. 우리 조상들은

2000년 동안 한자로 기록된 문화를 받아들였다. 그 영향은 정신세계 전반을 지배했고 현재까지도 그 속에서 살고 있다고 해도 과언이 아니다. 우리말 사전에 나오는 어휘 70퍼센트 이상이 한자에 어원을 두고 있음을 상기할 때 그것은 명확해진다. 그러니 제자백가는 중국만의 문화가 아니다. 우리나라를 비롯하여 일본, 동남아시아 등 한자 문화권에 속하는 동양인 모두의 정신세계임이 분명하다.

이런 동양고전들은 현대인들에게는 외면되어 왔다. 거세게 밀려오는 서구의 물질 과학문명, 그 파도 속에 휩쓸려 떠내려가고 말았다. 그러나 고전의 생명력은 그렇게 약한 것이 아니다. 근래에 들어 뜻있는 많은 학자들의 노력에 의해 어느 정도 관심을 불러일으키고 있고, 꺼져가던 생명의 불꽃이 되살아나는 모습을 볼 수 있다. 그러나 아직도 충분하지 않다. 원전原典 자체가 난해한 한자로 기록되어 있고, 포함하고 있는 내용도 아득히 먼 지난날의 것들이기 때문이다. 이것을 현대 감각에 맞추어 번역한다는 것은 거의 불가능에 가까울 것이다. 언젠가는 이 주옥같은 동양고전들이 박제가 되어 박물관 한구석에서 먼지를 뒤집어쓰고 방치될 날이 올 것만 같은 느낌을 지울 수 없다. 어떻게 하면 이 고전들을 살려낼 수 있을까. 살을 붙이고 피를 돌게 하여 생명을 불어넣는 일은 쉽지 않다. 그렇다고 막무가내로 그냥 내버려둘 수는 없지 않겠는가.

나는 재주는 없지만 원석을 다듬는 심정으로 제자백가의 저술에서 몇 가지 이야기를 재구성해보았다. 물론 이것은 태산의 일부분에 지나지 않는다. 내 한문 역량은 원전을 독해할 만큼 충분하지 않다. 그래서 많은 전문 학자들의 번역서와 중국에서 간행되어 우리말로 번역된 내용을 참고했다. 그 과정에서 자전과 씨름하며 오류가 발생하지 않도록 노력했다. 원전의 의도를 왜곡하거나 그 내용 자체를 변형하지 않는 범위 내에서 상상력을 조금 더해 윤색해보았다. 이런 의도가 고전을 살리려다가 오히려 더 빨리 죽게 하는 우를 범하지 않았나 하는 걱정이 앞설 뿐이다. 전문 학자들의 질책을 달게 받음은 물론, 그것을 고맙게 여길 것이다.

2013년 12월
채한수